国家自然科学基金项目（70473014）

私有林经营意愿与补贴制度研究

张春霞　等著

中国林業出版社

图书在版编目（CIP）数据

私有林经营意愿与补贴制度研究/张春霞等著. －北京：中国林业出版社，2008. 8
ISBN 978-7-5038-5577-1

Ⅰ. 私… Ⅱ. 张… Ⅲ. 私有经济：林业经济-林业政策-研究-中国 Ⅳ. F326. 20

中国版本图书馆 CIP 数据核字（2008）第 046816 号

出版 中国林业出版社（100009 北京市西城区刘海胡同 7 号）
网 址 www. cfph. com. cn
E-mail：forestbook@ 163. com **电话**：（010）83222880
发行 中国林业出版社
印刷 北京林业大学印刷厂
版次 2008 年 8 月第 1 版
印次 2008 年 8 月第 1 次
开本 880mm × 1230mm 1/32
印张 15
字数 460 千字
印数 1 ~ 1920 册
定价 58. 00 元

主要著者简介

张春霞　福建农林大学教授、博士生导师，福建省优秀专家，享受国务院政府特殊津贴，福建农林大学原副校长。1947 年生于福建仙游，1977 年毕业于厦门大学经济系并留校任教，以后考取福建师范大学研究生，师从著名经济学家陈征教授。1989 年作为高级访问学者出国留学一年。现为福建农林大学农林经济管理一级学科博士点学科带头人，博士后流动站负责人，兼任福建省社会主义新农村研究会会长，中国林业经济学会常务理事，中国生态经济学会教育委员会副会长，福建省林业经济学会副理事长。长期潜心于林业经济和绿色经济研究，率先提出并进行了“中国特色社会林业发展道路”研究，率先进行了林产品市场化改革研究。先后主持了国家自然科学基金项目 2 项，国家软科学项目 1 项。主持的课题分别获福建省社会科学优秀成果一等奖 3 项，二等奖 1 项，三等奖 3 项；林业部科技进步三等奖 1 项；福建省科技进步三等奖 1 项。参加的国家社会科学项目获教育部人文社会科学优秀成果二等奖 1 项。著述出版著作 8 部，在《林业经济》《生态经济》等刊物上发表学术论文 140 多篇。

前　言

本书是国家自然科学基金项目“私有林经营意愿与补贴制度研究：南方集体林区案例研究”（2005～2007，项目批准号：70473014）的课题研究成果。

一

在落实科学发展观、建设和谐社会的进程中，林业担负着特别重要的使命。而在南方集体林区，林业的地位和作用就更为特别。一方面，在全国功能布局中，南方集体林区承担着生产木材等重要林产品和生态保育的双重任务，在资源已经成为经济发展的严重瓶颈、环境问题异常突出的今天，它的重要性就更加突显；另一方面，南方集体林区还是社会经济发展相对滞后的地区，林业对于农民脱贫致富奔小康、区域经济发展都有不可替代的作用。而世界林业发展史表明，私有林在各个国家的发展中都发挥着极其重要的作用，大面积的私有林在提供林产品的同时产生了巨大的生态效益，是实现世界林业可持续发展的不可忽视的力量。在我国也不例外。据统计，我国林业行业近 5 年的投资总额中，90% 来自民间资本，新增造林面积中私有林占 80% 以上，私有林已经成为林业发展的主力军。

而我国的私有林虽有久远的历史，但却是伴随着改革开放而产生的新事物。因为在新中国成立初期的土改后形成的家庭私有林，在人民公社化中为“三级所有、队为基础”的大公有制所取代，因而就自行消亡了。它的重新兴起是在 20 世纪 80 年代初林业“三定”后，并随着集体林权制度改革的深入而逐渐发展，一直到 2003 年的新一轮林改，家庭私有林才成为集体林区的普遍形式。家庭私有林从消亡到重新兴起是制度创新的结果，它的健康发展也需要有制度的创新，特别是补贴制度。由于我国私有林的发展时间短，也由于私有林的准公共产品性质和林业所具有低报酬率的特殊弱质性，如何鼓励和吸引私人资金投入于林业，如何进行相关的制度建设，构建私有林补贴制度，这不仅是关系到新世纪林业发展的新课题，也是我国社会主义新农村建设，实现城乡一体化发展的重要课题。

二

本课题以我国私有林发展的制度问题为研究对象，以构建私有林补贴制度设计为主线，运用文献分析和实际调查相结合的研究方法，深入剖析我国私有林的发展状况及制度障碍因素，对林农经营意愿和补贴偏好进行定量研究，运用产权理论、新制度经济学的国家理论和公共品理论分析了补贴制度的必要性，在此基础上，结合国情和林情构建了私有林补贴制度框架，以期为私有林的健康发展提供制度支撑。

本书是课题组历经四年的调查研究成果。私有林补贴制度的设计不仅需要相关的理论，更需要实践的基础，为了能准确把握私有林主的经营意愿和补贴的偏好，我们采用了问卷调查的方法，按照随机抽样和系统抽样的原则，对南方集体林区中的除了贵州之外的九省区的1413个农户进行实地调查（问卷的地区分布见表1），共收回有效问卷1324份，有效问卷率达93.7%，其中福建省的415户样本分布在24个县（表2）83个村。

围绕着私有林补贴制度设计的中心，本书共分为四篇十四章。第一篇是私有林的历史与现状分析，包括第一、二章，分别从时间和空间的不同视角对私有林的发展状况进行深入的分析。一方面是从历史的角度来了解私有林的发展脉络，揭示了我国私有林发展的特殊背景和艰难的历程；另一方面是依据南方九省区的问卷调查，运用统计分析方法，揭示了私有林的自然、经济和社会的现状特征，指出目前存在的问题，为构建私有林补贴制度提供了现实的起点。第二篇是私有林经营意愿和行为的调查与分析，包括第三、四、五章共三章，在对1324份有效问卷进行整理的基础上，运用统计分析法分析了私有林经营意愿及经营行为、用逻辑斯蒂回归方法分析私有林经营方式选择行为的影响因素；用

表 1 项目研究调查样本数与地区分布

省份	有限问卷份数	有限问卷地区分布							
福建	415	三明（106）	南平（98）	泉州（52）	龙岩（55）	宁德（42）	福州（62）		
湖南	91	临湘（51）	怀化（35）	会同（5）					
湖北	84	十堰（1）	老河口（82）	枣阳（1）					
广东	91	遂溪县（52）	开平市（39）						
江西	139	崇义（26）	龙南（25）	信丰（51）	乐安（37）				
广西	129	柳州（32）	钦州（42）	北海（55）					
海南	68	澄迈县（33）	临高县（35）						
安徽	66	舒城（20）	宣城（8）	霍山（20）	黄山（18）				
浙江	241	杭州（49）	湖州（9）	金华（71）	宁波（30）	衢州（30）	绍兴（1）	台州（30）	温州（21）
合计	1324	1413							

表 2 福建省调研范围表

市	龙岩	南平	宁德	莆田	泉州	三明	漳州
县	连城县、上杭县、新罗区、平和县、永定县	光泽县、建瓯市、邵武市、顺昌县、武夷山市、延平区、政和县	古田县、蕉城区	仙游县	安溪县 永春县 惠安县	三元区、泰宁县、永安市	龙海市、平和县、漳浦县

数理统计方法分析生产投入和管理行为；采用线性回归方法分析私有林资金投入行为，这些实证研究，为构建私有林的补贴制度提供实践依据。第三篇是私有林补贴制度的多角度分析，包括第六、七、八、九章共四章，采用了逻辑斯蒂的方法分析了私有林补贴的偏好，梳理了国外的私有林补贴制度，建立了相应的模型，对私有林补贴制度的利益相关者进行博弈分析和效果评价，运用产权制度和公共品等相关的理论对私有林补贴制度进行理论分析，为构建私有林补贴制度提供方向指示和理论支撑；第四篇是补贴制度的构建，包括第十、十一、十二、十三、十四章共五章，在前面研究的基础上，构建了包括直接补贴和间接补贴在内的私有林补贴方案，并以福建的杉木、马尾松和桉树三个主要树种为例，测算了直接补贴的额度，这是本书的核心部分。

三

基于南方九省区的问卷调查，在对私有林的经营意愿和林农的补贴偏好进行实证分析的基础上，我们构建了针对商品私有林的补贴制度框架，其要点如下：

（一）提出了私有林补贴的理论分析框架

运用产权理论和新制度经济学的国家理论及公共品理论论证了私有林补贴制度有利于协调个人利益和社会利益，论证了构建补贴制度的必要性。因为对私有林限额采伐管理实际上是限制了私有林的产权，导致了林主经营利益的损失，所以需要通过补贴制度，由政府给私有林以相应的经济补偿，这样才能提高私有林主的经营积极性，实现社会利益和个人利益的协调，实现经济人角色的国家目标和经济人林农的个人目标的统一，以克服公共品市场失灵的制度安排。实行私有林直接补贴的目的不是要取代市场机制的作用，而是在发挥市场对资源配置起基础性作用的前提下，通过补贴来矫正市场调节造成的偏差。

私有林补贴是政府为了实现森林资源的可持续发展，通过调整价格与边际私人成本之差额或调整边际私人成本与边际社会成本之差额，而直接或间接地给私有林经营者以各种财政支持措施的总称。

（二）提出私有林补贴制度的总体框架——直接补贴和间接补贴

私有林补贴制度设计的出发点是：一要为私有林发展创建良好的外部条件，二要不断增加林农收入。运用逻辑斯蒂模型对补贴意愿的实证分析得出，林农偏好的补贴方式是直接补贴，调查中发现，有85%的林农希望通过在银行开设专用账户来发放现金补贴，三分之二的被调查者认为以林地面积来发放补贴较为合理，这就为补贴制度的设计提供了参考。借鉴国外私有林补贴制度的经验，在遵循市场经济规律、坚持补贴额度合理、坚持稳定性和连续性、坚持可操作性、坚持公平、公正并符合国际惯例等原则的前提下，我国私有林补贴制度可分为直接补贴和间接补贴两个部分。

直接补贴是为增加林农收益而设立的补贴，如现金补贴。间接补贴是为了改善私有林发展环境的补贴，如服务性补贴（技术指导、信息咨询、教育培训、林业基础设施建设等）和补偿性补贴（灾害补贴）

以及一部分激励性补贴（信贷优惠、税收优惠）。

（三）私有林直接补贴制度方案——按树种进行补贴

作为“理性”经济人的林农，经营的目标是实现经济利益最大化，虽然影响林农营林经济效益的有多种因素，但树种是起决定作用的，因为不同树种，其轮伐期就不同，林地使用费、人工费、林木价格、林业税费等均有差别，所以分树种进行补贴额度的计算就能够有效实现补贴制度的政策目标。

（四）直接补贴额度的确定——基于林业投资必要报酬率的补贴

理想的补贴额度应当是基于生态效益的全额补贴，但这在目前是不可行的，除了进行生态效益计量存在技术困难外，产业之间的公平以及财政的支付能力也是必须考虑的现实问题。我们认为，在目前条件下，可操作的补贴额度是基于林业投资必要报酬率的补贴，即补贴额度等于投资必要报酬率与林农经营私有林所获平均投资报酬率之差额，并建议按年度进行补贴。

因为补贴制度设计的预期目标是以政府补贴来弥补市场失灵给林农带来的损失，就是以补贴来保证私有林经营者的收益不低于其他行业，保证林农能够获得经营的必要报酬率。当林农经营私有林所获得的平均投资报酬率低于林业经营必要报酬率时，这个差额由政府以补贴的形式给予一定的补偿。因此，私有林补贴额度由营林的实际平均报酬率与必要报酬率的差额构成是合理的。

（五）林业投资必要报酬率的确定

林业投资的必要报酬率，是对林业投资占用资金的必要报酬，它是由无风险报酬率和风险报酬率构成的，即：林业投资必要报酬率＝市场利率＋通货膨胀率＋林业行业风险报酬率。

其公式如下：

$$R = a + b + \sum_{i=1}^{3} c_i$$

式中：R 为林业投资必要报酬率；a 为安全利率；b 为通货膨胀率；$c_1 \sim c_3$ 分别为造林失败风险率、森林火灾风险率、和森林病虫害及其他自然灾害损失率。

显然，林业投资必要报酬率是动态的，它是随着市场利率、通货膨胀率、林业行业风险报酬率的变化而变动的。

目前，安全的市场利率可以确定在6%，通货膨胀率为5%，造林失败风险率为0.5%、森林火灾风险率为0.2%、森林病虫害及其他自然灾害损失率为0.2%。经计算，福建省林业投资必要报酬率为：6% + 5% +0.9% =11.9%，即为林农投资私有林应当获得的最低报酬率。

（六）私有林直接补贴额度测算——以福建的三个主要树种为例

按照私有林直接补贴额度的计算模型，选取福建省三明地区所植的桉树、马尾松和南平地区的杉木为例，以案例点的实际资料为依据，分别测算出补贴额度。

1. 桉树补贴额度测算

测算结果表明，巨尾桉的投资报酬率在第6年为最大，达到31.68%，因此可以说，巨尾桉的最佳轮伐期是6年，测算的这一结果和当地巨尾桉主伐林龄是一致的。即使在第7年、第8年、第9年采伐，其投资报酬率也分别是31.60%、30.14%和28.21%，可见，桉树是高回报率的树种，经济效益明显。

根据这样的测算，由于桉树的经营报酬率远远高于林业投资必要报酬率，所以在当前的经济发展水平下，可以不对桉树进行直接补贴。

2. 马尾松补贴额度测算

测算结果表明，马尾松经济成熟龄在20年左右，作为理性经济人的林农，假定在第20年主伐时不受限，则根据上述计算补贴额度的公式：$S = [C_t(1+r)^{-t} + \sum_{t=0}^{t} R_t(1+r)^{-t}] \times (r - IRR)$，可以确定第1年到第20年每年每亩应对经营马尾松的林农最低的补贴额度约为5元。

假设林农由于采伐指标受限而推迟砍伐，经济报酬率将呈递减趋势，因此每年每亩的补贴额度将更高，如在第40年主伐，则在40年间最低的补贴额度应为每年每亩22元。

3. 杉木直接补贴额度测算

测算结果表明，杉木经济成熟龄在第17年，假定在主伐时不受限，则根据上述计算补贴额度的公式：$S = [C_t(1+r)^{-t} + \sum_{t=0}^{t} R_t(1+r)^{-t}] \times (r - IRR)$，则第1年到第17年每年每亩应得的最低补贴额度约为

4（3.7）元。

假设林农由于采伐指标受限而推迟砍伐，它的经济报酬率将递减，补贴额度 应当相应提高，如 30 年主伐，则每年每亩应得的最低补贴额度约为 22 元。

以上根据当前和当地的具体情况测算出来的桉树、马尾松和杉木这三个树种的最低直接补贴额度，这是我们为直接补贴制度的设计提供的思路和方法。当然，各个地区的经济发展水平和财政状况不同，补贴的额度也应有不同；而且随着社会经济的发展和国家财力的提升，补贴的最低标准应当是逐渐提高的。实际上，在国外，特别是林业发达国家，对私有林的补贴标准都比较高，如欧盟对私人造林的补贴款占造林费用的 70%。如按照这一标准，我们需要给马尾松的营林者提供补贴 2835 元/hm^2 的补贴。

（七）私有林间接补贴制度设计

在具体分析了我国林业间接补贴政策的现状及特点的基础上，结合国情和林情，提出了从服务性补贴制度、补偿性补贴制度和激励性补贴制度等三个方面构建间接补贴制度。

现有的林业间接补贴政策具有以下特征：补贴总量总体呈上扬趋势，但水平偏低、补贴制度不完善；补贴优先序不合理，重固定资产的“硬”补贴，轻科技方面的“软”补贴；补贴的结构不合理，用材林少有补贴。因此，完善间接补贴政策的思路是：重塑政府的服务支出框架，包括优先林业科技投入、夯实林业基础设施投资、加大病虫害的防控和深化社会化服务平台的构建；构建私有林补偿性补贴制度，如发展林业保险网络、完善自然灾害补贴、环境计划补贴等；完善私有林激励性补贴制度，为私有林发展提供良好外部环境，如信贷扶持、轻税薄费，以切实减轻林农的负担，增强私有林的发展能力。

四

本书是课题组成员集体劳动的成果。课题组成员有：苏时鹏副教授、博士，杨建州博导、博士，魏远竹教授、博士，蔡剑辉副教授、博士，陈念东副教授、博士，以及黄安胜、黄森慰、谢志忠、郑逸芳、郑晶、洪志生、石丽芳、王灿雄等教授或具有博士、硕士学位的青年教师。参加课题调研的除课题组成员外，还有我所在的福建农林大学农林经济管理博士点、硕士点和人口、资源与环境经济学硕士点的研究生，以及部分高年级的本科生。浙江省的问卷调查是由浙江林学院程云行教授、博士组织安排，在此谨向参加调研的程云行教授及其他的师生表示诚挚的谢意，同时也向为课题调研提供支持和帮助的各地林业管理部门表示衷心的感谢！

虽然我们按计划如期在四年时间里完成了研究任务，并力求在充分调研的基础上设计出科学合理的补贴制度。但，商品私有林补贴制度在目前还是一个崭新的探索性课题，更由于我们的水平所限，我们只是为私有林的补贴制度的设计提供了思路和框架。我们希望这样的探索能够为该领域的研究开个头、闯个路。自然科学基金的课题有期限，而研究无终点。我们在课题研究中发现，私有林的规模效率问题不仅是长期困扰着集体林权改革的难题，也是私有林发展的所必须面对的实践和理论课题，为此，我们再次申报了国家自然科学基金课题“私有林经营规模效率研究：福建案例研究”（项目批准号：70773020，2008～2010年）并获得了资助。我们希望与同仁们共同关心私有林的发展，为实现林业的可持续发展、为社会主义新农村建设尽绵薄之力。

张春霞

2008 年 8 月 18 日于金山仙苑

目　录

第二篇 私有林经营意愿与行为的实证分析

第三篇 私有林补贴制度分析

第四篇 私有林补贴制度设计

第一篇

私有林的历史与现状

第一章

私有林的发展历程

要构建科学合理的补贴制度，首先需要了解我国私有林的发展历史。最早的私有林可以追溯到建国初期的20世纪50年代初，当时随着土改政策的落实，我国南方集体林区一些省份的个私造林就开始逐步兴起，但随着合作化的进程，个私造林逐步减少，特别是人民公社化后，建立了“一大二公”的经济体制，南方集体林区的林业实行的是“三级所有、队为基础”、由集体统一经营的制度，私有林实际上就已经不复存在了，而它的重新兴起是在改革开放后，是伴随着集体林权制度的改革进程而逐渐发展起来的。只有对原来的集体林权制度进行改革，在实现林地所有权和使用权的相对分离的条件下，私有林才有可能产生，因此集体林权改革是私有林发展的产权基础。从20世纪80年代初的林业“三定”开始的集体林权制度的改革，历经了20多年的探索，一直到2003年的新一轮林改才得以破题，探索改革的艰难历程，也是私有林从开始兴起到历经曲折后的大发展的过程。

第一节　私有林的兴起：以林业“三定”为起点

南方集体林区私有林的兴起，是以林业“三定”的林权制度改革为起点的。

一、私有林的概念与内涵

（一）私有林的概念

关于私有林，目前理论界还没有确切的定义，但对非公有制林业的定义探讨较多，并且大多把私有林视同为非公有制林业。非公有制林业的定义主要有以下几种：

(1)国家林业局经济发展研究中心课题组认为“所谓的非公有制林业是指非公有制经济主体所从事的林业生产经营活动的总和。它是非公有制经济在林业领域的具体体现，是非公有制经济与林业经济的结合。它与公有经济主体所从事的林业生产经营活动共同构成中国林业的统一整体”。该定义一是强调了所有制性质的决定作用，如果经营主体是非公有制经济成分，则是非公有制林业；二是强调了非公有制林业所涵盖的领域，具体可以包括林业的第一产业、第二产业和第三产业。

(2)国家林业局政策法规司的巴连柱、李淑新则是从所有权的角度来定义的：非公有制林业是指除国家所有制和集体所有制林业之外的其他林业所有形式，包括个体、私营以及外资林业等。从产业分工的角度来讲，非公有制林业包括第一产业的私营林业、第二产业的林产加工和木材制造业、第三产业的森林旅游及相关服务业等等，因此其内涵非常丰富(巴连柱、李淑新，2003)。该定义采用类似排除法的形式界定了非公有制林业的所有权范畴，并对非公有制林业的外延划分上也采取了类似的说明方法，认为非公有制林业是一个产权概念。事实上，从产权的角度进行界定可以较为准确地说明非公有制林业的本质。

(3)国家林业局的周少舟、缪光平在《中国非公有制林业发展综述》里采用了类比的方法来定义：公有制林业是指，在社会主义条件下，全体劳动者或部分劳动者共同占有林业生产资源，均等拥有林业经营剩余索取权的所有制形式，它包括国有林业、集体林业和混合所有制林业中的国家和集体所有的部分。非公有制林业是相对于公有制林业而言的，是指除国有、集体所有林业之外的林业经济成分，具体包括私营林业、个体所有林业、外商投资林业，以及混合所有制林业经济中的除国有、集体所有林业以外的其他林业经济成分(周少舟、缪光平，2002)。

(4)学者姚顺波认为：非公有制林业，就是除了国有和集体两种公有制林业以外的所有林业经营形式，其实质就是私有林业。具体包括个体林业、私营林业、外资林业以及其他所有经营形式中的非公有部分。

我们认为，私有林不完全等同于非公有制林业。一般来说，林业包括造林、育林、护林、森林采伐和更新、木材和其他林产品的采集和加工、森林游憩等，即包括三次产业。非公有制林业则是非公有制经济成分在造林、育林、护林、森林采伐和更新、木材和其他林产品的采集和加工等中从事生产经营活动的总称。因此私有林可以从两个角度来理解：如果从静态的角度看，私有林是指私有经济成分（即非公有制经济成分）所有的林木资源；而如果从动态的角度看，私有林是指私有经济成分为获取林木资源（林产品）而从事的营林活动的总称。可见，在外延上，非公有制林业包括私有林，私有林则仅指非公有制林业中的第一产业的营林业。如图 1-1。

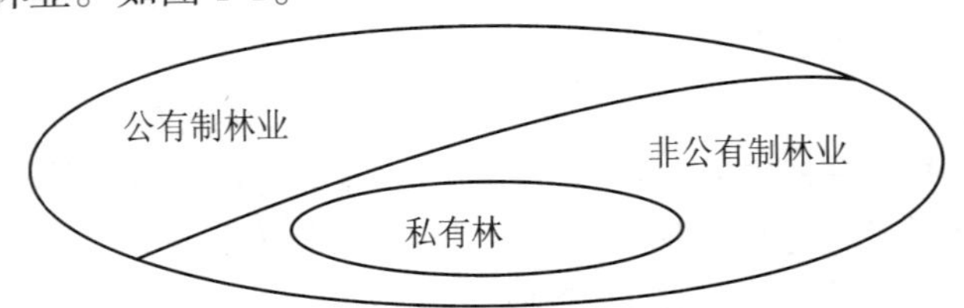

图 1-1 私有林和非公有制林业的关系

由于我国土地归国家或集体所有，林业经营者所拥有或控制的主要是林木的所有权和林地的使用权，因此，结合我国私有林发展实践和特点，本研究所指的私有林是指建立在土地属于国家所有和集体所有的基础上，由非公有制经济成分以承包、租赁等多种方式从林地所有者处取得林地使用权，并在林地使用权有效期限内依法获取收益，并依法自主处分其经营的森林和林木资产的一种营林方式，具体包括个体林、私营林和外资林。

（二）私有林的内涵

在理解私有林内涵时，应注意以下几点：

（1）私有林所有权行使的对象是部分的林地使用权及派生权益和林地上的林木及其附属资源，不包括林地资源。

（2）私有林是建立在土地属于国家所有和集体所有的基础上，所以林地公有和林地上的林木及附属资源的非公有在私有林自身既达到了统一，又隐含了潜在的矛盾。具体表现为：一方面可能出现私有林林主在营林过程中为追求个人利益最大化而过度使用土地资源，从而造成土地资源地力的破坏；另一方面，私有林的林木及其附属资源既是私有林业主的财产，同时在公有制林地上它又是国家的生态资源，这种交叉的功能属性使私有林面临被政府管制的可能性，从而造成私有林林主在处分其私有林财产时可能受到约束。

(3)从私有林的外延来看，除了国有、集体所有的林业，以及混合所有制林业中的国有和集体所有部分外的其他所有制的林业形式均属于私有林。

(4)从经营主体上看，私有林的经营主体是非公有制经济成分，包括：个人、家庭、联合体、公司等。其中以劳动者的个人劳动为基础，林木归劳动者个人所有，而从事生产和经营的私有林叫个体林；以林木作为企业的生产资料和其他资产归私人占有并以雇佣劳动关系为基础，以获取利润为目的的私有林是私营林；由中外合资企业、中外合作经营企业和外商独资企业的外资部分所从事经营的私有林叫外资林。

(5)从经营领域上看，私有林的经营活动指的是非公有制经营主体在第一产业中的活动。

(6)从私有林所经营的类型来说，包括商品林(包括用材林、经济林、薪炭林)和公益林(包括防护林及特种用途林中的环境保护林、风景林，名胜古迹和革命纪念地的林木，自然保护区的森林)两方面。需要说明的是，目前我国对私人经营的公益林采取生态补偿的措施，其采伐受到严格的限制，故本书研究对象只属于私有林中的商品用材林。

二、林业“三定”：私有林的初始发展阶段

以“集体所有、集体集中统一经营”为特征的人民公社产权制度不允许有私有林的存在，因此南方集体林区私有林的兴起就必须对原来的产权制度进行改革，林改是以林业“三定”为开端的。而在国有林区，私有林的兴起也是在改革开放后。1978 年开始实施的三北工程建设实行的是“国家扶持为辅，地方政府和农民投入为主”的投入和“谁造谁有谁受益”的政策，由此产生了以个人和家庭投入为主的私有林。

(一)林业“三定”的内容

党的十一届三中全会后，我国南方集体林区的集体林权制度也开始了改革。1981 年 3 月 8 日，中共中央、国务院发布了《关于保护森林发展林业若干问题的决定》，随后，在林业部等相关部委的共同推动下，林业“三定”（稳定林权、划定自留山和确定林业生产责任制)工作在全国范围内得以展开。

与农业的家庭承包责任制所取得的巨大成功相比，林业“三定”却

未能取得预期的效果。始于20世纪80年代初期的林业“三定”，一方面划定了自留山，并确定了一定数量的责任山；另一方面又保留了足够多的集体能够直接控制的林地。集体林地因此划分成既相互联系又有所区别的三类：自留山、责任山、公管山。三类中以自留山的产权关系最为清楚，农民拥有比较充分的自主经营管理权。但遗憾的是，各地划分的自留山面积小，人均1亩①左右，仅占山林总面积的很小比例。第二类是承包责任山，其产权多数是模糊不清的，并且大部分由村民小组（生产队）统一管理。即使有些地方将责任山的经营落实到了农户，但也存在着人均面积较小、户与户之间的界限不清楚、面积不准确等诸多问题，产权归属不清，使责任山实质上仅是让农民代为管护的山林。第三类是“公山”，即指仍然由村集体直接管理的山林，其数量占绝大多数，这部分山林的产权归属并没有发生实质上的变化，仍然维持着村集体的统一经营，但森林资源的管护及林业生产经营过程中的某个生产环节可以由农民承包。

在林业“三定”的三个任务中，“稳定山权林权”实际上是其他“二定”的基础和前提，而“确定林业生产责任制”则是主要的、也是艰巨的任务，其延续的时间也最长。这个时期围绕着这一主要任务，各地探索了多形式的承包责任制。与农业分田到户“家庭承包责任制”的一枝独秀不同，林业生产责任制则是百花齐放的多形式：有生产某个环节的承包，如管护承包，砍伐承包等，也有各种形式的家庭承包，出现了李金耀的“全国第一大包”的典型，这也是私有林的典型。这个阶段实际上是没有主导形式的摸石头探索时期。

福建仙游县的李金耀在全国率先向集体承包了大片的山地进行造林，成为全国的第一包山大户。包山大户的形式在当时引起很大的反响，同管护承包或者生产的某个环节的承包相比，这实际上是进行了山地所有权与使用权分离、实行了联产承包独立经营的尝试。但在当时的福建，主流的形式还是集体统一经营。

同时期，在浙江、湖南、江西等其他集体林区，生产责任制的形式则比较多样，特别是经济林、荒山进行了分户承包经营。但这与农业改

① 1亩 $=666.7m^2$。

革有很大的不同：农业的家庭责任制是以全面的均田到户为产权基础的，林业的家庭承包制则只是在部分山地和林种中进行分山到户；农业的家庭承包制是对生产全过程的、是联产包干责任制，因而在双层经营中实际是家庭经营，而林业则不同，仍然强调以集体统一经营为主。

可见，林业"三定"的结果并没有产生出大量的家庭私有林。"稳定山权林权"实际上是对各个集体之间不清晰的山界和林权进行界定；"确定林业生产责任制"虽然尝试着进行所有权与使用权相分离的改革，探讨了多形式的责任制，但分山到户并没有成为主流的形式，就没有催生出大规模的私有林，在集体山林总面积中占绝大多数的责任山和"公山"，由于其产权实际上依然归集体统一掌控，并没有实现真正意义上的产权明晰；而只有在"划定自留山"中，才产生了新的私有林，但由于各地在落实中普遍存在着自留山的量少、质差和山头地块不清等问题，农民并没有真正关心自留山的经营，私有林也得不到重视。这一阶段的私有林主要有分户承包经营的经济林、荒山，以及自留山和大户承包等形式。

(二)私有林产生的困难性

与农业同步开始的林权制度改革，其实质是把农业大包干家庭责任制的改革推广到林业，把原来就属于林农的林业财产权利还给老百姓，以实现林业财产权利的平民性的过程。但集体林业的这一改革经过了多次反复试错的实践，一直到2003年初开始的新一轮林改前，多达25亿亩的集体山林的产权仍没有得到解决。名义上归属于全体集体成员共有的林地产权，并没有像耕地那样实现所有权与使用权之间的相对分离。林地的使用权仍然由村集体拥有，并由集体统一经营，经营的效率一直处于较低的水平。这也正是我国能够用18亿亩的耕地成功地解决了13亿多人口的吃饭问题，却无法用多达43亿亩的林地解决好生态保护及满足国人的生产与生活用材需求的主要原因之一。如何协调集体林地所有权与使用权之间的矛盾，从而充分地调动有关各方(特别是广大林农)造林和护林的积极性，以实现在促进林业发展的同时，既让广大民众得到真正的实惠，又能够使生态环境得到有效保护，这是摆在各级政府面前的一大难题，也是私有林重新兴起的障碍。困扰林改的有两大难题，这也是阻碍私有林产生的难题。

1. 林业规模经营问题

因为林业的传统理念是：林业是一个需要规模经营的特殊行业，不适合进行分林到户的私有林。

按照经济学的一般原理，对于一个特定的经营主体而言，在其生产经营的规模达到的限度之前，单位产品所分担的固定成本会随着规模的扩大和产量的增加而逐步递减，使整体的经济效益不断递增，并促使生产要素的投入产出率得以不断提升，从而最终有助于使经营者获得最大的经济效益，这就是所谓的规模效益。

目前，国内外许多林业专家都认为，由林业生产的特点和森林资源的特殊性要求决定了：森林培育业是比较适合于规模化经营的行业之一，因为具有长周期性的森林资源培育，需要占用相当数量的资金，一定的规模才能满足经营的需要。并且认为规模经营和私有林发展是矛盾的，这成为反对深化林改的理由。这种观点认为，如果通过林改而实现了林业的家庭经营，可能带来山林经营的规模不经济(即林地破碎化)问题。因为在大多数林区，一般的林农家庭所分得的林地数量总是比较有限的，这难以达到规模经济的要求，而且林农个人及其家庭的经济实力比较有限，因此难以筹集到充足的资金以实现扩大再生产，获取规模效益。而规模不经济不仅不利于林业全要素生产率的提高，而且对原本就十分紧缺的森林资源形成了巨大的压力。

问题在于，规模经营必须建立在明晰的产权基础上，才能实现规模效益，如果产权不明晰，规模越大效率就越低，这就是原来人民公社的制度弊端，也是产权制度改革的动因。实际上，规模经营的实现途径可以是多样化的，农业的发展提供了重要的启示。农业在20世纪80年代初实行家庭联产承包责任制之后，从80年代的后期开始，各地就相继出现了股份合作制、种粮专业户等各种有助于实现耕地规模经营的形式，并取得较好的效果。由此可见，规模经营是社会化生产的客观要求，不管是农业或林业，都不例外。但需要强调的是：这种规模化经营是在生产社会化的一定阶段才出现的，是适应于一定的社会化水平的客观过程，它不能够超越客观的条件；另一方面，也是更重要的，规模经营需要以明晰的产权为基础，如果不具备这样的产权基础，为了规模而规模，那只能是归大堆的低效率。所以把规模经营看成为林业的专利，是不符合实际的，而且进而以此来否认林改的必要性，来反对私有林的发展，实际上是混淆了规模经营的产权基础和实现途径这两个不同性质的问题。产权制度是市场经济的基础性和根本性制度，它决定了制度的效率。

事实也正是如此。林业从改革开放初期到2003年开展新一轮集体林权制度改革之前的较长时期内，南方集体林区大部分省份的集体林是由村集体统一经营的状态，虽然形式上具有较大的经营规模，却未能获得相应的规模效益，其主要原因可归纳为以下几个方面（张春霞，1996）：第一，在我国农村的耕地开始实行“三级所有，队为基础”时，集体林业的产权制度却有不同的情况，农地的“三级所有，队为基础”的“队”是当时的生产队（即现在的村民小组），由生产队负责使用土地并经营。而包括福建省在内的许多南方集体林区，集体山林的产权多数是由“生产大队”即现在的行政村所拥有和控制，并由“生产大队”代表广大村民直接经营，有一些地方的集体山林甚至是直接归公社即现在的乡（镇）政府所掌控，并由公社直接经营，因此，山林的产权更为集中，有更大的规模却没有经营，当然就不可能获得规模效益。第二，由于当时行使山林产权主体权力的主要是行政村，它虽不是一级行政机构，实际上却是一身兼二任的准行政组织：既具有一定的行政管理职能，又代行了山林产权所有者的权利，拥有经济管理与经营的职能。因此，当时的山林产权不仅仅是所有权与经营权的“两权”统一，而且是行政权、所有权和经营权的“三权”重合，这种“三权合一”的体制又进一步导致了行政权侵犯经营权、所有权的结果，本来属于农民的森林资源现在异化为行政林、干部林，林业的生产性财产远离了它的真正所有者，这是长期以来林业生产没有活力的主要原因，也是各地屡屡发生林地所有者的村民盗砍盗伐集体林木现象的真正根源。

我国南方集体林区的实践表明，由村集体统一经营林业的模式有规模而无经营，因而也就没有经营效益。究其根源，主要原因在于产权不明晰，名义上属于全体村民“人人都有份”的集体山林产权，却因缺乏具体的、人格化的经营主体，实际上仍处于一种“人人都没有份”的尴尬境地，因为规模效益得以实现的最基本前提之一就是要有明晰的产权主体，而且各种产权的归属明确。因此，要获得超额的规模经营效益，就必须首先解决村级行政权对集体山林所有权和经营权的侵犯问题；同时，还要理顺林业所有权与经营权之间的关系，具体包括林地所有权与林地经营使用权和林地使用权与林木所有权之间的关系。否则，集体山林的适度规模经营便无从谈起，规模效益也无法实现。

当然，从新中国成立后耕地和林地经营制度的变更历史，特别是自十一届三中全会之后的历史演变来看，无论是出于公平的角度考虑，还是出于理顺林地产权关系和提高林地经营效率的角度考虑，历史都已证明，集体林权制度改革的最好切入点仍然是要采取林地所有权与使用权分离的模式，即要在保持林地所有权仍然归属于集体的前提下，将林地的经营权明晰到一家一户的林农家庭，从而使集体山林产权具有真正意义上的人格化的产权主体，也使广大的林农获得真正意义上的山林产权，包括林地的使用权和林地上所生长的活立木的所有权。只有在实现了产权明晰之后，才有可能通过产权流转或其他的方式实现规模经营。如按照自愿的原则，通过股份合作制方式进行山林产权的重组；也可以由林农之间自由地组合成新的松散型的联合体，共同经营山林；还可以采取“公司 + 农户 + 基地”的经营方式，即林农以山林产权为股份，参与到周边的林产加工企业之中。通过以上这几种方式，不仅有助于打破行政权直接或间接参与山林经营的局面，从而解决山林经营中政企不分和所有权与经营权不分的问题，而且有助于实现规模经营和获取相应的规模效益，还有助于防止林农出现新的失山、失地等公平问题，可谓一举多得。

2. 林农的经济效益与社会的生态效益的矛盾

林业产权包括林地和林木这两个既有联系又不可分割的生产性财产的各种权利，而且长周期的林木具有受益主体各不相同的多种效益，其生态效益的受益主体是社会，所以林改必须解决生态效益与经济效益的矛盾。

林业具有经济、社会、生态这三大效益既有相辅相成的一面，也有矛盾的一面，它们的统一性存在于森林这一载体，经营者通过合理地经营管理活动，可以永续地开发利用森林资源，既能获得较高的经济效益，也能获得良好的生态效益，而且经济效益与生态效益之间还可以相互转化；对立性则在于要想获得经济效益，要通过采伐林木才能实现。

如果单纯追求经济效益，大量地滥采林木资源，就可能导致森林生态功能的退化甚至完全丧失。

根据产权理论，如果像耕地那样实行家庭承包责任制，林农就拥有林地的收益权和转让权，在不改变林地用途和保证采伐迹地及时更新的前提下，林农就可以自主地经营林地并享有林木的所有权、收益权和处置权。作为“理性经济人”的林农，在践行了不改变林地用途和保证采伐迹地及时更新等相关的约束条件下，就有权按照自己的意愿去实现自身效用的最大化，林农关心的是实现经济效益的最大化，而并非“三大效益”的最大化。由社会受益的生态效益，则具有“公共物品”的属性，其他人不需付出代价也能够享受。由于经济效益和生态效益的受益主体的不同，出于兼顾林业三大效益，特别是出于保护生态环境的目的，政府部门采取的是以限制经济效益为代价来促进森林生态效益的发挥，如林木限额采伐管理制度等，实际上这是通过限制林业经营权和收益权而弱化了林业产权。那么林改是否会导致社会关注的生态利益的损失，这就成为涉及到社会与林农的利益关系的敏感而又重要的问题。

林业的特点决定了林业在推广农业改革经验，在进行林地的两权分离时有它特殊的问题：为推行家庭经营责任制必须进行均山；而均山又必须同时分林，以解决林木的产权问题；分林有可能发生先砍树的后果；由此将会引起社会无偿获得的生态效益的福利损失，可能导致严重的生态安全问题。

因此，林业的多效益性特点决定了林改目标的特殊性，林改必须在多效益的矛盾中进行权衡，以总效益的最大化为目标。这个目标需包括两个方面的内容：不能出现大规模的乱砍滥伐；实现效率的改进和活力的提升，以促进林业的发展。这也成为评判改革成效的两个标准，只有同时满足这两个要求的改革，才是成功的改革。而是否引起森林资源的破坏成为改革的底线，也是对林权改革的特殊要求。

林业的特点，使林改的历程成为在多效益的矛盾中进行权衡以实现总体效益最大化目标的过程，这是个在艰难探索中不断求解的过程。因此私有林的产生注定是困难的。

（三）产生难题的原因：林权制度的特点

私有林产生困难性的主要原因是林业的特点，是林权制度的特点，是林业产权构成内容复杂且林地与林木不可分离，使林地所有权与使用权难以分离：

(1)林业产权的组成内容比较复杂。林业生产是以森林资源作为主要经营对象的，而广义的森林资源既包括了林木和林地，还包括林内的野生动植物及微生物、森林环境以及其他相关资源，但其中主体部分是林木和林地。相应地，林业产权也包括林地产权和林木产权两个部分。林地是林业的基本生产资料，但林地产权又与长周期林地的林木紧密相关，因此林地产权与耕地产权相比又具有一些新的特点，因而就显得更加复杂。

(2)林地产权和林木产权紧密相关，具有不可分割性(张春霞，1994)。一方面，林地产权是林木产权的基础，因为活立木不能离开林地而独立存在，林木产权不能脱离林地产权而存在。另一方面，林地财产的占有、使用、转让和租赁等经济行为也受到林木产权的制约，受到林木生长长周期性和地域性的制约，林地的流转也受到林木产权的制约。

(3)林业产权具有恢复难的特点，而且山林权属的变动对林业生产的影响较大。林业生产的特殊性，使得林业产权也具有不少特点，除了上述的组成内容复杂和林地产权与林木产权的不可分割之外，还具有以下特点：一是山林权属的变动与复原都比较困难，二是不同于农业的特点(张春霞，1994)。

可见，是林业产权制度的特点，使林地所有权与林地使用权分离的困难性，产生了林业产权制度的改革的难题，而未能对名义上归集体成员共同所有、但实际上却由村集体中的极少部分人所占有和使用的山林产权进行积极的否定和扬弃，私有林就不可能产生。

第二节 大规模发展私有林的探索：安徽岳西的教训

集体林业产权制度的改革的过程可以分为两个阶段：20 世纪 80 年代初期的摸石头的探索；80 年代后期出现了回归集体或联合经营的导向。两个阶段中间的转折点是安徽岳西为代表的全面的分林到户改革。林业在进行多形式的生产责任制的摸石头探索中，安徽岳西独树一帜地提出“两山并一山，统作自营山”，进行了全面的“分林到户”的改革，这是试图大规模发展家庭私有林的探索。

一、安徽岳西的林改探索

（一）提出“两山并一山，统作自营山”的背景

安徽省岳西县地处大别山腹地的东南，位于安徽省的西南边陲，全境南北长约82km，东西宽约41km，总面积2398km^2。岳西县始设于1936年，因地处国家级旅游区天柱山（古称南岳）之西而得名。境内山清水秀，自然景观丰富，名胜古迹星罗棋布，有“东方瑞士”之美誉。同时，岳西地处山区，自然及地理条件十分适合于各种生物的生长，因而其境内的生物资源极为丰富，动植物种类繁多，是一个天然的生物基因库，目前森林覆盖率高达73%，被有关专家称之为“一座生态保存发育完好的天然花园”。岳西县是安徽省的主要林业县之一，还是国家中药材基地县和安徽省名特农副产品生产县，也是国家生态示范区建设县，境内有妙道山国家森林公园，鹞落坪国家级自然保护区，以及枯井园省级自然保护区等，林业及其相关产业的基础十分优越。

具有“八山一水一分田”特点的岳西县，独特的自然地理条件在为林业生产创造了良好条件的同时，却由于其交通不便，工业发展所需要的相关条件不足；同时由于其山多地少，耕地总面积及人均面积少，分布不平衡，限制了农业生产的发展，经济与社会发展都处于比较落后的水平上。

20世纪80年代初期，岳西县委、县政府根据自身的实际条件，逐渐认识到山区是岳西经济发展的重点和难点所在，所以最终确定了“以林为主，多种经营，因地制宜，分类指导”的经济发展方针，走一条开发山区、以林富民的发展之路。但是，与南方集体林区绝大多数的地方类似，岳西在林业“三定”中也将集体林地划为自留山、责任山和公管山三个部分，其中占最大比重的也是产权仍然归集体、由生产大队统一经营管理的公管山；自留山的面积有限；责任山的山权、林权、采伐权和出售权均直接归生产大队，农民是有责而无权。同农业的责任田相比，责任山实际上是一种不健全、不彻底的责任制。当时广为流传的“自留山是亲女儿，十分溺爱；责任山是小媳妇，百般虐待；公管山是童养媳，苦命难挨”的顺口溜，就是对这三类不同的林地经营管理机制

的真实写照。各地也出现了“吃山却不养山、砍树却不种树”的普遍现象，责任山的乱砍滥伐林木的现象也比较严重。

为了解决这种责、权、利不统一、林业发展乏力的问题，岳西县提出了“两山并一山，统作自营山”的改革新思路。1984 年 4 ~ 6 月份，岳西县委、县政府提出了“自营山”这一新的经营方式；同年 6 月份，在经过中共中央领导同志的直接批示之后，于 7 月份开始真正地将“两山并一山，统作自营山”这一改革思路付诸于实施。

（二）“两山并一山，统作自营山”改革的实施步骤

改革采取了分三步走的策略：

第一步，初步形成“自营山”的经营方式。“自营山”即是在前期林业“三定”的基础上形成的“自留山”和“责任山”合并而成的。自营山由林农家庭负责经营，在不改变林地用途的前提下可以长期使用，林农享有自营山上所生长林木的继承权、经营权和活立木转让权，但林地的最终所有权仍然归集体，林木采伐审批权则由林业行政主管统一审批。

第二步，建立了林木采伐“一本账”制度。在实地调查的基础上，对全县山林的面积、蓄积、生长量、可采伐量等相关信息进行了详细的调查和统计，建立了“一本账”。同时成立了林木经营管理公司，作为采伐“一本账”的实施和保障机构。林木经营管理公司分设县总公司和乡分公司，公司具有经营和管理两方面的职能，其中管理职能就是通过掌握采伐“一本账”，实行有计划的采伐，以保证森林资源的永续利用。林木经营管理公司是同级政府领导下的经济实体，公司作为采伐“一本账”的执行机构，承办与林木采伐相关的发证、记账、销账业务，并负责收取合理的相关税费。采伐“一本账”制度强化了政府计划的指导作用，有利于兼顾林业“三大效益”。

第三步，逐步开放长期封闭的木材流通市场。因为当时的木材流通领域实施的是严格的指令性计划管理，木材流通由林业部门独家统购统销。岳西县在实施了“自营山”的制度后，开始逐步地放开长期封闭的木材市场，其主要措施有：一是以林木经营管理公司为主要中介，实行议购议销，并允许林农对部分木材进行加工，以提高木材的售价和增加林农收入；二是尽量减少林木采伐和流转的审批环节，即按照消耗量低于生长量的原则，由县林木经营管理总公司核定全县总的年用材林采伐限额，并一次性地将采伐指标分解到各个乡的林木经营管理公司，并由其负责将采伐指标的分配，木材外销则直接由乡林木经营管理公司统一办理外销凭证，这样既减少了审批环节，又大大地提高了林业生产经营的效率，还有助于明确各方的义务和责任；三是采取多渠道经营方式，除了林木经营管理公司的营销主渠道之外，还允许木材中间商按照经营管理公司认可的基本价格同公司或林农进行直接的木材交易；四是大幅度地降低相关的木材税费，以增加林农的收益。在“自营山”经营方式形成的三个主要步骤中，“两山并一山”是基础和前提，采伐“一本账”是生态效益的必要保障，而木材市场的逐步放开是权、责、利相统一的具体实现。

二、“自营山”经营方式的主要成效

“自营山”的生产经营方式在岳西全县范围内推广，面积达到该县山地总面积的 80% 以上，成为当时岳西林业生产经营模式的主体，并在实践中取得了初步的成效：

（1）林农作为集体林生产经营者的主体地位得以确立，自营山上的山林由原先的集体统一经营转变为以户为单位的家庭经营，林农们对划归自己经营的“自营山”上的山林资源既有看管之责，也有经营管理之权，还能享受到应得之利，“自营山”上林木的经营权、转让权和继承权均归林农享有，从而使山林经营的责、权、利得以有效地结合，林农的利益有了一定的保障。

（2）经营利益调动了林农植树造林的积极性。原来的“公管山”和“责任山”实质上均归集体统一经营管理，林农们既无权也无利，甚至是只有责却无利，因此其经营山林的积极性普遍低下，致使“年年造林不见林”。而“自营山”保证了林农的经营权与益，激发了其造林、护林的积极性，山林经营的效率也得到了很大的提高。

（3）在“自营山”经营模式形成的初期，乱砍滥伐林木的现象得到了有效的遏制。由于明确了林农的经营管理主体的地位，“自营山”成了“致富山”，从林农的管山、护林的积极性空前高涨。各乡村制订了山林管护的乡规民约，建立了专门的护林防火组织，减少了乱砍滥伐山林的事件。但在后来，岳西县乱砍滥伐山林之风又重新抬头，其根源何在，是一个需要认真思考的问题。

三、“自营山”经营方式消亡的原因及根源

由于这一改革出现了分林先砍树，引发了大规模的乱砍滥伐，没有能够达到改革的最低目标而以失败告终，因此为私有林的发展留下沉痛的教训。

（一）“自营山”消亡的原因：乱砍滥伐

岳西的“自营山”的改革，实现了山林的家庭经营，林农成了山林的经营主体，也取得了一定的成效。然而，“自营山”经营模式并没有持续太久。因为在当时在分林到户之后，引发了乱砍滥伐的风潮，“自营山”的消亡也就是必然的了。

（二）“自营山”消亡的根源及启示

“自营山”作为一种较为有效的集体山林经营方式，在当时却未能取得应有的成功，其根源及启示如下：

（1）政策准备不足。长期来多变的林业政策，使人们对集体山林经营政策的稳定性和权威性心存疑虑，这是导致乱砍滥伐等短期行为的最根本原因。从20世纪50年代中期开始，频繁的林权变动，使林木财产离农民越来越远，岳西的改革虽然就其内容来说是实现了林业财产权利的回归，是已经异化的财产权利回到农民家庭，但历史的教训使农民还难以相信这一新政策，因而仍然担心自己的权益难以得到保障，所以出于保护自身利益的诉求，他们往往会采取先砍树的短期行为，虽然这是短期的利益，却是现实的。这种由岳西县的广大干部群众首创的“自营山”的制度设计，在当时还缺乏必要的法律、法规依据，林农所获得的山林经营管理权益也没有得到相应的法律法规（如林权证等）的保障。

（2）理论准备不足。“自营山”经营方式作为一力度比较大的新改革方案，理论论证不够充分，虽然广大林农普遍欢迎这一改革，但受到外部环境影响的时候，就没有能实现制度设计者的预期结果。

（3）实践准备不足。一种涉及众多主体的创新性改革，改革的步伐过大，没有经过必要试点和示范，就在全县被广泛地推广和实施，在一定程度上超出了人们的心理承受能力。

（4）制度设计不够完善。当时的岳西并没有在相关的文件中对“自

营山”的经营期限作出明确的界定，群众难以形成比较长远的心理预期，这与森林资源经营的长周期性之间是有矛盾的，矛盾冲突的直接结果就是群众采取分林先砍树的方式来维护自身的短期利益。因此，对于具有生产经营长周期性特点的森林资源经营而言，在制订与其相关的各种政策措施时，应尽量明确其时效性，这既有助于政策的实施，也可以让利益相关者有相应的心理准备。

（三）对林权改革及私有林的影响

这一场由岳西县委主导的、在全县范围内进行的改革，他们所提出的“两山并一山，统作自留山”，实际上是采取了农业改革的模式，把大部分的用材林、经济林，包括现有林在内，实行均山分林到户。在林改还处于摸石头阶段，在林业生产责任制还没有主流形式的情况下，这种做法引起了政府和社会各界的极大关注，并引发了一场关于改革取向的大讨论。包括管理层、理论界、实际工作者在内，对于林改能否实行采取农业大包干责任制的形式这一焦点问题进行激烈的争论，提出了各不相同甚至是对立的观点，当时的主流观点是认为大包干责任制不适合于林业，其理由是分林必然会导致森林资源的大规模破坏。可见，林改赋予安徽岳西以特殊的使命，这一改革的成功与否，必将对林改进程产生方向性、导向性的影响。

事实也正是如此。安徽岳西分林到户后发生的森林破坏，对于当时还处于争论中的社会各界，对于还在观望中的管理者，是个惊醒和震动，这直接导致了林改政策的转折，政府对于林改的导向由初期的允许多形式的摸石头探索，转变为后来的明确强调集体和联合经营，均山分林实际上成了林改不可逾越的禁区。

分林先砍树的事实也更进一步强化了主流的观点，对于人们的思想观念产生重大的影响。从20世纪80年代中期开始，安徽岳西成为人们进行改革的镜子，也成为理论界关心与探讨的热门话题，几乎是每一次的林业经济学术讨论会都涉及到分林到户问题，林改是否、能否采取农业大包干责任制的形式，即改革的取向越来越成为林改前行的难题。

当然，当时的理论界也提出了不同于主流的观点，认为岳西的探索虽然失败了，但不能因此就把大包干的家庭承包责任制设定为林改的禁区（张春霞，1985），而应当认真分析和总结岳西的教训，努力探索出一条符合林业特点的林权改革的道路。因为，岳西失败的原因是多方面的，客观地说，林业的特点使分林到户比农业的改革更为复杂也更具风险性，但政策失误和准备不足是更为重要的原因。长期来林权的频繁变动，使林农对政策失去了信心，正如在后来的社会调查中当地农民所说的：分林的改革是决策层打盹的时候做出来的，所以要趁着管理者还没有醒的时候就赶快砍树。可见，“赶快砍树”是对长期以来多变的林业政策的理性反应。另一方面，在缺乏足够准备的情况下，原来实行严格计划管理的木材市场于 1985 年突然开放，价格以数倍于计划价格的幅度上扬，管理缺位，为分林砍树创造了客观的条件，加上没有其他的政策支持，所以出现分林先砍树的结果也就不奇怪了。

虽然，安徽岳西的失败不能证明分林到户不适合林业，但另一方面也说明了分林到户的改革需要有更多的条件和更艰难的探索。私有林的产生和发展的道路也因此而变得漫长和艰难。

第三节　私有林发展的曲折进程——“三明模式”

安徽岳西试图通过分林到户的改革来大规模发展私有林的尝试陷入了分林先砍树的怪圈之后，为了防止乱砍滥伐的蔓延，为了维护生态安全，中共中央、国务院于 1987 年作出了决定，禁止继续进行分林到户的改革，这实际上是对分林到户的家庭承包制的全面否定，家庭私有林成为林改的禁区，各地不仅全面地停止了分山分林，而且还将原先已经分下去的山林资源又重新收归集体统一经营。林改向集体和联合经营的回归，私有林的发展进入了曲折的调整过程。这个时期出现了“三明模式”便是在这样的背景下应运而生的。

一、“三明模式”的形成

三明市位于福建省中部连接西北隅，地处北纬 25°30′～27°07′，东经 116°22′～118°39′之间，全市土地总面积 22959km^2。三明市现有森林面积 2645.5 万亩，森林覆盖率 76.8%；活立木蓄积量 1.15 亿 m^3，竹林储量 3.66 亿株；森林资源总量占福建省的三分之一以上，活立木蓄积量是全国少数几个超过 1 亿 m^3 的地(市)之一，森林覆盖率比全省高出 13.9 个百分点，比全国高出 60.3 个百分点。目前，三明市农民人均拥有林地面积 12.5 亩、活立木蓄积 57.5m^3、竹林储量 183 株，均居全省第一。在我国南方集体林区 48 个重点林业县(市)中，三明占了其中的 9 个，占了将近 1/5。全市的木材、人造板、松香等主要林产品的产量均占福建省的 1/3 左右，林业产业产值约占全市工农业总产值的 1/5 (三明市林业局，2006)。

20 世纪 80 年代的初期，按照林业“三定”的统一要求，在其他地区采取了“分林到户”的改革时，三明市的政府相关部门因担心山林分户后可能引发的乱砍滥伐问题，采取了“分股不分山、分利不分林”的做法，组建了各种形式的林业股东会，并以其作为集体山林经营管理的主体。1988 年 4 月，经国务院批准为集体林区改革实验区的三明市，正式设立了“分股不分山，分利不分林”的改革项目，并在此基础上成立了“林业股东会”。

实践证明，在当时的社会经济条件下，以林业股东会这种股份合作制的经营形式取代过去村集体统一经营的模式，对于保护森林资源，确实发挥了重要的作用，并且提出了林业股份合作制的经营形式，并成立了代行林农所有权人职责的林业股东会，“三明模式”因此得到了政府的重视和社会的关注，在中国集体林产权制度改革的历史上留下了重要的一章。

二、对三明林业股东会模式的评价

以“分股不分山，分利不分林”为主要特点的三明模式，实际上是作为分林到户大包干责任制的对立物而创立并存在的，其创建的初衷是既防范风险以更好地保护森林资源，并试图通过“林业股东会”的制度创新，通过分股和分利来实现还林于农和还利于民的改革目的，以激发林农的生产经营积极性。实际上这一模式并没有能够有效地提高林业的活力，没有能够实现林改的目标。但作为当时林改的典型和创新形式之一，仍有其存在的重要价值，客观地评价和分析它的存在意义，总结其经验与教训，对于林改的顺利进行和私有林的发展有着十分重要的意义，具体有以下几个方面(张春霞，1994)：

(1)三明林业股东会模式开拓了集体林业产权制度改革的一个新思

路。因为在20世纪80年代初，人们对于私有财产权还是讳忌莫深的。所以，改革的重点主要集中在所有权与经营权的关系上，两权分离是大包干责任制的理论基础，分山分林成为当时改革的政策禁区。正是在这样的体制与理论背景下，三明林业股东会却独创新路，将集体公有的林木资产折成股份后再分给林农个人，这实际上就在制度上承认了林农对于林木资产的私人所有权的合法性。虽然这种合法性还只是存在于股票这一虚拟的形式上，却仍然不失为是一次对当时观念的大胆探索和突破。

(2)三明林业股东会经营模式试图在组织形式上进行政经分离的改革探索，集体山林资源并没有像此前那样交给村委会直接经营和管理，而是在村委会之外，单独地创立了林业股东会这一经济实体，并由其代表全体村民独立地负责进行林业经济活动的运作。

(3)三明林业股东会经营模式确定了以林业股份合作经济作为集体林业改革的基本方向，并进行了相应的制度创新，建立了林业股东会的一整套章程，明确了林业股东会的法人资格，其性质是股份合作经济，规定了股东、股东会及会长的责、权、利，制定了相应的经营管理和财务管理的制度，从而确定了林业股东会的体制。

三、三明林业股东会的制度缺陷

三明林业股东会走向消亡的原因在于其制度设计上的缺陷。从形式上看，“林业股东会”的制度设计是科学的：其一，原来的集体林已经通过股份的形式分给了农户，农民以股东的形式成为集体林木的所有者；其二，林业股东会是独立于村集体、专门经营林业的经济组织，因此已经改变了原来的集体统一经营的模式；其三，股东会的章程中也设计了股东代表大会、监事会等一系列保护农民权利的制度，也明确了股东代表大会是最高权力机构。但该制度的实际运行却未能实现设计者的初衷，因为股份合作经济的运行不仅要求制度上承认私人财产权的合法性，而且更需要强化对私人财产权的有效约束，建立起私人财产权的约束机制，完善的约束机制是有效率的经营机制的前提和基础。然而，正是在这一关键性的问题上，三明林业股东会模式陷入了认识上的误区，认为只要将集体林木折价成股，并且股权到人，就能实现还林于农的目标，就能调动广大林农的生产经营积极性。将股权明晰到人等同于还利于农，等同于林农的生产经营积极性，这种简单化的理解忽视了它们之间的复杂关系，忽略了这种等同关系能够成立的先决条件：形成私人财产权的有效约束机制，这是产权制度改革的关键所在。其主要问题体现在以下几个方面（张春霞，1994）：

（1）把集体林木折价成股，并最终体现为若干股份明晰到户，这并不等同于真正意义上的股权到人。因为，在现实中，在当时三明市的不少地方，他们仅仅是在账面上把股权明晰到户，并没有真正直接地将股权证（或林业股票）发放给林农个人，这种账面上的"个人所有"，同集体经济中的那种"人人所有，人人没有"的情况并没有实质差别。

（2）即使是那些已经将股权证（或林业股票）发放到林农个人的地方，也并不等于已实现了还林于农和还利于农的目标。因为在这里，林木财产的所有权已二重化为价值上的所有权和实物财产所有权，前者被称之为资本所有权，为股东所占有和支配，后者则是资产所有权，主要由经营者所占有和支配。可见，在林木财产所有权二重化的同时，所有权主体也二元化了，这时持有股权证的林农所拥有的仅仅是那种已经与林木实物相分离的资本所有权，这种虚拟的资本所有权同财产实物所有权之间必须建立起强有力的约束机制。如果缺乏必要的约束机制，或约束机制未能发挥出其应有的作用，则虚拟的资本所有权就可能变成虚无的所有权，就难以真正地实现还林于农和还利于农的目标。所以，对林木股份的私人所有权的约束是否有效及其硬化程度，决定了还林于农和还利于农能否实现及其实现的程度，这种约束是对林木财产的终极所有权的约束。

所有权约束的有效性取决于三个方面的条件：①林木财产的最终所有者即作为股东的林农，其同林木财产的实际占有和支配者的股东会会长或经理之间，必须是一种真正意义上的委托人和被委托人（即代理人）的关系。这里所谓的"委托－代理"关系的内涵是：在财产营运上，代理人必须服从于委托人的意志和服务于委托人的利益，以保证财产的保值和增值。为了使"委托－代理"关系能够真正地付诸于实施，委托人就必须具有约束代理人的能力。因此，这就要求：一是股东要享有真正的而不仅仅是形式上的选举权，即股东们有权决定由谁来担任代理人；二是股东必须有权且有能力约束代理人的行为，从而使代理人按照股东的意愿从事生产与经营活动，并据以决定对代理人的奖惩及是否续约。②股东虽然把林木资产委托给他人代理，但仍保留着对自己所投入资产营运的重大决策权，即有权参与决定公司的经营方向、范围和方式等重大决策。③股东还应享有产权的流转权，这实际上是股东对自己的财产和利益的保护权，他们可以通过股权的转让、出售等方式来解除其与公司之间的合作关系，从而保护自己的利益不受损失。可见，股东必须同时拥有对代理人的人事管理权、参与重大经营决策权和产权流动权等各种相关的权益，只有这样才能形成有效的约束关系，而这互为补充的三权之间的关系，便形成了一个相对较为完整的约束机制，其中尤以所有者对代理人的人事管理权最为关键。

(3)从三明林业股东会产生的过程来看，同其他地区由群众自愿组织而形成的内生型股份合作经济模式相比，三明林业股东会模式则属于外生型的，它的产生是政府通过运用行政权力自上而下推动的结果，因而缺乏足够的群众基础，从而导致其制度资源相对贫乏，而且当时三明林业股东会中的绝大多数管理人员均由行政村“两委”的人员兼任。正是由于它从产生开始便带有较为浓厚的行政色彩，从而使它始终无法摆脱作为行政组织附属物的尴尬地位。结果是，所有者的股东与股东会的会长(或经理)之间的委托－代理关系从一开始就扭曲了，原本是公司制企业中的“委托－代理”关系，却被颠倒成行政上的上下关系或主从关系，从而导致委托人对代理人的产权约束失效。

(4)从三明市林业股东会的运行情况来看，其实质上是一种具有行政区域性的、封闭型的股份合作经济组织，以行政区域为界，生产要素流动性小。其直接结果是：①由于股东会的范围基本上与行政区域上的行政村完全重合，致使其在运行过程中往往难以摆脱行政的影响和干预，从而难以成为一个真正独立的经营主体；②股东会以行政村的范围为组织边界，这样的股东会一方面由于其成员众多，建立委托－代理关系所需的谈判和监督成本较大，也容易产生“随大流”和“搭便车”等现象；另一方面是大规模的公司经营管理对管理人才的素质要求较高，而在当时经济尚不发展的三明地区，股东即使有真正的选择权，也很难选出比较合适的代理人。正是这种封闭性直接地影响了产权约束的有效性，也影响到要素效率的提高，并最终影响林业股东会的生命力。

可见，三明模式的制度缺陷在于，林业股东会名义上是独立的，实际上并没有脱离原来的由干部控制的集体统一经营的轨道，没有能够克服大锅饭的低效率；农民对于林木的所有权也是存在于股票的纸面上的，是名义所有，因为在农民既不能用手也不能用脚投票，不能选择经营者，也不能有效地约束股东会的经营者，不能真正掌握收益的分配权，停留在纸面上的名义所有权就不可能起到激励的作用，林业股东会也因此失去了活力，林业股东会成为20世纪90年代林改的对象也就是必然的了。当然，对于“八山一水一分田”且森林资源十分丰富的福建，如何为当代也为后代保住绿水青山，也是改革必须慎重对待和妥善解决的重要问题，因此“三明模式”虽然没有能够实现社会对于林业活力和效率的预期，没有能实现帕累托最优，但也是在当时的客观条件下的次优的选择，是基于福建的特殊林情的有益探索。同时这也进一步说明了明晰产权是重要的基础，也说明了集体集中经营的模式是难以实现效率的目标，即使以股东会的新形式替代集体也一样。

第四节　私有林的发展：湖南怀化试验区及20世纪90年代的林改

湖南怀化试验区则有不同于三明的林改探索。“怀化山区开放开发试验区”是由湖南省于1988年8月批准的，之后又于1990年被国务院批准为全国农村改革试验区，重点是探索山区综合开发与改革的道路，并于1991年被原国家林业部增列为全国林业改革试验区。在国务院批准的总体方案中的“山地制度建设”和“多种开发形式”两个项目，探索了以林木、林地使用权和资金等不同要素进行联合，实现了对山地的多元主体的开发。怀化试验区虽然也是强调“合”而不是“分”到家庭，但这里的联合是对于已经承包到户的山林进行多种形式的联合经营，是在产权比较明晰的基础上进行的多主体的联合，因此其产权的基础不同于“三明模式”，其经营模式也不同于原来的集体统一经营，催生了私有林。此外，在其他地方的林改及社会林业的实践，也都促进了私有林的发展。

一、怀化林业改革试验区的林改探索

(一)怀化林业改革试验区的概况

怀化市地处湖南省的西南部，属云贵高原向湘桂丘陵盆地过渡的地段，武陵、雪峰两大山脉纵贯全境。全市总面积4140万亩，其中林业用地面积3033万亩，占全市总面积的73.26%，人均林业用地面积超过6亩。怀化境内植物资源种类繁多，森林资源优势明显，共有植物资源225科900属3716种，主要用材林树种有杉木、马尾松、楠竹等，主要经济林树种为油茶、油桐、柑橘、板栗、枣子、柿子等。全市现有有林地面积2618万亩，活立木蓄积6587万 m^3，森林覆盖率高达66.95%。其中林业用地面积、有林地面积、活立木蓄积和森林覆盖率四项指标均位居湖南省各市州的首位(怀化县林业局，2007)。

怀化林业改革试验区是适应于经济发展战略的转变而设立的。湖南省是我国南方集体林区的林业大省，怀化则是山地资源丰富的重点林业市，林业是该市的经济支柱之一。但受“重田轻山，重砍轻造”等政策影响，一方面是森林资源持续下降，另一方面是地方经济发展缓慢。在总结经验教训的基础上，怀化市于20世纪80年代中期就提出了“八亩山地奔小康”的发展新思路，山地因此成为新的经济发展战略的突破口和主攻方向，同时确定了“三个开放”(自我开放、向国内开放、向国外开放)，“四个开发”(开发山地、开发水能、开发矿藏、开发交通)和“五个改革”(改消极守业为积极经营、综合开发，改单纯依靠贷款开发为多渠道集资开发，改单一的经营方式为多形式、多层次经营，改仅靠普通教育培育人才为多途径开发智力和人才，改一般化领导为亲自动手，精心指导，实行任期目标责任制)的发展新方略。

(二)明晰山林产权，在产权有偿流转中实现联合

林业“三定”后，怀化市82%的山林实现了承包到户经营。随着山地综合开发试验的逐步展开，该市积极推动了山地使用权的有偿流转，到1992年底，全市流转的面积就达到了7.27万 hm^2，开发成果流转金额达1000多万元。当时怀化各地所进行的山地产权及开发成果权流转的形式主要有4种：一是租赁；二是入股，即农户以山地使用权投入开发性联营或股份制企业，参与其经营利益的分配；三是买卖，即以货币

形式换取或让出山地使用权及开发成果所有权；四是兑换，这是一种物物交换形式，或以山换山的，或以耕地换山（陶石头，1993）。在上述几种形式中，以租赁和入股的比重最大，二者合计达到了98%，成为怀化山区山地产权流转的最主要形式。

为了促进资源的综合开发，怀化市设立了“山林经营管理股份制改造试验”项目，对当时的家庭山林经营责任制进行股份制改造，通过界定山林产权、资产评估折股和对农民山地使用权的有偿流转，促进各方合作建立股份合作林场。在这样的过程中，形成了几种较有特色的山地规模经营新形式，如农民联合兴办专业合作社，国家与农民联合兴办联营林果场，集体与农民联合兴办联营林果场，以及各投入主体兴办的股份合作林果场等（陶石头，1993）。

（三）存在的问题及其启示

怀化市在20世纪80年代末到90年代中期所进行的山地综合开发及相应的林业改革，对于发挥当地的资源优势、促进地方经济发展等方面取得了一定的成效。但也存在不少问题：

（1）山地的所有权主体不清、山林的产权关系模糊。怀化市所开展的山区综合开发和林业经营改革中，在产权问题上，比较重视山地使用权，而忽视了林木所有权；同时，对于山地的使用权的使用期限，没有明确的规定，也缺乏必要的法律依据，因此引发了各种新的产权纠纷。

（2）群众的参与度低。怀化的山地综合开发与改革采取的也是“自上而下”的路径，政府起着主导作用，因此没有能调动农民的积极性，影响了改革的预期效果。

（3）过分强调规模经营，而忽视了公平原则。怀化市在林木产权的承包中并没有进行均山均林的制度安排，而是从山地开发的规模经营出发，强调经营者的意愿和经营管理能力，因此在对山地及林木这一重要的生产资料进行初始分配时，忽视了公平原则。结果是当地的农户很少参与开发与承包，大户和企业成为开发的主体，因此就没有能实现山区经济发展和当地居民共同致富的预期效应，“三农”问题仍然严峻。

（4）承包合同不规范。承包关系不明确，承包方往往只与发包方签订了较为简单的承包经营合同，对于经营者通过各种方式承包的山地，虽然其承包经营主体发生了变化，既没有林权证书也没有主管部门的相应变更登记的文件，不规范的承包合同和管理导致了山林的产权混乱，出现了“一山多主”和“一主多山”等问题。

(5)三大效益的协调问题。如何协调经济效益和生态效益的关系，是山地综合开发中的一个重要的原则问题，怀化在签订山地综合开发的协议或合同时，其内容往往是山地开发和经营中的经济利益关系，却没有对生态环境保护方面的内容进行规范，引发了水土流失、土壤硬化、农药残留等各种生态问题。

当然，不管是“三明模式”还是怀化模式，他们共同的地方是绕开“均山分林到户”的林改禁区，并且都强调“合”的问题，区别的只是集体经营还是联合经营。

二、20世纪90年代的林改与私有林发展

(一)“四荒”拍卖

进入20世纪90年代之后，随着我国社会主义市场经济的确立和不断发展，林业经济也围绕“两个转变”(经济体制从传统的计划经济体制向社会主义市场经济体制转变，经济增长方式由粗放型向集约型转变)而进入了改革和发展的新时期。各地相继出现了“山地综合开发”的热潮，山区的优势得到人们的重视。为了推进山地的开发和利用，许多地方出现了大户、企业和个人承包山地经营。山地因此成为重要的资源，就连过去无人问津的“四荒”(指荒山、荒坡、荒沟、荒滩)也成了抢手的香饽饽，在山西吕梁地区率先进行“四荒”地使用权的拍卖后，迅速在全国范围内推广开来。南方林区“四荒”地使用权流转机制开始逐步形成，一些农户从拍卖中获得了林地经营权，同时也吸引了大批的个体工商户、林业以外的部门投资于林业。私有林因此得到了一定的发展。当然由于林业经营周期长、风险大，税赋重、收益少且缺乏处置权等原因，私有林的进一步发展受到许多制约。

(二)明晰产权的改革

同时，集体林权制度改革也进入了新的阶段，尤其是在集体经营仍然占主导地位的省份，如福建省的各主要林区都进行了不同形式的改革。南平市于1994年在116个村进行了林木产权明晰化的试点工作，之后的1998年，市委、市政府下发了《关于南平林业经营管理体制改

革的意见》，要求各地在“百村”试点的基础上，把改革的核心放在搞活林地使用权和林木经营权上。同期，三明、龙岩等地市也相继进行了以“明晰产权、分类经营，落实承包、保障权益”为主要内容的集体林经营体制改革，落实“以家庭承包经营为主、多种形式并存”的林业生产经营责任制，还相应地开展了包括林业税费、森林资源管理体制和木材流通体制等相关内容在内的配套改革措施。这一阶段所采取的一系列改革措施，在一定程度上明晰了山林的产权归属，为后续的新一轮林改奠定了基础。

需要指出的是，这一时期的改革，并不是采取均山到户的做法，因此山林产权并没有真正地明晰到户，一般的农户难以获得林地的使用权和经营权。相反，许多地方在推行山林的承包和拍卖中，由大户承包了大片的山林，其承包经营合同的期限一般是 30 年，所以各地出现了林权集中于大户的情况，导致集体的山林离平民的农户越来越远，阻碍了私有林的大发展。

三、社会林业的实践与私有林的发展

社会林业的概念是由印度林学家于 1968 年在英联邦第九届林业大会上第一次提出的。随后，社会林业得到了国际社会的共同关注和支持，使其在许多国家迅速地发展起来。乡村林业是社会林业的最主要类型之一。进入 20 世纪 90 年代之后，在南方集体林区包括云南、广西、福建等不少地方开始了乡村社会林业的实践。

（一）南方集体林区具有发展社会林业的实践基础

社会林业是一种民众直接参与并直接受益的林业，在我国南方集体林区，乡村社会林业的发展有其特别优越的自然和社会条件，主要体现在以下几个方面（张春霞，1995）：

（1）在我国广大的南方集体林区，集体林地在林业用地总面积中占了 90% 以上，而且集体林业的经营性质同社会林业的本质要求是一致的。集体林业是一种以区域为界，由劳动群众共同拥有该区域的山林资源的一种林业所有制形式，即作为主体的居民，是林地的共同所有者。因此，社会林业中“主体”的含义同集体林地所有权中主体的内涵是一致的。当然，作为集体林地所有权主体的林农，他不一定自己直接经营山林，也不一定要采取个体经营的形式，但他有权也应该关心自己的林地财产(与其他成员共有的)的营运情况，并且林农的这种权利是必须通过参与山林资源营运决策活动的行为才能实现的，即通过参与集体决策或自己直接经营(也可以采取委托他人经营或采取其他形式)。总之，作为主体的林农可以通过这样的活动来实现自身的意志和利益。可见，社会林业中以当地居民作为林业生产经营和收益双重主体的本质要求，是与集体林业所有权主体的内在规定性相符合的，社会林业因此成为体现集体林业经济性质最合适的形式之一。

(2)在我国广大的南方集体林区，具有发展乡村社会林业优越的自然和地理条件。从自然条件来看，南方集体林区具有明显的气候优势，区内绝大部分地区在气候带上属于热带、亚热带季风气候区，区内雨水充沛，且雨热同季，适合于各种生物的生长。在地理条件上，区内地形以山地和丘陵为主，适合于发展林业生产。优越的自然和地理条件既是从事林业生产经营的自然基础，也是社会林业发展的自然基础。因为社会林业正是着眼于对山林等各种相关资源的综合开发利用，以满足主体在不同经营期内的经济收益要求，从而激发林农自愿地参与林业活动的积极性，以最终实现林业生产三大效益相互协调的目的。

(3)南方集体林区具有较好的发展乡村社会林业的人文条件。我国南方集体林区的农民大多依山居住，而且具有开发和利用林地及其他各种资源的优良传统和习惯，他们从事乡村社会林业活动的历史悠久、形式多样。即使是在新中国成立前的南方集体地区，虽然当时大部分的山林为少数的地主和富农所占有，但多数山区的农民仍然保留有少量的林地，林业经营仍是山区农民最重要的副业和最稳定的经济来源之一，具有“靠山吃山”的传统习惯。

(二)发展社会林业的重要意义

乡村社会林业是一种适合于集体经济性质要求的、适合我国南方区域特点又溶入了现代林业思想和要求的林业发展新形式。在我国南方集体林区，发展乡村社会林业具有十分重要的意义和作用，具体体现在以下几个方面(张春霞，1995)：

(1)通过发展乡村社会林业，有助于解决南方地区存在的社会问题。虽然就区域整体而言，南方集体林区属经济较为发达的地区。但实际上在南方集体林区内部的城乡之间、山海之间的经济发展程度与水平仍然存在着较大的差异性，而且这种差距仍然存在着进一步扩大的趋势。以福建省为例，地处山区的南平、三明、龙岩、宁德四地市与地处沿海的福州、厦门、泉州、漳州、莆田五地市之间在经济发展的水平、居民人均收入，特别是农村居民人均收入上都存在着较大的差距，而且这方面的差距仍然在被不断地拉大。面对这样的趋势，必须尽力地缩小山海之间和城乡之间的差距，为此，必须找准山区发展的优势所在，并以其作为突破口。山区的优势在于丰富的山林资源以及富余的劳动力。历史已使山区农民同山结下了不解之缘，因此，必须结合自身的优势，想方设法引导广大农民上山开展山林资源的综合开发利用，生产多种林副产品，特别是那些具有自身优势和特色的无污染森林食品，并进行加工增值，以促进山区经济的发展。只有这样，才有望逐步地缩小区域之间经济上的差距。

(2)乡村社会林业的发展有利于山区生态环境的进一步改善，从而有助于协调人与自然之间关系。我国南方集体林区的山地、丘陵较多，而且地形复杂多样、山水相间。这样的地形地貌，致使自然生态系统的基础比较脆弱，一旦植被被破坏，就有可能造成严重的水土流失。近年来，许多专家发出的关于“长江有可能变成第二条黄河”的惊呼就说明了这方面问题的严重性。因此，应通过乡村社会林业这种有效的形式，组织广大山区群众进行山地的综合开发和多种利用，这样既可解决山区剩余劳动力的出路问题，又可有效地改善山区的生态环境，从而有助于山区的可持续发展。

(3)有利于提高森林资源的质量，促进林业的可持续发展。我国南方集体林区气候宜人，林木生长率高于全国的平均水平，具有发展林业生产的天然优势，森林覆盖率远高于全国平均水平。但资源优势不等于经济优势，因此要想方设法调动生产者的积极性，使他们能够积极主动地参与林业经营。对于我国南方集体林区大部分的林业生产而言，目前的关键是要提高山林的经营管理水平，为此，应引导群众积极地参与山林管护，自觉地参加林业生产经营活动，以提高山林的产出效率。而发展社会林业就是要通过给予林农以直接经济利益的保障，来吸引当地居民自觉、自愿地参与森林资源的保护和林业经营活动，从而促进森林资源数量和质量的“双增长”。

（三）发展社会林业必须以林改为前提条件

南方集体林区乡村社会林业的发展必须以林权制度改革为前提和条件（张春霞，1995）。因为社会林业是通过调整人与人之间的社会关系，从而发挥人的主动性和积极性，并借以调整社会与自然之间的关系，从而使“社会——自然”系统在动态中实现平衡。社会林业的本质要求，使林区的居民要参与林业的生产经营决策与管理，并且能够从中受益，这实际上就涉及林业产权的各个方面，包括林地的所有权和经营权，以及林地上所生长的林木的所有权、经营权、处置权、收益权等，以及它们之间的相互关系。如果居民不是林地的所有者，又没有使用权，就不可能参与林业的经营与管理，可见，社会林业的本质对产权制度提出了特殊的要求，只有符合这样的要求，社会林业才能得以顺利地发展。

20 世纪 80～90 年代的集体林业产权制度却难以满足社会林业的本质要求，南方集体林区的林业产权制度仍存在以下几个方面的问题（张春霞，1995）：①林地属于集体所有，多是以行政村为基本单位，由村委会代行所有权，而不是由居民直接行使。②在这样的林地所有权基础上，农民如何直接地参与林业生产的经营与管理就显得十分重要，而当时并未很好地解决这个问题。现实中的集体林经营主要有两种类型：一是 20 世纪 80 年代已实行分林到户、分户经营为主，同时又以新组织的林业合作经济的集中统一经营为补充，这是以林权的私人所有权为基础的集中统一经营，因而受到了私人产权的有力约束，农民也有较大的经营参与权；另一种是仍然由集体统一经营为主的类型，不论是以原集体或新的合作经济组织为母体，林农对于林业生产经营与管理的参与度都不高。③在如何保证林农成为受益主体这一关键问题上，由于税费和市场环境问题，由于缺乏林木私人所有权的有效约束，林农得益较少甚至没有得益。

可见，在当时的南方集体林区，由于林权改革的滞后或反复，导致现实的集体林权制度同乡村社会林业的本质要求之间还存在着较大的差距。产权主体难以明晰，林地的经营权和林木所有权未能落实到林农，乡村社会林业也未能在南方集体林区推广，私有林也难以得到大规模的发展。

第五节　家庭私有林的大发展：新一轮林改

从20世纪80年代初期的林业“三定”开始的集体林权制度的改革，经20多年的艰难探索，一直到2003年由福建率先启动的新一轮林改才得以突破，私有林的迅速发展才具备了必要的前提条件。

一、新一轮林改前的集体林权制度改革的历史评价

在新一轮林改前的历次重要改革，虽然没有完全实现改革的目标，但这是一个不断探索和不断前进的过程。

（一）2003年前集体林权制度改革的积极意义

（1）这几次改革都是基于当时的社会历史条件而进行的探索，如林业“三定”、安徽岳西的“自营山”模式和福建三明的林业股东会等，不管是试对或试错，都对后续的改革提供了很好的借鉴，为2003年开始的新一轮林改奠定了坚实的基础。

（2）这几次改革都是我国当时经济体制改革整体的一个重要组成部分。如林业“三定”，后来的岳西“自营山”模式和三明林业股东会都是借鉴耕地改革成功的经验而提出来的，因此实际上是当时农村土地承包经营制度改革的一部分。

（3）历次改革的方向选择是正确的。以林地产权的改革作为切入点、进行林地所有权和使用权分离的改革探索，是林业产权改革的重点和难点。虽然，这些改革受到当时社会经济条件的制约而未能完全实现预期的改革目标，但其中的许多改革思路为后续的改革奠定了较好的基础。如安徽岳西的“自营山”经营模式对2003年开始的新一轮林改有很大的启示。

（4）改革的出发点和最终落脚点都比较一致，即都明确指出改革的主要目标是为了增加经营主体的收益水平，以调动林农的生产经营的积极性和主动性，实现集体林业的可持续发展。而这也正是自2003年开始的新一轮林改的初衷。

（5）历次改革的主要对象都选择了商品林。虽然在20世纪90年代中期之前，尚未进行林业分类经营改革，但都选择了能够在较短时间内

产生改革效果的用材林和经济林作为改革的主要对象，这是符合林业实际的明智选择。

(二)新一轮林改之前历次集体林权制度改革的经验和教训

2003 年新一轮林改之前的几次集体林产权制度的改革，并没有从根本上解决集体林经营中与山林产权密切相关的一些问题，如产权主体不明晰、产权关系不清楚、相关的配套改革措施不到位、林农应享有的相关权益缺乏必要的保障等问题，为新一轮林改提供了不少经验和教训：

(1)以前的历次改革，由于没有推广家庭经营的模式，林地的经营权和使用权、林地产权和林木产权等几个重要的权属关系，就没有得到明确和界定，作为集体山林产权共同主体和集体山林经营管理活动最主要执行者的林农的各项权益没有得到落实，就没有能够调动林农的生产经营积极性，影响了效率和集体林业的可持续发展。

(2)历次改革中，尽管均涉及到林农的相关权益，但都没有得到相关部门的权威认定，更没有法律保障。如三明模式中，村委会发给林农的股票，又如承包合同、协议等文件，都存在着林农的参与度低、权威性不足等问题。这些问题在 2003 年的新一轮林改中得到重视和解决，因《林权证》是受国家法律保障的，从而激发了林农投资林业的积极性。

(3)对于长周期性的森林资源经营而言，政策的稳定是非常重要的。但在新一轮林改之前的历次改革中，一方面是政策多变，另一方面是承包经营期限没有得到明确，就难以形成比较长远的心理预期。在改革中出现的集体山林乱砍滥伐行为，实际上是林农对相关政策稳定性的怀疑而产生的必然反应。

(4)以往的改革对于林权改革密切相关的配套改革重视不够。林权改革涉及诸多相关部门的利益及多方面的关系，是一项复杂的系统工程，因此需要相关的改革进行配套。只有各方协同一致，才可能取得成功。如林业社会化服务体系、林业税费、林木采伐管理机制、森林资源资产评估制度、产权流转和登记制度等是实现改革目标所需要的相关配套改革。

二、新一轮林改的现实起点

(一)政策背景

21世纪初，国家林业局党组提出要把“放手发展私有林”作为实现新世纪中国林业跨越式发展的重要政策之一。2001年全国林业厅局长会议强调指出：“新世纪林业要有新突破，私有林要有个大发展。私有林的最大优点是，产权关系清楚，利益比较直接，让人有实实在在的拥有感，最能调动人的积极性。在鼓励发展非公有制经济方面，中央早有明确政策。关键看我们能不能解放思想，采取有效政策，给私有林以合法地位和适生条件，让其有充分的发展空间。”这次会议后私有林获得迅速的发展。特别是最近几年，党的十五大、十六大报告和1999年及2004年两次的宪法修正案中都明确指出并强化了非公有制经济的重要地位和作用，例如，新宪法第十一条第二款就明确指出：“国家保护个体经济、私营经济等非公有制经济的合法的权利和利益。国家鼓励、支持和引导非公有制经济的发展，并对非公有制经济依法实行监督和管理。”在这样的大环境下，一批个体工商业者、农村能人在积累了比较雄厚的资本之后，进入林业领域，把山区开发作为投资的新目标，同时外资经济也大量涌入林业。林业经济出现多种所有制成分互相促进的局面，从经营自留山、责任山、到参与林业股份合作制甚至林地的流转，私有成分参与林业活动的形式日益多样化。

(二)私有林得到一定的发展

在新世纪，私有林已经成为我国林业必不可少的组成部分，成为我国林业经济发展的重要力量，在农村产业结构调整、增加农民收入以及林业生态建设中都发挥着重要作用。据有关部门统计，最近几年，在新造林面积中，私有林占了80%以上，个别省区甚至超过了90%(包括退耕还林)，正如国家林业局局长周生贤同志在2002年全国林业厅局长会议上所强调的那样：“私有林是我国林业的重要组成部分，是当前林业建设中最具活力和潜力的板块。”

1. 私有林的比重增加

根据第六次全国森林资源清查(1999～2003年)结果：全国森林资源总量持续增长，森林质量有所改善，林种结构渐趋合理，林业所有制形式和投资结构趋向多元化，而我国私有林成效显著。2003 年全国森林面积17490.92 万 hm^2，森林覆盖率为18.21%，活立木总蓄积136.18 亿 m^3，森林蓄积124.56 亿 m^3。我国森林面积居世界第5 位，森林蓄积列居世界第6 位。其中非公有制森林面积比例为20.32%，森林蓄积比例为6.77%。在现有的未成林造林地中，非公有制比例达41.14%。数字显示，2001 ~2003 年，我国营造林面积连续突破1 亿亩，其中2001 年、2002 年和2003 年我国私有林造林面积分别占全国造林面积的54.4%、70.2%、80%，而这大部分分布在我国南方集体林区。

根据国家林业局在《2005 年全国林业建设与发展总体情况报告》中公布的数据表明，全国2005 年非公有制经济造林共完成207.88 万 hm^2，占全部造林面积的比重达到56.98%，所占比重比2004 年高出6.02 个百分点（2004 年非公有制经济造林占全部造林面积的比重为50.96%）。

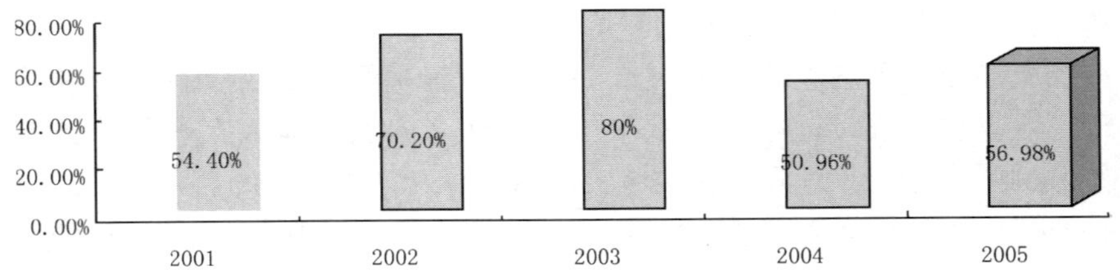

图1-2 2001 ~2005 年全国私有林造林所占比例

如图1-2 的数字可以看出，我国私有林近几年得到快速发展，从2001 ~2003 年，上升速度非常快，尤其在2003 年，比例高达80%。2003 ~2005 年虽然稍缓，但每年营造的私有林占当年新造林的面积也都在50%以上。由此，我们也可以很直观地推断，私有林占全国森林资源的总量也在不断增长。

2. 投资主体多元化

随着“谁造谁有”、“谁投资、谁受益”政策的落实和林权改革的推进，私有林投资主体一改过去由国家和集体大包大揽的投入机制，呈现出主体多元化、规模化的特征，投资主体包括农民、私营企业、个体工商户、集体组织、机关干部、城镇居民、下岗职工等多种身份的投资者。民间资本进入造林绿化事业，使投资主体由以政府投资为主逐步转向国有、集体、团体和个人一起上的多元化投资，这不但拓宽了民间资本来源渠道，引入了多元化的现代经营理念和先进的管理方法，而且外源资本、城市资本与“四荒”(荒山、荒沟、荒丘、荒滩)资源的结合，促进了“四荒”资源的规模化、集约化、市场化开发经营，赋予传统林业以崭新内涵，使林业的聚集效应不断增强。

3. 经营形式多样化

根据经营主体和管理模式的差别，私有林的经营形式具体上包括个体经营、家庭经营、企业经营与合作组织经营四种：

(1)个体经营。集体将林地使用权或林木所有权，通过承包、租赁等竞价方式转给个人经营。

(2)家庭经营。这是在全国都是较为普遍的形式。家庭经营包括一般家庭经营和家庭林场。在林业“三定”时，自留山按人口分，一般平均每人 0.1 ~ 0.3hm^2，荒山荒地多的地方也有达 1hm^2。责任山按劳动力自愿承包，也有的地方把责任山平均划分到户经营。山林划定到户后，按照经营的山林面积、农户投入的劳动量以及从山林获得收入占家庭总收入的比重大小，将经营林业的家庭分为林业兼营户、重点户、专业户。兼营户是指除拥有自己的耕地外，还在自留山和责任山上种植林木，同时套种农作物以增加收入的农户。专业户、重点户一般是当地有资金、有技术的农户，可根据其林业产值、年造林面积、管护面积和林业收入在家庭总收入中所占比例不同等分别确定为专业户和重点户。另外，在划分自留山、责任山到户经营的基础上，一些有经营头脑的人，通过租赁、承包等形式，扩大山林经营规模，并临时或常年雇请劳动力、协助自己家庭来经营林业，从而出现了家庭林场或林业庄园等组织形式。林业家庭经营符合中国的国情、林情，也是山区、集体林区的林业经营形式。

(3)企业经营形式。主要包括外商投资公司和股份制公司。但目前外商投资公司所占比例较小，主要指股份制公司。外商投资主要集中在广东、福建、海南等气候条件好、林木生长快、又具有较好的投资环境的南方沿海省区，外商投资能获得较高的经济效益，其参与林业的主要活动是租赁林地营造速生丰产林、进行以林为主的综合开发经营。股份制公司是按照“分股不分山、分利不分林”的思路，将原来集体拥有的森林资产，以价值形态折价作股，这有利于土地、资金和技术等资源的合理配置。

(4)合作组织经营形式。联营经济和股份合作制经济是两种发展程度不同的合作组织形式。联营经济是在家庭经济的基础上发展起来的一种组织形式，是股份合作制经济的雏形，根据联合主体的不同可分为三种具体形式：①联户经营：林业“三定”分山林到户后，几户、十几户或更多的农户自愿联合起来，共同投资、投劳，兴办联户林场；②农户与林场联合经营：农户自愿与乡村林场联合，走集体经营之路，农户将山林交给林场，由林场统一经营，收益按比例分成，或者是乡村统一规划、统一组织，村民义务投工投劳，在集体成片的宜林荒山上造林(多为用材林或竹林)，然后组织专业队管护，山林共有，有收益时扣除乡村集体部分，剩余的按投工计酬，分配到户；③农户与其他事业单位联合经营：这种形式多以农户投山、投劳，以林业局、营林公司、木材公司、林业站、国有林场或加工场等单位投入资金，合作造林，建立林场，收益按比例分配，或以木材偿还投资。

有些地方在联营经济的基础上出现了股份合作制组织：农户之间的合作经营，主要是由农户自愿组合，以林地、劳力、资金入股，联合开发荒山，按比例分红，这种类型多集中在浙江、广东、福建沿海地区及云南、四川、河北、河南等省山区县；农户和村组合作开发经营，主要是由林农与村组联合开发，林农自愿将承包的责任山使用权、林木所有权交村组联合办林场；村组将林地所有权入股，林场按林地、林木配置权，登记在册，同时吸纳林农劳力和社会资金入股，全部量化后实行统一经营，收益按股分配；农户、村组、乡镇与国有林场、营林公司、木材公司股份合作经营，即公司+农户合作形式，主要在湖南、广西一带。一些国有林业企事业单位以资金、技术入股，乡镇以管理入股，村组、农户以林地、管护入股，收益按比例分配，由林场与林业企事业单位先分，林场所得部分再与乡、村、农户按股分红(李智勇，2001)，这种形式主要分布于湖南、广西等南方集体林区。

三、福建新一轮林改：家庭私有林的大发展

2003 年由福建率先进行的新一轮林改，在实现了从“承包”到“均山

分林”的跨越的同时，也就实现林业财产权利的平民性，推动了家庭私有林的发展。这一改革随后在江西以及南方部分省相继推广，中央于2008年决定在全国各地全面开展林权制度的改革，由此迎来了家庭私有林的大发展阶段。

（一）福建新一轮林改的背景

新一轮林改是被严峻的现实逼出来的，是在改革与发展的新形势下的必然选择。因为在整个20世纪90年代，除了不跨越政策禁区，坚守现有用材林不能均分到户的底线外，集体林区的林权改革并没有止步。南方各地均出现了家庭经营、大户经营、集体经营等不同的经营制度共存的新格局，这些以不同的产权制度为基础的经营制度所表现出来的不同效率，以及它们对于林业和林区发展所起的不同作用，形成了鲜明的对比，实际形成了不同产权制度之间的竞争。在同一地区的经济林与用材林、不同林区、无林区与林区之间的不同产权制度的绩效对比，促进了人们对于均山分林这一改革禁区的反思，促进人们对于改革取向的进一步思考，从而为新一轮林权制度改革的准备了必要的条件。新一轮林改是基于不同产权制度的效率比较与竞争的必然选择。

首先，改革的推动力来自于同一个地区经济林与用材林的不同产权制度之间的绩效比较：家庭经营制度与集中经营制度。在新一轮林改前，集体林区的经济林基本上已经实行了家庭经营，由于分户经营的制度活力大大提高了经济林的生产力，虽然其面积只占很小比重，却生产出丰富多样的产品，在满足了社会日益高涨的需求的同时，也为农民增加了收入，成为山区农民家庭经济的最重要来源，这对于尚不发达的山区来说是非常重要的。而与经济林形成对比的是，大面积的现有用材林的生产力却没有多大的变化，更为严峻的是用材林的集体收入则很少或几乎是没有用于直接分配，没有能够成为林农家庭经济的来源，没有能够为改变林区的经济贫困和社会落后做贡献。如此之大的反差为新一轮的林改提供了动力。

其次，改革的推动力来自于资源丰富度不同的林区之间的产权制度绩效比较。

在现有用材林资源不太丰富的林区，林改过程中已经逐渐把荒山地或少林地，甚至是部分用材林承包给农民家庭经营，这些山林逐渐成为山区农民家庭的经济来源，发挥了其作为生产性财产的功能。

而在森林资源丰富的老林区，长期以来受到传统体制的束缚是更为严重的，留下来的计划经济体制的历史遗产更多，包袱也更重，林改的压力也更大。特别是大面积的现有用材林，其经济效益和生态效益的矛盾最为突出，丰富的森林资源已经成为改革的“包袱”：因为丰富的资源是生态的宝库，所以更需要保护，因此改革更需要慎重，厚重的使命不允许改革有任何的风险。因此在20多年的林改艰难探索过程中，福建曾经产生了李金耀的大户包山的典型，产生了以集体经营为主要内容的“三明模式”的典型，而不可能过早产生均山分林到户的典型。而正是在这样的历史进程中，林业财产的配置已经出现了不同于其他林区的新的情况：一部分的用材林仍然维持大锅饭的集体经营，而另一部分则经过拍卖或承包，已经集中于大户，脱离了集体所有、集体经营的轨道，成为少数人的财产和资本而与广大平民无缘，不能成为平民谋生和致富的手段。林业生产性财产的初始分配不均所引起的社会矛盾，已随着社会的发展与进步而不断加剧，经济问题已经逐渐上升为社会和政治问题。

“八山一水一分田”的福建，一方面，作为南方重点林区，森林资源丰富、覆盖率居全国第一，又有优越的气候、自然地理的优势，林业的活力却比不上非重点林区，八山的资源潜力并没有转化为林区发展的经济实力，山区依然是贫困和落后的代名词，社会主义新农村建设迫切需要林改的推动；另一方面，在全国林业功能布局中被划为商品材主要产区的福建，又需要尽快突破体制的历史遗产，冲破林改的禁区。

其三，依靠家庭经营的制度优势而迅速崛起的平原林业，为新一轮的林改提供了重要的启示。在集体林区的林权改革举步维艰、为能否进行分林到户而困惑的时候，平原林业却异军突起，在森林资源十分匮乏、因而对木材的需求十分强烈的平原地区，依托于已经明晰产权的农田，家庭经营的平原林业得以迅速发展，这对于集体林权改革起着重要的示范与催化作用。因为这里虽然不是直接“分林”，却是在已经分到户的农田上种的、由家庭独立自主经营的林子，这些林子不但没有像人们长期以来担心的那样被乱砍滥伐，而且以它特有的生机与活力，成为商品林业发展的新增长点，这对于分林必然导致森林资源的大破坏的主流观点是个很大的冲击，对于重新认识分林到户的政策禁区也有重要的启迪。崛起的平原林业充分展示了家庭经营的活力，说明了深化林权改革的重要性和紧迫性。

（二）福建省新一轮林改的主要做法

福建在全省范围内进行新一轮林改是始于2003年上半年，但这是在洪田村的先行探索和前期试点工作的基础上才得以推广的。早在1998年，永安的洪田村就自发地进行了均山分林的改革，洪田村因此被称为是新一轮林改的小岗村，开创了新一轮林改的先河。之后在龙岩市的武平县进行试点工作，并于2002年8月在武平县召开了全省集体林权制度改革研讨会，从理论和实践两个方面进行了全面的总结，明确林改的指导思想、原则、方法和步骤。推广工作也随之展开，漳州市政府下发了关于集体林权制度改革的意见；泉州市也成立了以市长为组长的集体林权发证领导小组；宁德、福州、莆田、厦门等地的林业部门也相应地成立了林权制度改革机构，开展了不同类型的改革试点，为全省范围内的全面开展新一轮的集体林权制度改革打下了坚实的基础。2003年4月份，福建省委、省政府发布了《福建省人民政府关于推进集体林权制度改革的意见》（以下简称《意见》），这标志着以“明晰所有权，放活经营权，落实处置权，确保收益权”为主要内容的集体林产权制度改革的全面展开，主要包括了“明晰产权、确权发证”（简称“确权发证”）和“相关配套改革”两个阶段，其中“确权发证”是改革的主体部分，而“相关配套改革”则是必要的补充。第一阶段的“确权发证”工作已于2005年底基本完成，后续的配套改革也已经取得了初步的成效。福建新一轮林改的主要做法是：

（1）“确权”。即在保持林地集体所有权不变的前提下，将林地的经营权直接落实到村民小组、林农家庭，确立了林农在山林资源经营中的主体地位，使每一个集体成员有了实质上的山林资源控制权和处置权。根据福建省林业厅的统计资料，到2005年末，全省就完成了明晰产权11602个村，占有改革任务村总数的99.5%；完成明晰产权面积500多万 hm^2，占应改革面积的97.2%，基本完成的第一阶段“明晰产权”的改革任务。到2008年1月底，全省共完成明晰产权12363个村，占有改革任务村总数的99.77%；完成整改村个数12235个，占应整改村个数的98.96%。各地根据各自的实际情况，在“确权”改革中，坚持了“因地制宜、形式多样”的要求，或把林地使用权和林木所有权明晰到户或到自由组合的联户或小组的经营实体。

（2）“发证”。即在“确权”的基础上，通过实地的核对、确认和登记，发放相应的林权证书，使林权有了法律上的保障，真正实现了“还山、还林、还利于民”的改革目标。据统计，截至2007年6月，全省集体商品林已换发林权证面积6586.12万亩，占应登记发证面积7898.45万亩的83.38%；到2008年1月底，发放林权证面积大达7021.43万亩，占应登记面积的88.84%。

（3）“配套改革”。在基本完成了“确权”和“发证”任务之后，从2006年开始就转入对主体改革的“检查验收”和“配套改革”阶段，重点解决林业社会化服务体系、林业支撑体系及林业公共服务保障体系的建设，包括林木采伐管理机制改革、营林资金筹集机制改革、育林基金制度改革，以及建立森林资源资产评估制度、产权流转和登记制度、林业科技创新和推广转化体系等相关的配套改革措施。

福建的新一轮林改进行了集体林地的所有权与使用权，以及林地的所有权与林木所有权分离，明晰了山林的产权，实现了均山分林，使林农成为森林的主人，这是具有突破性意义的重大改革，也开启了集体林权制度改革的先河，促进了家庭私有林的大发展。

（三）福建新一轮林改的主要内容

新一轮林改的主要内容正如《福建省人民政府关于推进集体林权制度改革的意见》所指出的，就是要切实落实山林资源的所有权、经营权、处置权和收益权。

（1）明确了山林的所有权，这是新一轮林改的基础和前提。这里的所有权包括了林地所有权和林木所有权。按照“两权”分离的原则，在坚持林地的所有权集体所有的前提下，把集体林地的使用权，以及林木的所有权和使用权，明晰到户（或联户、其他经营主体）。

（2）山林的经营管理权落实到林农家庭，并将经营期限明确为30年以上，比福建省最常见的两种用材林树种——杉木和马尾松的经营周期还要长，这有助于避免林农的短期经营行为，真正放活了经营权。2008年6月，中共中央、国务院《关于全面推进集体林权制度改革的意见》(中发〔2008〕10 号)中，明确规定了集体林地的承包期限可以延长到 70 年，而且在一轮承包期届满时，可以按照国家的有关规定继续予以承包。这一系列新政策的出台，将进一步推进山林经营管理权的落实到位。

(3)明确了林农对山林资源的处置权。按照新一轮林改的要求，“确权”不仅要赋予林农直接经营管理山林的权力，而且林农有权对其所承包的山林依法进行合理的开发和利用。同时，在不改变林地用途的前提下，还允许林农依法对所拥有的林地承包经营权和林木所有权进行转包、出租、转让、入股和抵押，也可以将其作为出资和合作的条件。这就在林木采伐管理制度的限度内，给了林农以处置山林资源的权利。

(4)新一轮林改确保了林农获得林业财产的收益权，这是改革的最终落脚点。对于经济尚不发达、社会发展滞后的山区，林农必须靠山吃山，林业收入成为林农脱贫致富的最主要来源，这也是检验林改成效的重要指标。

(四)新一轮林改的实质

新一轮林改的内容是实现了从“承包”到“均山分林”的历史性跨越。“承包”与“均山分林”代表的是新一轮林改前后的不同改革内容特征，这二者之间是有着本质区别的。“承包”虽然也可以是对林业生产全过程的，也可以是采取家庭经营的形式。但“承包”就不是面向全体林农，使每一个林农都能够平等地享受到作为集体成员的所有者所应当享有的各项财产权益。而“均山分林”就不同，这是面向平民的改革，通过“均山”，实现了耕者有其山，使普通农民都能够平等地拥有使用属于集体林地的权利，并且能够从使用经营中获得收益，以经营成果的直接形式来实现林地的所有权；同时通过“分林”，使林农成为集体财产的主人。可见，新一轮林改的“均山分林”，是一场面向全体林农的改革，是为了使林业生产的基本生产资料真正成为林农的生存之基、发展之本的改革，是为了使林农成为受到直接经济利益驱动的、能够自我约束的林业经营者，成为林业的主人的改革。

新一轮林改前后的“承包”与“均山分林”区别的实质在于是否给林农以独立使用林地的经营权，是否给林农以林木的财产权，是否让林地成为山区农民生存权和发展权的物质保证和林区的基本社会保障条件。

在新世纪，通过新一轮林改的“均山分林”来实现林业财产权利的平民性是非常紧迫和必要的，因为经过20多年的改革，林业财产权利主体已经多元化了，并且已经出现了严重的非平民化的倾向。这已经完全不同于当年安徽岳西“两山并一山，统作自留山”的情况，当时进行均山分林的对象是集体的山与林。而经过了20多年的承包改革，相当一部分的集体山林经营权，或者是经过公开的拍卖，或者是经过名义上的承包和拍卖，实际上都已经异化为少数人的特权，并转变为少数人发财致富的资本。新一轮林改在尊重历史的原则下，承认那些经过合法程序的承包，而对于那些尚未承包出去或承包到期的集体林进行均山分林到户，这既是实现平民的财产权利的改革，也是捍卫和保护平民的财产权利的改革，因此具有特别重要的意义。

以实现林业财产权利平民性为主要内容的福建新一轮林改，是以一系列的制度创新实现了林改的预期目标。在整个改革的过程中，不仅没有发生分林先砍树现象，而且出现把山当田耕、把林当菜种的新气象，大大提高了林农护林营林的积极性，为提升林业经济的竞争力，为林区的经济社会的发展奠定了必要的产权基础。集体林区的私有林因此得到迅速的发展，并且这是以家庭私有林为主要形式的，具有广泛性。

综观集体林权制度改革的历史，这是从20世纪70年代末80年代初的林业“三定”开始的，其内容是对原来的以“集体所有、集体集中统一经营”为特征的人民公社产权制度的改革。因此解放初的土改是新中国林业经济制度建立的起点，而不是林改的起点。而新一轮林改，则是由福建省于2003年首创的，之后在江西等地得到推广。集体林业产权制度的改革的20多年探索过程，实际上是把农业大包干家庭责任制的改革推广到林业，把原来就属于林农的林业财产权利还给老百姓，以实现林业财产权利的平民化的过程。这一漫长而又艰难的改革过程，也是私有林发展的曲折过程，是私有林从无到有，从个别到一般，从少量农户到多数林农甚至是所有林农家庭的普及化的发展过程。

第六节　发展私有林的意义

一、有利于林业产权的多元化

林业是国民经济的重要组成部分，随着改革继续深化，按分类经营、分类管理要求，国家在管严、管好生态公益林的前提下，必然要放开、搞活商品林。商品林建设属竞争性领域，其发展要靠宽松的政策调动社会一切积极因素参与。私有林具有产权关系清楚，利益关系直接，政府投资少、效益高、经营机制灵活等特点，能大大调动投资者的积极性，吸引大量的社会资金参与私有林建设，最终形成以国家投入为导向，社会投资为主体的私有林多元投资格局，形成社会办林业的局面。

二、有利于培育和保护森林资源，改善生态环境

长期以来，我国林业体制单一，经济结构单一，所有制结构单一，林种结构单一，其最大弊端是忽视人民群众的经济利益，很难调动社会和个人造林绿化的积极性，严重阻碍了林业的迅速发展，致使我国成为世界上缺林少绿的国家之一。根据联合国粮农组织（FAO）2005 年全球森林资源评估结果（表 1-1），2005 年全球森林面积 39.52 亿 hm^2，占陆地面积（不含内陆水域）的 30.3%，人均森林面积 0.62hm^2，单位面积蓄积 110m^3。全球森林主要集中在南美洲、俄罗斯、中非和东南亚，这 4 个地区占有全世界 60% 的森林，其中尤以俄罗斯、巴西、印度尼西亚和刚果民主共和国［以下简称刚果（金）］为最，4 国拥有全球 40% 的森林。我国森林面积 1.97 亿 hm^2，居世界第五；森林蓄积 132 亿 m^3，居世界第六，但我国森林覆盖率只有 18.21%，仅相当于世界平均水平的 61.52%，居世界第 130 位；人均森林面积 0.132hm^2，不到世界平均水平的 1/4；人均森林蓄积 9.421 m^3，不到世界平均水平的 1/6。特别是随着林业经济体制改革的不断深入，林业发展的深层次问题日益凸显。社会对林业不断增长的多样化需求和落后的林业生产力水平之间的矛盾，构成了现阶段我国林业的基本矛盾。林业生产力水平低主要表现在：农业用 18 亿亩耕地，解决了中国 13 亿人的吃粮问题，而林业用

43 亿亩林地(其中集体林地 25 亿亩)却没有解决 13 亿人的用材问题，现在每年要用 186 亿美元进口约 1 亿 m^3 木材，这 43 亿亩林地更没有解决中国人民对生态的需求问题。因此必须加快我国林业发展的步伐，而发展私有林正是冲破所有制约束、转变经营机制的好办法，它的发展壮大不但能够促使我国森林资源总量不断增长，而且还能使生态环境有所改善。

表 1-1 2005 年森林面积最大的十个国家

国家	森林面积(百万 hm^2)	占全球比重
俄罗斯	809	20.47%
巴西	478	12.09%
加拿大	310	7.84%
美国	303	7.67%
中国	197	4.98%
澳大利亚	164	4.15%
刚果(金)	134	3.39%
印度尼西亚	88	2.23%
秘鲁	69	1.75%
印度	68	1.72%
其他	1333	33.72%
合计	3953	100%

三、是解决我国“三农”问题的重要途径

从我国现实情况看，要实现全面建设小康社会的宏伟目标，关键在于农村的发展。没有农民的小康就没有全国人民的小康，没有农村的现代化就没有国家的现代化。我国农村人口多、生产力落后、农民生活水平低，农民增收困难是“三农”问题的核心。而对于多山的地区来说，要从某种程度上解决农民增收问题，优势在山，潜力在山，而山区的主业是林业。大力发展私有林不但能促进贫困地区脱贫致富的步伐，带动地方经济的发展，而且还可以消化农村剩余劳动力，减少人口向大中城市和发达地区的盲目流动，既有利于保持山区和农村社会稳定，又能减缓对城市发展的压力，可见，要解决贫困地区的经济问题，需要大力发展私有林。

四、有利于缓解我国林业和生态建设投入资金不足的矛盾

在我国，森林资源培育、生态建设与资金短缺的矛盾异常突出。根据国务院通过的《全国生态环境建设规划》，我国将用 50 年左右的时间，从根本上扭转生态环境恶化的状况，保护生物多样性，促进社会经济的可持续发展，但需要资金在 10000 亿元以上。水土流失面积 55 亿亩的治理，约需资金 11000 亿元。如果加上 40 亿亩荒漠化土地的绿化，其造林绿化平均成本至少应在每亩 600 元以上，需资金 24000 亿元(含部分地区的引水工程)。以上几项合计大约需资金在 4 万亿元。假设按 2005 年中央对林业投入的资金 415.3 亿元(中国林业发展报告，2006 年)计算，则需要 96 年才能实现这一宏伟目标。在林业建设需要大量资金而缺口较大的时候，通过发展私有林则可以使这一矛盾得到缓和。私有林以明确的责、权、利关系和经济效益吸引社会资金投资林业，经营林业，并以投资主体多元化发展私有林，活化林业经营体制，调整造林绿化的投资结构(中国可持续发展林业战略研究项目组，2002)。

综上所述，可以说，加快发展私有林，有利于调整林业结构和区域布局；有利于促进商品林建设，加快造林绿化步伐；有利于增加森林资源总量，缓解木材和林产品短缺状况。同时由于私有林以其特有的林业产权机制和灵活多样的经营管理特点，为我国林业的发展吸引了大量社会资金，极大地缓解了林业发展资金投入不足的矛盾；由于私有林具有劳动密集型的经营特点，发展私有林在很大程度上可以缓解我国农村尤其是贫困山区的劳动力就业问题；最终通过私有林的发展提高当地的经济发展水平，为我国林业的可持续发展做出积极的贡献。

第二章

私有林现状特征分析
——南方九省区问卷调查

林业的补贴政策要结合我国的基本国情和私有林的林情，才能有效地支持私有林的可持续发展。因此，准确把握私有林的发展现状特征，是构建私有林补贴制度的基本前提和基础。为此我们采取了问卷的方式，调查了南方集体林区九省区的私有林发展现状，并进行了深入的分析。由于中国私有林主要是在集体林权改革的基础上发展起来的，私有林的最初经营形式几乎都是小规模的家庭经营，呈现出零星化的特点，其中，湖南省的家庭经营林地面积占全省林地面积的三分之一；南方集体林区以家庭承包经营和自留山经营为主，经营林业是林农收入的主要来源之一，四分之三的林农认为经营林业大有前途，三分之二的林农认为种林是为了获取经济收入，这也说明了私有林的家庭经营形式在很长一段时间内仍将占主导地位。私有林的家庭经营形式决定了当前私有林的功能主要是生产，调查中有95%以上的林农已在经营或者希望经营经济林与用材林。

一、数据说明与调查方案

(一)数据说明

我国南方集体林区包括广东、海南、湖南、湖北、江西、福建、贵州、浙江、广西、安徽等10个省区，我们调查了除贵州外的九个省区，数据来源真实可靠。由于本文所分析的主体是南方集体林区的林农，所以以典型集体林区县(市、区)和特色林业县级区域的林农为调查对象。首先，在进行预调查的基础上多次对参与调研者进行统一的培训；其次，由调查者通过与林农面对面直接访谈来进行问卷填写。调查抽样：

在尽量遵循随机抽样原则的基础，结合实际调查的可操作性，选择样本进行调查。

另外，其他数据来自历年《中国农业年鉴》、《中国统计年鉴》和其他公开出版的文献资料，详情在文中均有说明。

（二）调查方案

1. 调查目的

实地考察走访主要林区，摸清拟调查林区历史上和现在的植树造林情况，了解当前私有林的发展情况，认识影响私有林发展的各种因素，私有林对林农、生态及林业发展的影响（林农的生活来源，社会环境质量，林业科研机构的研究等）。

2. 调查内容

（1）林地状况：目前私有林林地的状况，包括土壤土质情况、坡度情况、交通情况、林地地块数等情况。

（2）经营方式：经营方式的历史、现状以及其变更情况。

（3）思想认识：私有林经济效益、生态效益与社会效益的关系。

（4）政策配套：私有林权益的保护和相关的激励政策等。

（5）税费负担：调查私有林经营的税费负担情况，税费对私有林经营的影响情况。

（6）经营者：经营者（主要指林农和林业大户）家庭情况进行调查，以期得到家庭对经营的影响情况，包括家庭劳动力人数、户主受教育程度、家庭经济状况等。

（7）资金供给：资金对私有林经营的影响情况，包括资金获取的难易程度、资金的来源情况等。

3. 调查形式

采取问卷调查的方式：根据被调查林区的林农样本总数，采取随机抽样法，对林农发放调查问卷，了解相关情况。

（三）现场调查质量监控

1. 目　的

要尽量避免与减少误差，使调查结果能反映所调查事物的真实情况。

2. 主要误差类型

(1)随机误差：主要来源于抽样；也可来自测量(由于偶然的机遇造成)。主要来源于抽样误差和随机测量误差。因为主要是抽样误差，故通常笼统称之为抽样误差。

(2)系统误差或(偏差)：呈倾向性特征，即偏向一个方向，广泛存在于调查的各个环节。如调查员诱导式的提问，被调查者的特定心理状态，调查表的设计质量等均导致系统误差。系统误差虽不像抽样误差一样可以估计(或测量)，但它可以控制，不过难度较大。

3. 现场调查的质量控制

具体包括：调查准备阶段的质量控制；调查实施阶段的质量控制；整理资料阶段的质量控制；调查质量控制结果与分析。

二、私有林的自然特征

(一)林地规模

1. 从林地经营规模看，私有林已成为我国林业的最重要组成部分

调查数据证明，私有林已经成为中国林业的重要组成部分。最近5年，林产工业发展的总投入中，近90%是民间资本；私有林在新造林面积中占了80%以上，个别省区达到90%(包括退耕还林)；有些地区非公有林业已成为就业的一个重要渠道。私有成分参与林业活动的领域也逐步扩大，其形式日益多样化，私有林是我国林业发展的重要力量之一。截至2003年底，我国私有林的面积是5.27亿亩，占我们所有森林面积的20.32%。私有林的蓄积占到森林蓄积量的6.77%，未成林的造林地私有林面积是201万hm^2，占全国现有的未成林造林地的41.14%。近几年来，我国人造林的面积飞速发展，连续突破了1亿亩大关。在人造的1亿亩森林中间，2001年私有林占到54.4%。2002~2004年，私有造林的面积发展更快，2002年达到了70.2%，2003年和2004年都超过了80%。2004年，我们的人造林面积达到了1.15亿亩，也就是说，私有造林面积达到8000万亩。2005年森林面积按林木权属划分，国有7284.98万hm^2，占42.16%；集体6483.58万hm^2，占37.52%；个体3510.14万hm^2，占20.32%。在现有未成林造林地中个体比例达41.14%(第六次全国森林资源清查结果)。

近年来，私有林在我国的造林总面积中有较大的提高，最高年份已经达到40%。然而，从森林多元化投资角度上讲，这个比例仍然偏低，发达资本主义国家私有林的比例一般占50%以上，有的甚至高达70%。私有林已经是我国林业发展的主要力量之一；然而由于社会认识的偏差和政府对私有产权的严格限制，阻碍了私有林的发展，私有林还处于弱势地位。

2. 南方集体林区不同省份的林农经营林地面积存在较大差异

从对南方九省区1324户农户所做的调查中显示，农户所拥有的林地面积出现较大的差异，最小的面积仅为0.4亩，最大的林地面积达到32000亩，平均林地规模为188.442亩。

不同的省份，其农户所拥有的林地规模也有所不同。从各省区的调查结果来看，湖南、广西和江西的农户所拥有的林地规模差异较大，其中，湖南的一个农户拥有32000亩的林地，是此次调查过程中林地规模最大的一户。值得一提的是，在湖南，除了一户拥有32000亩林地规模的农户外，其他农户所拥有的林地规模并不算大，其林地平均面积也仅为55亩。

从林地平均面积来看，广西、江西、湖南和广东的农户所拥有的林地平均面积较大(表2-1)。

表2-1　南方集体林区各省区林农经营林地面积统计

地区	最大林地面积(亩)	最小林地面积(亩)	林地平均面积(亩)
福建	3350	0.4	76.63
安徽	200	2	21.13
广东	2000	40	275.97
广西	15000	1	604.22
海南	200	2	20.85
湖北	1000	1	84.27
湖南	32000	2	402.27
江西	14000	2	462.42
浙江	250	0.4	13.69

注：数据来源于问卷调查。

(二)林地利用类型

根据《国家森林资源连续清查技术规定》，土地类型(以下简称地类)是根据土地的覆盖和利用状况综合划定的类型，包括林地和非林地

2 个一级地类。其中，林地划分为 8 个二级地类，13 个三级地类，见表 2-2。地类划分的最小面积为 0.0667hm²（1 亩）。

表 2-2　地类划分表

一级	二级	三级
林地	有林地	乔木林
		红树林
		竹　林
	疏林地	
	灌木林地	国家特别规定灌木林地
		其他灌木林地
	未成林地	未成林造林地
		未成林封育地
	苗圃地	
	无立木林地	采伐迹地
		火烧迹地
		其他无立木林地
	宜林地	宜林荒山荒地
		宜林沙荒地
		其他宜林地
耕地	林业辅助生产用地	非林地
	牧草地	
	水域	
	未利用地	
	建设用地	工矿建设用地
		城乡居民建设用地
		交通建设用地
		其他用地

同时，根据《国家森林资源连续清查技术规定》，按主导功能的不同将森林（含林地）分为生态公益林和商品林两类。商品林是指以生产木材、竹材、薪材、干鲜果品和其他工业原料等为主要经营目的的有林地、疏林地、灌木林地和其他林地，包括用材林、薪炭林和经济林。

本调查中的林地利用类型主要是根据农户经营的主要林种来进行划分，分为经济林、用材林和生态公益林。

（三）主要经营树种

表 2-3 为目前南方部分省私有林主要栽种树种的情况，从表 2-3 中可以看到，这些省份主要树种为针叶树，占总比例 30.28%，其次为桉树，占总比例 25%，其他依次为果树、竹、其他和其他阔叶树，分别为 16.31%，9.27%，7.04%，3.64%。

表 2-3 目前主要栽种树种情况

地区	针叶树		杨树		桉树		竹		果树		其他阔叶树		其他	
	户数	比重（%）	户数	比重（%）	户数	比重（%）	户数	比重（%）	户数	比重（%）	户数	比重（%）	户数	比重（%）
安徽	25	26. 88	6	6. 45	5	5. 38	9	9. 68	28	30. 11	5	5. 38	15	16. 13
广东	15	14. 02	0	0. 00	89	83. 18	0	0. 00	2	1. 87	0	0. 00	1	0. 93
广西	40	26. 49	2	1. 32	69	45. 70	3	1. 99	33	21. 85	2	1. 32	2	1. 32
海南	1	1. 33	0	0. 00	41	54. 67	1	1. 33	4	5. 33	0	0. 00	28	37. 33
湖北	2	2. 27	50	56. 82	0	0. 00	0	0. 00	32	36. 36	1	1. 14	3	3. 41
湖南	80	54. 05	13	8. 78	3	2. 03	27	18. 24	9	6. 08	9	6. 08	7	4. 73
江西	95	50. 00	1	0. 53	6	3. 16	39	20. 53	31	16. 32	14	7. 37	4	2. 11
合计	258	30. 28	72	8. 45	213	25. 00	79	9. 27	139	16. 31	31	3. 64	60	7. 04

注：数据来源于问卷调查。

（四）各地区造林面积

2005 年调查的南方九省区造林面积占到全国的 44. 02%，是中国新造用材林的主要组成部分，其中仅广西就占到全国用材林造林的 14. 72%，安徽也达到 9. 36%；经济林南方九省区新造林占全国 20. 73%，其中湖北 9. 39%；防护林 10. 21%；薪炭林 25. 27%，其中仅湖北就达到 11. 65%；特种用途林 29. 38%，其中浙江最多，占全国 11. 69%。南方九省区 2004 年、2005 年造林情况分别见表 2-4、表 2-5。

表 2-4 2004 年各地区按林种用途分的造林面积

地区	造林面积合计		用材林		经济林		防护林		薪炭林		特种用途林	
	面积（hm^2）	占全国比重（%）	面积（hm^2）	占全国比重（%）	面积（hm^2）	占全国比重（%）	面积（hm^2）	占全国比重（%）	面积（hm^2）	占全国比重（%）	面积（hm^2）	占全国比重（%）
福建	16306	0. 29	8074	0. 93	1702	0. 37	6419	0. 15	107	0. 21	4	0. 04
安徽	54364	0. 97	16511	1. 90	5116	1. 12	30048	0. 71	1999	4. 00	690	7. 25
广东	39961	0. 71	31156	3. 58	1311	0. 29	7315	0. 17			179	1. 88
广西	170704	3. 05	114618	13. 16	17756	3. 89	38199	0. 91	37	0. 07	94	0. 99
海南	35393	0. 63	6497	0. 75	5977	1. 31	22530	0. 54	296	0. 59	93	0. 98
湖北	162488	2. 90	59811	6. 87	25844	5. 66	75341	1. 79	1008	2. 02	484	5. 08
湖南	333772	5. 96	57937	6. 65	30704	6. 72	244050	5. 80	301	0. 60	780	8. 19
江西	58097	1. 04	19575	2. 25	3616	0. 79	33854	0. 80	988	1. 98	64	0. 67
浙江	20948	0. 37	1817	0. 21	4308	0. 94	14684	0. 35	100	0. 20	39	0. 41
合计	892033	15. 93	315996	36. 27	96334	21. 09	472440	11. 22	4836	9. 68	2427	25. 49

注：数据来源于中国农业年鉴。

表 2-5 2005 年各地区按林种用途分的造林面积

地区	造林面积合计		用材林		经济林		防护林		薪炭林		特种用途林	
	面积（hm^2）	占全国比重（%）	面积（hm^2）	占全国比重（%）	面积（hm^2）	占全国比重（%）	面积（hm^2）	占全国比重（%）	面积（hm^2）	占全国比重（%）	面积（hm^2）	占全国比重（%）
福建	24218	0.66	15364	2.53	3212	0.95	5386	0.20	189	1.18	67	0.81
安徽	36095	0.99	15027	2.47	4488	1.33	15727	0.59	739	4.60	114	1.37
广东	18337	0.50	13084	2.15	754	0.22	3885	0.15	608	3.78	6	0.07
广西	123970	3.40	89405	14.72	8247	2.44	26308	0.98	2	0.01	8	0.10
海南	32380	0.89	23119	3.81	3243	0.96	5755	0.21	218	1.36	45	0.54
湖北	177946	4.88	56848	9.36	31712	9.39	86839	3.24	1873	11.65	467	5.63
湖南	136479	3.74	30208	4.97	10175	3.01	95116	3.55	11	0.07	86	1.04
江西	47589	1.30	20736	3.41	3911	1.16	22142	0.83	333	2.07	674	8.13
浙江	20341	0.56	3635	0.60	4300	1.27	12231	0.46	89	0.55	969	11.69
合计	617355	16.92	267426	44.02	70042	20.73	273389	10.21	4062	25.27	2436	29.38

注：数据来源于中国农业年鉴。

从 2004 年和 2005 年的数据对比上看(图 2-1)，南方九省区 2005 年造林面积均有下降趋势，但所占全国比重除经济林和防护林略有下降外，薪炭林和用材林有较大幅度增长，特种用途林所占比重也提高了 3.89 百分点。

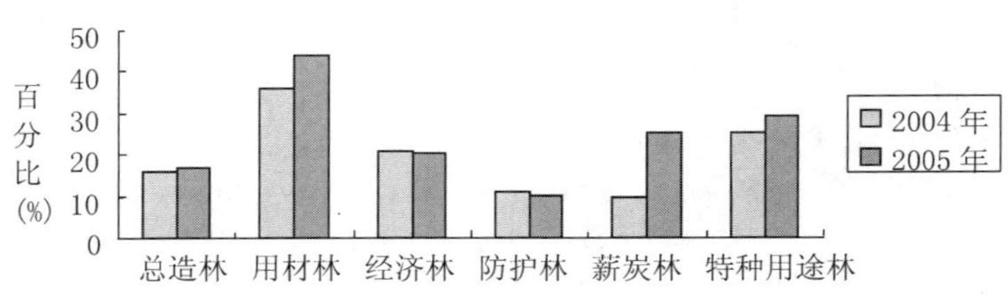

图 2-1 各地区按林种用途分的造林面积比重对比图

三、私有林的经济特征

(一) 组织形态

我国私有林是在集体林权改革中发展起来的，通过对集体林权(林地使用权和林木产权）的承包经营、租赁经营、联合经营、股份合作经营、股份制经营、拍卖出让经营、无偿划拨等多种形式的改革而形成的，也有一部分是通过退耕还林工程等发展人工林的结果。因此，私有林主要是指在林地所有权仍然属于于集体所有的前提下，林农和私有经济组织对林地使用权、林木所有权、经营权、收益权和处置权不同程度地拥有的林业经营形式。

在南方集体林区私有林发展的过程中，相继出现了个体经济、私有经济和家庭经济等不同的经济成分，与此相对应，出现了多种林地组织形态和经营类型，包括承包经营、租赁经营、股份合作制、乡村统一经营、股份制、集体林场、联营和自留山经营等。

在所调查的1324户农户中（表2-6），采用自留山经营的农户数为650户，采用承包经营的农户数为783户，采用租赁经营的农户为149户，采用股份合作经营的农户数为73户，采用乡村统一经营的农户为26户，采用其他经营形式的农户数为69户。从九个省区总体情况来看，采用自留山经营和承包经营的农户占了绝大部分，而采用股份合作经营和乡村统一经营的农户则较少。在大部分的集体林区内，农户还是采用更为传统的经营形态。具体来看，各个省区的情况不同。

表2-6　南方集体林区出现的林地组织形式和经营类型调查

地区	自留山经营		承包经营		租赁经营		股份合作制经营		乡村统一经营		其他	
	份数	比重（%）	份数	比重（%）	份数	比重（%）	份数	比重（%）	份数	比重（%）	份数	比重（%）
福建	204	15.41	275	20.77	58	4.38	11	0.83	4	0.30	49	3.70
安徽	62	4.68	26	1.96	7	0.53	0	0.00	0	0.00	0	0.00
广东	6	0.45	78	5.89	17	1.28	5	0.38	0	0.00	0	0.00
广西	54	4.08	74	5.59	20	1.51	20	1.51	8	0.60	5	0.38
海南	50	3.78	38	2.87	2	0.15	1	0.08	0	0.00	1	0.08
湖北	13	0.98	66	4.98	2	0.15	3	0.23	6	0.45	1	0.08
湖南	78	5.89	29	2.19	6	0.45	7	0.53	5	0.38	1	0.08
江西	87	6.57	63	4.76	34	2.57	18	1.36	3	0.23	4	0.30
浙江	96	7.25	140	10.57	4	0.30	9	0.68	0	0.00	8	0.60
合计	650	49.09	783	59.14	149	11.25	73	5.51	26	1.96	69	5.21

注：数据来源于问卷调查。

对福建的415户农户所做的调查显示，以自留山形式进行林地经营的农户为204户，采用承包经营形式的农户数为275户，采用租赁经营形式的农户数为58户，此外，11户的农户采用了股份合作制经营，4户农户采用了乡村统一经营的形式，另有50户的农户采用了其他经营形式由此可见，福建农户在林地经营方式的选择上，是以自留山经营和承包经营形式为主，对于股份合作制和乡村统一经营这两种形式，接受程度较低；安徽(71户)，对安徽的71户农户所做的调查显示，大部分的农户采用的是自留山经营的方式，达到62户，此外，采用承包经营的农户为26户，采用租赁经营的农户为7户，而股份合作制经营、乡村统一经营和其经营方式则没有农户采用；广东(91户)，调查显示，广东的大部分农户采用的经营方式为承包经营，达到78户，自留山经营形式所占的比重很小，只有5户农户选择了此种方式，另外，采用租赁经营和股份合作制方式的农户分别为17户和5户，其他两种经营方式则无人采用；广西(129户)，调查中发现，广西的农户中，采用自留山经营的农户数为54户，更多的农户采用承包经营的方式，达到73户，此外，采用租赁经营、股份合作制经营的农户同样是20户，采用乡村统一经营的农户为8户，而采用其他经营方式的农户为5户；海南(68户)。调查中发现，在海南所调查的68户农户中，采用自留山经营和承包经营的占了绝大多数且数量相当，其中，采用自留山经营形式的农户为42户，而采用承包经营的农户为38户。除此之外，有2户农户采用了租赁经营的模式，1户采用了股份合作经营模式，1户采用了其他经营形式，被调查的农户中没有采用乡村统一经营形式；湖北(84户)，对湖北84户农户所做的调查显示，大部分农户采用的是承包经营的形式，达到66户，采用自留山经营形式的农户为13户，采用租赁经营形式的农户为2户，采用乡村统一经营形式的农户为6户，采用股份合作制经营形式的为3户；湖南(92户)，对湖南的农户所做的调查显示，大部分的农户采用的是自留山经营的形式，达到78户，采用承包经营的农户数为29户，而采用其他经营形式的农户则为少数；江西(139户)，对江西139户农户所做的调查显示，大部分农户采用的是自留山经营和承包经营的形式，分别达到87户和63户，此外，在江西，采用租赁经营形式和股份合作制形式的农户也较其他大部分份来的多，为34户和18户，采用乡村统一经营形式的农户为3户，采用股份合作制经营形式的为4户；浙江(241户)，对浙江的241户农户所做的调查显示，以自留山形式进行林地经营的农户为95户，采用承包经营形式的农户数为134户，采用租赁经营形式的农户数为3户，此外，8户的农户采用了股份合作制经营，8户的农户采用了其他经营形式，而没有农户采用乡村统一经营的形式。由此可见，浙江农户在林地经营方式的选择上，也是以承包经营和自留山经营形式为主，对于股份合作制等经营形式的接受程度较低。

(二)林产品生产

目前关于私有林生产方面统计数据较少，且林产品生产的数据获得需要持续一段时间的跟踪调查，限于条件有限，目前还较难获得有关私有林林产品的完整数据。不过私有林林产品生产是各地区林产品生产的一个组成部分，因此这里我们以中国农业年鉴的各地区林产品生产产量来测算私有林林产品生产情况。

1. 南方九省区是林产品的主要产区

2004年和2005年森工产品产量(表2-7、表2-8、图2-2)的数据说明，所调查的南方九省区2004年木材产量占到全国木材的近六成，而私有林又是主要以用材林和经济林为主，且近几年造林的80%以上为

表2-7 2004年各地区全部森工主要产品产量

地区	木材(万m^3)	占全国比重(%)	竹材(万根)	占全国比重(%)	锯材(万m^3)	占全国比重(%)	人造板(万m^3)	占全国比重(%)	松香(t)	占全国比重(%)	栲胶(t)	占全国比重(%)	紫胶(t)	占全国比重(%)
福建	582	11.20	23163	21.09	100	6.52	309	5.65	41021	8.44		0.00		0.00
安徽	280	5.39	3994	3.64	38	2.48	238	4.35	1165	0.24		0.00		0.00
广东	343	6.60	8425	7.67	55	3.59	227	4.15	72651	14.95		0.00	245	21.93
广西	488	9.39	17967	16.36	33	2.15	168	3.07	235056	48.38	5310	43.84		0.00
海南	59	1.14	217	0.20	20	1.30	23	0.42	4294	0.88	3509	28.97		0.00
湖北	122	2.35	5829	5.31	23	1.50	120	2.20	6007	1.24		0.00		0.00
湖南	464	8.93	7691	7.00	144	9.39	134	2.45	14993	3.09		0.00		0.00
江西	459	8.83	4953	4.51	92	6.00	188	3.44	45175	9.30		0.00		0.00
浙江	178	3.43	10412	9.48	279	18.20	508	9.29	480	0.10		0.00		0.00
合计	2975	57.24	82651	75.24	784	51.14	1915	35.03	420842	86.62	8819	72.81	245	21.93

注：数据来源于中国农业年鉴2005。

表 2-8 2005 年各地区全部森工主要产品产量

地区	木材（万 m³）	占全国比重（%）	竹材（万根）	占全国比重（%）	锯材（万 m³）	占全国比重（%）	人造板（万 m³）	占全国比重（%）	松香（t）	占全国比重（%）	栲胶（t）	占全国比重（%）	紫胶（t）	占全国比重（%）
福建	628	11.29	25847	22.44	118	6.59	359	5.62	47321	7.80		0.00		
安徽	328	5.90	6315	5.48	44	2.46	256	4.00	1146	0.19		0.00		
广东	362	6.51	11180	9.71	48	2.68	340	5.32	71141	11.73		0.00	20	2.57
广西	503	9.05	19639	17.05	62	3.46	340	5.32	328300	54.12	5838	76.13		
海南	70	1.26	994	0.86	12	0.67	11	0.17	3584	0.59	70	0.91		
湖北	160	2.88	3016	2.62	27	1.51	147	2.30	4934	0.81		0.00		
湖南	488	8.78	10890	9.46	161	8.99	222	3.47	18528	3.05		0.00		
江西	503	9.05	6043	5.25	79	4.41	173	2.71	60738	10.01		0.00		
浙江	175	3.15	11706	10.16	280	15.64	506	7.91	2692	0.44		0.00		
合计	3217	57.86	95630	83.03	831	46.42	2354	36.82	538384	88.76	5908	77.05	20	2.57

注：数据来源于中国农业年鉴 2006。

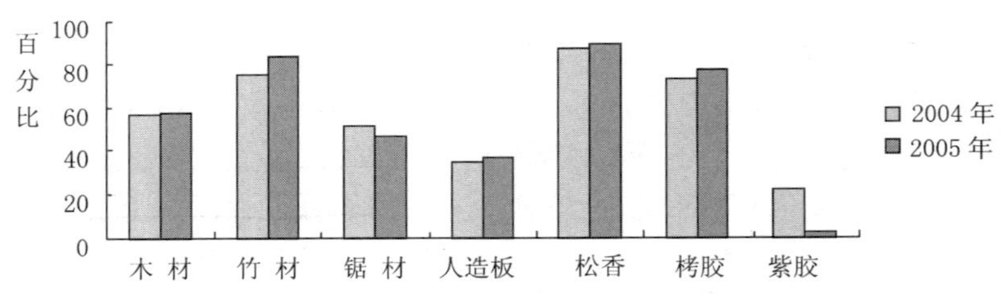

图 2-2 南方九省区全部森工主要产品产量占全国比重对照图

私有造林，因此可以预见今后私有林木材生产将是南方乃至中国木材生产的主力军。在其他产品的情况也大致如此，南方九省区的产品产量在全国森工产品产量中占据主要地位，例如松香产量占到全国 86.62%，竹林 75.24%，栲胶 77.05%，锯材 51.14% 等；2005 年的情况也大致相同，木材 57.86%，竹林 83.03%，锯材 46.42%，松香 88.76%，栲胶 77.05% 等。说明调查的南方九省区是中国主要的森工产品产区。

2. *南方九省区的主要林产品的生产情况*

统计南方九省区 2004 年和 2005 年主要林产品产量。从表 2-9、表 2-10、图 2-3 可以看到，除了核桃和五倍子外，在其他主要林产品生产中南方九省区都占据重要地位，其中 2005 年油茶籽占到 96.80%，松

脂

表 2-9　2004 年各地区主要林产品产量

地 区	生 漆	油桐籽	油茶籽	乌桕籽	五倍子	棕 片	松 脂	竹笋干	核 桃	板 栗	紫胶（原胶）
全国总计	9641	381428	874861	22542	11052	64194	673310	443543	436862	922735	5 246
福建	197	20205	67865	398	147	11501	68963	143551	193	45353	105
安徽	196	3062	10673	346	12	1877	4351	17027	381	68506	
广东		4710	29777	96		1952	116424	16982		8520	61
广西	59	55934	115437	100	147	2823	282455	17733	274	39657	
海南						58	6093	305			3509
湖北	1837	12001	13084	9590	675	2047	5821	2226	4078	101613	
湖南	266	41301	382597	1086	954	9532	22726	13782	3458	34567	100
江西	739	10252	193170	532	97	4569	75892	6815	105	23966	88
浙江	7	254	34179	86		1234	2119	160677		55436	
九省区合计	12942	529147	1721643	34776	13084	99787	1258154	822641	445351	1300353	9109
九省区比重（%）	34.24	38.73	96.79	54.27	18.39	55.45	86.86	85.47	1.94	40.92	73.64

注：数据来源于中国农业年鉴 2005。

表 2-11　2005 年各地区主要林产品产量

地 区	生 漆	油桐籽	油茶籽	乌桕籽	五倍子	棕 片	松 脂	竹笋干	核 桃	板 栗	紫胶（原胶）
全国总计	14316	368688	875022	30466	70308	60617	767134	463154	499074	1031857	1897
福建	892	20928	72597	1145	124	12612	72299	153497	112	49134	119
安徽	220	3208	9743	356	5	1683	5433	15365	6300	38786	
广东	29	5193	30470	253		1640	154593	17825		8637	342
广西	71	60372	117363	133	142	2616	301943	18770	339	45951	
海南	3022					58	3836	803			
湖北	4413	10315	9928	10699	814	1830	8334	3139	9051	128099	
湖南	3022	42523	374516	6703	10298	9282	32850	20026	3761	35545	101
江西	355	16160	189020	268	123	5140	93164	3921	3255	25706	2
浙江		162	43361	13		754	1940	142267		60428	
九省区合计	12024	158861	846998	19570	11506	35615	674392	376113	22818	392286	564
九省区比重（%）	83.99	43.09	96.80	64.24	16.37	58.75	87.91	81.21	4.57	38.02	29.73

注：数据来源于中国农业年鉴 2006。

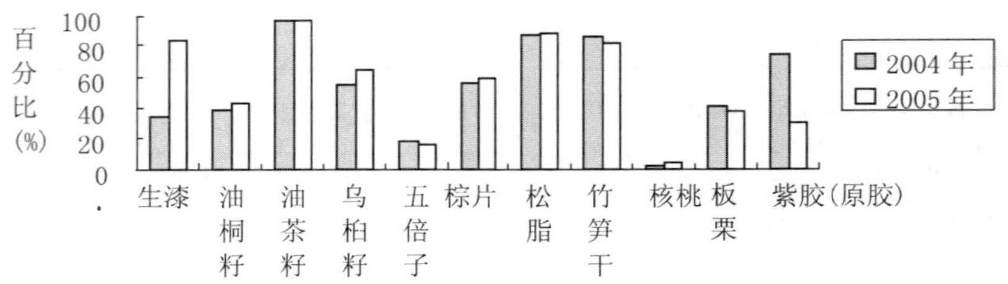

图 2-3 南方九省区主要林产品产量占全国比重对照图

87.91%，生漆 83.99%，竹笋干 81.21%，乌桕籽 64.24%，棕片 58.75%，油桐籽 43.09%，板栗 38.02%，紫胶(原胶)29.73%。

(三)林业收入

从各地区林业产值情况来看，南方九省区林业产值年年都有较大幅度的增长(表 2-11、图 2-4)，2005 年比 2002 年增加了 30%，占全国林业产值的比重一直保持在 45% 以上，说明南方在全国占据重要的位置。但，另一方面林业产值占地方产值的比重却有不同的情况，尽管林业产值年均增长达到 7.5%，但是占地方产值比重每年还是在不断下降，从 2002 年的 19.36% 下降到 2005 年 16.23%，这说明仅仅从产值的角度看，林业相对于地方经济的其他产业发展还是相对缓慢的。

表 2-11 各地区林业产值

地区	2002 年			2003 年			2004 年			2005 年		
	产值（亿元）	占全国林业产值比重（%）	占地方总产值比重（%）	产值（亿元）	占全国林业产值比重（%）	占地方总产值比重（%）	产值（亿元）	占全国林业产值比重（%）	占地方总产值比重（%）	产值（亿元）	占全国林业产值比重（%）	占地方总产值比重（%）
福建	84.17	8.14	1.80	79.25	6.39	1.51	86.18	6.49	1.42	96.92	6.80	1.48
安徽	69.3	6.71	1.95	73.36	5.92	1.85	71.93	5.42	1.49	78.41	5.50	1.46
广东	57.09	5.52	0.49	55.72	4.49	0.41	61.72	4.65	0.38	66.25	4.65	0.30
广西	39.82	3.85	1.62	53.80	4.34	1.97	58.07	4.38	1.75	61.68	4.33	1.51
海南	49.14	4.75	8.22	53.33	4.30	7.95	59.79	4.51	7.77	58.93	4.13	6.59
湖北	28.33	2.74	0.59	34.78	2.80	0.64	31.78	2.39	0.50	37.30	2.62	0.57
湖南	54.78	5.30	1.32	81.73	6.59	1.76	91.31	6.88	1.63	100.96	7.08	1.55
江西	59.16	5.72	2.41	70.48	5.68	2.49	79.08	5.96	2.26	87.37	6.13	2.15
浙江	74.5	7.21	0.96	65.67	5.30	0.70	78.36	5.90	0.70	83.51	5.86	0.62
合计	516.29	49.94	19.36	568.12	45.81	19.28	618.22	46.58	17.9	671.33	47.1	16.23

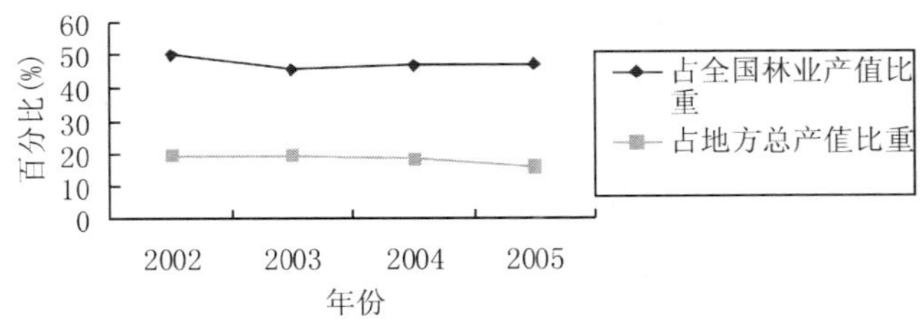

图 2-4 南方九省区林业产值情况

各地区林业收入近几年都有较大幅度增长(表 2-12、图 2-5)，2005 年比 2002 年除广东(增长 17%)外，均有 20% 以上的增长，其中浙江增长了 40%，高于全国平均水平的 38%，湖南和江西的也增长了 36% 左右；林业收入总收入比例比较低，2005 年海南为 4.9%，是南方九省区中最高的，最低的浙江仅有 0.2%。

对于私有林业的收入我们也做了问卷调查(表 2-13)，由于对福建调查的时间不同于其他省份，因此从价格可比性的角度，下列仅分析福建以外的其他八个省区。根据我们对主要林区经营私有林的林主的调查，结果表明，林业收入是当地农民的主要收入来源之一。除安徽外，其他七省区的林业收入占到家庭总收入比重的 20% 以上，湖南最高为 43.05%，江西 39.69%，广东 33.53%，湖北 27.17%，海南 26.38%，广西 23.66%，浙江 22.52%，安徽也达到 14.85%。

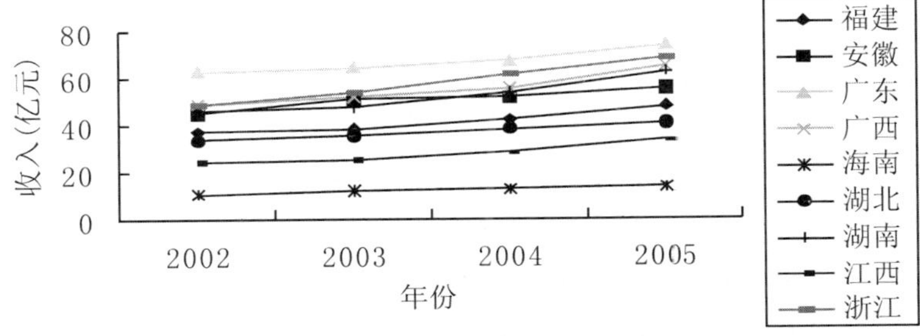

图 2-5 各地区林业收入情况

表 2-12 各地区林业收入近年来情况

地区	林业收入(亿元)				占总收入(%)			
	2002	2003	2004	2005	2002	2003	2004	2005
全国	813.80	901.92	992.85	1123.68	0.7	0.7	0.7	0.6
福建	36.78	38.59	42.53	48.00	0.8	0.8	0.9	0.9
安徽	45.22	51.02	51.51	55.88	1.5	1.8	1.6	1.7
广东	62.97	64.28	67.05	74.08	0.6	0.5	0.5	0.5
广西	48.85	52.05	55.55	65.10	2.6	2.8	2.8	3
海南	10.32	12.03	12.36	13.05	4.5	5.1	4.8	4.9
湖北	33.39	35.86	38.77	40.96	0.8	0.9	0.9	0.9
湖南	46.14	47.60	54.11	62.82	1.7	1.7	1.7	1.8
江西	24.35	25.47	28.44	33.09	1.9	2	2	2.1
浙江	48.84	54.36	61.46	68.77	0.3	0.3	0.2	0.2
九省区	1170.66	1283.164	1404.63	1585.43				
地区	出售林业产品收入(亿元)				占总收入(%)			
	2002	2003	2004	2005	2002	2003	2004	2005
全国	497.59	562.33	612.16	705.19	0.4	0.4	0.4	0.4
福建	24.46	25.59	27.87	33.03	0.5	0.6	0.6	0.6
安徽	26.88	31.87	32.12	35.67	0.9	1.1	1	1.1
广东	43.54	45.51	46.29	51.66	0.4	0.4	0.4	0.4
广西	31.30	34.23	37.71	46.03	1.7	1.8	1.9	2.1
海南	8.48	9.63	9.88	10.04	3.7	4.1	3.9	3.8
湖北	17.50	19.77	18.82	22.32	0.4	0.5	0.4	0.5
湖南	27.79	28.73	31.84	38.64	1.0	1	1	1.1
江西	12.76	13.84	15.46	19.72	1.0	1.1	1.1	1.3
浙江	36.80	41.91	47.99	53.92	0.2	0.2	0.2	0.2
九省区	727.1	813.406	880.1349	1016.207				

注：数据来源于中国农业年鉴。

表 2-13　私有林业的收入调查

地区	平均每户年均收入(元)	平均每户林地面积(亩)	平均每亩收入(元)	平均每户林业总收入(元)	平均每户林业收入所占家庭总收入比重(%)
安徽	26591.55	21.13	323	13317.55	14.85
广东	303758.24	275.97	278	68930.77	33.53
广西	29090.70	604.22	361	317151.83	23.66
海南	7410.29	20.85	149	2239.01	26.38
湖北	13208.33	84.27	299	4027.54	27.17
湖南	20828.26	402.27	134	28372.22	43.05
江西	27014.39	462.42	262	70207.63	39.69
浙江	54439.83	13.64	341	3925.20	22.52

注：数据来源于问卷调查。

各地区林业经营的收益也不一样(图 2-6)。调查显示广西私有林经济的每亩收益最高，达 361 元/亩，浙江 341 元/亩，安徽 323 元/亩，湖北 299 元/亩，广东 278 元/亩，江西 262 元/亩，湖南 149 元/亩，湖南 134 元/亩。

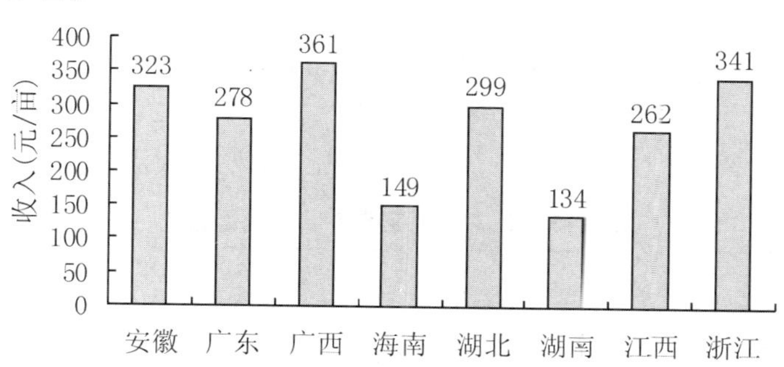

图 2-6　平均每亩收入

(四)各地区林业投入比较

各地区对林业发展的投入存在较大差异(表 2-14)，所占地区财政支出的比重也不尽相同，总体上看，各省区对林业的投入在财政支出的比例都较小，2005 年各省区林业投入占财政支出平均为 1.9%，其中广西最高，达 4.83%，其次为湖南 2.60%，福建、浙江和广东分别只有 0.81%、0.70% 和 0.63%。

表 2-14 各地区林业投入比较表

地区	林业支出(亿元)		财政支出(亿元)		比重(%)	
	2004 年	2005 年	2004 年	2005 年	2004 年	2005 年
福建	4.37	4.79	517	593	0.85	0.81
安徽	16.83	11.21	602	713	2.79	1.57
广东	13.68	14.32	1853	2289	0.74	0.63
广西	18.34	15.08	508	312	3.61	4.83
海南	3.57	2.77	127	151	2.81	1.83
湖北	22.33	15.82	646	779	3.46	2.03
湖南	32.69	22.66	720	873	4.54	2.60
江西	16.34	11.90	454	564	3.60	2.11
浙江	5.90	8.84	1063	1266	0.55	0.70

注：数据来源于中国统计年鉴。

四、私有林的社会特征

社会特性是指私有林经营的社会属性，这里从人口和社会环境两个方面来进行分析。人口包括劳动力人数、劳动力年龄和受教育程度等三个方面；社会环境主要从当地林权纠纷情况描述。

(一)劳动力人数

劳动力一般是指除了学生以外，16 岁以上有劳动能力的人。调查中数据显示，私有林主家庭劳动力数量(表 2-15)以 2 ~ 3 人居多，占总户数的 68.60%，且以 2 人为最多，平均占总户数的 42.56%。

表 2-15 私有林主家庭劳动力数量调查

比例 地区	0	1 人	2 人	3 人	4 人	5 人	6 人及 6 人以上
福建	1%	2.4%	41.2%	23.6%	19.8%	6.7%	5.3%
安徽	0	10%	48%	21%	18%	0	3%
广东	0	3.3%	41.7%	35.2%	14.3%	3.3%	2.2%
广西	0	2.3%	31.8%	26.4%	17.8%	14.7%	7%
海南	0	3%	31%	32.4%	14.7%	10.3%	8.8%
湖北	0	2.4%	60.6%	17.9%	17.9%	1.2%	0
湖南	0	2.2%	41.3%	21.8%	26.1%	4.3%	4.3%
江西	0.7%	2.1%	43.9%	24.5%	21.6%	3.6%	3.6%
浙江	0.4%	1.3%	43.5%	31.6%	15.6%	3.4%	4.2%

注：数据来源于问卷调查。

（二）劳动力年龄

关于私有林主户主的年龄（表 2-16），调查结果显示私有林的经营者主要为 16～60 岁的青壮年劳动力，比重达到 93.8%。在浙江，私有林经营者 60 岁以上的比重相对较高，为 12%，其他则较少。

表 2-16　私有林主户主的年龄调查

比例 地区	未满 16 岁	16～60 岁	60 岁以上
福建	0	94%	6%
安徽	0	96%	4%
广东	0	98%	2%
广西	0.7%	96.2%	3.1%
海南	0	98.5%	1.5%
湖北	0	97.6%	2.4%
湖南	0	92%	8%
江西	0	94.2%	5.8%
浙江	0	88%	12%
总计	0	93.8%	6.2%

注：数据来源于问卷调查。

（三）受教育程度

从私有林主的受教育程度上看（表 2-17），他们一般为初中及初中以下，南方九省区平均有 71.7% 的经营者受教育程度为初中及初中以下，有 25% 的经营者为高中、职高或中专，仅有 3.3% 的经营者为大专及大专以上。从省份上看，广西的调查显示有 19% 的受调查者为大专及大专以上，是南方九省区中比例最高的；江西则有 52% 受访者为高中、职高或中专；广东也达到 50%；浙江、安徽和福建有近 85% 以上的被调查者为初中及初中以下。

（四）林权纠纷情况

调查显示南方九省区都存在有林权纠纷的情况（表 2-18），但不是很严重。在接受调查的私有林主中，有 28.78% 的反映有遇到林权纠纷，有 71.22% 的被调查者反映没有遇到林权纠纷。

表 2-17　私有林主的受教育程度调查

比例 地区	初中及初中以下	高中、职高或中专	大专及大专以上
福建	84%	15%	1%
安徽	86%	8%	6%
广东	46%	50%	4%
广西	43%	38%	19%
海南	75%	22%	3%
湖北	67.8%	31%	1.2%
湖南	76%	21%	3%
江西	44%	52%	4%
浙江	86.5%	12.6%	0.9%
总计	71.7%	25%	3.3%

注：数据来源于问卷调查。

表 2-18　林权纠纷情况调查

林权纠纷	户数	比重(%)
有	381	28.78
没有	943	71.22

注：数据来源于问卷调查。

在对当地林区纠纷的严重性调查时显示(表 2-19)，有 10.73% 认为当地林区纠纷很严重，认为一般的 26.89%，比较少的 28.85%，很少的达到 33.53%。

表 2-19　林权纠纷的严重性调查

当地林权的纠纷严重性	户数	比重(%)
很严重	142	10.73
一般	356	26.89
比较少	382	28.85
很少	444	33.53

注：数据来源于问卷调查。

五、私有林发展面临的问题调查

虽然林业产权制度的改革有效解决了投资主体不清、利益关系模糊、所有者缺位、经营者缺乏激励等问题，提高了林业投资者和经营者的积极性，为私有林发展创造了良好的社会环境，但是，在私有林的进一步发展过程中，还面临诸多制度障碍。根据我们课题组成员对南方九省区（福建、广东、江西、安徽、浙江、湖南、湖北、广西、海南）35个县市集体林区的私有林经营户做了问卷调查和实地走访，对有效问卷（样本分布见前言中表1）的分析可以看到：大约有65%的林农认为采伐限额是其发展私有林的主要障碍，有60%的林农认为其存在资金短缺问题，40%的林农则认为税费偏高，35%的林农认为社会服务体系不健全，有20%的林农认为病虫害防控机制和防火设施建设不完善（图2-7）。下面就这些问题做具体分析。

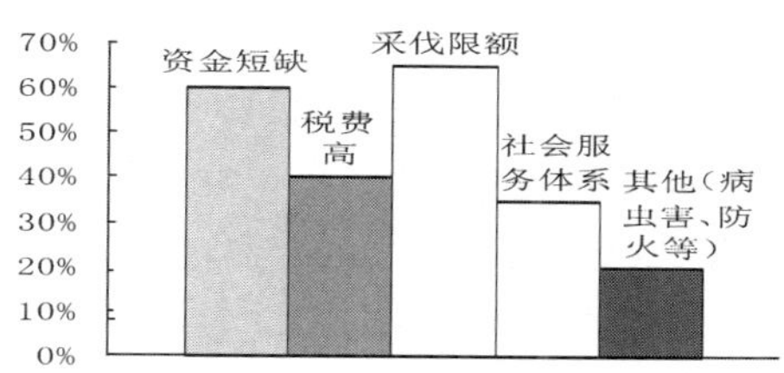

图2-7　私有林发展面临的问题①

（一）采伐限额管理与产权受限问题

我国当前对商品林资源实施限额采伐制度。森林采伐限额是各森林采伐限额编制单位每年采伐森林、林木的最大限量，是一项法定指标和指令性计划。1984年，全国人大常委会通过的《森林法》第一次用法律的形式规定“国家根据用材林的消耗量低于生长量的原则，严格控制采伐限额”。自1987年中共中央、国务院发表《关于加强南方集体林区资源管理，坚决制止乱砍滥伐的指示》，标志着我国采伐限额制度的确立。森林采伐限额制度按照采伐量低于生长量的总原则，根据森林资源消失状况和经营管理情况，按照每5年为一个计划期进行调整，分别按

① 数据来源：南方九省调查汇总。

省、市、自治区编制。“七五”期间的采伐限额制度是从总量上对森林采伐进行控制，分别对各省、市、自治区采伐数量给出具体的指标，要求采伐量不得超过规定的采伐限额总量。“七五”期间的采伐限额仅是对森林采伐的总量进行控制，但在实际执行过程中发现，并没有有效地解决乱砍滥伐现象，尤其是在国有林区森林超限额采伐现象依旧十分严重。针对“七五”期间采伐限额政策的不足之处，“八五”期间对采伐限额制度进行了改进，主要表现在除对可以采伐的林木进行总量上的控制以外，还按照森林资源的消耗结构分别标定商品材、农民自用材、培植业用材、生活烧材、工副业烧材和其他用材等分项限额指标，并对国营林业企业和国有林场也分项列出采伐限额指标；给出5年来地区或某单位采伐面积(包括毛竹)的最大限量，同时制定相应的管理办法，包括组织机构人员实施细则、审批执行程序、检查监督措施等，确保这一制度的执行。“八五”调整森林采伐限额政策的根本目的是为了解决大量存在的乱砍滥伐现象，加强对森林资源的有效管理。“九五”期间的年森林采伐限额在“八五”的基础之上，不仅按照森林的消耗结构进行分类，而且进一步从采伐类型上进行分类。“九五”期间年森林采伐限额核定的总量指标和按采伐类型、消耗结构核定的及分项限额指标均为每年采伐胸径5cm以上木材面积的最大限量，不得突破，不得相互挪用、挤占。在编制“十五”期间森林采伐限额计划时，增加了人工林采伐限额，其总的原则是要求森林资源数据统一和准确有效的原则；分类经营和分类指导的原则；全额控制和分资管理的原则。进入21世纪以来，尤其是“十一五”期间，年森林采伐限额的编制，在体现以生态建设为主的林业发展战略、林业分类经营等各项改革思路以及兼顾经济社会发展对木材的客观需求的基础上对森林利用结构和采伐管理政策上作了较大的调整：首次实行按照人工商品林、人工公益林、天然商品林、天然公益林等不同森林类型，进行合理采伐量测算和采伐限额制定，单独编制了达到一定规模的人工商品林采伐限额，大幅度增加了工业原料林的采伐限额；在采伐限额的执行政策上，一般用材林限额可以结转下年度使用，工业原料林限额可以结转以后各年度使用，人工林采伐限额不足的可以占用天然林限额，工业原料林限额不足的可以占用一般用材林的限额，森林抚育指标不足的可以占用主伐限额；在采伐限额的管理权限上，取消了国家备用限额，由各省(自治区、直辖市)根据实际预留一定比例的限额指标，用于自然灾害、征占林地等临时增加采伐限额的需要。在采伐限额的具体实施上，初步实现了商品材采伐限额与年度木材生产计划的协调统一，除国家生态建设特殊需要外，原则上按照商品材采伐限额等额下达木材生产计划。在调研中我们了解到，虽然“十一五”期间采伐限额更加科学，但是对处于弱势群体的林农来说，要想得到采伐指标，其实是非常困难，因为采伐指标大多被强势群体如造林大户、林业企业所垄断，小规模经营的林户则处于相对不利的地位。

应该承认，采伐限额制度在遏制乱砍滥伐森林资源方面确实起到了一定的作用，但森林资源经营主体无法按照市场的供求关系随时调整森林采伐数量，这就严重限制了森林资源经营者的自主经营权、采伐权及相应的收益权，严重影响了森林资源经营者的生产经营积极性。

近年来，我国的一些省份虽然相继出台了一些改革林木限额采伐制度的规定，但尚未实现重大的突破。如福建省人民政府于2002年12月印发的《福建省加快人工用材林发展的若干规定》中明确：对新营造的人工用材林(指1998年1月1日以后营造的)，经营者可以自主编制森林经营方案，以工艺成熟或经济成熟确定主伐年龄，并按照培育目标选择采伐方式，但仍然需要向当地林业主管部门申请核发采伐许可证。只有那些造林规模超过66.7hm^2(含66.7hm^2)的个私造林，以及1333.3hm^{2}以上的企业工业原料林，才有资格申请实行林木采伐指标单列，而为数众多的林农并不具备这一资格。近年来，永安市曾经开展了按面积轮伐采伐管理试点，但因种种原因，这一改革方案并没有得到国家林业局的批准，以蓄积量控制为主的采伐限额管理模式仍然在执行。据我们实地调查了解及问卷调查统计结果显示，有超过70%的林农认为林木限额采伐问题是影响其生产经营的重要因素，甚至有超过50%的受调查者将其列为首要因素。例如我们在湖南调研期间，不管是在召开的造林大户座谈会上，还是深入到林区与林农的交谈中，林户和林农反应最多的问题之一就是砍伐指标的分配问题。

(二)资金短缺问题

资金是促进经济增长的重要推动力，无论是马克思主义政治经济学，还是西方经济增长理论的各个学派，都十分重视资金在经济增长中的重要作用。在我国这样一个经济比较落后的国家，在林业这样一个具有鲜明特点的弱质产业上，要不断地增加森林资源总量，从而加速林业经济增长，促进林区农民增收，要解决的第一个难题无疑是筹措必要的资金和扩大投资问题。

目前，资金不足、融资渠道受限是困扰我国私有林发展的又一重要因素。实际调研发现，私有林发展的融资问题主要表现在强融资需求与弱融资供给之间的矛盾。例如，在湖南怀化市靖州县调研期间，一位湖南省劳模告诉我们，近两年来，他造林 1000 多亩桉树，投资 45 万元。如果能够解决资金问题，林地利用率可提高 1 倍以上。对于私有林经营主体而言，林业生产过程中的种苗、防虫、施肥等的投入本来就不菲，而林道、林业防火设施等基础设施的建设，更需要投入大量资金。由于国家和集体组织不对其投入资金，而政府有关部门也并没有因为私有林提供了森林生态和社会效益而给予必要的资金援助或补贴，私有林经营者在森林资源经营管理的全过程所需要的资金都要依靠自身去筹措。但鉴于林业生产自身的弱质性，加上现有的一些法律及政策规章的限制，使得私有林经营者很难通过正常的融资渠道获得必要的生产经营资金。实际调研发现(表 2-20)，调查中 70% 以上私有林主经营林业的资金来源都是自有资金，私有林主大部分都是林区林农，生活水平低，更不要说有什么资本积累可以进行基础设施投资，资金短缺成了最主要的制约因素。

表 2-20 私有林主经营林业的资金来源调查

经营资金来源	户数	比重(%)
自有资金	995	75. 15
政府补助	35	2. 64
银行贷款	121	9. 14
民间借贷	138	10. 42
其　他	35	2. 64
合　计	1324	100. 00

注：数据来源于问卷调查。

（三）融资体系不健全

解决资金瓶颈，需要大力推进投融资机制改革，拓展各种投资渠道和资金来源渠道。因为林业生产周期长，从投资到收益要经历较长的时间，短则3~5年（如有些经济林树种），长则20~30年，生产和基建等投入很大，尤其是在经营初期，需要通过融资来解决经营资金困难问题。在目前的我国，依靠政府来解决私有林的投资是不现实的，这不仅是政府力所不及的，而且其资金的供给效率低下，浪费严重。目前，政府投入于用材林的经费已经呈现逐渐下降的趋势，如2000年国家预算内林业基本建设资金安排9.03亿，比1999年下降了2.9%（钱如玉，2003；国家林业局，2001）。因此，在目前经济转型时期，我国林业必须尽快转变这种资金的供给方式，逐步转向以市场需求为导向，采取以市场融资为主，政府资金投入为辅的方式，政府应当积极推进解决融资难的问题。

私有林融资难的问题既有内部原因，也有外部的原因。

1. 融资难的内部成因

首先，林业生产资金运动的特征决定其融资难林业生产中的资金运动表现，第一是资金回收速度慢。林木的培育周期少则十几年，多则几十年，甚至上百年。在这期间，投入林业的资金不能转化为商品资金，资金被沉淀在生产阶段，这对瞬息万变的市场经济很难适应，显然弱化了市场的各种调节和激励作用。第二是投入资金风险大。林业再生产是自然与经济的结合，而且自然力起重要作用。林业生产易受自然因素，如风雨雷电、病虫鼠害、森林火灾等影响较大，特别是林木生产周期长，使预先投入资金的风险加大。同时，高风险特性也导致抵押物资产管理难度较大。

其次，私有林的生产经营方式也导致其融资难。分林到户促进了林农的生产积极性，但这种经营方式导致了林地的细碎化经营，容易产生产权纠纷，并且其专业化组织程度低，难以开展标准化生产，林业科技创新和推广应用也受到限制，其经营风险较大。另外，小规模经营的私有林经营主体本身生产性借贷数量有限，缺乏足额有效的抵押担保资产，不能给金融机构带来规模经济收益。这些特征影响了私有林经营主体的融资能力。

2. 私有林融资难的外部成因

首先，直接融资渠道对私有林的开放度很低。目前，一般企业比较经常使用的直接融资方式是发行股票或发行公司债券，而国家对于发行股票或债券的企业在经营规模、盈利能力、企业的组织化程度、经营管理者的素质、发展前景等各个方面设置了诸多的限制性条件，因而其进入门槛较高，这两种直接融资方式排除了绝大多数私有制林业企业，更排除了承包经营的林户。至于公司债券，我国现行的相关法律法规只允许国有企业发行公司债券，非公有制企业则被排斥在外。

其次，以银行贷款为主的间接融资渠道对私有林也有较多的限制。以国有商业银行为主体的银行体系在放贷时，对私有林经营者往往存在着所有制歧视、行业歧视和规模歧视。特别是那些从事营林生产的农户，一方面，因其所经营的森林具有生长的长周期性，而且受自然力的影响大，存在着较多的不确定性因素，经营风险较大，所以银行不愿意贷款给林业；另一方面，由于我国的活立木市场一直未能建立，银行一般不接受以活立木作为抵押资产的贷款申请，即使个别银行允许以活立木资产作抵押，但要求贷款人对作为抵押物的活立木首先进行保险，而保险公司又基于类似的原因不接受森林资源保险业务，从而限制了私有林经营者的贷款能力。

最后，由于目前我国森林采伐实施了限额采伐制度，对于为数众多的私有林经营者而言，他们对于自己所营造的商品林能否争取到必要的采伐指标都缺乏必要的保证，可能造成林木已经到了采伐期或间伐期，却因无采伐指标而不能采伐，从而可能丧失最佳的造林时间，造成借款人不能按时还款。而且，由于作为抵押物的森林资产受到限额采伐政策的限制，致使银行难以对其及时实施处置权。所以，一旦债务人无法归还债务，抵押品不能流转或采伐，不具备处置权的抵押物的价值将被严重低估。同时，我国林权抵押物的登记、保险、评估和担保尚不规范，从而阻碍了林业抵押融资的健康快速发展。

正是由于以上内外部原因，导致我国私有林经营者融资难，这对私有林进一步发展产生了重要的制约。

(四)税费不合理

林业税费问题一直是林业生产经营者关注的焦点问题，近年来，国家陆续取消了森林资源补偿费、林业建设费，2005 年又取消了除烟叶外的所有农业特产税，林业税费负担有所减轻，这标志着我国林业税费改革迈出了新的步伐。但就目前情况看，我国林业税费仍存在许多问题，改革现行不合理的林业税费体制已成为当务之急。

1. 我国林业税费制度改革历程

作为一项产业，林业税费制度与国家的税制变革息息相关。十一届三中全会后，党和国家对税费制度进行了一系列的改革。我国林业税费的改革历程主要有以下三个阶段：

第一阶段，是 1983 ~1987 年国家对林业开征农林特产税、所得税和产品税阶段。农林特产税是在 1983 年开始征收，税率为林木收入的 5% ~10%；所得税是在国家实行第一步利改税时开征的，国有大中型企业实行全国 55% 的统一税率，小型企业按八级超额累进税率缴纳所得税；1984 年国家实行第二步利改税时开始征收林木产品税，税率为 10%。由于当时森林资源危机的问题还未出现，森工企业的效益普遍较好，因此重税负对林业生产的影响也不明显。

从 1987 ~1994 年国家税收体制改革为林业税费改革的第二阶段。这期间，国家对企业普遍实行财务包干办法，森工企业也退出利改税，转为上缴包干利润，同时对木材加工产品，包括锯材等，开始按加工增值额的 14% 开征增值税；将原木的农林特产税统一为 8%。在这一阶段，森工企业"两危"问题逐渐暴露出来，并日益引起重视。为了保护森林资源，扶持林业发展，国家先后出台了一系列税收优惠政策，在林业税收政策上给予扶持。如对国有林区 143 个森工企业暂缓征收农林特产税，1993 年又将原木农林特产税率普遍降低为 7%；对东北、内蒙古国有林区森工企业原木的产品税由 10% 减到 5%，对次、小、薪材免征产品税；为了鼓励和支持林业部门充分利用森林资源发展综合利用、变废为宝，安置富余劳动力，国家对东北、内蒙古国有林区森工企业以"三剩物"和次、小、薪材为原料生产的综合利用产品免征增值税。同时对国有场圃的多种经营、综合利用项目所得利润免征所得税。

第三阶段，是从 1994 年税制改革起到现在。为了适应国家建立社会主义市场经济的需要，国家对税收制度进行了重大改革，建立了以增值税为主体的流转税体系，并将农林特产税与产品税合并，改为农业特产税；重新开征所得税。这一阶段，林业的经济危困进一步加剧，森工企业开始出现全面亏损的局面。为了扶持林业发展，国家继续对林业实行税收优惠政策(徐怡红，2002)。

2. 我国现行林业税收制度

(1)农业特产税。农业特产税是为了调节农、林、牧、渔各业的生产收入，而对取得农业特产收入的企业、单位和个人征收的农业税，征收依据是国务院于1994年1月30日发布实施的《关于对农业特产收入征收农业税的规定》。为继续推进农村税费改革，进一步减轻农民负担，经国务院批准，财政部、国家税务总局联合印发了《关于取消除烟叶外的农业特产税有关问题的通知》(财税［2004］120号)。《通知》明确规定，从2004年起对烟叶仍征收农业特产税，取消其他农业特产品的农业特产税，其中：对征收农业税的地区，在农业税计税土地上生产的农业特产品，改征农业税，农业特产品的计税收入原则上参照粮食作物的计税收入确定，在非农业税计税土地上生产的农业特产品，不再改征农业税；对已免征农业税的地区，农业特产品不再改征农业税。据此，对林业生产的原木、原竹产品将不再征收农业特产税，也不征收农业税，税收为零(王玉玲，2007)。

(2)增值税政策。增值税的征收依据是国务院1993年12月31日发布实施的《中华人民共和国增值税暂行条例》和经国务院批准、财政部与国家税务总局下发的《关于林业税收问题的通知》(财税字［1995］第3号)。对自产自销的原木、原竹免征增值税，对流通环节销售原木、原竹按13%征收销项税，进项税按10%抵扣；对以木材、竹材为原料的加工产品按17%征收销项税。为保护森林资源，扶持林业发展，国家也先后出台了一系列税收优惠政策：

——财政部、国家税务总局《关于以三剩物和次小薪材为原料生产加工的综合利用产品增值税优惠政策的通知》(财税［2001］72号)规定，对企业以林区三剩物和次小薪材为原料生产加工的综合利用产品，在2005年12月31日以前由税务部门实行增值税即征即退的办法，生产综合利用产品的企业，应单独核算该综合利用产品的销售额和增值税销项税额、进项税额，未单独核算或不能准确核算的，不适用即征即退政策。

——财政部、国家税务总局《关于若干农业生产资料征免增值税政策的通知》(财税[2001]113)规定，对批发和零售的种子、种苗免征增值税。

——财政部、国家税务总局《关于"十五"期间进口种子(苗)种畜(禽)鱼种(苗)和非盈利性种用野生动植物种源税收问题的通知》(财税[2001] 130)规定，在2005年底以前，继续对进口种子(苗)、非盈利性野生动植物种源等免征进口环节增值税的优惠政策。

(3)企业所得税。财政部、国家税务总局《关于林业税收问题的通知》规定，自2001年1月1日起，对包括国有企事业单位在内的所有企事业单位种植林木、林木种子和苗木作物以及从事林木产品初加工取得的所得暂免征收企业所得税。财政部、国家税务总局《关于国有农口企事业单位征收企业所得税问题的通知》规定，对边境贫困的国有林场取得的生产经营所得和其他所得暂免征收企业所得税。现行所得税税率为25%。

(4)城市维护建设税和教育费附加。此税种由税务机关按木竹经营、加工单位或个人实际缴纳的增值税额的一定比例计征。

3. 现行林业主要规费项目

(1)育林基金和维简费。育林基金制度始建于建国初期，是根据《中华人民共和国森林法》制定的，实行"以林养林"，扶持林业的重大政策。在东北、内蒙古国有林区森工企业，执行林业部、财政部《关于东北、内蒙古国有林区统配木材调价增收的处理和林价(育林基金)的计提等财务问题的通知》的规定，按木材销售收入26%提取育林基金，对实行林价制度的东北、内蒙古森工企业按立木提取的林价亦不得低于按木材销售收入的26%提取的水平；其他国有林区森工企业按照财政部、林业部《关于国有林区森林工业企业财务改革若干问题的通知》和《关于国有林区森林工业企业财务改革若干问题的补充规定》文件规定，按木竹销售收入的21%提取育林基金，按该比例执行有困难的，可适当降低，但不得低于15%，现行提取高于21%的可保留，具体比例由省、自治区人民政府确定。同时规定，育林基金是营林生产资金，其提取和使用均应纳入森工主管部门和企业的财务计划及会计核算统一管理。对企业提取的育林基金原则上60%留给企业，40%上缴省级森工主管部门，用于企业之间调剂。

南方集体林区的育林基金和更新改造资金(即维简费)，执行林业部、财政部《关于南方集体林区木材开放后有关育林基金、更改资金征收、使用和管理问题的通知》(林财[1986]20 号)及国家经委、林业部、财政部、国家物价局、国家工商行政管理局《关于整顿和调整南方集体林区木材费用负担问题的通知》(经重[1988]122 号文件)规定，对产区木竹经营单位按其收购后的第一次销售价的 20% 计征(育林基金为 12%，维简费为 8%)，个别省、自治区执行有困难的，可以适当降低提取标准，但不得低于销售收入的 15%。同时规定，育林基金和维简费的绝大部分留给产材县，省、地林业主管部门应适当集中一部分，用于调剂余缺，集中的比例由省、自治区林业部门商同级财政部门确定，并报各省、自治区人民政府批准。

(2)森林植被恢复费。根据财政部、国家林业局关于印发《森林植被恢复费征收使用管理暂行办法》的通知规定，凡勘查、开采矿藏和修建道路、水利、电力、通讯等各项建设工程需要占用、征用或者临时使用林地，经县级以上人民政府林业主管部门审核同意或者批准的，用地单位应当按规定向县级以上林业主管部门预缴森林植被恢复费。福建省大约是每亩 40 元。

(3)森林植物检疫费。此费用是各级森林植物检疫部门对森林植物、林产品进行产地检疫或调运检疫时收取检疫费。收费及资金管理文件依据：《国家物价局、财政部关于发布中央管理的林业系统行政事业性收费项目及标准的通知》(价费字［1992］196 号)、《财政部、国家计委关于公布取消第二批行政事业性收费项目的通知》(财综[1998]112 号)、《关于将部分行政事业性收费和政府性基金纳入预算管理的通知》(财预[2000]127 号)、《植物检疫条例》。收费标准由林业部门对经检疫的对象按销价的 0.2% 计征。

(4)伐区调查设计费。森林是一种可再生资源，为合理经营利用森林资源，在采伐利用前必须进行调查设计工作。伐区调查设计是林业调查规划设计的重要组成部分，是森林经营的继续，它为限额采伐和木材生产提供科学理论依据。伐区调查设计费就是林业采伐单位对伐区调查设计所缴纳的一种费用，征收标准按森林的蓄积量收取。福建省的伐区设计费是每 1m^3 蓄积量收取 9 元左右设计费，各地方标准不一样。

(5)检尺费。福建省检尺费的收费标准为 9 元/m^3。

除此以外，还存在林权勘测费、林权证工本费等等。如果林木产品进入由工商部门指定市场销售，则还需缴纳销售管理费，未进入指定木竹市场不征收。

4. 我国现行林农营林税费制度分析

(1)我国现行林农营林税费格局——以费为主。根据以上分析，目前林农营林应缴纳的林业税费主要有以下几种：育林基金；维简费；森林植被恢复费；伐区调查设计费；检尺费；林权勘测费、林权证工本费；销售管理费。从这些项目可以看出，由于近年国家一系列针对林业的税收优惠政策的出台，我国林业总体税收趋于零。现行林业税费的主体不是国家、地方的税收，而是来自与林业的各项规费，即我国形成了以费为主的林业税费格局。这种以费为主的林业税费格局造成的结果是，在公共财政的框架之外，还存在一个林业部门的自运转系统，这有悖于公共财政的原则(王玉玲，2007)。

(2)政出多门。目前的林业税费来源多，且收付分散，征收主体除了财政部门外，还有林业主管部门和相关服务机构；此外，还有形形色色的乱收费，如在有些地方还存在森林资源补偿费、林业养路费、迹地更新费、更新造林预留费、森林病虫害防治专项费、护林防火费、检疫代办费等等。来源多、收付散，这给资金的监管带来困难，为资金使用提供了漏洞。如按照育林基金征收的初衷，征收的育林基金要逐步全部返还林业生产经营者，直接用于造林育林，不得挪作他用，但育林基金属预算外资金，对其缺乏有效监管，加之长期以来营林资金无偿使用，造成其使用效果差，并且由于育林基金采取事业制管理，被占用挪用的现象非常严重，致使育林基金变成养人基金。

(3)税费较重。实际调研发现，虽然我国对林业采取了税收优惠政策，但全国林业税费在总体上还是普遍表现偏重，特别是南方集体林区木材税费更重，约占木材销售收入的 40% 以上，农民的经济利益受到损害。即使是林业税费改革实行的较好的福建、江西，林业税费也占收入的 20% 多，这和林业发达国家的税费占收入比重的 5% 相比，我国林业税费显得偏高。林农负担过重问题，既涉及国家现行的一些政策和规定，也有地方乱收费现象。特别需要指出的是，一些地方林业部门行政经费不足而不得不依靠收费维持，即将应由政府负担的经费转嫁到林农头上。但相对较高的林业税费从表面上看似乎可以抑制木材生产和消费，进而减少对现有森林资源的消耗。但林区的实际情况并非如此。由于传统上林区的林农生活来源很大程度上依木材采伐出售，高税费并不能完全阻碍林农对森林的采伐，只不过为了躲避税费，这种采伐行为不是在合法的采伐限额内走正常程序，而是以偷砍偷伐、黑市交易的形式出现。在南方重点产材县，林场和林农由于高税费而进行木材的偷砍盗伐，不申请采伐指标或超指标采伐的现象屡见不鲜。另一方面，林农在承担重税赋同时，还需承担较高的营林投入和采伐投入，林农所得甚微。可见，林业税费重剥夺了林农的合理利润空间，严重挫伤了农民主动造林的积极性，同时众多想进入该领域投资的人必然望而却步，阻碍了社会资金的投入，导致营林投入减少，使森林资源更新恢复乏力。

林业税费负担沉重是计划经济时代遗留下来的问题之一，当时林业主要是靠政府投资，不管是国有林场还是国有森工企业，抑或是集体经济组织，他们大都是依靠采伐天然林资源获取收益，无须支付营林成本，经营单位的生产经营费用很低。在这样的情形下，国家及林业主管部门通过高税费政策来获取部分的天然林资源的收益，甚至征收、平调和占用一部分育林基金和更改基金，也有其合理的一面。但对于市场经济条件下的林业经营者来说，他们目前所经营的森林资源多为人工林，特别是那些通过各种有偿的方式获得林业生产所需的各种生产要素的私有林经营者，他们在支付了经营成本及各种正常的税费之后，就没有义务再承担已经名不副实的“育林基金”和各种来路不明的“搭车”收费了。相反，按照今后我国林业发展的总体思路及国外林业先进国家的经验，国家及政府有关部门应该对包括私有林在内的各种林业生产主体(特别是直接从事森林资源培育的主体)实施比其他行业更为优惠的税费政策，以实现林业生产的休养生息，并调动广大群众参与森林资源经营的积极性。总之，严重地困扰着我国私有林经营主体的高额税费问题已经到了非改不可的境地。

(五)其他问题

此外，在针对私有林主经营私有林遇到的主要困难调查时还显示，私有林经营遇到的主要问题包括劳动力不足、交通不便、资金紧缺、盗伐严重、政策问题、市场问题等(表 2-21)，其中资金紧张是他们反映最强烈的，有 50.30% 的人认为资金紧张是他们在经营过程中遇到的主要困难；市场问题占 30.51%，劳动力不足 27.95%，交通不便 27.79%，政策问题 16.54%，盗伐 5.89%，其他 25.76%。

表 2-21　私有林主遇到的主要困难调查

	劳动力不足	交通不便	资金紧缺	盗伐严重	政策问题	市场问题	其他
主要困难	370	368	666	78	219	404	341
比重(%)	27.95	27.79	50.30	5.89	16.54	30.51	25.76

注：数据来源于问卷调查，该调查为多选问卷。

在实地调研和问卷调查过程中，我们了解到在一些地方还存在着林改后已经分林到户的山林被划为生态公益林的情况，而林农所拥有的这些林子一旦被划为生态公益林，作为其原来产权拥有者的林农不仅不能采伐那些名义上属于自己的林子(即使那些林子已经达到经济成熟或工艺成熟)，甚至还要负责进行经营和管护，但所支付的相关成本费用却因森林生态效益补偿制度的缺位而未能得到必要的补偿，一些林农因此而遭受了损失。这些林农虽然对国家的林业分类经营政策表示理解，但对于政府的具体做法和经济补偿数额却有不同的意见。如有部分林农认为，政府在将其所拥有的林子划为公益林之前没有征求他们的意见，而更多的问题则在于他们的山林被划为公益林后，政府并没有给予足额的补偿。对此，几乎所有那些山林曾被划为公益林的林农都表示补偿严重不足。

第二篇

私有林经营意愿与行为的实证分析

第三章

私有林经营意愿的实证分析

本章以南方集体林区私有林的问卷调查资料为基础，着重分析私有林的经营意愿。所用数据来源于国家自然科学基金项目“私有林经营意愿与补贴制度研究”课题组对南方九省区的调查而得。我国南方集体林区包括广东、海南、湖南、湖北、江西、福建、贵州、浙江、广西、安徽10个省区，我们调查了除贵州外的九个省区，数据来源真实可靠。

由于本章所分析的主体是南方集体林区的林农，所以以典型集体林区县(市、区)和特色林业县级区域的林农为调查对象。首先，在进行预调查的基础上多次对参与调研者进行统一的培训；其次，由调查者通过与林农面对面直接访谈来进行问卷填写。调查抽样：在尽量遵循随机抽样原则的基础，结合实际调查的可操作性，选择样本进行调查。其他数据来自历年《中国农业年鉴》、《中国统计年鉴》和其他公开出版的文献资料，详情在文中均有说明。

一、林主经营林业的意愿调查——以福建为例

(一)林主对经营林业前景的预期

现代西方经济学尤其是供给学派的研究表明，人们对经济的预期将直接影响着经济发展的诸多方面。林农对林业前途的预期，直接影响着林农营林造林的意愿，从而最终也将影响着林业产业的命运。一般来说，如果林农对林业的前途越是感到乐观，林主经营林业的意愿将越高，林业的前景就越好；反之亦然。从对福建省调研的结果来看(表3-1)，样本林农中认为在当地经营林业没有前途者有占总户数的24.10%；对林业经营前途持无所谓态度者占总户数的31.08%，这些农户的一个基本特征是林业不是家庭收入的主要来源，从而对林业经营的前景持无所谓态度。虽然，近五成(44.82%)的林农对经营林业持乐

观态度，对林业的预期较好。但是仍有近一半的林农并不看好林业，超过两成的林农对林业持悲观态度，这从一个侧面反映出了存在相当比例的林农经营积极性不高。如果这种现状不能从根本上改变，那么林业的可持续发展是没有保障的。

表 3-1　林农对在当地经营林业前途的判断

林农对经营林业前途的预期	调查林农农户	百分比	累积百分比
营林没有前途	100	24.10	24.10
无所谓	129	31.08	55.18
营林大有前途	186	44.82	100
总计	415	100.0	

（二）继续经营林业的意愿

在福建，被调查的415户林农中，有343户林农表示愿意继续经营林业，占82.89%，这表明绝大多数林农愿意继续经营林业。但这并不意味着林农经营林业的经营意愿很高，原因有两个：其一，从调查中发现只有186户林农对经营林业的前途持乐观态度，占44.82%，这一比重远小于愿意继续经营林业的林农所占的比例，可见有不少林农在对林业经营前景不看好的情况下愿意继续经营林业，其经营意愿不一定很高。其二，在对林农愿意继续经营林业的主要原因（表3-2）进行分析发现，分别有27.11%和25.95%的林农愿意继续经营林业是由于不想放弃林地或是没有能力经营其他产业，显然这些林农愿意继续经营林业存在着消极态度，他们的林业经营意愿并不高。

表 3-2　林农愿意继续经营林业的主要原因

	挣钱	不想放弃林地	没有更好的事做	为了最低生活保障	抛荒受罚	使用林木方便	林地流转困难	其他
户数	268	93	89	69	5	50	12	18
百分比	78.13	27.11	25.95	20.12	1.46	14.58	3.50	5.25

说明：由于本题是多项选择题，故累积百分比超过100%。

（三）林农对经营林业的信心

林农经营林业的信心同他们所具有的林业经验有密切的关系。从表

3-3 中可以看出，不论是从中位数还是从平均数来看，林农营林的时间都在 14 年左右，具有较丰富的营林经验。而且，从福建调查中还可以发现，49% 的林农认为对林业经营很熟悉，44% 的林农认为对林业经营熟悉，仅有 7% 的林农表示对林业经营不熟悉。

表 3-3 营林经验(年)

指标	营林经验
平均	14.55797
标准误差	0.398572
中位数	14
标准差	8.109736
方差	65.76782
峰度	0.445704
偏度	0.523727
区域	48
最小值	0
最大值	48
求和	6027
观测数	414
置信度(95.0%)	0.783482

二、林主对经营方式的选择意愿——福建的问卷分析

(一)最希望的经营方式——家庭承包

在福建所调查的 415 户中，有 306 户林农，即有 73.73% 的林农希望集体林地以家庭承包的方式进行经营，而最不受欢迎的经营方式是集体经营，只有 2 户林农希望集体的林地仍然由集体来经营(图 3-1)。这种明显的反差说明了，福建省 2003 年开始的进行的以"实行集体林木林地家庭承包"为核心内容的集体林权制度改革是与广大林农的意愿相一致的，是农村联产承包责任制在林地的延续和深化。从符合广大林农的意愿看，集体林权制度改革是正确的，具有重大的意义。

但是，家庭承包的意愿与现实有很大的反差，其表现在多数林农家庭不易获得林地进行经营。调查中发现(图 3-2)，只有 32% 的林农容易获得林地(林地使用权)，而近三分之二的林农不太容易或者很难获得林地。这主要有以下两个方面的原因：其一，林地流转机制不灵活，林

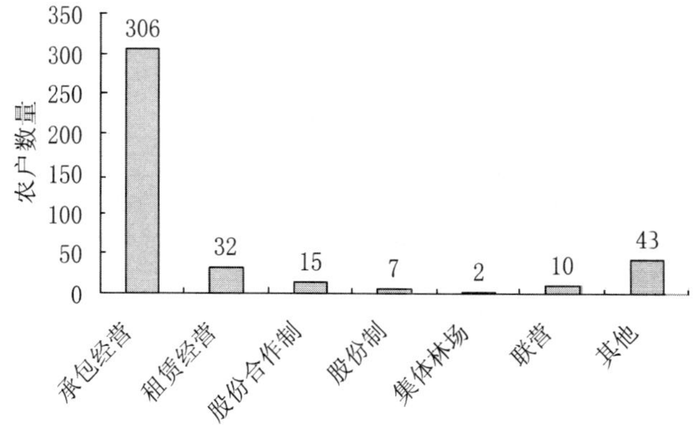

图 3-1　林农最希望集体林地的经营方式

地流转困难；其二，集体林地大部分由集体统一经营，林农不易从集体获得林地。但是，随着以分林到户为核心内容的新一轮集体林权制度的改革的逐渐深化，这种状况正在发生着重大的改变。

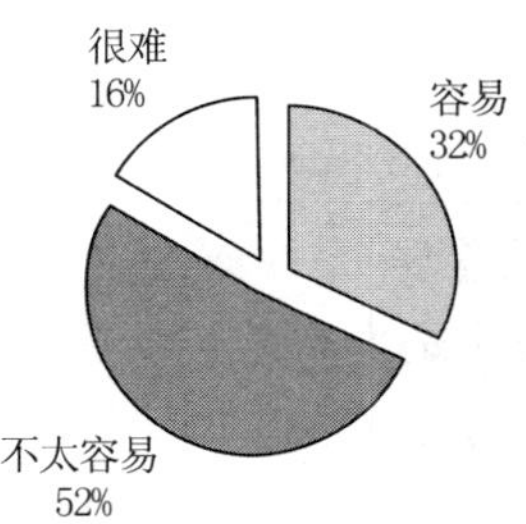

图 3-2　林农林地(使用权)可得性

(二)经营的林种多样性和地块分散性

福建的调查数据显示，有 128 户林农不只经营一种林种，占被调查农户的 30.84%。而且，有 246 户林农也往往经营 2 个以上(含 2 个)的地块，平均每户林农经营的地块为 2.18 块，而经营地块最多的 10 农户其经营的林地高达 10 块之多。不仅如此，在林农经营的同一林种中，林农往往也经营不止一个地块，经济林林农平均每户经营 1.77 块，用材林林农平均每户经营 1.55 块，竹林林农平均每户经营 1.47 块，其他林种林农每户经营 1.05 块(表 3-4)。林农之所以经营多林种和多种地块与历史上林权制度的频繁变更有着重要的关系。经营林种的多样性和地块的分散性，会增加经营成本，不利于经营效率的提高。

表 3-4 林农经营的地块数

指标	经济林	用材林	竹林	其他林种	总地块
平均	1.771536	1.552795	1.468468	1.052632	2.183133
标准误差	0.065108	0.073669	0.093892	0.052632	0.067555
中位数	1	1	1	1	2
标准差	1.063869	0.93475	0.989213	0.229416	1.376197
方差	1.131818	0.873758	0.978542	0.052632	1.893918
峰度	2.551086	6.360746	20.19153	19	2.950634
偏度	1.599691	2.262267	3.876345	4.358899	1.477559
区域	5	5	7	1	9
最小值	1	1	1	1	1
最大值	6	6	8	2	10
求和	473	250	163	20	906
观测数	267	161	111	19	415
最大(1)	6	6	8	2	10
最小(1)	1	1	1	1	1
置信度(95.0%)	0.128192	0.145488	0.186072	0.110575	0.132793

(三)农户经营水平的差异

与农地不同，林农较少地对林地进行施肥，平均每户林农每年施肥1.78次(表3-5)，有近四分之一的农户(101户)没有进行施肥。而且，林农多以施化肥为主，只有3.62%(15户)林农仅施农家肥，施化肥的林农292户，占被调查林农的71.02%。

不同农户的经营水平存在很大差异，以福建省的资金投入为例：

(1)不同农户在林地上的资金总投入量存在差异。从调查的结果来看(表3-6)，林农平均投入的资金量较多，每户在1.5万元左右，但是不同林农的投入水平存在着十分显著的差异，投入林业经营总资金最大的林农投入了140万元，而许多林农(96户，约占23.13%)却几乎没有投入资金。

表 3-5　施肥次数特征表

指标	施肥次数
平均	1. 777777778
标准误差	0. 081852676
中位数	1
标准差	1. 665455573
方差	2. 773742265
峰度	3. 298509135
偏度	1. 433776412
区域	10
最小值	0
最大值	10
求和	736
观测数	414 *
最大(1)	10
最小(1)	0
置信度(95. 0%)	0. 160899809

表 3-6　林农资金总投入量(元)

指标	数值
平均	14941. 54
标准误差	3803. 396
中位数	3000
众数	0
标准差	77481. 06
方差	6E +09
峰度	256. 0209
偏度	15. 09104
区域	1400000
最小值	0
最大值	1400000
观测数	415
置信度(95. 0%)	7476. 375

(2)不同农户单位面积上的资金投入量存在差异，且投入水平较低。与林农资金投入总水平相似，不同林农单位面积资金投入水平差距也很大，有部分林农亩均资金投入量为零，而亩均投入最多的农户达到了 14400 元。此外，从图 3-3 中还可看出林农的亩均资金投入量绝大多数在 1600 元以下(占 86. 02%)，投入水平相对较低。

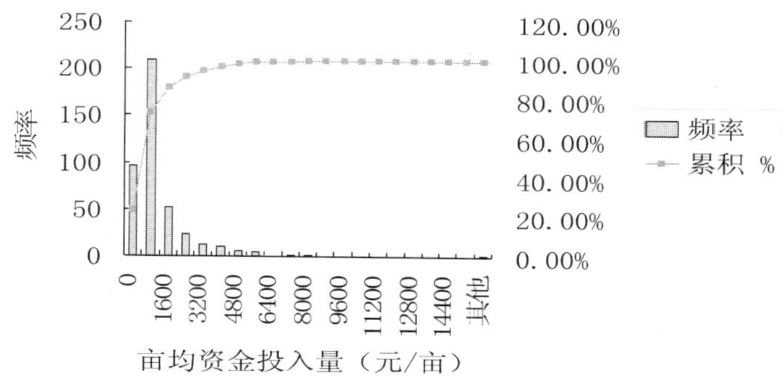

图 3-3　林农单位面积资金投入水平分布

三、私有林林主对林种的经营意愿调查——以南方九省区为例

(一)林主最愿意经营的林种

在福建调查时发现，林农最愿意经营的林种是经济林、用材林和竹林，有超过95%的林农都愿意经营这三个林种，而特种用途林、薪炭林和生态公益林愿意经营者甚少，各约占2%、1%和1%。

三个主要林种的具体情况又有所不同，其中以用材林的平均规模最大(表3-7)。福建林农经营用材林的平均约为每户124亩，而竹林和经济林分别约有每户30亩和15亩。这可能与历史原因及用材林的经营相对较粗放有关。此外，从标准差和方差中还可以看到，不论是哪种林种，不同林农的林地经营规模相差较大。尤其是用材林，最大经营规模的林农经营的面积是最小经营规模林农的3350倍，而且这差距经过新一轮林改后有越来越扩大的趋势。

表3-7 林农林地经营面积

指标	经济林(亩)	用材林(亩)	竹林(亩)	总面积(亩)
平均	15.91534	124.0506	30.52083	76.42894
标准误差	2.069584	27.43715	7.162277	11.58836
中位数	6.8	20	12.5	14.8
标准差	33.62677	343.7865	78.45881	236.0728
方差	1130.759	118189.1	6155.785	55730.36
峰度	81.28339	55.24269	64.52227	101.5095
偏度	7.633052	6.767783	7.39579	8.73718
区域	419.6	3349	758.5	3349.6
最小值	0.4	1	0.5	0.4
最大值	420	3350	759	3350
求和	4201.65	19475.95	3662.5	31718.01
观测数	264	157	120	415
置信度(95.0%)	4.075063	54.19625	14.18202	22.77936

而在三种最愿意经营的林种中，最受欢迎的林种在各地则有不同的情况(表3-8)：

(1)福建(415户)的农户中有229户(占55.18%)最愿意利用林地经营的林种是经济林，其中包括了3户愿意利用林地进行薪炭林的栽种。利用林地进行用材林栽种的农户有175户，其中包括了86户愿意经营竹林。而11户的农户愿意利用林地进行生态公益林的经营。在调查中还发现(图3-4)，有140户林农愿意改变所经营的林种，所占比重竟高达33.73%，这说明了还有相当一部分林农并不太喜欢目前经营的林种，他们有调整林种经营结构的意愿。

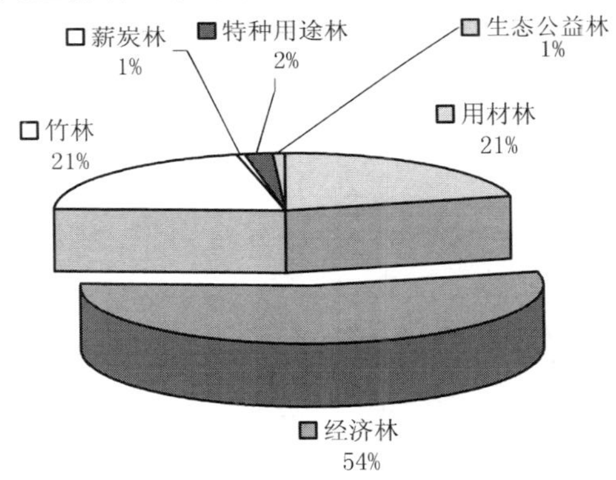

图3-4　林农最愿意经营的林种

(2)安徽所调查的72户中，更多的农户愿意利用的林地类型是用材林的经营，为49户，占62.82%，另外，调查中，有29户农户愿意仅经营经济林，而没有农户愿意进行生态公益林和其他林种的经营。

(3)广东的大部分农户愿意经营的林地类型是用材林的农户为78户，几乎占到了农户数量的85%以上。愿意经营经济林的农户为12户，经营生态公益林的农户为1户。

(4)广西的调查数据显示，广西的林农中经营用材林和经济林的占绝大多数，经营生态公益林的农户很少，只有4户。

(5)海南的农户对林地利用类型多用于经济林，进行用材林的林地利用也有一小部分，但是，所调查的农户中没有经营生态公益林的。

(6)湖北所调查的农户中，利用林地进行经济林和用材林经营的农户数量相差不大，前者为49户，占55.68%，后者为36户，另外进行生态公益林的农户有3户。

(7)湖南的调查数据显示，利用林地进行用材林经营的农户数最多，达到69户，占55.65%，利用林地进行经济林经营的农户数为33户，另外，与其他省份相比，在调查中，湖南省经营生态公益林的农户最多，达到19户。

(8)江西的调查中，利用林地进行用材林经营的农户最多，为109户，占72.19%，进行经济林经营的为32户，占21.19%，进行生态公益林经营的农户为9户。

(9)浙江的调查数据显示，大部分农户是利用林地进行用材林的经营，为171户，占72.15%，利用林地进行经济林经营的为49户，进行生态公益林经营的为17户。

从总体情况上看(表3-8)，现有土地利用类型一半以上的是用材林，占总比重的56.43%，其次是经济林达到38.46%，第三是生态公益林为4.60%，其他仅占0.50%。

表3-8 各地区林农经营的林种比重

地区	经济林		用材林		生态公益林		其他	
	户数	比重(%)	户数	比重(%)	户数	比重(%)	户数	比重(%)
福建	229	55.18	175	42.17	11	2.65	0	0.00
安徽	29	37.18	49	62.82	0	0.00	0	0.00
广东	12	13.19	78	85.71	1	1.10	0	0.00
广西	57	41.30	77	55.80	4	2.90	0	0.00
海南	45	65.22	21	30.43	0	0.00	3	4.35
湖北	49	55.68	36	40.91	3	3.41	0	0.00
湖南	33	26.61	69	55.65	19	15.32	3	2.42
江西	32	21.19	109	72.19	9	5.96	1	0.66
浙江	49	20.68	171	72.15	17	7.17	0	0.00
总计	535	38.46	785	56.43	64	4.60	7	0.50

注：标注户数表示该地区中经营该林种的户数，比重表示现有该林地经营类型的户数占该地区被调查总数的百分比。

对比上述的现有土地利用类型，我们继续调查林户最愿意的经营类型，同样分为经济林、用材林、生态公益林和其他(表3-9)。

表 3-9　各地区林农经营林种的意愿

地区	经济林		用材林		生态公益林		其他	
	户数	比重(%)	户数	比重(%)	户数	比重(%)	户数	比重(%)
福建	229	55.18	175	42.17	11	2.65	0	0.00
安徽	19	26.76	48	67.61	2	2.82	2	2.82
广东	10	10.99	80	87.91	1	1.10	0	0.00
广西	48	37.50	76	59.38	3	2.34	1	0.78
海南	39	57.35	22	32.35	1	1.47	6	8.82
湖北	43	51.19	38	45.24	2	2.38	1	1.19
湖南	24	26.09	61	66.30	4	4.35	3	3.26
江西	36	25.90	100	71.94	2	1.44	1	0.72
浙江	49	20.68	171	72.15	17	7.17	0	0.00
总计	497	37.51	771	58.19	43	3.25	14	1.06

注：标注户数表示该地区最愿意选择该林地经营类型的户数，比重表示最愿意选择该林地经营类型的户数占该地区被调查总数的百分比。

从表 3-9 中我们可以看到在福建的调查中，有 55.18% 的林户表示自己最愿意经营的是经济林，最愿意经营用材林的有 42.17%，生态公益林 2.65%；安徽的情况为经济林 26.76%，用材林 67.61%，生态公益林 2.82%；江西省的农户大部分还是愿意利用林地进行用材林的经营，与目前的利用类型没有太大的出入，只是，愿意经营生态公益林的农户只有 2 户，说明大部分农户还是不愿意利用林地进行生态公益林的经营；湖南的农户仍然是大部分愿意利用林地进行用材林的经营，可是，愿意进行经济林和生态公益林经营的农户数量减少了，尤其是生态公益林的经营。

从调查结果看来，上述 9 省区被调查的林户中，表示最愿意经营用材林的比例最高，总和达到 58.19%，高于经济林的 37.51%，更高于生态公益林的 3.25% 和其他林地利用类型。说明南方各省区的农户对生态公益林经营缺乏兴趣，基本上愿意且正在进行的林地利用类型是经济林和用材林的经营，大部分省份的农户更愿意进行用材林的经营。

通过对上述两者的对比可以分析目前私有林主林地利用类型的选择

是否遵照林户自己的意愿，即了解目前农户的林地利用类型和他们所期望的是否相同。

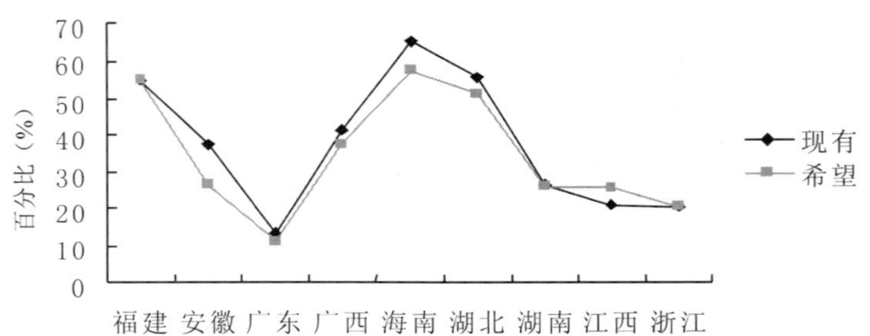

图 3-5 各地区林农经营经济林意愿与实际经营比重对比图

通过图 3-5 可以看出，安徽、海南和江西在经济林的土地利用类型上现有土地利用类型和最希望的土地利用类型存在一定的差异，安徽和海南私有林主表示最愿意经营经济林的比例只有 26. 76% 和 57. 35% ，少于现有实际林地利用类型的 37. 18% 和 65. 22% ；江西则相反，愿意经营经济林的有 25. 90% ，而实际只有 21. 19% 。

其他省区则大致相同。表示最愿意经营经济林的私有林主和实际上其林地利用类型为经济林的比重相当。

从总体情况看，南方九省区中最希望经营经济林的比重总和为 37. 51% ，对比现有实际林地利用类型为经济林的比重 38. 46% ，存在略微的差距。这些数据说明了在私有经济林的实际经营中目前经营经济林的私有林主有部分更希望选择其他林地利用类型，但总体上大致相符。

图 3-6 中显示在利用林地经营用材林方面，除了湖南外，其他八省区的现有林地利用类型比重与私有林主希望的利用类型比重基本一致。湖南则出现了现有利用林地经营用材林的比重低于私有林主表示最愿意经营用材林的比重。从总体情况上看，目前南方九省区林地利用类型为用材的比重为 56. 43% ，低于目前私有林主最希望林地利用类型为用材林比重的 58. 19% ，这表明，有更多的林农愿意经营用材林。

在生态公益林方面(图 3-7)，各省区情况则相差较大。调查数据显示，在福建、广东、广西和浙江，生态公益林现有的比重与私有林主表

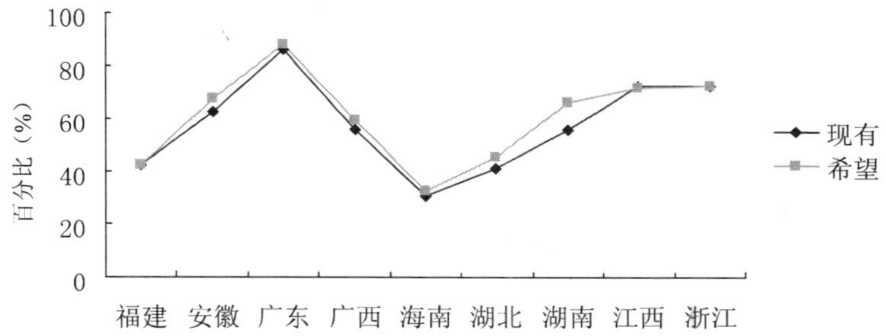

图 3-6 各地区林农经营用材林意愿与实际经营比重对比图

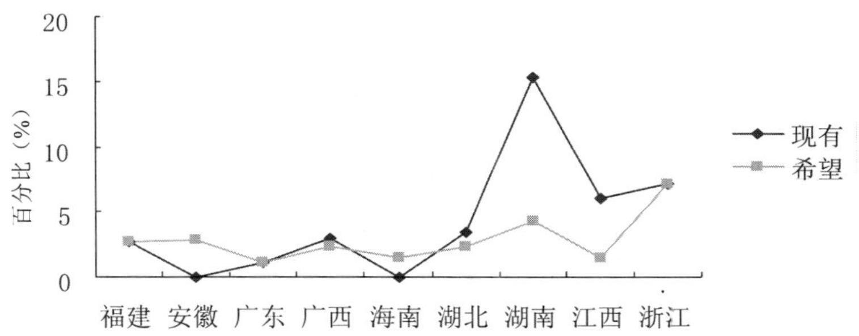

图 3-7 各地区林农经营生态公益林意愿与实际经营比重对比图

示最希望经营生态公益林的比重大致相同，安徽、海南、湖北、湖南和江西则相差较大。其中以湖南相差最大，湖南是调查的九省区中经营生态公益林比重最大的省份，达到 15.32%，而只有 4.35% 的林农表示生态公益林是其最愿意经营的林地利用类型，相差达到 10.07%。江西相差也达到 4.52%。

最后，从所有林地利用类型的总体情况上看，调查结果显示，农户最愿意经营的树种的情况和现实情况差不多，说明在现实生活中农户对林地的利用类型与其期望比较吻合，也即目前在林地利用类型的选择中私有林主自己的意愿基本上得到体现。

（二）经营意愿的佐证——以福建省为例

1. 福建的经济林——投入的劳动力最多

由（表 3-10）可知，平均每户林农在林业上的总自投工数约 260 天，即平均每户林农约有一个劳动力用于林业经营；林农在经济林上投入的劳动力最多，用材林次之，竹林第三，其他林种最少，而林农资金投入量最多的却是用材林，这和用材林相对经济林而言需要投入的劳动力较少有关。通过比较，还可以进一步发现，自有劳动力投入量在各林种也存在明显的差异，但却远小于资金投入量上差异，自投工最多的林种——经济林其投入水平是投入最少的林种 的 8 倍，而资金投入最多的用材林其投入水平是资金投入最少的林种的 48 倍。

表 3-10 林农自投工数

指标	经济林(天)	用材林(天)	竹林(天)	其他林种(天)	总自投工(天)
平均	317. 8636	100. 8885	62. 275	36. 13158	260. 0361
标准误差	109. 4178	28. 62817	8. 444022	12. 74937	72. 19214
中位数	100	25	30	0	60
标准差	1777. 829	358. 71	92. 49962	55. 57324	1470. 666
方差	3160675	128672. 9	8556. 18	3088. 385	2162858
峰度	173. 7422	83. 35618	34. 2625	-0. 16199	258. 1709
偏度	12. 68934	8. 364147	4. 872215	1. 230659	15. 25659
区域	26000	3910	800	160	26562
最小值	0	0	0	0	0
最大值	26000	3910	800	160	26562
求和	83916	15839. 5	7473	686. 5	107915
观测数	264	157	120	19	415
置信度(95. 0%)	215. 4464	56. 54887	16. 72001	26. 78544	141. 9089

由表 3-11 可知，林农在经济林单位面积上投入的自投工最多，达到了每年每亩 35 天以上，而且不同林农单位面积自投工数差别也很大(见方差)。

此外，从调查中还发现，有部分林农不对林地进行管护而任其处于荒废中。调查数据表明，有 6 户经济林林农(占经济林农的 2. 27%)，30 户用材林林农(占用材林林农的 19. 11%)和 10 户竹林林农(占竹林林农的 8. 33%)既不投入资金也不投入劳动力，使林地处于荒废状态。

表 3-11　林农在单位面积上的年自投工数

指标	经济林(天/亩)	用材林(天/亩)	竹林(天/亩)	其他林种(天/亩)
平均	35. 55879	4. 43964	6. 166979	0. 957178
标准误差	8. 058929	1. 212325	0. 935813	0. 516492
中位数	15	0. 673684	2. 5	0
标准差	130. 9421	15. 19038	10. 25131	2. 251335
方差	17145. 83	230. 7477	105. 0894	5. 068511
峰度	194. 7483	43. 41584	20. 1987	10. 06014
偏度	13. 19043	6. 360189	3. 967103	3. 080739
区域	2000	128	74. 5	9. 090909
最小值	0	0	0	0
最大值	2000	128	74. 5	9. 090909
求和	9387. 521	697. 0235	740. 0375	18. 18638
观测数	264	157	120	19
置信度(95. 0%)	15. 86823	2. 39469	1. 853003	1. 085109

表 3-12　林农在各种林种上的年资金投入量

指标	经济林(元)	用材林(元)	竹林(元)	其他林种(元)
平均	10497. 68939	21051. 0828	3131. 15	436. 8421
标准误差	1018. 639568	12857. 75482	861. 7273	276. 6984
中位数	4900	400	737. 5	0
众数	0	0	0	0
标准差	16550. 93395	161107. 2061	9439. 749	1206. 1
方差	273933414. 5	25955531853	89108867	1454678
峰度	11. 53979018	148. 6116565	45. 05431	10. 28812
偏度	3. 109318616	12. 04759295	6. 174418	3. 168051
区域	110000	2000000	82650	4800
最小值	0	0	0	0
最大值	110000	2000000	82650	4800
求和	2771390	3305020	375738	8300
观测数	264	157	120	19
置信度(95. 0%)	2005. 72669	25397. 76202	1706. 306	581. 3218

2. 用材林——资金投入总量最多

调查中发现，农户在不同林种上的资金总投入量和单位面积上的资金投入量都存在显著差异。从资金总投入量看(表 3-12)，其一，林农在用材林上的资金投入量最大，经济林位居第二，竹林第三，其他林种最少，用材林上的投入水平大约是其他林种(除经济林、用材林和竹林之外的林种)的 48 倍。其二，不同的林农在一林种中资金投入水平的差异也很显著，从方差可以看出，不同林农在用材林上的资金投入量变异最大，经济林次之，竹林位居第三，而其他林种差异最小。

3. 福建的经济林——单位面积的资金投入量最大

虽然从总投入量来看，林农在用材林上的资金投入量最大，但从林农单位面积上的资金投入量来看(表 3-13)，林农在经济林的投入远高于用材林和竹林，位居第一位，竹林居第二位，用材林在三大林种中林农投入最少。之所以会出现这样的反差与不同林种所需资金投入量有着密切的关系，由于林农经营用材林的面积远大于其他各林种，所以需要投入的总资金量多。而林农经营的经济林面积虽然不大，但是单位面积却需要投入较多的资金。

表 3-13 林农在各种林种上的单位面积年资金投入量

指标	经济林(元/亩)	用材林(元/亩)	竹林(元/亩)	其他林种(元/亩)
平均	549. 4444	120. 9411	141. 2589	5. 40195
标准误差	33. 82575	34. 96025	23. 47894	4. 494598
中位数	400	23. 75439	65. 38462	0
众数	500	0	0	0
标准差	549. 6033	438. 0506	257. 1989	19. 5915
方差	302063. 8	191888. 4	66151. 26	383. 8268
峰度	3. 178932	100. 4127	26. 35728	18. 35132
偏度	1. 648075	9. 320099	4. 557291	4. 258198
区域	3090. 909	5000	2000	85. 71429
最小值	0	0	0	0
最大值	3090. 909	5000	2000	85. 71429
求和	145053. 3	18987. 75	16951. 07	102. 6371
观测数	264	157	120	19
置信度(95. 0%)	3090. 909	5000	2000	85. 71429

四、私有林林主对经营树种的意愿调查

（一）最愿意经营的树种

目前林农对现有林地上的树种并不太满意，被调查的林农中有166户愿意改变经营林地上现有的树种，占40%。对于作为理性经济人的林农，愿意改变所经营的树种很可能是基于提高经济收入的考虑，但对于生物多样性的保护可能会产生不利的影响。在实际调查中我们发现不少林农为了追求短期的高经济效益，将竹林中的杂木全部砍伐，这实际上是不利于病虫害的防治和生态风险的防范。实践也表明了，林农的这些做法也带来了病虫害频繁发生等较为严重的后果。对于林农改变树种的意愿，政府相关部门应该给予正确的政策引导。

下面对目前私有林经营的树种和私有林主最愿意经营的树种（表3-14）进行比较分析。

表3-14　私有林主最愿意经营的树种情况

省份	针叶树		杨树		桉树		竹		果树		其他阔叶树		其他	
	户数	比重（%）	户数	比重（%）	户数	比重（%）	户数	比重（%）	户数	比重（%）	户数	比重（%）	户数	比重（%）
安徽	18	25.35	6	8.45	2	2.82	6	8.45	17	23.94	7	9.86	15	21.13
广东	8	8.79	0	0.00	80	87.91	0	0.00	1	1.10	0	0.00	2	2.20
广西	26	20.16	1	0.78	73	56.59	4	3.10	22	17.05	0	0.00	3	2.33
海南	1	1.49	0	0.00	33	49.25	0	0.00	6	8.96	0	0.00	27	40.30
湖北	0	0.00	54	64.29	1	1.19	1	1.19	24	28.57	0	0.00	4	4.76
湖南	54	58.70	5	5.43	1	1.09	23	25.00	7	7.61	2	2.17	0	0.00
江西	81	58.27	1	0.72	3	2.16	26	18.71	24	17.27	2	1.44	2	1.44
合计	188	27.93	67	9.96	193	28.68	60	8.92	101	15.01	11	1.63	53	7.88

注：数据来源于问卷调查。

从图3-8我们可以看出在私有林经营过程中私有林主对树种的选择与真实的树种经营情况基本一致，目前在表3-14中所述省份中现在经营的树种的比重基本上反映了私有林主的意愿。

（二）影响林农进行树种选择的因素

各省的林农在选择树种时所考虑的因素不尽相同。在福建，私有林

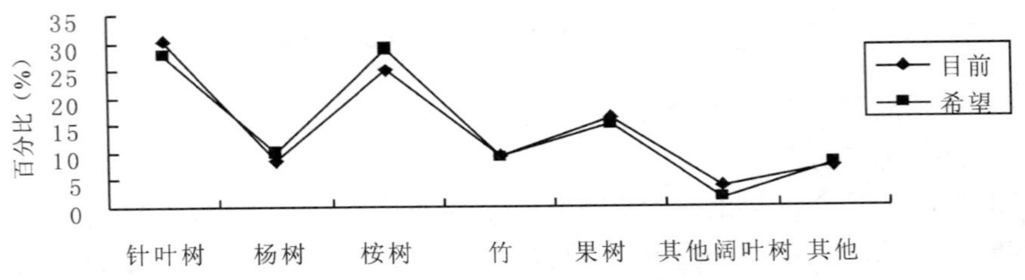

图 3-8 私有林树种选择意愿与现实情况对比图

主更多的是根据当地的树种情况进行选择，比重达到 42.65%；安徽调查显示有 40.85% 和 33.80% 的私有林主将邻居和朋友愿意种的和高收入树种作为树种选择的主要依据；在广东，有近 90% 的被调查者回答他们主要考虑林木生长的快慢和收入的高低为依据，选择生产快和高收入的树种，表明私有林主更青睐投入产出比高的树种；广西、海南和江西的情况也大致相同；湖北的情况则有所不同，增加了政府部门推荐的因素，湖北也有类似的情况，调查资料显示，政府对私有林主树种选择影响比较大，高达 21.43%；湖南有近六成的私有林主选择高收入的树种；浙江的树种选择依据第一位是高收入，第二为当地树种，达到 25.4%，是九省区调查省份中最高的。

表 3-15 私有林主选择树种依据情况表

省份	高收入的树种		邻居、朋友愿意种的		生长快		政府部门推荐		当地树种		其他	
	户数	比重（%）	户数	比重（%）	户数	比重（%）	户数	比重（%）	户数	比重（%）	户数	比重（%）
福建	122	29.40	39	9.40	24	5.78	28	6.75	177	42.65	25	6.02
安徽	24	33.80	29	40.85	6	8.45	11	15.49	0	0.00	1	1.41
广东	39	42.86	0	0.00	41	45.05	11	12.09	0	0.00	0	0.00
广西	56	43.75	6	4.69	50	39.06	15	11.72	0	0.00	1	0.78
海南	40	58.82	3	4.41	20	29.41	1	1.47	0	0.00	4	5.88
湖北	33	39.29	4	4.76	29	34.52	18	21.43	0	0.00	0	0.00
湖南	48	52.17	13	14.13	16	17.39	10	10.87	0	0.00	5	5.43
江西	66	47.48	11	7.91	45	32.37	13	9.35	0	0.00	4	2.88
浙江	97	40.93	18	7.59	13	5.49	15	6.33	61	25.74	33	13.92
总计	525	39.68	121	9.15	244	18.44	122	9.22	253	19.12	58	4.38

注：数据来源于问卷调查。

影响私有林主进行树种选择的主要因素是收入的高低、是否是当地树种和生长快慢等，比重分别为41%、19%和18%，三者之和占总比重的78%，如图3-9。

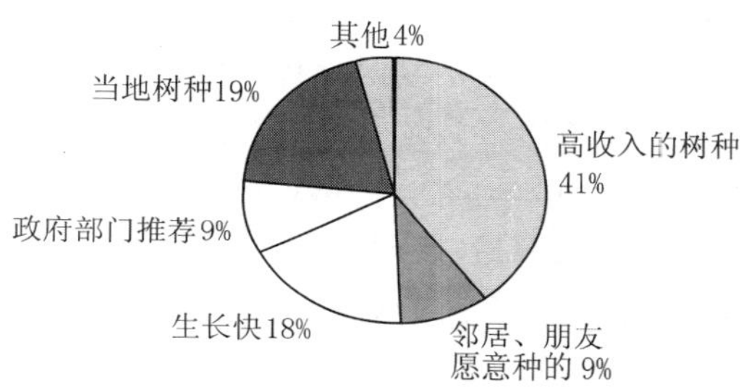

图3-9　树种选择依据比重图

(三)林农选择树种的行为特征

林农造林营林时可供选择的树种种类繁多，他们是如何选择树种，或者说选择树种的主要依据是什么，也是一个需要调查的问题。因为林农选择的树种不同，将导致经营成本、经营收益及经营周期等林业经营的重大问题产生差异。调查结果表明(图3-10)，四成以上的林农选择当地树种，这主要是因为林农经营当地树种经验丰富，而且当地树种适合当地的气候条件。只有7%的人将政府部门的推荐作为选择树种的依据，这说明了政府在推广树种方面存在着较大的困难，这和政府以往推荐的树种并没有达到宣传中的效果有关。

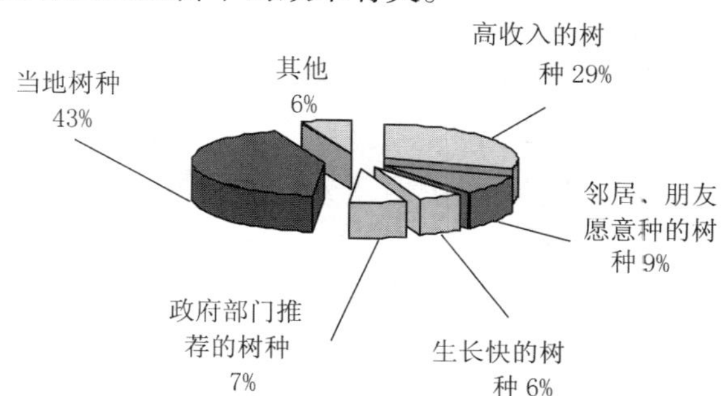

图3-10　林农选择树种的主要依据

五、补贴对私有林林主经营意愿(积极性)的影响

(一)私有林林主对补贴政策的强烈需求

20 世纪 80 年代初期林业“三定”后，集体林区 80% 的森林以责任山和自留山的形式分给各家各户经营，林农成为南方集体林区林业经营最基本、最重要的微观主体，其经营意愿和经营行为必将影响着林业经济的各个重要方面。如何激励林农，引导林农的经营行为向正确的方向发展，促进林业经济的健康持续发展，是一个至关重要的问题。为此，从 2003 年开始以福建、江西等为代表的南方集体林区陆续开始积极推行以“明晰产权、减轻税费、放活经营、规范流转”为主要内容的集体林权制度改革，尽可能实现集体林木林地家庭承包，以颁发林权证书法律的形式保障林农的林权，以实现“产权明晰”。改革后的集体林成了真正意义上的民营林，私有林的产权较为明晰，在很大程度上激励了林农营林的积极性，在不少地方林改促进了“林业资源增量、林业增效、林农增收、村财增加”。

基于林业的弱质性和明显的正外部性等方面的原因，世界各国多对林业采取保护和扶持政策。从各国的实践来看，实施补贴制度对于林农降低经营风险、提高经营水平、增加收益率、增强环境保护具有重要的意义，从而成为各国政府扶持和保护本国林业最重要、最常用的政策工具之一，是政府支持本国林业发展的基本手段。简而言之，补贴是政府基于私有林的市场弱竞争性和森林的正外部性而实施的一种有效的经济诱导制度，它有利于提高林业生产的平均利润率，有利于补偿私有林生产过程中外溢的生态收益，而且在克服私有林发展基本制约因素方面具有明显的优越性，从而成为私有林发展的主要制度需求。

因此，不论从经济效益还是从生态效益来看，政府补贴私有林生产要素和改善生产环境是符合我国经济和社会发展需要的，它也是继集体林权制度改革之后，我国政府促进私有林健康发展所要完成的另一重要而又紧迫的任务。

然而，对林农进行补贴究竟对林农的经营意愿的提高有没有较大的作用呢？我们对此问题进行调查发现(表 3-16)，对林农进行补贴可以提高林农的经营意愿(积极性)。有 77.59% 的林农认为，补贴可以提高

其经营林业的积极性，超过一半(53.01%)的林农认为补贴对其经营积极性的调动有重要的作用，29.64%的林农认为补贴可以很大地调动其经营林业的积极性。绝大多数林农认为补贴可以调动自身营林的积极性，只有少部分林农对林业补贴持无所谓态度。这说明了，大多数林农对林业补贴政策有强烈的需求。

表3-16　补贴对林农营林积极性的调动程度

补贴对营积极性的调动程度	频数	百分比	累积百分比
很大	123	29.64	29.64
较大	97	23.37	53.01
一般	102	24.58	77.59
可有可无	93	22.41	100
总计	415	100	

(二)私有林林主对补贴方式的偏好

政府的激励政策最终要激励的经营主体，对私有林的补贴要激励的林农，林农能不能得到有效的激励与林农对这些激励措施和方式的认同是密不可分的。如果得不到林农的认同，立意再佳的补贴政策也是难以执行的，其政策效果显然也不会达到预期的目标。私有林补贴政策是政府对私有林主无偿转移财政资金的一系列政策组合和制度安排，包括政府直接发放现金补贴、免费或优惠提供优良树种、免费或优惠提供相关技术指导、免费或优惠提供相关市场信息、出资帮助修建道路、免费提供培训、补助贷款利息(贴息贷款)、提供保护价等一系列措施。在这些众多的政策组合和制度安排中，林农到底对补贴政策有何偏好呢？以下以调查问卷为基础，初步考察了林农对补贴政策的偏好，包括对补贴方式的偏好、对补贴时间的偏好、对补贴水平制定依据的偏好、对现金补贴发放手段的偏好。

调查结果表明(表3-17)，有将近六成的林农最希望以直接发放现金的方式来对林业经营进行补贴，可见这种补贴方式是最容易被林农所接受的。这显然与现金可以转化成包括劳动力、林地、林木、树苗、化肥、农药、伐木工具、灌溉设备等在内的所有重要生产要素有关。但是，采用这种补贴方式至少会存在两个方面的问题：其一，直接发放现金的补贴政策可能会在一定程度上与WTO的规则相冲突；其二，由于

表 3-17 林农最希望的补贴方式

最希望的补贴方式	频数	百分比
直接发放现金	246	59. 28
免费或优惠提供优良树种	32	7. 71
免费或优惠提供相关技术指导	17	4. 10
免费或优惠提供相关市场信息	14	3. 37
出资帮助修建道路	22	5. 30
免费提供培训	4	0. 96
补助贷款利息(贴息贷款)	13	3. 13
提供保护价	28	6. 75
其他	39	9. 40
总计	415	100

以现金方式对林农进行补贴后，政府对林农是否将所得补贴用于林业的监督成本很高，这种监督可能较少，而林农很有可能不将所得现金补贴用于林业生产，而用于其他更需要的方面，导致补贴偏离最初的目标。

从表 3-17 中还可以看出，政府为林农免费或优惠提供优良树种、提供保护价和出资帮助修建道路也是林农较为喜爱的补贴方式，分别占 7. 71%、6. 75% 和 5. 30%。其他的补贴方式受林农的偏好程度依次如下：本调查列出外的其他补贴方式、免费或优惠提供相关技术指导、免费或优惠提供相关市场信息、补助贷款利息(贴息贷款)、免费提供培训。从中还可以发现，只有 0. 96% 的林农将免费提供培训当作自己最希望的补贴方式。可见，在现有的条件下，多数农户对免费提供培训这种补贴方式不感兴趣。

林主对现金补贴方式的偏好最高。直接将现金补贴发放到林农的银行账户中，这种做法在我国实行的一些林业补贴政策中曾有过先例。比如，一些省市就曾在执行退耕还林政策中，退耕还林粮补资金将由各县(区)财政通过财政补贴农民资金“一卡式”银行专用存折向退耕户发放到位。这种发放方式备受农户的喜爱。从我们调查的结果来看(表 3-18)，约有 85% 的林农希望，政府在发放现金补贴时以直接在银行开设专用账户的形式来进行。多数林农认为，以这种形式发放现金补贴至少有两个优点：一是发放的现金可以及时到达手中；二是发放现金能够全额到达林农手中。事实上，由于政府在发放现金补贴时直接在银行开设专用账户可以减少林农获得补贴的过程中存在的种种不确定性，从而深受林农的欢迎。

表 3-18　现金补贴发放的形式

		频数	百分比	有效百分比	累积百分比
有效样本	直接在银行开设专用账户	353	85.1	85.3	85.3
	由村里统一领取再发给农民	47	11.3	11.4	96.6
	其他	14	3.4	3.4	100.0
	有效样本合计	414	99.8	100.0	
缺失		1	0.2		
总计		415	100		

(三)林农对营林资金来源渠道的调查

营林资金短缺是林农经营林业的最主要困难之一，从我们调查的结果来看，有近半的林农(190 户，占 45.78%)认为资金短缺是经营林业的主要障碍。究其原因有二：其一，许多林农缺乏自有资金，但是林农的营林资金却主要来源于自有资金。从表 3-19 可知，有 75.7% 林农营

表 3-19　林农营林资金的主要来源

	频数	百分比	累积百分比
自有资金	314	75.7	75.7
政府补助	6	1.4	77.1
银行贷款	34	8.2	85.3
民间借贷	57	13.7	99.0
其他	4	1.0	100.0
总计	415	100.0	

林资金主要是自有资金，而林农以银行贷款为主要资金来营林的林农仅有 8.2%，从民间借贷进行营林的也仅占 13.7%。在资金缺乏的条件下，为何林农的营林资金主要还来源于自有资金呢？这和第二个原因有关。其二，林农获得营林资金的渠道不太顺畅。从表 3-20 中可知，只有近四分之一的林农(104 户)表示经营林业资金来源渠道是畅通的。这两个原因就造成了一方面林农缺乏足够自有资金进行营林，另一方面林

农又很难获得自有资金以外的营林所需的必要资金，从而资金缺乏成了制约私有林发展的最主要困难之一。令人可喜的是，这种局面正在改变，以福建永安等地为代表的集体林区在进行新一轮集体林权制度改革过程中所进行的配套改革——用林权证进行抵押贷款等方式为林农获得营林资金提供了重要的途径。

表 3-20 林农营林资金来源渠道的顺畅性

	频数	百分比	累积百分比
畅通	104	25.1	25.1
不太畅通	236	56.9	81.9
不畅通	75	18.1	100.0
总计	415	100.0	

4. 林农对补贴时间的偏好

从图 3-11 中可以看出，有约一半的林农希望能在造林之前进行补贴，偏好造林之后进行补贴、分期进行补贴或者三种补贴时间没有差别的林农所占比例基本相当。多数林农希望在种林之前进行补贴，这可能与以下两个方面有关：一方面，目前林农林业经营的资金短缺，种林之前获得补贴可以缓解这一突出矛盾；另一方面，在种林之前对林农进行补贴增加了林农使用补贴时间的灵活性。

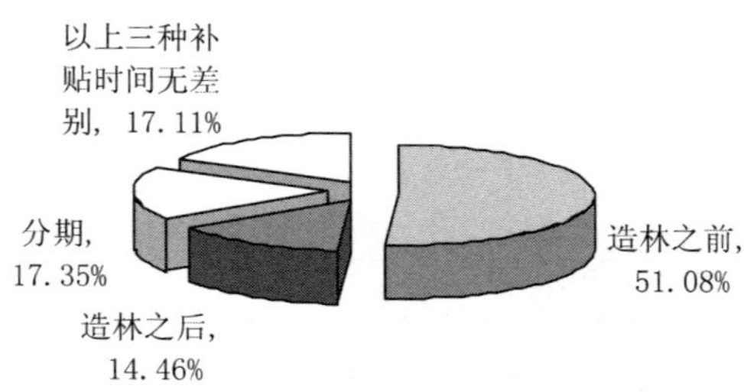

图 3-11 林农最希望的补贴时间

（五）私有林林主对补贴水平的偏好

制定补贴标准是进行私有林补贴政策执行的前提和关键。如何制定这一标准必须尊重林农的意愿。根据调查结果可知（表 3-21），除了 1

表 3-21　林农偏好的补贴依据

		频数	百分比	有效百分比	累积百分比
有效样本	面积	316	76.1	76.3	76.3
	产木材量	60	14.5	14.5	90.8
	其他	38	9.2	9.2	100
	有效样本合计	414	99.8	100	
缺失		1	0.2		
总计		415	100	100	

位农户没有对此问题进行回答，有 316 户林农，约占被调查者的三分之二认为，应该以林农经营林地的面积来对制定补贴发放数量的基本标准。这主要是因为林农认为以面积作为发放补贴的标准简单易行，政策执行过程中不易出现扭曲现象，是一种相对比较公正的标准。有 14.5% 的林农认为，应该以木材产量作为补贴发放水平的基本标准，持这种观点的林农多认为只有以产出作为标准才能较好地激励林农的营林的积极性。还有些林农(9.2%)认为应该以投入的资金水平或是投入的总成本等经营投入作为补贴发放水平的基本依据。

第四章

私有林经营行为分析
——南方九省区林区问卷调查

林农经营行为是指农户在特定的社会环境中进行造林和营林的生产性活动。它以投入生产要素、生产林产品为基本内容，具体包括生产投入行为、生产管理行为和生产决策行为。由于经营方式的选择行为和资金投入水平的决策行为是林农经营的最重要组成部分，也由于篇幅的原因，故将这两个行为分别放在第四章和第五章进行分析。

第一节　私有林经营方式选择行为的影响因素分析

随着集体林权制度改革的深化，私有林得以迅速发展。如作为南方重点集体林区的福建省，2006 年私有造林占造林总面积的 70%。因此私有林的经营效率对于林业的发展意义重大，而不同的经营方式的经营效率就不同。在市场经济的环境下发展起来的私有林，林主对经营方式的选择受到各种因素的影响。本章在对南方九省区进行问卷调查的基础上，并以福建的数据建立模型进行分析，采用 Logit 模型分析方法对私有林经营方式选择的影响因素进行分析，找出私有林经营方式的主要影响因素，并分析各影响因素的影响程度；采用回归分析等方法对影响因素进行解释，以揭示经营方式选择的内在机理，从而为建立合理的经营方式体系提供理论依据。

一、私有林经营方式选择影响因素的研究现状

(一)私有林经营方式的定义界定

1. 私有林的相关概念

私有林的相关概念首先是产权问题。社会资源的配置，不论采取企业制度，还是市场制度，或是政府管制方式，最重要的在于产权清晰程度(科斯，罗纳德·哈里，1960)。著名的产权经济学家阿尔钦在新帕尔格雷夫经济学大辞典中把产权定义为：“是一种通过社会强制而实现的对某种经济物品的多种用途进行选择的权利。”(伊特韦尔等，1987)产权经济学家德姆塞茨也从外部性的角度来定义产权，但是，他更强调产权的功能和作用。他说：“产权是一种社会工具，其重要性来自以下事实：产权帮助人形成那些当他与他人打交道时能够合理持有的预期。这种预期通过法律、习俗以及社会道德等等表达出来。”因此，“产权具体规定了如何使人们受益，如何使之受损，以及为调整人们的行为，谁必须对谁支付费用”(德姆塞茨·哈罗德，1988)。

体现林业产权特点的是森林产权，由于我国的土地一律归国家或集体所有，因此，在我国当前阶段，私有林的山权仍属集体所有，只不过是林地使用权私有化。私有林与非公有制林业、民营林业是有联系又有区别的。

非公有制经济是中国社会主义初级阶段的一个特定产物，对于其涵义有各种各样的理解。一般来说，非公有制经济是相对于公有制经济而言的，指除了国有、集体经济和混合所有制中国有和集体经济成分之外的经济成分均为非公有制经济，包括个体、私营经济、外商投资企业以及混合所有制经济中的非国有和非集体成分经济(林岩松，岳太青，2004)。非公有制林业是指在林业总体经济活动中，以非公有制形式从事的林业生产经营活动的总和，它与公有制林业所从事的生产经营活动共同构成了我国林业的整体(丛德福，王东超等，2004)。王文德认为民营林业是以私有林为主(王文德，2002)。

非公有制林业是指非公有制经济主体所从事的林业生产经营活动的总和。它是非公有制经济在林业领域的具体体现，是非公有制经济与林业经济的结合。通常所称的非公有制林业，一般是就其经济形式而言的

(非公有制林业发展研究课题组，2002)。

综上所述，私有林与非公有林业、民营林业具有相同的实质(即部分产权私有)，只不过两者分别从不同的角度进行定义而已。私有林是就其内涵而言包括私有林林业及其一小部分种植业、副业在内的大林业，就其生产过程而言，只包含私有造林、抚育、护林及采运的小林业。而非公有制林业与民营林业则包含私有林。

2. 经营方式

关于经营方式也有许多不同的理解：

沈月琴认为，经营形式是组织林业生产经营活动所采取的方式和方法。它是在一定的所有制条件下，通过林业生产、再生产过程诸环节，体现了劳动者与生产要素组合的方式，规模及责、权、利关系。它既是所有制形式的具体化。又是生产力组织形式的具体化(沈月琴，李兰英等，2000)。

韩剑准则认为，经营方式并不等同于经营形式，方式是从经营的角度看，而形式则是从生产组织的角度。提出要支持和鼓励能代表先进生产力发展要求的经营方式和生产组织形式(韩剑准，2001)。

经营方式和经营形式是两个不同的概念。首先，根据《辞海》对生产方式的定义①，生产方式即"物质资料的生产方式"，是社会生活所必需的物质资料的谋取方式，包括生产力和生产关系两个方面，生产力是生产关系的物质内容，生产关系是生产方式的社会存在形式。私有林经营方式是一种生产方式，包含私有林经营的生产力和生产关系。其次，根据《中国大百科全书》对林业经营形式的定义②，林业的经营形式是指组织林业生产经济活动的方式和方法，从属于社会经济制度，受生产资料所有制形式的制约，并与生产力发水展平相适应。因此经营形式属于生产关系，是经营方式存在的社会形式。

3. 私有林经营方式分类

私有林经营方式，是一种生产方式，包含私有林经营的生产力和生产关系。因此从生产关系角度看，私有林经营方式是指私有林经营主体

① 《辞海》1979：3959。

② 中国大百科全书．农业卷．1990：566～576。

的组织方式。

从经营主体的角度分析，私有林经营方式是在一定的所有制条件下，各生产要素按照一定的目的进行有机的组合，体现了经营者之间、经营者与所有者的责、权、利关系，体现了劳动者与劳动者组合的方式及规模。它既是所有制形式的具体化，又是生产力组织形式的具体化。从经营的主体角度来看，私有林的经营方式按照是否具有法人主体资格可分为企业经营和个体经营。企业经营可以分为股份制经营方式、外商投资经营方式、集体林场和私营企业(国内独资或联合)经营方式；个体可以分为家庭经营方式(分为自留山经营、联户经营、承包经营和租赁经营等)、庄园经营方式、股份合作制经营(图4-1)。

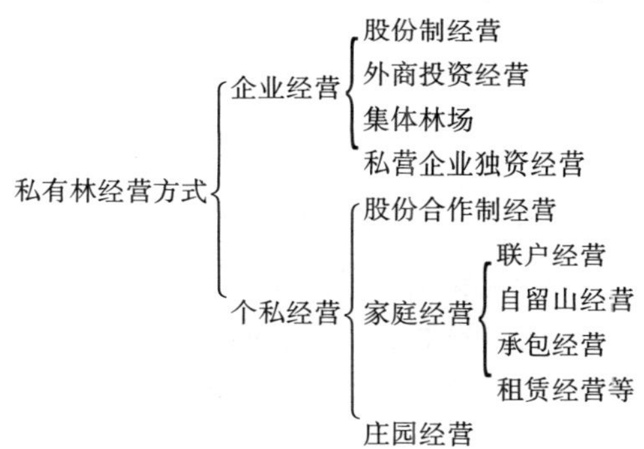

图4-1　私有林经营方式分类图

(二)私有林经营方式理论发展回顾

国内对私有林开展的研究也是近几年才开始的，这是因为林业改革滞后于农业，早在20世纪80年代初期就实行的家庭承包责任制，在林业则是在21世纪才开始大规模推广，所以“私有林”这一概念也就少有人提及。之前对私有林的称法多为非公有制林业，随着集体林权改革的展开，在林业领域也开始采取了类似于承包到户的经营方式，私有林的概念逐渐得到认可。目前“私有林”的研究多是从私有林发展现状、障碍以及私有林的作用进行，并且多集中于理论上的研究，对私有林经营的内在机理、运行机制的研究较少，通过实证分析来研究私有林经营的则更为少见。目前私有林经营方式的研究可以归纳为以下几方面：

1. 经营方式选择的意义

首先是经营方式选择对私有林发展的意义，学者主要从经营方式与林业特点的角度来分析。

非公有制林业一般适于商品林业领域的周期越短、见效越快、效益越好的项目。当然，由于非公有制林业自身也存在多层次性，不同形式的非公有制林业组织，适宜其生存和发展的空间也有差别（非公有制林业发展研究课题组，2002）。为确保21世纪集体林业的稳定、持续发展，必须构建一个规范且具有活力的林业多种经营形式体系，通过建立完善的运行机制和采取切实有效的措施使各种经营形式得以发展。通过对林地适宜性的评价，确定立地类型和地租系数，从而把林地划分为宜分户经营林地和宜集体规划林地，对宜分户经营林地采用家庭经营形式；而对宜集体规划林地应选择多种经营形式，包括家庭经营形式、大户（联户）经营形式、集体经营形式和股份合作经营形式（沈月琴，李兰英等，2000）。

2. 不同经营方式带来不同的经营后果

土地由于传给几个继承人或直接卖掉以支付不动产税是导致林地破碎化、林地地块由大化小的主要原因。而较小的林地地块管理效率要低于规模比较大的林地（Michael P. Washburn，Stephen B. Jones，Larry A. Nielsen，1993）。

林岩松等认为私有林必须走企业化生产经营的路子，非公有制林业必须采取规模化经营的方式。规模经济是现代经济活动的重要特征，也是实现经济活动效益最大化的主要途径，效益的最大化必然是规模经营的出现，零星的林业生产实现不了经济效益的最大化。私有林要想在千变万化的市场竞争中立足，必须走联合重组，扩大规模的道路。只有打造出能影响世界级的非公制林业企业，才能不断地发展自己，才能带动整个非公有制林业的发展（林岩松，岳太青，2004）。以南方集体林区林业经营形式为例，虽然南方集体林区林业经营形式多种多样，但在实践中起主导的主要经营方式为农户家庭经营、股份合作经营、集体经营等（国家林业局经济发展研究中心中国集体林发展研究课题组，2004）。

3. 经营方式的选择

关于经营方式的选择，国内文献对股份合作制的经营方式研究较多，对于其他的经营方式则少有文献涉及：

胡小平等认为，三种经营形式(国营林场、乡村集体林场和个体林场)并存的情况上，应该吸取各类形式的优点，建立起一种能够在南方山区普遍推行的生产经营的主体形式，这就是以折股联营为基础的股份制林场的经营模式。折股联营是把各生产要素在生产过程中的贡献折合成股份，各生产要素的投入者成为股权的所有者，凭股权参加分配。这种股份合作制经营方式冲破了单个林场独自经营的局限，是在地区范围内统筹经营的股份合作的经营形式，能够充分发挥国家，集体、个人的优势，调动各方面的积极性，组成充满活力的经营实体(胡小平，陈刚林，1993)。张维，胡继连通过对农区林业产权主体的制度分析，认为农区林木实行股份联合经营的体制是比较适宜的制度选择(张维，胡继连，2003)。周俊鑫分析了三个乡在实施三种方式后对森林资源、护林工作、林农收入和林区秩序的影响，最后得出联合经营，势在必行的结论(周俊鑫，1992)。市场经济决定了林区经营形式的多样化，前边讨论的两种经营形式不可能也没有必要包罗林业企业所有的经营形式。非国有林区应选择合适的股份合作制形式，做到政企分开、财务会计工作规范、组织章程健全、承包基数合理，从而保证林业股份合作制的顺利实施(杨文杰，周庆生，2000)。

林业股份合作制，从形式上采用将权属及森林资产以价值形态折价作股，明确联营各方的收益权。股份合作造林最大限度地动员了可以投入营林生产的各种要素，并因其收益的明确性和稳定性具有社会资金的吸引力(李世旭，2003)。施化云(2002)也认为，林业股份合作制在解决森林资源产权归属、合理分配、生产要素组合、生产管理、适度经营规模等方面都显示出了它的有效性(施化云，2002)。杨汉章等(2000)认为，林业股份合作制的优势为：股份合作制是适应社会主义市场经济要求的一种新型的公有制形式；林业股份合作制是统分结合较好的形式；林业股份合作制建立了较好的投入机制；林业股份合作制有利于林业“两个根本性转变”的实现；林业股份合作制有利于保护林农利益；林业股份合作制有利于保持林业政策的连续性(杨汉章，童长亮，2000)。加快非公有制林业发展要推行林业股份合作制，实行规模经营。一家一户的家庭经营，土地过于分散，无法实现规模经营，难以发挥规模经济效益。林业股份合作制是一种行之有效的经营形式，它既可理顺产权关系、明晰产权主体，又可促进各种生产要素的合理流动，形成规模经营。在20世纪90年代初期，南方集体林区的一些省份曾积极推行过林业股份合作制，也取得过明显的成效（陈永福，姬亚岚，2003）。

李世旭提出，股份合作制不是一个最终稳定的资金组织形式，它必然要向完善的股份制形式过渡。在林业可持续发展的分类经营思想指导下，大规模商品林集约营造在资金的组织上将采用股份制的形式。建立了股份制的营林产业将真正跻身于资金市场的运作过程中，通过股票市场的资金扩充功能，实现资金运营的全过程(李世旭，2003）。

王文德认为庄园经济是一种很好的经营方式，民营林业作为合理开发利用上述资源的制度创新，其经营形式已由最初的本地群众分户承包、独家经营发展到现在的一个又一个林业产业"大户"和"庄园经济"实体，太宁的程炜、蒲县的牛伟、泽州的张永胜、柳林的张应昌、垣曲的崔如香、平定的耿黑眼和晋中的马彰源等都是以民营林业为基础，建设"庄园经济"的典型代表。他们在规模治理、连片开发当地"四荒"资源的同时，对缓解农村就业压力，开辟下岗职工就业渠道，促进农村社会稳定等方面都产生了积极的作用。据统计，山西全省范围内目前已有 $33hm^2$ 以上的"庄园经济"大户达1660余户（王文德，2002）。

总之，私有林经营方式的选择必须坚持因地制宜，形式多样的原则。根据当地森林资源状况和经济发展水平，充分尊重林农的意愿，允许经营形式多样化，不搞一刀切，提倡联户经营、股份合作经营，创建股份制林场或企业原料林基地①。

（三）经营方式选择的影响因素

选择合适的经营方式对提高私有林经营的效率有重要的意义，而经营方式的选择受到各种影响因素制约，现有文献对私有林经营方式选择的影响因素研究虽多，但是多为定性研究，即只研究哪些因素对经营方式影响，影响为正或负，鲜有对这些影响因素的定量研究，即如何影

---

① 福建省人民政府．福建省人民政府关于推进集体林权制度改革的意见．2003－4－4。

响，影响多大，并明确指出受哪几个因素影响。

孔垂柱认为创造公平竞争的环境是影响私有林经营的主要因素。各地要努力改善林业投资环境，从实际出发，取消对非公有制林业投资主体、投资领域、经营形式的限制。制定鼓励各种社会主体跨所有制、跨行业、跨地区投资发展林业的有效措施：凡有能力的农户、城镇居民、科技人员、私营企业主、境外投资者、企事业单位和机关团体的干部职工等都可单独或合伙参与林业开发，从事林业建设；要依法保护非公有制林业经营者的合法权益。切实落实“谁造谁有、合造共有、谁投资谁受益”的政策。有关部门要打破传统观念，认真做好服务工作。同时认为林业要素的流转也是影响私有林经营的因素，要加速非公有制林业有关森林、林木和林地流转等工作（孔垂柱，2004）。

谢正荣等在研究种植业经营方式生产水平与经济效益时，对比了集体农场、家庭承包经营农场和村办农场之间的生产水平与经济效益的差别，发现集体农场尤其是镇农技站站办农场由于具有规模、人才、技术、装备、投入和管理上的优势，特别是积极推广科技成果及新型技术，提高了生产要素的优化组合和资源配置，有利于明显提高作物的产量水平和增加生态、社会、经济效益。与家庭农场相比，镇农技站站办农场劳动生产率提高 149.0%，村办农场劳动生产率提高 58.5%。因此应该坚持适度规模经营(谢正荣，沈小妹等，1999)。胡立森等认为规模影响到私有林的经营，他们在谈到林产品销售价格时指出，林区木制品和锯材行业普遍存在着小规模分散经营的问题，加快企业制度改革，进行产业组织结构调整，势在必行（胡立森，刘树明，2002）。

张春霞在研究股份合作制之缺陷时，曾对(1994)三明模式(典型林业改革模式之一)进行考察与分析，得出以下结论：以三明林业股东会为代表的股份合作制经济长期徘徊不前的根本原因是没有能形成有效的所有权约束，这是产权制度改革的关键性问题；股份合作经济的效率来自私人所有权的有效约束，这里最重要的是必须建立起私人财产权的约束机制，然而正是在这一关键性问题上，三明模式陷入了认识的误区，即认为把集体林木折价成股，股权到人，就能实现还林于农，就能调动林农的生产积极性（张春霞，1994）。

杨汉章等(2000)认为，现有林业股份合作制普遍存在不规范问题；

重分配，轻投入；重保护，轻发展；对股份合作制林场的管理，扶持和服务不够。他们还进一步指出发展林业股份合作制的对策包括建立规章制度；建立健全投入约束机制；大力发展生产，提高经济效益；加强对股份合作制林场的管理和扶持；因势利导，循序渐进地发展股份合作制林场(杨汉章，童长亮，2000)。

陈永富等(2000)则认为，林业股份合作制实践中存在产权主体不明晰；运行不规范，制度上存在缺陷；利益分配关系有待理清；发展的外部环境也有问题。他们还提出了相关的对策和建议：加大宣传力度，提高对林业股份合作制的认识；理顺产权关系，明晰产权主体；加强林业股份合作制的规范化建设；完善利益分配机制；改善外部环境，完善有关配套的政策和措施（陈永富，胡永旭，瞿巧文，陈小忠，2000）。

(四)逻辑斯蒂回归分析

回归分析是处理不完全确定的变量之间相关关系的有力工具，回归分析主要解决：从一组样本数据出发，确定出变量之间的数学关系式；对这些关系式的可信程度进行各种统计检验，并从影响某一特定变量的诸多变量中找出哪些变量的影响是显著的，哪些是不显著的。在多元线性回归中因变量要求是正态分布的连续随机变量，即它应具有定距测度等级，但在实际中因变量经常是由一些离散值组成的。在社会科学研究中，因变量是定性变量情况比较常见，许多行为、决策和意愿都是定性的，优势在少数类型之间选择，而逻辑斯蒂回归分析是一种适合这种情况的分析方法(王苏斌，郑海涛，邵谦谦等，2003)。

逻辑斯蒂回归分析经常出现在生态学、生物学、临床医学和流行病学以及人口学等的应用文献中，近年来更广泛地应用于气象学、地学、经济学和管理学等的各个方面(王力勤，1997)。

从中国知网、维普和万方等数据库查询的结果看，逻辑斯蒂分析法大部分用在自然科学的研究中，在社会科学较少见。严洁基于两个全国概率抽样调查的实证数据，采用序列变量逻辑斯蒂回归等分析方法，探讨了在中国社会科学概率抽样调查中影响项目无回答的主要因素，结果发现受访人的受教育水平、城乡、地域属性和年龄是对无回答水平最稳定、最关键的影响因素(严洁，2006)。蒋耒文，庞丽华，张志明采用逻辑斯蒂回归分析了住房条件的决定因素，选择住房条件指数中变化最大、差异最显著的贫民窟发生率作为逻辑斯蒂回归方程的因变量，构建了三个回归模型：在第一个模型中，包括所有的城镇人口；在第二个模型中，包括所有的流动人口；在第三个模型中，只考虑持农业户口的流动人口。自变量包括：户口类型（农业或非农业）；户口地点（当地或外地）；城镇类型（市或镇）；迁入时间；迁移原因；职业；受教育程度；年龄；家庭结构（蒋耒文，庞丽华，张志明，2005）。

（五）综合评述

通过对有关文献的整理分析后发现，目前林业经营方式的研究较少有专门研究私有林经营方式的，即使是林业经营方式的研究也只是介绍各种经营方式的优缺点，相对较少分析影响私有林经营方式选择的因素；通过比较分析各种经营方式的适应范围，即不同的环境条件下对各种经营方式的组织方式、资金需求、对林农收入的贡献和管护等，最后指出哪一种经营方式更适合私有林的发展。

逻辑斯蒂回归是一种因变量为二级计分或一类评定的回归分析，可以用于社会学研究中。本文应用逻辑斯蒂回归法分析出决定私有林经营方式选择的影响因素。

本文将在前人对各种林业经营方式优缺点等相关研究的基础上，以私有林为研究对象，深入比较各种私有林经营方式组成结构和功能因素，在列出各种可能的影响因子的基础上，分析出私有林经营方式选择的影响因素，并对其进行分析解释，最后提出私有林经营方式选择的建议。

二、经营方式选择影响因素的假设

首先，本文在调查目前南方九省区经营方式的现状及收集私有林经营乃至林业经营的各种期刊论文、报告、书籍和年鉴等文献资料的基础上，整理出所有有关影响经营方式选择的影响因素；其次，有些指标是根据课题在南方九省区私有林调研过程中获得的资料以及林农反馈的结果列出；最后，有部分指标是根据课题组成员的主观经验而列出的。

（一）经营方式实际情况调查

中国私有林主要是在集体林权改革的背景下，通过对集体林权（林地使用权和林木产权）承包经营、租赁经营、联合经营、股份合作经营、股份制经营、拍卖出让经营、无偿划拨等多种形式发展起来的；部分是通过退耕还林工程等发展人工林的结果。因此，私有林主要是指在林地所有权归集体所有的前提下，林农和私有经济组织对林地使用权、林木所有权、经营权、收益权和处置权不同程度地拥有的林业经营形式。

在南方集体林区私有林发展的过程中，相继出现了个体经济、私有经济和家庭经济等不同的经济成分，与此相对应，出现了多种林地组织形态和经营类型，包括承包经营、租赁经营、股份合作制、乡村统一经营、股份制、集体林场、联营和自留山经营等。

在所调查的1324户农户中(表4-1)，采用自留山经营的农户数为650户，采用承包经营的农户数为783户，采用租赁经营的农户为149户，采用股份合作经营的农户数为73户，采用乡村统一经营的农户为26户，采用其他经营形式的农户数为69户。从九个省区总体情况来看，采用自留山经营和承包经营的农户占绝大部分，而采用股份合作经营和乡村统一经营的农户则较少。说明在大部分的集体林区内，农户还是采用更为传统的经营形态。

表4-1　经营方式结构表

经营类型	自留山经营		承包经营		租赁经营		股份合作制经营		乡村统一经营		其他	
	份数	比重(%)	份数	比重(%)	份数	比重(%)	份数	比重(%)	份数	比重(%)	份数	比重(%)
福建	204	15.41	275	20.77	58	4.38	11	0.83	4	0.30	49	3.70
安徽	62	4.68	26	1.96	7	0.53	0	0.00	0	0.00	0	0.00
广东	6	0.45	78	5.89	17	1.28	5	0.38	0	0.00	0	0.00
广西	54	4.08	74	5.59	20	1.51	20	1.51	8	0.60	5	0.38
海南	50	3.78	38	2.87	2	0.15	1	0.08	0	0.00	1	0.08
湖北	13	0.98	66	4.98	2	0.15	3	0.23	6	0.45	1	0.08
湖南	78	5.89	29	2.19	6	0.45	7	0.53	5	0.38	1	0.08
江西	87	6.57	63	4.76	34	2.57	18	1.36	3	0.23	4	0.30
浙江	96	7.25	140	10.57	4	0.30	9	0.68	0	0.00	8	0.60
合计	650	49.09	783	59.14	149	11.25	73	5.51	26	1.96	69	5.21

注：数据来源于问卷调查。

具体来看，各个省区的情况不同。对福建省的415户农户所做的调查显示，以自留山形式进行林地经营的农户为204户，采用承包经营形式的农户数为275户，采用租赁经营形式的农户数为58户，此外，11户的农户采用了股份合作制经营，4户农户采用了乡村统一经营的形式，另有49户的农户采用了其他经营形式。由此可见，福建农户在林地经营方式的选择上，是以自留山经营和承包经营形式为主，对于股份合作制和乡村统一经营这两种形式，接受程度较低。

安徽(71户)，调查显示，大部分的农户采用的是自留山经营的方式，达到62户，此外，采用承包经营的农户为26户，采用租赁经营的农户为7户，而股份合作制经营、乡村统一经营和其经营方式则没有农户采用。

广东(91户)，调查显示，广东省的大部分农户采用的经营方式为承包经营，达到78户，自留山经营形式所占的比重很小，只有6户农户选择了此种方式，另外，采用租赁经营和股份合作制方式的农户分别为17户和5户，其他两种经营方式则无人采用。

广西(129户)，其中，采用自留山经营的农户数为54户，更多的农户采用承包经营的方式，达到74户，此外，采用租赁经营、股份合作制经营的农户同样是20户，采用乡村统一经营的农户为8户，而采用其他经营方式的农户为5户。

海南(68户)。采用自留山经营和承包经营的占了绝大多数且数量相当，其中，采用自留山经营形式的农户为50户，而采用承包经营的农户为38户，有2户农户采用了租赁经营的模式，1户采用了股份合作经营模式，1户采用了其他经营形式，被调查的农户中没有采用乡村统一经营形式。

湖北(84户)，大部分农户采用的是承包经营的形式，达到66户，采用自留山经营形式的农户为13户，采用租赁经营形式的农户为2户，采用乡村统一经营形式的农户为6户，采用股份合作制经营形式的为3户。

湖南(92户)，对湖南省的农户所做的调查显示，大部分的农户采用的是自留山经营的形式，达到78户，采用承包经营的农户数为29户，而采用其他经营形式的农户则为少数。

江西(139 户)，对江西省 139 户农户所做的调查显示，大部分农户采用的是自留山经营和承包经营的形式，分别达到 87 户和 63 户，此外，在江西省，采用租赁经营形式和股份合作制形式的农户也较其他大部分省份来的多，为 34 户和 18 户，采用乡村统一经营形式的农户为 3 户，采用股份合作制经营形式的为 4 户。

浙江(241 户)，以自留山形式进行林地经营的农户为 96 户，采用承包经营形式的农户数为 134 户，采用租赁经营形式的农户数为 3 户，此外，9 户的农户采用了股份合作制经营，8 户的农户采用了其他经营形式，而没有农户采用乡村统一经营的形式。由此可见，浙江农户在林地经营方式的选择上，也是以承包经营和自留山经营形式为主，对于股份合作制等经营形式的接受程度较低。

(二)影响因素的文献叙述

林业是最有利于水土保持的土地利用方式(Michael P. Washburn, Stephen B. Jones, Larry A. Nielsen, 1993)，随着我国经济的快速发展其生态效率随着资源的不断减少对社会发挥着越来越不可替代的作用。非公有制林业是林业建设的重要力量(樊金拴，颜茹，何玉杰，2004)，国家林业局局长周生贤提出我国将放手发展私有林。据《林业统计资料》数据显示，2001 年我国人造的 1 亿亩森林中，私有制林业占到 54.4%。2002～2004 年，私有制造林的面积发展更快，2002 年达到了 70.2%，2003 年和 2004 年都分别超过了 80%（国家林业局发展计划与资金管理司，2005）。私有林的发展产生了明显的生态效益和经济效益，并且强化了广大营林主体的主人翁意识，促进了社会生产要素向林业的流动，开辟了山区群众调整产业结构、实现脱贫致富新途径，找到了林业资源新的增长点(王文德，2002)。

通过建立因地制宜，由林农自主选择的多种经营方式。为确保 21 世纪集体林业的稳定、持续发展，必须构建一个规范且具有活力的林业多种经营方式体系并通过建立完善的运行机制和采取切实有效的措施使其得以发展(沈月琴，李兰英，2000)。构建私有林多种经营方式体系，有利于调动林业经营者的积极性，有利于林业生产要素的合理配置和森林资源的保护。因此选择私有林多种经营方式与构建其体系是当前私有林发展要解决的重点问题，而私有林经营方式的选择与其体系的构建首先要理清私有林经营方式选择的影响因素，目前得到较多关注的因素包括以下几方面：

1. 林农意识

Bourke 和 Luloff 在对宾夕法尼亚州的私有林研究中发现，私有林主表现出保护林地责任和对林业健康发展的关注的愿望（Lisa Bourke, A. E. Luloff, 1994）。

私有林业主也应当属于林业团体，他们的知识和意见同样也反映公共意愿。大多数的私有林业主在林业产权与环境的规章之间寻求平衡，以确保环境的安全。（John C. Bliss, Suril K. Nepal, Robert T. Brooks Jr. , and Max D. Larsen, 1994）私有林主的知识或意愿的变量与描述收获成效的变量只存在弱相关，而描述林业开发利用与采伐合同的变量则与收获成效变量存在强相关(A. Egan, S. Jones, 1993)。谢正荣等提出三种经营方式生产水平的效率与经营承办者的素质、农业投入的能力及推广新技术的力度密切相关(谢正荣，1999)。林农自身素质限制影响私有林的发展(冯彩云，2004)。

2. 经营条件

私有林发展的制度障碍包括：林地使用制度不完善；税费负担深重；活立木市场尚未形成；筹集资金困难；鼓励措施不到位；基础设施建设落后；商品林资源管得过死；木材独家收购制度仍在实行；产权保护不利(非公有制林业发展研究课题组，2002)。陈永富等指出，私有林发展制约因素包括经营分散，规模偏小；山林权属不稳定；法律地位不明确；林农观念落后，经营单一(陈永福，姬亚岚，2003)。周安云在提到巢湖市私有林发展的成效时特别指出，有效解决林业发展资金投入不足的问题是巢湖市私有林能够取得快速发展的经验(周安云，2006)。冯彩云提出我国私有林发展存在的主要问题是：政策、法规不健全，操作程序不规范，利益分配不合理；山林产权意识模糊；林业税、费负担过重；资金贷款受约束；采伐限额受约束(冯彩云，2004)。

缭光平，周少舟(2004)等认为私有林发展存在的问题：对非公有制林业的重要性的认识比较滞后；部分林业政策仍在制约非公有制林业的发展；非公有制林业缺乏公平的市场竞争环境；非公有制林业发展没有良好的社会服务体系。宋元媛等提出，国家按照5年为一个计划期调整采伐限额量，那么林业经营者就不能够按照市场的供求关系去调整采伐数量，限制了经营主体的合法收益权和处分权(宋元媛，曾寅初，王兆召，2004)。制约我国非公有制林业发展的主要因素有：思想上不够解放，认识上存在偏差，土地制度缺陷，税费负担沉重，筹集资金困难，资源管理政策和体制落后，市场准入障碍(樊金拴，颜茹，何玉杰，2004)。

3. 经营环境

在引导和鼓励私有林经营政策方面：在鼓励经营的方式上，经济补助、收入限制和技术援助均会影响林农的经营行为，而最有效的方式当属经济补助。在具体的补助措施方面，财政直接补助为林农偏好的政策(Hickman，2001；Royer，1997)。在补贴效率方面，直接补助有加重政府财政负担的可能，研究人员建议以适当的融资利率来增加林农的造林意愿，同时也可减轻政府的财政负担，并提高财政投资的效率(鹤助治，2002；Binkley，1997；Hodges，Cubage，2000)。

为各种林业经营主体创造公平竞争的环境：各地要努力改善林业投资环境。从实际出发，取消对非公有制林业投资主体、投资领域、经营形式的限制。制定鼓励各种社会主体跨所有制、跨行业、跨地区投资发展林业的有效措施：凡有能力的农户、城镇居民、科技人员、私营企业主、境外投资者、企事业单位和机关团体的干部职工等都可单独或合伙参与林业开发，从事林业建设；要依法保护非公有制林业经营者的合法权益。加速非公有制林业有关森林、林木和林地流转等工作；要积极探索引入非公经济参与国有林业企业改革的新途径。加快林业企业的脱钩改制工作，努力提高企业经济效益(孔垂柱，2004)。

同时，调查显示南方九省区都存在林权纠纷的情况，但不是很严重(表4-2)。在接受调查的私有林主中，有28.78%的反映有遇到林权纠纷。

在对当地林区纠纷的严重性调查时显示(表4-3)，有10.73%认为当地林区纠纷很严重，认为一般的26.89%，比较少的28.85%，很少的达到33.53%。

表 4-2　林权纠纷比重表

林权纠纷	户数	比重(%)
有	381	28.78
没有	943	71.22

注：数据来源于问卷调查。

表 4-3　林权纠纷程度表

当地林权的纠纷严重性	户数	比重(%)
很严重	142	10.73
一般	356	26.89
比较少	382	28.85
很少	444	33.53

注：数据来源于问卷调查。

4. 经营规模

加快非公有制林业发展要推行林业股份合作制，实行规模经营。一家一户的家庭经营，土地过于分散，无法实现规模经营，难以发挥规模经济效益。林业股份合作制是一种行之有效的经营形式，它既可理顺产权关系、明晰产权主体，又可实行各种生产要素的合理流动，形成规模经营。在20世纪90年代初期，南方集体林区的一些省份曾积极推行过林业股份合作制，也取得过明显的成效(陈永福，姬亚岚，2003)。

(三)可能的影响因素

1. 可能影响因素选择的依据

影响林农经营方式的选择主要可以从主客观条件考虑(主客观条件共同构成了影响私有林经营方式选择因素组合，从这两个方面出发，可以列出具体影响因素指标：

(1)主观条件：主观条件是指人的行为导致的结果，一般通过林农自身努力能以较低成本改变的条件。

素质方面：指林户的身体素质、知识素质、专业素质等，我们用户主年龄、户主受教育程度、户主是否党员、户主是否村干部等四项指标概括。

意识方面：指林农自身对经营林业的认识。用林业有没前途和对林业是否熟悉两项指标反映。

(2)客观条件：客观条件是指林农无法改变的情况，林农无法改变或须以较高成本才能改变的条件。包括上述文献中提到的采伐限额、经营规模、经营环境政府补贴等。

经营规模：目前的理论界在林地规模经营是否有利于林业的发展的问题上还存在争议，但是都认为经营规模会影响林农的经营行为。在此，我们用林地的地块数、林地的总面积、经营该林种林地的面积、其他林种林地面积、经营多种林种和经营的林种数等6项指标来反映林农经营的林地的规模。

经营条件：指私有林经营所具有的条件，这些的条件关系到私有林经营效率的高低，因此可能影响到私有林经营方式的选择。包括林地的土壤状况、经营林业所需的投入(资金、劳力)、林地的地理位置等私有林经营所涉及的技术上和经济上的问题以及家庭情况。在此我们用土地肥沃程度、有无地表水、坡度是否超过30°、务工收入、农业收入、总收入、资金来源、资金易得性、年林业投入、年林业收入、有无林权证、离公路平均距离、有未成熟林、年自投工数、林地使用费、上学人数、劳动力数量等17项指标来反映私有林的经营条件。

经营环境：指私有林经营所处的社会环境，包括政策环境、法律环境和市场环境等宏观环境。用林产品销售情况、政府补贴、你家林权纠纷、当地林权纠纷、林地易得性、林业税费、采伐限额等7项指标来反映。

2. 可能影响因素的释义

可能的影响因素，包括：户主年龄、户主受教育程度、上学人数、劳动力数量、户主是否党员、户主是否村干部、林地总面积、务工收入、农业收入、总收入、经营多种林种、经营林种数、地块数、经营该林种林地的面积、离公路平均距离、有未成熟林、年自投工数、林地使用费、年林业投入、年林业收入、其他林种林地面积、有无林权证、土地肥沃程度、有无地表水、是否超过30°、林产品销售情况、林业有没前途、采伐限额、资金来源、资金易得性、政府补贴、你家林权纠纷、当地林权纠纷、林地易得性、林业税费、对林业是否熟悉。具体含义见

表 4-4。

表 4-4　可能的影响因素表

编号	名称	影响因素含义
1	户主年龄	被访对象家庭户主年龄(岁)
2	户主受教育程度	户主上学的年数，不包括学前班和培训班(年)
3	上学人数	家庭目前在上学的人数(人)
4	劳动力数量	家庭劳动力人数(人)
5	户主是否党员	户主是不是中共党员
6	户主是否村干部	家庭户主是不是村干部
7	林地总面积	家庭经营的林地总面积(亩)
8	务工收入	家庭成员中出外务工年收入(元)
9	农业收入	家庭经营农业年收入(元)
10	总收入	家庭年总收入(元)
11	经营林种数	林户经营的林种数
12	经营多种林种	林户是否有经营多种林种
13	地块数	林户经营的林地数量(块)
14	经营该林种林地的面积	用材林林地面积(m^2)
15	离公路平均距离	林地离公路的距离(m)
16	有未成熟林	经营的林地有无未成熟林
17	年自投工数	林户经营林地一年自己投入的天数(天)
18	林地使用费	林地所支付的林地使用费(元)
19	年林业投入	一年经营林业的成本(元)
20	年林业收入	经营林业每年所获得的收入(元)
21	其他林种林地面积	除用材林以外其他林地的面积(亩)
22	有无林权证	经营的林地有无林权证
23	土地肥沃程度	林地的土地肥沃程度
24	有无地表水	林地有无地表水
25	是否超过 30°	林地的坡度是否超过 30°

（续）

编号	名称	影响因素含义
26	林产品销售情况	当前林产品销售情况
27	林业有没前途	被访对象认为当前经营林业有无前提
28	采伐限额	林户经营林业受到采伐限额约束的程度
29	资金来源	林户经营林地资金的来源
30	资金易得性	林业经营资金渠道是否畅通
31	政府补贴	政府补贴对林户经营积极性的调动程度
32	你家林权纠纷	被访林户家有无林权纠纷
33	当地林权纠纷	当地林权纠纷的情况
34	林地易得性	林户获得林地(使用权)的难易程度
35	林业税费	当前林业税费情况
36	对林业是否熟悉	林户对林业经营是否熟悉

注：如林户经营的林地数超过 1 块，则仅指最大面积的林地。

(四)变量的设定

根据上述选用的 36 个指标，结合指标在调查问卷中答案选项的个数以及问卷统计的结果，进行自变量的设定(详见附录一)。

指标与变量的对应关系见表 4-5。

表 4-5　指标与变量对应表

指标名称	对应变量
户主年龄	x_1，$x_2 \cdots x_{37}$
户主受教育程度	x_{38}，$x_{39} \cdots x_{49}$
上学人数	x_{51}，x_{52}，x_{53}
劳动力数量	x_{54}，$x_{55} \cdots x_{60}$
户主是否党员	x_{61}
户主是否村干部	x_{62}
林地总面积	x_{63}
务工收入	x_{64}
农业收入	x_{65}
总收入	x_{66}
经营多种林种	x_{67}

（续）

指标名称	对应变量
地块数	x_{68}，$x_{69} \cdots x_{72}$
经营该林种林地的面积	x_{73}
离公路平均距离	x_{74}
有未成熟林	x_{75}
年自投工数	x_{76}
林地使用费	x_{77}
年林业投入	x_{78}
年林业收入	x_{79}
其他林种林地面积	x_{80}
有无林权证	x_{81}
土地肥沃程度	x_{82}，x_{83}
有无地表水	x_{84}
是否超过 30°	x_{85}
林产品销售情况	x_{86}，x_{87}，x_{88}
林业有没前途	x_{89}，x_{90}
采伐限额	x_{91}，x_{92}
资金来源	x_{93}，x_{94}，x_{95}，x_{96}
资金易得性	x_{97}，x_{98}
政府补贴	x_{99}，x_{100}，x_{101}
你家林权纠纷	x_{102}
当地林权纠纷	x_{103}，x_{104}，x_{105}
林地易得性	x_{106}，x_{107}
林业税费	x_{108}，x_{109}
对林业是否熟悉	x_{110}，x_{111}
经营林种数	x_{112}，x_{113}

(五)逻辑斯蒂回归模型

逻辑斯蒂函数(Logistic 函数)也称为增长函数，1838 年由比利时学者 P. F. Verhulst 第一次提出，后淹没失传，1920 年重新被美国学者 Robert B. Pearl and Lowell J. Reed 重新发现(Henry S. Shryock, Jacob S. Siegel and Associates，1976)，并开始在人口估计和预测中广泛使用。

Logistic 函数原型为[①]：

① 本文式 exp[u]表示自然对数底的指数函数，及 e^u。

$$P = \frac{L}{1 + \exp[-(a + bt)]} \tag{4-1}$$

其中 t 为时间，P 为时间 t 上的人口数，L 为 P 的最大极限值，a 和 b 分别是有关参数。

将 P 换成概率，再将上限 L 改为 1，就可得到逻辑斯蒂概率函数：

$$P = \frac{L}{1 + \exp[b(-a/b - x)]} \tag{4-2}$$

对式(4-2)进行一般化，将多元线性组合 $a + b_1x_1 + b_2x_2 + \cdots + b_kx_k$ 以 $\sum b_ix_i$ 表示，其中常数项 a 用 b_0 表示，x_0 恒为1，再令 $z = \sum b_ix_i$，于是上式可表示为：

$$P = \frac{L}{1 + \exp(-\sum b_ix_i)} = \frac{1}{1 + \exp(-z)} \tag{4-3}$$

将右侧一项的分子和分母同乘以 $\exp(z)$ 得：

$$p = \frac{\exp(z)}{1 + \exp(z)} \tag{4-4}$$

式(4-4)就是 Logistic 概率函数的一个常用表达式之一。对上式进行如下转换：

$$p[1 + \exp(z)] = \exp(z)$$

$$p + p \times \exp(z) = \exp(z)$$

$$p = \exp(z) - p \times \exp(z)$$

$$p = \exp(z)(1 - p)$$

$$\frac{p}{1 - p} = \exp(z) = \exp(\sum b_ix_i) \tag{4-5}$$

对式(4-5)两边取对数，得到概率函数和自变量直接的线性表达式：

$$\ln\left(\frac{p}{1 - p}\right) = z = \sum b_ix_i \tag{4-6}$$

并作以下一些定义：

事件发生的概率 $= p = p(y = 1)$

事件不发生的概率 $= 1 - p = 1 - p(y = 1) = p(y = 0)$

发生比(odds) $= \frac{p}{1 - p} = \Omega$

$$对数发生比(\log odds) = \ln \frac{p}{1-p} = \ln\Omega \tag{4-7}$$

作标志：$\text{logit}\ p = \ln \frac{p}{1-p} = \ln\Omega$，将这个函数称为 p 的逻辑斯蒂变换，logit 为逻辑斯蒂概率单位，将式(4-7)和式(4-6)联立起来得到逻辑斯蒂回归模型：

$$\text{logit}\ p = \sum b_i x_i \tag{4-8}$$

三、影响因素的逻辑斯蒂分析

(一)影响合作经营意愿的因素分析

主要是对过去主体类型选择的影响因素进行分析。共选用 36 个指标，包括：户主年龄、户主受教育程度、上学人数、劳动力数量、户主是否党员、户主是否村干部、林地总面积、务工收入、农业收入、总收入、经营多种林种、经营林种数、地块数、经营该林种林地的面积、离公路平均距离、有未成熟林、年自投工数、林地使用费、年林业投入、年林业收入、其他林种林地面积、有无林权证、土地肥沃程度、有无地表水、是否超过 30°、林产品销售情况、林业有没前途、采伐限额、资金来源、资金易得性、政府补贴、你家林权纠纷、当地林权纠纷、林地易得性、林业税费、对林业是否熟悉。具体含义、含因变量 113 个同表 4-5。本项分析选取了调研问卷中属于用材林的 157 个样本数据。

合作经营意愿(typ)：指私有林经营的主体类型，设因变量 typ，含义如下：

$$\text{Typ}\begin{cases}1 & \text{多个经营法人}\\ 0 & \text{单个法人}\end{cases}$$

1. 模型的建立和求解

建立逻辑斯蒂回归方程：

$$\log\text{it}(p) = a + \sum_{i=1}^{i=113} b_i x_i,\ i \neq 50$$

方程中 x_i 分别代表所有的 36 个指标的所有 113 个变量，a 为常数项，p 为因变量两种主体类型发生的概率，b_i 分别是各个自变量的回归系数。

利用 SPSS 进行二项逻辑斯蒂回归分析(Binary Logistic Regression),指标为多分类变量的采用哑变量来分析，用 Categorica 将他们定义为分类变量，即可得到同一指标下的每一变量的数据，自变量为多分类变量的有：户主年龄、户主受教育程度、家庭上学人数、家庭劳动力数量、经营的林种数、经营的地块数、土地肥沃程度、林产品销售情况、有无前途、采伐限额影响、资金来源、资金易得性、政府补贴影响、当地林权纠纷、林地易得性、林业税费、对林业是否熟悉。采用向前逐步条件回归分析(Forward Stepwise Conditional)的方法。

结果如下：

表 4-6　观测值处理情况汇总

		数值(N)	正确率
采用的样本	采用的样本	154	98.1
	丢失的样本	3	1.9
	总　　量	157	100.0
未采用的样本		0	0
总　　量		157	100.0

从表 4-6 中可以看到采样的 157 个样本数据都被模型采用，数据样本质量良好，其中有 154 个包含在被分析中，占总比重的 98.1%。

表 4-7 中系数显示逐步条件回归共进行了四步，并且四个步骤的卡方值和显著程度都符合统计要求。例如在第四步中，第四步的卡方检验为 8.799，建立该模型后的卡方检验值为 43.9000，该模型的卡方检验为 43.9000，可见模型建立后卡方值大大增加，且显著度为 0.000，远小于 0.05，说明模型整体检验十分显著。

将表 4-8 和表 4-9 联立起来，可以得到以下信息：模型的建立采用逐步条件回归的方法共进行了四步，第一步选入模型的变量是经营的地块数，方程的正确分类能力为 76.6%，第二步到第四步依次是经营的林种数、所经营的林地最大块的是否超过 30°和采伐限额的约束，方程的正确分类能力依次为 77.9%、81.2% 和 80.5%，可见随着模型的进一步选入变量，模型的正确分类能力呈逐渐提高的趋势。在表 4-8 第四

表 4-7 模型系数的多项检验

		卡方	自由度	显著程度
步骤 1	步骤	19.380	5	.002
	模型建立后	19.380	5	.002
	模型	19.380	5	.002
步骤 2	步骤	11.193	2	.004
	模型建立后	30.573	7	.000
	模型	30.573	7	.000
步骤 3	步骤	4.527	1	.033
	模型建立后	35.100	8	.000
	模型	35.100	8	.000
步骤 4	步骤	8.799	2	.012
	模型建立后	43.900	10	.000
	模型	43.900	10	.000

表 4-8 方程中的变量

自变量	系数	偏回归系数检验	自由度	显著度	发生比率
经营林种数		6.117	2	.047	
x_{112}	2.036	5.828	1	.015	7.663
x_{113}	1.467	2.938	1	.087	4.335
地块数		9.422	5	.093	
x_{68}	-23.663	.000	1	.999	.000
x_{69}	-22.173	.000	1	.999	.000
x_{70}	-23.966	.000	1	.999	.000
x_{71}	-23.675	.000	1	.999	.000
x_{72}	-.195	.000	1	1.000	.823
是否超过 30° x_{85}	-1.299	6.885	1	.009	.273
采伐限额		7.682	2	.021	
x_{91}	1.783	7.274	1	.007	5.946
x_{92}	.912	1.830	1	.176	2.489
常数	20.318	.000	1	.999	667123622.723

表 4-9 预测分类表

观测变量			预测		
			主体类型		预测正确率
			0	1	
步骤 1	主体类型	0	115	0	100.0
		1	36	3	7.7
	总正确率				76.6
步骤 2	主体类型	0	106	9	92.2
		1	25	14	35.9
	总正确率				77.9
步骤 3	主体类型	0	113	2	98.3
		1	27	12	30.8
	总正确率				81.2
步骤 4	主体类型	0	108	7	93.9
		1	23	16	41.0
	总正确率				80.5

步中可以看出，最终列入模型的指标有：经营林种数、地块数、林地坡度和采伐限额影响四个，显著度分别为0.047、0.093、0.009和0.021，都小于0.10，这些自变量都有显著解释作用，且符合统计要求。常数的 sig 为0.999，说明其他因素对因变量的影响已经很小，主要的影响来自于这四个指标。四个指标共10个变量，分别是：x_{68}（经营的林地地块数是否是样本数据中最少的），x_{69}（经营的林地地块数是否是样本数据中第二少的），x_{70}（经营的林地地块数是否是样本数据中第三少的），x_{71}（经营的林地地块数是否是样本数据中第三多的），x_{72}（经营的林地地块数是否是样本数据中第二多的），x_{85}（林地坡度是否超过30°），x_{91}（采伐限额影响是否很严重），x_{92}（采伐限额影响是否不严重），x_{112}（经营林种的数量是否是一种）和 x_{113}（经营林种的数量是否是两种），并且得到模型如下：

$$\text{logit}(p) = 20.318 - 23.663x_{68} - 22.173x_{69} - 23.966x_{70} - 23.675x_{71} - 0.195x_{72} - 1.299x_{85} + 1.783x_{91} + 0.912x_{92} + 2.036x_{112} + 1.467x_{113}$$

再对模型进行检验是否有变量可以剔除出模型，见表4-10。

表 4-10　变量移出模型影响表

变量		模型似然值	-2LL 检验	自由度	变化显著度
步骤 4	经营林种数	-69.266	8.142	2	.017
	地块数	-75.510	20.631	5	.001
	是否超过 30°	-68.865	7.340	1	.007
	采伐限额	-69.728	9.066	2	.011

表 4-10 假设这些变量单独移出方程，可以看到都引起了方程显著的变化，因此这些变量对方程整体都是有统计意义的，都应该留在方程中。

2. 模型所揭示的影响因素

通过逻辑斯蒂分析可以看到影响私有林主体类型的因素有四个，分别是林农经营的地块数、林种的数量、所经营林地是否超过 30°以及采伐限额的影响，剔除了其他 32 个指标因素。四个影响因素的影响如下：

从表 4-8 中看出，林种数，x_{112}系数为 2.036，为正值，说明经营林种数为一种时，私有林经营主体类型采取多个法人经营的发生比将是经营林种数更多的 7.663 倍。同样在 x_{113}上，x_{113}系数为 1.467，为正值，说明经营林种数为两种时，主体类型采取多个法人经营的发生比是林种数为两种以上的 4.335 倍。数据说明随着林种数的增加，私有林经营主体类型更趋向于采取单个法人经营。

在地块数指标中，五个变量 x_{68}，x_{69}，x_{70}，x_{71}和 x_{72}系数都为负数，显示当地块数为 1 ~ 5 时，私有林经营主体类型都是趋向于采取单个法人经营。但是在 x_{72}中，系数为 -0.195，明显大于 x_{68}，x_{69}，x_{70}和的 -23.663，-22.173，-23.966 和 -23.675，说明当经营的地块数增加至 5 块时，经营主体类型采取单户经营的概率低于前面四种。具体在 x_{72}上，系数为 -0.195，说明经营林地的地块数为 5 块时，私有林经营主体类型采取多个法人经营的概率要低于当林地块数为 6 时，即林地地块数为 6 块时采取多个法人经营的主体类型概率高于林地地块数为 5 时，林地地块数为 5 时联户经营的发生比为林地地块数为 6 时的 82.3%，下降了 0.177 倍。这一指标反映的问题是随着私有林经营林地地块数的增加，主体类型趋向于采取多个法人经营。

所经营的私有林最大林地的坡度是否超过 30°这一指标的变量：gra

系数为 -1.299，同样说明了当林地坡度超过 30°时，采取多个法人经营的概率低于林地坡度不超过 30°采取多个法人经营的概率，即私有林经营的主体类型趋向于采取单个法人经营。为当所经营的最大林地坡度超过 30°时，采取多个法人经营的概率为不超过 30°的 27.3%，下降了 0.727 倍。指标说明了林地坡度的增加，私有林经营的主体类型趋向于采取单个法人经营。

采伐限额也是一个重要的影响因素，从模型中我们可以看到 x_{91} 系数为 1.783，为正值，说明采伐限额约束很严重时，私有林经营主体类型采取多个法人经营的概率要高于采伐限额约束不是很严重的，其发生比为当采伐限额约束很严重时，私有林经营主体类型采取多个法人经营的发生比是采伐限额约束不是很严重的 5.946 倍。x_{92} 的系数为 0.912，为正值，说明采伐限额约束不严重时采取多个法人经营的概率要高于无采伐限额约束的采取联户经营的概率，发生比为 2.489。x_{91} 的系数 1.783 高于 x_{92} 的系数 0.912，两组数据对比说明采伐限额约束越严重，私有林经营的主体类型为多个法人经营的概率越高。

对四个指标十个变量的回归系数进行标准化，计算公式如下：

$$\beta_i = \frac{b_i \times s_i}{\pi / \sqrt{3}} \approx \frac{b_i \times s_i}{1.8138}$$

其中，β_i 为第 i 个自变量的标准化回归系数；b_i 为第 i 个自变量的非标准化回归系数；s_i 为第 i 个自变量的标准差；$\pi/\sqrt{3}$ 实际上是标准化 Logistic 分布的标准差，近似等于 1.8138。

计算四个指标经营林种数、地块数、是否超过 30°和采伐限额的标准差，分别为：0.757，0.936，0.457，0.773，代入公式计算得到：

x_{112} 的标准化 Logistic 回归系数约为：

$2.036 \times 0.757 \div 1.8138 \approx 0.850$

x_{113} 的标准化 Logistic 回归系数约为：

$1.467 \times 0.757 \div 1.8138 \approx 0.612$

x_{68} 的标准化 Logistic 回归系数约为：

$-23.663 \times 0.936 \div 1.8138 \approx -12.211$

x_{69} 的标准化 Logistic 回归系数约为：

$-22.173 \times 0.936 \div 1.8138 \approx -11.442$

x_{70}的标准化 Logistic 回归系数约为：

$-23.966\times0.936\div1.8138\approx-12.368$

x_{71}的标准化 Logistic 回归系数约为：

$-23.675\times0.936\div1.8138\approx-12.217$

x_{72}的标准化 Logistic 回归系数约为：

$-0.195\times0.936\div1.8138\approx-0.101$

x_{85}的标准化 Logistic 回归系数约为：

$-1.299\times0.457\div1.8138\approx-0.327$

x_{91}的标准化 Logistic 回归系数约为：

$1.783\times0.773\div1.8138\approx0.760$

x_{92}的标准化 Logistic 回归系数约为：

$0.912\times0.773\div1.8138\approx0.389$

通过比较 10 个自变量的标准化回归系数，根据绝对值的大小，我们可以看到对于私有林经营主体类型的选择，影响因素作用的大小顺序是：

$$x_{70}>x_{71}>x_{68}>x_{69}>x_{112}>x_{91}>x_{113}>x_{92}>x_{85}>x_{72}$$

说明对私有林经营主体类型的选择影响因素作用的从大到小的顺序是：x_{70}（经营的林地地块数是否是样本数据中第三少的）、x_{71}（经营的林地地块数是否是样本数据中第三多的）、x_{68}（经营的林地地块数是否是样本数据中最少的）、x_{69}（经营的林地地块数是否是样本数据中第二少的）、x_{112}（经营林种的数量是否是一种）、x_{91}（采伐限额影响是否很严重）、x_{113}（经营林种的数量是否是两种）、x_{92}（采伐限额影响是否不严重）、x_{85}（林地坡度是否超过 30°）和 x_{72}（经营的林地地块数是否是样本数据中第二多的）。

（二）影响私有林经营方式选择的因素分析

主要是当前私有林主对经营方式选择的影响因素进行分析。共选用与私有林经营方式决定历史过程中文献记录、深入调研和主观判断得出的 36 个指标 112 个变量，含义同表 4-5。本项分析选取了调研问卷中属于用材林的 157 样本数据。

根据所选的 36 个指标，由于 36 个指标的变量设定在上面均已定义过，因此直接引用，共有 112 个变量，指标与变量的含义见表 4-5。

因变量经营方式(pmt)：指标为多分类虚拟变量，根据实际调查福建私有林经营基本上是承包、租赁、股份合作制、股份制、集体林场、联营、自留山经营，因此问卷题目设为为林地经营方式：1 承包经营；2 租赁经营；3 股份合作制；4 股份制；5 集体林场；6 联营；7 自留山经营。设六个虚拟变量 pmt1，pmt2，pmt3，pmt4，pmt5，pmt6，取值 0 或 1，其含义如下：

$$\text{Pmt1}\begin{cases}1 & \text{承包经营}\\0 & \text{不是承包经营}\end{cases}$$

$$\text{Pmt2}\begin{cases}1 & \text{租赁经营}\\0 & \text{不是租赁经营}\end{cases}$$

$$\text{Pmt3}\begin{cases}1 & \text{股份合作制}\\0 & \text{不是股份合作制}\end{cases}$$

$$\text{Pmt4}\begin{cases}1 & \text{股份制}\\0 & \text{不是股份制}\end{cases}$$

$$\text{Pmt5}\begin{cases}1 & \text{集体林场}\\0 & \text{不是集体林场}\end{cases}$$

$$\text{Pmt6}\begin{cases}1 & \text{联营}\\0 & \text{自留山经营}\end{cases}$$

(1)模型的建立和求解：

建立逻辑斯蒂方程组如下：

$$\begin{cases}\text{logit}(p_1) = a + \sum^{i=113} b_i x_i, i \neq 50 \\ \text{其中 } p_1 \text{ 为经营方式采用承包经营的概率} \\ \text{logit}(p_2) = a + \sum^{i=113} b_i x_i, i \neq 50 \\ \text{其中 } p_2 \text{ 为经营方式采用租赁经营的概率} \\ \text{logit}(p_3) = a + \sum^{i=113} b_i x_i, i \neq 50 \\ \text{其中 } p_3 \text{ 为经营方式采用股份合作制经营的概率} \\ \text{logit}(p_4) = a + \sum^{i=113} b_i x_i, i \neq 50 \\ \text{其中 } p_4 \text{ 为经营方式采用股份制经营的概率} \\ \text{logit}(p_5) = a + \sum^{i=113} b_i x_i, i \neq 50 \\ \text{其中 } p_5 \text{ 为经营方式采用集体林场经营的概率} \\ \text{logit}(p_6) = a + \sum^{i=113} b_i x_i, i \neq 50 \\ \text{其中 } p_6 \text{ 为经营方式采用联户经营的概率}\end{cases}$$

方程组中 x_i 分别代表所有的 36 个指标的所有 112 个变量，a 为常数项，b_i 分别是各个自变量的回归系数。

利用 spss 进行多项逻辑斯蒂回归分析(Multinomial Logistic Regression)，并采用主要因素向前逐步(Main Effects Forward Stepwise)回归的方法进行计算，把所有 19 个指标全部进行逐步回归(表 4-11)。

表 4-11　步骤摘要

进入模型	影响因素	模型拟合程度		选入模型影响因素测试		
		-2LL 检验	显著度	卡方	自由度	显著度
0	常　数	380.723		.		
1	林产品销售	342.427		38.296	15	.001
2	采伐限额	318.554	0.000	23.873	10	.008

从表 4-11 中我们可以看到选入模型的影响因素共有两个：林产品销售情况和采伐限额，显著度分别为 0.001 和 0.008，都小于 0.05，因此认为非常显著。并且最终模型的显著度为 0.000，说明模型很好地解

释了整体的结果。

表 4-12 模型参数估计表

现方式		系数 B	Wald 检验	自由度	发生比率 Exp(B)
1	常数	-1.254	1.226	1.000	
	x_{86}	1.233	1.154	1.000	3.432
	x_{87}	3.025	6.572	1.000	20.604
	x_{88}	2.171	2.872	1.000	8.765
	x_{91}	-0.453	0.764	1.000	0.635
	x_{92}	-1.761	11.263	1.000	0.172
2	常数	-24.444	0.000	1.000	
	x_{86}	23.437	0.000	1.000	1.510*E*+10
	x_{87}	23.694	0.000	1.000	1.950*E*+10
	x_{88}	5.946	0.000	1.000	382.386
	x_{91}	0.045	0.004	1.000	1.046
	x_{92}	-1.938	4.217	1.000	0.144
3	常数	-25.595	452.886	1.000	
	x_{86}	22.940	656.123	1.000	9.170*E*+09
	x_{87}	24.154		1.000	3.090*E*+10
	x_{88}	5.704	0.000	1.000	299.985
	x_{91}	0.668	0.298	1.000	1.950
	x_{92}	-0.775	0.356	-1.254	0.461
4	常数	-41.875	0.000	3.025	
	x_{86}	21.370	0.000	2.171	1.91*E*+09
	x_{87}	4.441	0.000	0.000	84.872
	x_{88}	4.057		-0.453	57.772
	x_{91}	0.046	0.000	0.000	1.047
	x_{92}	17.358	0.000	-24.444	3.46*E*+07
6	常数	-1.345	1.279	23.694	
	x_{86}	-1.546	2.602	5.946	.213
	x_{87}	-18.074	0.000	0.000	1.41*E*-008
	x_{88}	-18.845	0.000	0.045	6.54*E*-009
	x_{91}	1.393	1.355	0.000	4.029
	x_{92}	-0.408	0.073	-25.595	0.665

注：表中“销售”代表林产品销售情况，“采伐”代表采伐限额。

由于问卷调查中没有样本选择 5，因此数据分析结果过剔除了 pmt5 这一因变量，将系数带入逻辑斯蒂方程组，得到以下最终模型：

$$
\begin{cases}
\text{logit}(p_1) = -1.254 + 1.233x_{86} + 3.025x_{87} + 2.170x_{88} \\
\qquad -0.453x_{91} - 1.761x_{92} \\
\text{logit}(p_2) = -24.444 + 23.437x_{86} + 23.694x_{87} + 5.946x_{88} \\
\qquad +0.045x_{91} - 1.938x_{92} \\
\text{logit}(p_3) = -25.595 + 22.940x_{86} + 24.254x_{87} + 5.704x_{88} \\
\qquad +0.668x_{91} - 0.775x_{92} \\
\text{logit}(p_4) = -41.8749 + 21.370x_{86} + 4.441x_{87} + 4.057x_{88} \\
\qquad +0.046x_{91} + 17.358x_{92} \\
\text{logit}(p_6) = -1.345 - 1.546x_{86} - 18.074x_{87} - 18.845x_{88} \\
\qquad +1.393x_{91} - 0.408x_{92}
\end{cases}
$$

2. 模型所揭示的影响因素

通过多项逻辑斯蒂分析可以看到影响私有林经营方式选择的因素有两个，分别是林产品销售情况和采伐限额两种因素 5 个变量，具体的影响情况接下来根据每个方程进行说明。

(1)私有林采用承包经营的影响因素分析，得到的方程是：

$$
\text{logit}(p_1) = -1.254 + 1.233x_{86} + 3.025x_{87} + 2.170x_{88} + 0.453x_{91} - 1.761x_{92}
$$

从表 4-12 看出，林产品销售情况，x_{86} 系数为 1.233，为正值，说明当林产品销售情况为畅销时，私有林经营主体采取承包经营的概率要高于当林产品销售情况不是畅销时，林产品销售情况为畅销时私有林采取承包经营的发生比是林产品不是畅销的 3.432 倍；同样，x_{87} 系数为 3.025，当林产品销售情况为不太畅销时采用承包经营发生比将是林产品不畅销或不知道时承包经营发生比的 20.604 倍；x_{88} 系数为 2.171，当林产品不畅销时承包经营发生比是林产品销售情况为不知道的 8.765 倍。这些说明了私有林经营主体是否采用承包经营受到林产品销售情况的影响，林产品畅销时，经营主体采取承包经营的概率高，林产品不太畅销时，经营主体采取承包经营概率低于畅销时的情况，当林产品不畅销时，则经营主体采取承包经营的概率要远低于林产品为不太畅销时的情况，也可以用一句话概括为：林产品越畅销，私有林经营主体采取承包经营的概率越高。

采伐限额情况，x_{91}系数为 -0.453，说明当采伐限额约束很严重时，私有林经营方式为承包经营的概率低于采伐限额约束不是很严重时，采伐限额约束很严重时承包经营的发生比为采伐限额约束不是很严重时承包经营发生比的0.635倍，下降了0.365倍；x_{92}系数为 -1.761，说明当采伐限额约束不严重时采取承包经营的概率低于无采伐限额约束时的，采伐限额约束为不严重时承包经营的发生比为无采伐限额约束承包经营发生比的0.172倍，下降了0.818倍。两个变量联合起来说明采伐限额这一因素对私有林采用承包经营的影响为：采伐限额约束越严重，私有林经营方式采用承包经营的概率越低。

对五个变量的回归系数进行标准化，首先计算林产品销售情况和采伐限额的标准差，分别为：0.850和0.773，代入计算公式计算得到：

x_{86}的标准化 Logistic 回归系数约为：

$1.233 \times 0.850 \div 1.8138 \approx 0.578$

x_{87}的标准化 Logistic 回归系数约为：

$3.025 \times 0.850 \div 1.8138 \approx 1.418$

x_{88}的标准化 Logistic 回归系数约为：

$2.170 \times 0.850 \div 1.8138 \approx 1.017$

x_{91}的标准化 Logistic 回归系数约为：

$-0.453 \times 0.773 \div 1.8138 \approx -0.193$

x_{92}的标准化 Logistic 回归系数约为：

$-1.761 \times 0.773 \div 1.8138 \approx -0.750$

通过比较5个自变量的标准化回归系数，根据绝对值的大小，可以看到对于私有林经营方式是否采取承包经营的影响因素的作用大小顺序是：

$x_{87} > x_{88} > x_{92} > x_{86} > x_{91}$

说明影响因素作用从大到小的顺序是：x_{87}（林产品销售情况是否为不太畅销）、x_{88}（林产品销售情况是否为不畅销）、x_{92}（受采伐限额影响是否不严重）、x_{86}（林产品销售情况是否为畅销）和x_{91}（受采伐限额影响是否很严重）。

（2）私有林采用租赁经营的影响因素分析，得到的方程是：

$\text{logit}(p_2) = -24.444 + 23.437x_{86} + 23.694x_{87} + 5.946x_{88}$

$+0.045x_{91}-1.938x_{92}$

林产品销售情况，x_{86}系数为23.437，为正值，说明当林产品销售情况为畅销时，私有经营采取租赁经营的概率要高于林产品销售情况不是畅销时；x_{87}系数为23.694，说明林产品销售情况为不太畅销时私有林采取租赁经营的概率要高于林产品不畅销时的情况；x_{88}系数为5.946，说明当林产品销售情况为不畅销时私有林经营方式采取租赁经营的概率要高于销售情况位不知道的情况。综合起来说明了林产品销售情况越是容易销售，私有林经营方式采用租赁经营的概率越高。

采伐限额，x_{91}系数为0.045，说明当采伐限额约束很严重时，私有林采用租赁经营的概率略高于当采伐限额约束不是很严重的情况，约束很严重采用租赁经营的发生比为不是很严重的1.046倍，仅提高了0.046倍；x_{92}系数为-1.938，说明采伐限额约束不严重采取租赁经营的概率要低于无采伐限额约束，约束不严重采取租赁经营的发生比为无采伐限额约束的0.144倍，降低了0.856倍。呈两端采取采伐限额概率高，中间采取采伐限额概率低的"*M*"现象，即采伐限额约束很严重以及在无采伐限额时私有林采取租赁经营都高于采伐限额约束不严重时。

对五个变量的回归系数进行标准化，根据林产品销售情况和采伐限额的标准差分别为：0.850和0.773，代入计算公式计算得到：

x_{86}的标准化Logistic回归系数约为：

$23.437\times0.850\div1.8138\approx10.983$

x_{87}的标准化Logistic回归系数约为：

$23.694\times0.850\div1.8138\approx11.104$

x_{88}的标准化Logistic回归系数约为：

$5.946\times0.850\div1.8138\approx2.786$

x_{91}的标准化Logistic回归系数约为：

$0.045\times0.773\div1.8138\approx0.019$

x_{92}的标准化Logistic回归系数约为：

$-1.938\times0.773\div1.8138\approx-0.826$

通过比较5个自变量的标准化回归系数，根据绝对值的大小，我们可以看到对于私有林经营方式是否采取租赁经营的影响因素的作用大小顺序是：

$x_{87} > x_{86} > x_{88} > x_{92} > x_{91}$

说明影响因素作用从大到小的顺序是：x_{87}（林产品销售情况是否为不太畅销）、x_{86}（林产品销售情况是否为畅销）、x_{88}（林产品销售情况是否为不畅销）、x_{91}（受采伐限额影响是否很严重）和 x_{92}（受采伐限额影响是否为不严重）。

（3）私有林采用股份合作制经营的影响因素分析，得到的方程是：

$$\begin{aligned}\text{logit}(p_3) = &-25.595 + 22.940x_{86} + 24.254x_{87} + 5.704x_{88} \\ &+ 0.668x_{91} - 0.775x_{92}\end{aligned}$$

林产品销售情况，x_{86} 的系数为 22.940，说明当林产品畅销时私有林采用股份合作制经营的概率高于林产品不是畅销的情况；x_{87} 系数 24.154，当林产品不太畅销时私有林采用股份合作制经营的概率高于林产品不畅销或不知道；x_{88} 系数为 5.704，说明林产品不畅销时采用股份合作制经营的概率高于林产品销售情况为不知道的，综上所述，林产品销售情况越畅销，私有林经营方式采用股份合作制经营的概率越高。

采伐限额，x_{91} 系数为 0.668，说明当采伐限额约束很严重时，私有林采用股份合作制经营的概率高于采伐限额约束不是很严重时，约束很严重时，私有林采用股份合作制经营的发生比是采伐限额约束不是很严重时的 1.950 倍；x_{92} 的系数 -0.775，即当采伐限额约束不严重时私有林采用股份合作制经营的概率低于无采伐限额时，约束不严重时股份合作制发生比仅是无采伐限额约束的 0.461 倍，下降了 0.539 倍。这里也呈现了“M”现象，在采伐限额约束很严重时与无采伐限额约束时采取股份合作制经营的概率高于采伐限额约束不严重时。

对五个变量的回归系数进行标准化，根据林产品销售情况和采伐限额的标准差分别为：0.850 和 0.773，代入计算公式计算得到：

x_{86} 的标准化 Logistic 回归系数约为：

$22.940 \times 0.850 \div 1.8138 \approx 10.750$

x_{87} 的标准化 Logistic 回归系数约为：

$24.154 \times 0.850 \div 1.8138 \approx 11.319$

x_{88} 的标准化 Logistic 回归系数约为：

$5.704 \times 0.850 \div 1.8138 \approx 2.673$

x_{91} 的标准化 Logistic 回归系数约为：

$0.668 \times 0.773 \div 1.8138 \approx 0.285$

x_{92}的标准化 Logistic 回归系数约为：

$-0.775 \times 0.773 \div 1.8138 \approx -0.330$

通过比较5个自变量的标准化回归系数，根据绝对值的大小，我们可以看到对于私有林经营方式是否采取股份合作制经营的影响因素的作用大小顺序是：

$x_{87} > x_{86} > x_{88} > x_{92} > x_{91}$

说明影响因素作用从大到小的顺序是：x_{87}（林产品销售情况是否为不太畅销）、x_{86}（林产品销售情况是否为畅销）、x_{88}（林产品销售情况是否为不畅销）、x_{92}（受采伐限额影响是否为不严重）和x_{91}（受采伐限额影响是否很严重）。

（4）私有林采用股份制经营的影响因素分析，得到的方程如下：

$$\text{logit}(p_4) = -41.8749 + 21.370x_{86} + 4.441x_{87} + 4.057x_{88} + 0.046x_{91} + 17.358x_{92}$$

林产品销售情况，x_{86}系数21.370，说明当林产品畅销时，私有林股份制经营的概率要高于林产品不是畅销的情况；x_{87}系数4.441，说明林产品不太畅销时私有林股份制经营的概率要高于林产品不畅销或不知道的情况；x_{88}系数4.057，说明林产品不畅销时私有林股份制经营的概率要高于林产品销售情况为不知道的。三个都为正值，说明林产品越畅销，私有林采取股份制经营的概率越高。

采伐限额，x_{91}的系数为0.046，说明采伐限额约束很严重时，私有林采取股份制经营的概率要高于采伐限额约束不是很严重的情况；x_{92}系数17.358，说明采伐限额约束不严重时，私有林采取股份制经营的概率要高于无采伐限额约束的情况。x_{91}和x_{92}系数均为正数，说明采伐限额约束越严重，私有林采用股份制经营的概率越高。

对五个变量的回归系数进行标准化，根据林产品销售情况和采伐限额的标准差分别为：0.850和0.773，代入计算公式计算得到：

x_{86}的标准化 Logistic 回归系数约为：

$21.370 \times 0.850 \div 1.8138 \approx 10.015$

x_{87}的标准化 Logistic 回归系数约为：

$4.441 \times 0.850 \div 1.8138 \approx 2.081$

x_{88}的标准化 Logistic 回归系数约为：

$4.057 \times 0.850 \div 1.8138 \approx 1.901$

x_{91}的标准化 Logistic 回归系数约为：

$0.046 \times 0.773 \div 1.8138 \approx 0.020$

x_{92}的标准化 Logistic 回归系数约为：

$17.358 \times 0.773 \div 1.8138 \approx 7.398$

通过比较 5 个自变量的标准化回归系数，根据绝对值的大小，我们可以看到对于私有林经营方式是否采取股份制经营的影响因素的作用大小顺序是：

$x_{86} > x_{92} > x_{87} > x_{88} > x_{91}$

说明影响因素作用从大到小的顺序是：x_{86}（林产品销售情况是否为畅销）、x_{92}（受采伐限额影响是否为不严重）、x_{87}（林产品销售情况是否为不太畅销）、x_{88}（林产品销售情况是否为不畅销）和 x_{91}（受采伐限额影响是否很严重）。

（5）私有林采用联户经营的影响因素分析，得到的方程如下：

$$\text{logit}(p_6) = -1.345 - 1.546x_{86} - 18.074x_{87} - 18.845x_{88} + 1.393x_{91} - 0.408x_{92}$$

林产品销售情况，x_{86}系数 -1.546，说明林产品畅销时，联户经营的概率要低于林产品不是畅销的情况；x_{87}系数 -18.074，说明林产品不太畅销时联户经营的概率要低于林产品不畅销或不知道的情况；x_{88}系数 -18.845，说明林产品不畅销时联户经营的概率要低于林产品销售情况为不知道的情况。综上所述，林产品越畅销，私有林采用联户经营的概率越低；即林产品越畅销，私有林采用自留山经营的概率越高。

采伐限额，x_{91}系数为 1.393，说明采伐限额约束很严重时，私有林采取联户经营的概率高于采伐限额约束不是很严重时，约束很严重时联户经营的发生比是约束不是很严重的 4.029 倍；x_{92}系数为 -0.408，说明采伐限额约束不严重时，私有林采取联户经营的概率要低于无采伐限额约束的情况，约束不严重时联户经营的发生比是无采伐限额约束时的 0.665 倍，下降了 0.335 倍。这里也呈现出“*M*”特征，采伐限额约束严重的与无采伐限额约束的采取联户经营的概率要高于中间采伐限额约束不严重的；相反，对于自留山经营而言则出现了“*W*”特征，在中间采伐限额约束不严重自留山经营的概率要高于两端采伐限额约束严重和无采伐限额约束的情况。

对五个变量的回归系数进行标准化，根据林产品销售情况和采伐限额的标准差分别为：0.850 和 0.773，代入计算公式计算得到：

x_{86}的标准化 Logistic 回归系数约为：

$-1.546 \times 0.850 \div 1.8138 \approx -0.630$

x_{87}的标准化 Logistic 回归系数约为：

$-18.074 \times 0.850 \div 1.8138 \approx -8.470$

x_{88}的标准化 Logistic 回归系数约为：

$-18.845 \times 0.850 \div 1.8138 \approx -8.831$

x_{91}的标准化 Logistic 回归系数约为：

$1.393 \times 0.773 \div 1.8138 \approx 0.594$

x_{92}的标准化 Logistic 回归系数约为：

$-0.408 \times 0.773 \div 1.8138 \approx -0.174$

通过比较 5 个自变量的标准化回归系数，根据绝对值的大小，我们可以看到对于私有林经营方式是否采取联户经营的影响因素的作用大小顺序是：

$x_{88} > x_{87} > x_{86} > x_{91} > x_{92}$

说明影响因素作用从大到小的顺序是：x_{88}（林产品销售情况是否为不畅销）、x_{87}（林产品销售情况是否为不太畅销）、x_{86}（林产品销售情况是否为畅销）、x_{91}（受采伐限额影响是否很严重）和 x_{92}（受采伐限额影响是否为不严重）。

（三）承包经营意愿影响因素分析

指标的选取、数据获得以及自变量的设定同上。因变量最希望的经营方式（hop）：指标为多分类虚拟变量，问卷题目为您最希望的经营方式：①承包经营；②租赁经营；③股份合作制；④股份制；⑤集体林场；⑥联营；⑦其他。由于问卷调查结果里大部分情况是采用承包经营，而我们所要分析仅是影响经营方式的影响因素，因此出于统计的需要，设一个虚拟变量 pmt 取值 0 或 1，其含义如下：

$$\text{hop}\begin{cases}1 & \text{承包经营} \\ 0 & \text{不是承包经营，包括其他六种}\end{cases}$$

1. 模型的建立和求解

自变量仍然是上述的 36 个指标，112 个变量，建立初步逻辑斯蒂回归方程模型如下：

$$\text{logit}(p) = a + \sum_{i=1}^{i=113} b_i x_i,\ i \neq 50$$

方程中 x_i 分别代表所有的 36 个指标的所有 112 个变量，a 为常数项，p 为因变量私有林现有经营方式采取承包经营的发生率，b_i 分别是各个自变量的回归系数。

利用 spss 进行二项逻辑斯蒂分析(Binary Logistic Regression)，将自变量为多分类变量的采用哑变量来分析，用 Categorica 将他们定义为分类变量，自变量为多分类变量的有：户主年龄、户主受教育程度、家庭上学人数、家庭劳动力数量、经营的林种数、经营的地块数、土地肥沃程度、林产品销售情况、有无前途、采伐限额影响、资金来源、资金易得性、政府补贴影响、当地林权纠纷、林地易得性、林业税费、对林业是否熟悉。采用向前逐步条件回归分析的方法。

得到如下的结果(表 4-13)：

表 4-13 方程中的变量

		系数	标准差	Wald 检验	自由度	显著度	发生比率
步骤 1	林地使用费 x_{77}	-.068	.052	1.703	1	.192	.934
	常数	1.703	.233	53.397	1	.000	5.489
步骤 2	年自投工数 x_{76}	-1.138	.742	2.349	1	.125	.321
	林地使用费 x_{77}	-.051	.041	1.583	1	.208	.950
	常数	1.818	.244	55.615	1	.000	6.161

从表 4-13 中可以看到模型的建立共进行了两个步骤：第一个步骤选入了林地使用费，第二步骤选入年自投工数，从显著度(sig.)一栏看，年自投工数为 0.125，偏大一点，但是从表 4-14 中可以看到若将年自投工数移出模型，将会引起方程显著变化(Sig. of the Change = 0.001)，因此肯定了该自变量的作用，将其留在方程中；林地使用费为 0.208，同样在表 4-14 中若移出该变量会引起方程显著变化(Sig. of the Change = 0.045)，因此肯定了自变量的作用。

表 4-14 变量移出模型影响表

变量	模型似然值	-2LL 检验	自由度	变化显著度
年自投工数 x_{76}	-67.183	4.023	1	.045
林地使用费 x_{77}	-70.321	10.298	1	.001

从表 4-14 中可以看出方程中的两个自变量若移出模型都会引起方程显著的变化，因此方程达到最优。因此得到如下模型：

$$\text{logit}(p) = 1.818 - 1.138x_{76} - 0.051x_{77}$$

2. 模型所揭示的影响因素

影响到私有林承包经营意愿因素有两个：林地使用费和年自投工数。剔除了其他指标变量的影响。

林地使用费，指标系数为 -0.051，为负值，说明随着林地使用费的增加，私有林采用承包经营的概率减少，林地使用费每增加 1000 元，私有林采用承包经营的发生比降低 0.05 倍。

年自投工数，指标系数为 -1.138，为负值，同样说明随着林地经营年自投工数的增加，私有林采取承包经营的概率减少，年自投工数每增加 1000 元，私有林采用承包经营的概率降低 0.679 倍。

对两个变量的回归系数进行标准化，根据林地使用费和年自投工数的标准差分别为：31.410 和 0.359，代入计算公式计算得到：

x_{77}的标准化 Logistic 回归系数约为：

$$-0.051 \times 31.410 \div 1.8138 \approx -0.883$$

x_{76}的标准化 Logistic 回归系数约为：

$$-1.138 \times 0.359 \div 1.8138 \approx -0.225$$

通过比较两个个自变量的标准化回归系数，根据绝对值的大小，我们可以看到对于私有林林农承包经营意愿影响因素的作用大小顺序是：

x_{77}（林地使用费）$> x_{76}$（年自投工数）

四、经营方式选择影响因素解释

私有林合作意愿是对私有林主体类型的分析，可以理解为是对过去私有林主体类型选择的影响。可以看到影响私有林合作意愿的因素有四个，分别是林农经营的地块数、林种的数量、所经营林地坡度是否超过

30°以及采伐限额的影响，剔除了其他 32 个指标因素；通过多项逻辑斯蒂分析我们可以看到当前影响私有林经营方式选择的因素有两个，分别是林产品销售情况和采伐限额两种因素；同样，影响到私有林承包经营意愿的因素有两个：林地使用费和年自投工数，具体见表 4-15。

表 4-15 私有林经营方式选择影响因素表

经营方式选择 / 影响因素	影响经营主体类型选择	影响经营方式选择	承包经营意愿
林农经营的地块数	√		
林种的数量	√		
林地坡度	√		
采伐限额	√	√	
林产品销售		√	
林地使用费			√
年自投工数			√

(一)私有林合作经营意愿影响因素解释

影响私有林合作经营意愿的因素的模型为如下：

$$\begin{aligned}\text{logit}(p) = 20.318 &- 23.663x_{68} - 22.173x_{69} - 23.966x_{70} \\ &- 23.675x_{71} - 0.195x_{72} - 1.299x_{85} + 1.783x_{91} \\ &+ 0.912x_{92} + 2.036x_{112} + 1.467x_{113}\end{aligned}$$

模型剔除了 32 个指标因素，最后分析出的结果是只有四项指标对私有林合作经营意愿有影响，分别是林农经营的地块数、林种的数量、所经营林地坡度是否超过 30°和采伐限额的影响，下面分别对每个因素进行分析：

1. 地块数

首先选入模型的是地块数，在对各个影响因素作用的大小进行比较时，地块数指标的变量占了前四席，说明地块数的作用对于私有林合作经营意愿的影响比较大。随着私有林经营林地地块数的增加，主体类型趋向于采取联户经营；当经营的地块数增加至 5 块时，经营主体类型采取单户经营的概率低于前面地块数在 5 块以下的。这一结果似乎有些不合现有认识，因为联户经营一般认为是以经济效率为经营目标的林地经营主体，林地地块多，往往意味着林地的破碎化，林地规模变小，而根据目前林地规模的主流认识，林地经营具有规模经济性。较小的林地地块管理效率要低于规模比较大的林地(Washburn，Jones，Nielsen，1993)，一家一户的家庭经营，土地过于分散，无法实现规模经营，难以发挥规模经济效益(陈永福，姬亚岚，2003)。

关于这一问题，笔者查阅了大量的文献，收集相关的观点；同时进行了大量的调查，得出了以下的一些解释：

(1)目前的福建省林地分散，山地分块经营，单个经营主体的规模较小(苏时鹏，张春霞，杨建州，2002)。原因则要追溯到中国林业产权制度的演进史。中华人民共和国成立以来中国林业产权制度的历史沿革大体也划分为四个阶段：第一阶段，土地改革和合作化时期。在这个阶段，通过土地改革，农民分得了个体所有山林；从1953年开始合作化，把农民私人所有的山林变成了私人和集体共同所有；第二阶段，“大跃进”和人民公社时期。绝大多数农民加入了人民公社，将原合作社的山林全部划归公社所有，其结果，只有国家和集体拥有森林、林木和林地所有权，没有个人所有的林木；第三阶段，十一届三中全会以来至20世纪90年代中期。以实施“稳定山权林权，划定自留山和落实林业生产责任制”(即林业“三定”)政策为标志，中国林业逐步走上了经营体制多元化的发展道路；第四阶段，市场经济体制改革以来至现在。党的十四届三中全会确立了社会主义市场经济体制和以公有制为主体、多种所有制经济共同发展的基本经济制度，为林权制度调整奠定了制度基础，林权制度的改革成为加快林业发展的必然条件和各地林农的迫切要求(陈幸良，2003)。在这各个阶段中都会形成历史遗留的林地，但主要是在林业“三定”阶段以及后来的集体林权制度改革，把林地分给了林农。总之由于历史的原因，在福建林区，很多林户都有2~4块林地。同时福建人多地少，因此林地一般都比较小，这也就形成了目前的状况。因此在林地1~5块的经营主体中多是单户经营。

(2)当林地地块多至6块及以上时，私有林经营经营主体趋向于采取联户经营。因为地块增多到6块及以上的情况，这在福建地区的林农家里是非常少的，当林地增多至6块及以上时意味着土地面积开始增大，规模开始增大，这是一般单个的林户无法独自经营的。而在福建联户经营是通过租赁、承包以及将自身林地以各种方式入股形成的，也造成其经营的林地地块较多。因此也可以得出结论：如使林农经营的地块增多，林地面积增大，林农经营的主体趋向于采取联户经营；林农经营的林地地块数较少，即林农经营的林地规模小，林农趋向于采取单户经营。同时对于单块林地，通过对林地适宜性的评价，确定立地类型和地租系数，从而把林地划分为宜分户经营林地和宜集体规划林地，对宜分户经营林地采用家庭经营形式；而对宜集体规划林地应选择多种经营形式，包括家庭经营形式、大户(联户)经营形式、集体经营形式和股份合作经营形式(沈月琴，李兰英等，2000)。

2. 经营的林种数量

经营林种数为一种时，私有林经营主体类型采取联户经营的发生比将是经营林种数更多的7.663倍；经营林种数为两种时，主体类型采取联户经营的概率要高于经营林种数在两种以上的，其发生比前者是后者的4.335倍。私有林经营的林种数少，经营主体趋向于联户经营；随着林种数的增加，私有林经营主体的类型则趋向于单户经营。

原因可以从两个方面来看：

(1)从单户主体的角度，正如前面所述，由于历史原因福建单个家庭林农中，很多都有几块林地，而且一般这些林地不是一次性获得的，取得时间较为分散，例如一些自留山可能是“三定”时期取得的，而林改之后，林农可能又会获得一些林地，不同时间阶段获得的林地由于时间间隔长等客观原因，其林种一般也不相同；同时很多林地在历史上是流转了许多个林户的，因此现在林户拥有的林地历史上一般曾经有几个林户经营过；由于获得的时间不同，砍伐时间也不同，砍伐后的树种选择在不同的阶段也会不同，形成了单户经营的树种数较多的现象。图4-2为林农选择树种依据比例图，问卷的问题是你家选择的树种的依据，A代表高收入的树种；B代表邻居、朋友愿意种的树种；C代表生长块的树种；D代表政府部门推荐的树种；E代表当地树种；F表示其他。

从图4-2中可以看到不同的人选择树种的依据是不同的，数据显示有29.40%的人选的是高收入的树种，有9.40%的人选择的是邻居、朋友愿意种的树种，5.78%的人选择生长快的树种，6.75%的人选择政府部门推荐的树种，42.65%的人则选择当地树种，其他6.02%。其中

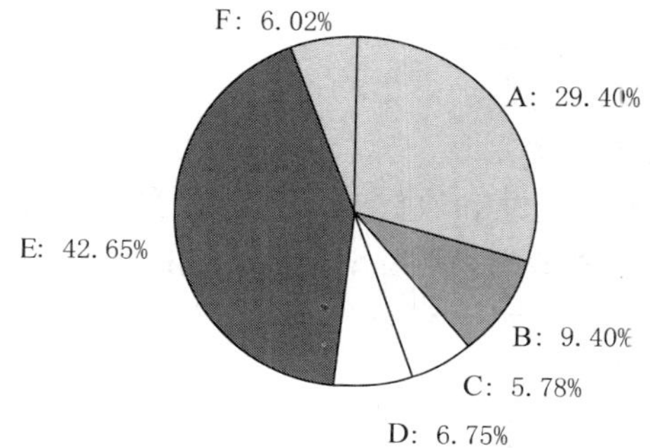

图 4-2　林农选择树种依据比例图

29.4%的林农选择树种的依据是高收入的树种，而高收入树种在不同的阶段是不相同的，树种的收益跟市场情况关系最大，而市场是瞬息万变的，不同阶段的市场高收入的树种也不尽相同。

因此对于经营树种多的经营主体，一般是单户经营，联户经营的概率较低。

（2）从联户主体的角度分析，非公有制林业经营主体经营目标的价值选择与公有制林业经营主体经营林业的目标和价值选择是完全不同（毛治兴，2006）。私有林的联户经营通常是以获得经济利益为主要目的，其选择林种是以经济收益与经营成本为主要的考虑因素。私有林的联户经营是在私有林出现时才出现的一种经营主体类型，而一般认为在林改之后才有比较大规模的私有林出现。林木的生长周期一般都在10年以上，因此从联户经营出现到现在，经营主体对林种的选择一般都只经历一次，因此我们在分析经营林种数时可以暂时剔除市场的情况，即经营收益可以暂时剔除。剩下的影响因素就是经营成本．关于经营成本与林种数从短期来看，一般认为林种数越少，经营成本越低。要实现商品林的产业效益最大化，就必须人工种植单一林种，这样产量才会提高（田舒斌，李自良，李舒，2005）。长期以来我国森林经营基本上以单一的经济效益为目的，经济林为主的单一林种布局（范云虎，高娃，牟敏荣，2004）。因此对于私有林经营为单一林种或林种数较少的，其主体类型一般为联户经营。

3. 林地坡度

（1）坡度大小影响着土地的生产力：坡地上的物质在重力影响下有

向下移动的趋势；坡度的陡缓直接制约着水土流失的强度，降水会造成坡面的水土流失。根据动力、重力学原理：0°～15°平缓坡地，动力和重力作用不大，水体运动平稳，水土流失微弱，是农业生产的理想地区；15°～25°斜坡地，侵蚀和块体运动比较剧烈，水土流失比较严重，勉强可以农作，是农耕地的上限区；25°以上的陡坡地，雨水冲刷和块体运动加剧，侵蚀强烈，水土流失严重，土壤贫瘠，裸岩增多，不宜垦种，适宜发展林、牧业(周万村，2001)。

(2)超过一定坡度的林地往往受到采伐限额的影响，造成无法采伐或采伐成本较高。《中华人民共和国森林法实施条例》第二十二条规定，25°以上的坡地应当用于植树、种草。25°以上的坡耕地应当按照当地人民政府制定的规划，逐步退耕，植树和种草。根据有关规定，凡符合下列条件之一的均属公益林经营范围：海拔800m以上的土地；坡度在35°以上的土地；坡度在35°以下但有岩石裸露，土壤以粗骨薄层土为主的土地(张德全，靖立秋，李庆，姜建成，张国锋，1999)。《中华人民共和国森林法实施条例》第三十一条规定有下列情形之一的，不得核发林木采伐许可证：防护林和特种用途林进行非抚育或者非更新性质的采伐的，或者采伐封山育林期、封山育林区内的林木的。因此当坡度大于35°时一般是拿不到采伐许可证的。

综上所述，超过一定坡度的林地其经营成本要高于低坡地甚至平地的。高坡度的林地的水涵养能力差，容易造成林地水分不足；高坡度的林地施肥容易流失，造成施肥成本高；高坡度林地日常管护难，管护成本高；坡度大的林地采伐成本也比较高。而联户经营作为一种经营主体与个体经营不同，其对所要经营的林地有选择权，因此联户经营的主体出于林业经营的经济性的考虑，一般不会选择高坡的林地作为经营的对象。而个体经营除了通过租赁等少数情况，一般缺乏对所经营林地的选择权，林改时分林到户的林子没有可选择性，也就造成了高坡地的林子一般是个体经营，即高坡度的林地经营的主体类型采用个体经营的概率要高于采用联户经营的概率。

4. 采伐限额

《中华人民共和国森林法实施条例》第二十八条规定国家所有的森林和林木以国有林业企业事业单位、农场、厂矿为单位，集体所有的森林和林木、个人所有的林木以县为单位，制定年森林采伐限额，由省、自治区、直辖市人民政府林业主管部门汇总、平衡，经本级人民政府审核后，报国务院批准；其中，重点林区的年森林采伐限额，由国务院林业主管部门审核后，报国务院批准。国务院批准的年森林采伐限额，每5年核定一次。

严格的森林采伐管理制度每年制定一次森林采伐限额，采伐数量不得超过限额，采伐还要受到年龄的限制，采伐林木要申请办理林木采伐许可证并按规定采伐，并要及时更新造林，而这些制度的实施方式对于在市场经济条件下的非公有制林业是否公平则很值得研究和探讨(毛治兴，2006)。森林采伐限额管理是按照数量进行(生长量、消耗量)管理，不同树木的数量成熟差异相当大，而且森林的经济成熟也并不等同于数量成熟，还受到价格、土地的机会成本、利率、风险等因素的影响，凡此种种，现行森林采伐限额管理使森林不能按照最佳的经济轮伐期进行经营生产，降低了营林的效益，增加了营林的风险（姚顺波，2005)。森林采伐限额管理政策在一定程度上制约了私有林的发展。国家按照5年为一个计划期调整采伐限额量，那么林业经营者就不能够按照市场的供求关系去调整采伐数量，限制了经营主体的合法收益权和处分权(宋元媛，曾寅初，王兆召，2004)。而当经营主体的权利无法得到充分执行时，必然会降低主体的积极性，从而影响了主体的经营行为，包括经营主体类型的选择。具体影响原因如下：

当采伐限额约束影响很严重时，个体经营者能力是有限的，一般较难解决由采伐限额约束所带来的影响。而联户经营实力一般要强于个体经营，因此当采伐限额约束影响很严重时，私有林经营主体趋向于采取联户经营。

采伐限额影响不严重与无采伐限额约束相比较，前者采取联户经营的发生比时后者的2.489倍，原因同上，不过数值不同，其联户经营的发生比要低于采伐限额约束很严重对采伐限额约束不是很严重的发生比。说明采伐限额对私有林经营主体类型的选择影响很大。相比较其他被列入模型的三个指标而言，从十个变量的回归系数标准化可以看到，采伐限额很严重时对私有林经营主体类型选择的影响列在指标的第二位，仅次于经营的地块数。

5. 合作经营意愿影响因素启示

私有林经营主体类型选择的影响因素有林农经营的地块数、林种的数量、林地坡度和采伐限额。林农经营的地块数和林种数量在一定程度上影响私有林经营的规模。地块数、林种越多，正常情况下规模也随着越大，而规模的大小对经营方式选择影响很大，规模大，单户承包经营无法独立经营时，会迫使其放弃承包经营，或改为联户经营或股份合作制、股份制等具有更强经营能力的经营方式，因此林业存在一定的规模经济性。规模经济效益是指各生产要素的合理组合使单位产品成本下降而产生的经济效益。这种经济效益与生产的规模发生直接关系。林业生产的自然特征决定了它适宜于大面积规模经营，林业生产也是一种规模经济，如果生产要素的配置合理，经济效益的增长指数就会大于生产规模扩大的指数(胡小平，陈刚林，1993)。

林种数和林地坡度则反映了林地经营的困难程度，经营的成本问题，随着林种数的增大、林地坡度的增大，经营的难度随之增加，经营的成本增高，因此此时经营主体会采取一种可以有效克服这种困难的经营方式。例如可以采取股份合作制，股份合作经济的性质允许也要求生产要素的重新组合，这既可以很好地发挥生产要素的潜能，又可以实现资源的优化配置；股份合作经济所具有的依附性强的特点，使它具有较广泛的适应性，它既可依附于不同的社会制度，又可适用对经济发展的不同阶段，有较大的发展空间和容量(张春霞，1994)。当然也可以采取其他包括联户经营、集体林场等其他经营方式，具体方式经营者会根据当时当地情况进行选择。

关于采伐限额的问题属于经营环境的问题，事实上也间接涉及经营成本的问题，前面已经论述过，经营主体类型的选择是由于私有林产生时，社会对于私有林这种非公有制的新兴事物认识不够，私有林的发展没有得到鼓励与支持，甚至在经营的过程中受到歧视。而采伐限额通常情况下是小于每年林木能够砍伐量，造成了采伐量的需求超过采伐限额．采伐指标供给紧张，造成指标的分配争夺激烈，而受到歧视的私有林就更难以获得指标。而辛辛苦苦经营的林业在可以采伐时由于没有指标不能采伐，或是指标不足不能全部采伐，将会大大提高经营的风险，提高经营的成本，从而严重影响了私有林经营者的经营积极性，进而影响其经营方式的选择。

经营方式的选择和承包经营意愿影响因素较多，反映了私有林发展的历程，私有林刚刚起步时发展较慢，受到经营成本、政策环境、经营技术和人们意识等各种各样的因素的制约，影响着私有林经营方式的选择，进而影响着私有林的发展。

（二）私有林经营方式选择的影响因素解释

影响私有林经营方式选择的因素有林产品销售情况和采伐限额两种因素：

1. 林产品销售情况

现有的经营方式的形成其选择的影响因素是历史造成的，其中很大一部分私有林是指林改以来，把集体林分给林户后形成的，而福建是在2003 年全面的集体的林权改革后形成的，林改前几年虽然经济快速发展，但是林产品的销售并没有现在这么畅销，对于刚刚经营了几年的有些林子，私有林经营者甚至从来还没有砍伐过，对林产品的销售尚不清楚，也没有信心，因此林产品的销售情况是影响私有经营方式选择的主要因素。

现在的林产品销售已经由过去的国家统配转为面向市场的市场销售，林产品的销售的好坏自然影响到林农对经营方式的选择：承包经营与租赁经营风险是由林户自己承担的，因此当林产品价格低于成本价或林产品销售不顺畅时，林农经营林业的收益下降，林农自然不愿意经营，这时采取这两种经营方式的概率显然会降低，相反林产品销售顺畅时采取这两种经营方式的概率升高；同理，对于股份合作制和股份制经营，林产品销售顺畅时，经营私有林有利可图时，私有林的经营主体必然愿意经营，因此，当无法采用承包经营、租赁经营，或采用股份合作制、股份制更能显示规模效益，更容易获取林地和更高的收益时，经营者都会积极采用；在联户经营与自留山经营的这两种经营方式上，林产品畅销时，经营者同样出于利益考虑自己经营，一般不会把自己的自留山与他人合起来联户经营。

同时，采取股份制经营等企业规模经营的方式也有利于林产品的统一销售，统一定价，提高收益。胡立森等提出可以通过资产重组，建立专业公司和相关联专业化公司，实行跨企业的以资产为纽带的紧密型联合，变小规模分散经营为集约化适度规模经营，实现“责、权、利”的统一，实施统一价格战略（胡立森，刘树明，2002）。

2. 采伐限额

林产品销售顺不顺畅是一个方面，而林产品能否在林产品市场销售又是一个重要的方面。这里最主要的因素就是采伐限额。如前所述，森林采伐管理每年制定一次森林采伐限额，采伐数量不得超过限额，采伐限额按消耗量小于生长量的原则制定。因此采伐限额只要采伐限额低于需采伐的数量、采伐限额指标分配不合理，那么其就会影响经营方式的选择的因素，成为现有私有林经营方式选择的影响因素。因为这种情况往往意味着一般的林户独立经营者其得不到所需的足够数量的指标，普通林户经营者通常来说属于弱势群体，弱势群体在不合理的指标分配体制中很难得到应有的采伐指标。私有林经营方式自然会往联户经营或股份制经营等这种实力较强的经营方式转变，以克服经营过程中体制上的影响。

（三）经营方式选择影响因素总结

林产品销售和采伐限额是经营方式选择的影响因素。由于经营方式相对较为灵活，随着市场环境、经营环境等时代环境的变化而发生变化，因此经营方式的形成主要受到主要近几年的环境的影响。从本章前述的模型分析中，看到采伐在过去主体类型以及选择经营方式的选择都是主要的影响因素，这点我们在福建的私有林经营现状中也得到了证实。从模型中也得到了这样的信息，即采伐限额的对经营方式选择的影响力随着时间的推进在下降，关于过去主体类型选择影响因素的模型中看到采伐限额的影响仍然比较大，而关于经营方式选择影响因素的五个模型中看到采伐限额的影响力排名均是在最后的位置。图 4-3 是对林户在林业过程中受到采伐限额制度约束情况在福建用材林的调查数据，数据显示，林户反映采伐限额对其经营影响很严重的为 36%，反映影响不严重的为 39%，反映采伐限额对其经营无影响的为 25%，反映采伐限额对经营影响很严重的远低于反映影响不严重或无影响的，验证了模型的正确性。

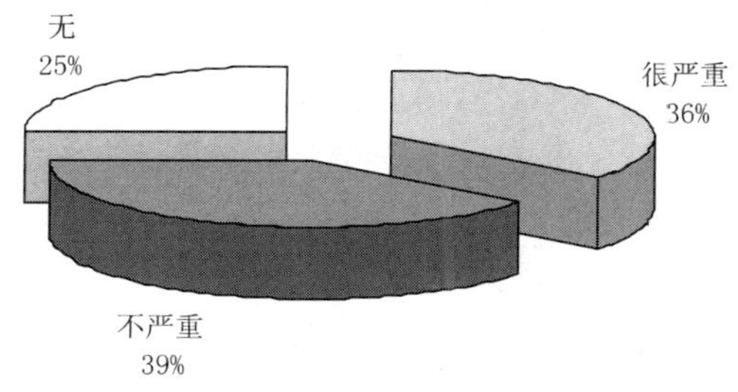

图 4-3　采伐限额影响程度

林产品的销售是影响经营方式选择的重要因素。在过去经营主体形成的过程中，林产品销售不是主要的影响因素，因为过去经营主体更多的是在一种被动状态下形成的，是林改时分林地而形成的。有些地方林改时将林地分到户，有些则分到村民小组或是分到自愿组成的经营组，没有也不会去想到根据以后林产品销售情况来决定经营主体类型；后来，一般指近几年(本文估计为近 5 ~ 8 年)，即经营方式形成过程中，此时为了取得林地经营权，私有林经营者会采用承包经营或租赁经营等方式主动地经营私有林，而在前几年林产品销售还不是很稳定，价格偶有波动，对市场情况也不是很了解的私有林经营者必然要考虑林产品销售问题。

(四)承包经营意愿影响因素解释

1. 林地使用费

林地使用费也称林地租金或山本费，指林地所有者出让林地使用权时，由林地使用者交纳的一定数额的林地租金。集体林地由村集体经济组织或者村民委员会经营、管理，使用集体林地收取林地使用费是集体土地所有权的经济实现形式，是集体组织加强林地管理、提高林地使用质量的经济手段，符合市场经济要求。林地使用费归村集体所有，最终用于村集体事业(周金铭，全祖庆，陈建忠，2006)。

林地使用费是目前私有林承包经营等以各种方式取得林地经营权所付出的费用，是私有林经营的主要成本支出之一，集中在私有林经营的前期，并且在可预见的将来没有取消的迹象，因此作为经营者出于经营成本的考虑，在对经营方式进行选择的同时会考虑林地使用费。林地使用费高出个人承包经营所能承受的范围时，经营者放弃对承包经营的选择；同样，在租赁经营的选择上，林地使用费高出租赁者所能承包的范围，经营者也会放弃对这种经营方式的选择；在股份合作制、股份制、集体林场和联营等其他经营方式的选择上也是如此。

《中华人民共和国宪法》第十条规定，农村和城市郊区的土地(含林地)，除由法律规定属国家所有的以外，属集体所有。《中华人民共和国农村土地承包法》第四十五条规定，以招标、拍卖方式承包的，承包费通过公开竞标、竞价确定；以公开协商等方式承包的，承包费由双方议定。土地承包费就是农村集体土地的地租收入，就林地而言就是林地使用费。《福建省森林条例》第三十六条规定了单位和个人租赁集体林地造林的，应当依法签订林地租赁经营合同，并按合同约定支付林地使用费；第十一条规定了国有单位经营集体拨交的林地，应当按规定支付林地使用费：用材林(不含竹林)一个轮伐期的林地使用费不得低于福建省人民政府规定的林价款的20% ~30%；经济林、竹林投产后，按不低于同类林地的杉木 30 年主伐期林价款的30%测算每年林地使用费，逐年付给。乡(镇)林场经营村集体拨交的林地，参照上述规定执行。《福建省实施〈中华人民共和国农村土地承包法〉若干问题的规定》第六条规定，集体所有林地承包费标准应当经本集体经济组织成员的村民会议 2/3 以上成员或者 2/3 以上村民代表的同意。由此可见，村集体作为林地所有者，向林地使用者收取一定的林地使用费，符合有关法律法规和政策规定(三明市人民政府，2005)。戴星翼认为，林地使用费的本质是租金。在林地使用费的确定过程中，林地使用价值的形成是通过社区内部机制形成的，经过使用者和非使用者不同群体的谈判，这是一种非常成功的准市场机制（戴星翼，2006)。

2. 年自投工数

私有林经营的劳动投入是私有林经营成本的重要组成部分，也是制约私有林发展的重要因素。林业作为大农业的一种，其经营是一种对劳动力与资本需求比相对较高的经营活动，从森林的培育、栽植、施肥等，到森林的日常管护，再到森林采伐等都是需要大量的劳动力，特别是对于“八山一水一分田”的福建，森林的机械作业较为困难，只能依靠大量的劳动力。私有林经营者是否采用成本经营就必须考虑劳动力的因素，特别是自己需要投入多少的精力在林地的经营上，是否超过了可承受的范围。因此模型中列入年自投工数作为影响私有林主对经营方式选择的影响因素。

随着城市化进程的加快，农村这几年不断的“空洞化”，农民在外打工的收入远高于林业收入，且林业经营周期长，见效慢，对劳动力吸引力不足，青壮劳力基本上都在外打工，造成私有林经营劳动力不足，影响了私有林经营。根据调查显示，由于林业收入平均只占林户家庭总收入的10.35%，甚至更低，而务工收入占林户家庭总收入36.27%，农民不可能投太多劳力在林业上，同时由于部分农民林业规模较小，把林业收入看作一种额外的不需努力就能获得的收入，因为他们几乎从不去管理林业。即使是那些林业大户，也有存在缺少集约经营的现象。

因此随着林业经营所需劳动投入的增加，私有林经营者采用承包经营的概率下降，采用多个经营主体联合经营的概率上升。

3. 私有林承包经营意愿的影响因素启示

随着这几年经济的快速发展，原材料需求旺盛，原材料价格不断走高，因此林产品的销售不再成为私有林经营者顾虑的主要问题。下面通过建立一个国内木材需求量与国内生产总值关系的模型来说明我国国内木材总需求量的增长情况：

建立国内木材总需求量与国内生产总值的模型：

$$y = a + bx + u \tag{4-1}$$

其中：y——中国GDP，x——中国年木材总需求量，u——误差项。对原数据的分析发现 $D-W$ 值为0.717即数据存在自相关，因此原数据进行处理。

$$y_t - \rho y_{t-1} = a + b(x_t - \rho x_{t-1}) + u$$

令 $y^* = \rho y_t - y_{t-1}$，$x = x_t - \rho x_{t-1}$

则方程化为：$y^* = a + bx^* + u$

其中 y_t 和 x_t 分别代表 t 年时木材总需求量和 t 年时GDP，y_{t-1} 和 x_{t-1} 分别代表 $t-1$ 年时木材总需求量和GDP。其中 ρ 通过灰色寻找法求得 ρ 等于0.4。用广义最小二乘法对经过处理的数据进行回归分析，得到下列统计数据，$R^2 = 0.887$，调整后的 $R^2 = 0.876$，标准估计误差为1334.328，$D-W$ 检验值1.07。其他统计数据见表4-16。

表 4-16　模型系数统计数据

	非标准系数		标准系数	T 检验值	显著水平
	系数值	标准误差	系数址		
常　数	2932.187	916.381		3.200	.008
GDP	0.125	0.014	0.942	9.271	.000

外生变量：国内生产总值 GDP；内生变量：国内木材总需求量。

通过统计分析，得到的 $D-W$ 检验值大于等于在案例数为 13，自变量个数为 1 时查得的 dw(1.07)。且调整后的 R^2 为 0.876，通过检验，其他检验值亦通过检验。因此求得模型为：

$$y = 2932.2 + 0.125x \tag{4-2}$$

从式(4-2)的模型中求出全社会木材需求量对 GDP 的边际增长率 MGR。

根据：$$MGR = dy/dx \tag{4-3}$$

由式(4-2)和式(4-3)得：$MGR = 0.125$

∴ 当 GDP 增长 1 亿元时，全社会木材总需求量(万 m^3)增长量为：

$$y_t(\text{增}) = 2932.2 + MGR - 0.6y_{t-1}$$

据“十一五”规划，中国经济发展目标为到 2010 年国内人均国民生产总值要比 2000 年翻一番，由此得出未来五年中国经济每年至少保持在 7.4% 的增长率水平上。因此，到 2010 年中国 GDP 比 2005 年至少增长 42.9%，进而可以预测 2010 年，中国木材总需求量约为 37700 万 m^3。根据《面向 21 世纪的林业发展战略》中预测，到 2010 年木材供需缺口为 5670 万 m^3。而来自国家林业局信息中心的资料显示，中国木材市场供需缺口很大，目前每年木材总需求量约 2.6 亿 ~2.8 亿 m^3，实际可能供给量约为 1.42 亿 m^3，扣除薪材后，商品材年均缺口总量在 3300 万 ~4300 万 m^3。而今后几年，中国建材及装修市场将进入发展的“黄金时期”，估计木材市场年消费量还会有所增加，无论是从数量还是质量上看，国内生产的木材远远满足不了需求。

这些情况为私有林的发展提供了较为广阔的空间，私有林经营对林产品销售的顾虑减少，同时随着政策环境的改善，特别是采伐限额问题等逐步得到解决，私有林经营者关注更多的是经营成本投入问题，从分析中得知这两个因素是林地使用费和年自投工数。

五、主要结论

目前有关经营方式的研究主要是围绕农业进行，鉴于经营方式在林业经营方面具有的重要作用，林业经营效率的提高离不开对经营方式的研究。本章围绕私有林经营方式选择的影响因素，以用材林为主，通过对南方九省区私有林的广泛调查、分析和研究，得出了以下结论：

第一，私有林经营合作意愿的主要影响因素有四个：经营的林种数量、地块数、林地坡度和采伐限额。随着林种数量的增加，私有林经营更倾向于采取个体经营；随着私有林经营林地地块数的增加，倾向于采取合作经营；林地坡度的增加，私有林经营倾向于采取个体经营；采伐限额约束越严重，合作经营的概率越高。

第二，私有林经营方式选择的主要影响因素有两个：林产品销售情况和采伐限额限制。对五种经营方式的研究结果如下：

对于承包经营选择的影响：林产品越畅销，私有林经营主体采取承包经营的概率越高；采伐限额约束越严重，私有林经营方式采用承包经营的概率越低。

对于租赁经营选择的影响：林产品越容易销售，私有林经营采用租赁经营的概率越高；相对于采伐限额约束不严重的情况，严重的采伐限额约束和无采伐限额约束的条件下，私有林采用租赁经营的概率较高。

对于股份制经营选择的影响：林产品销售越畅销，私有林采用股份合作制经营的概率越高；相对于采伐限额约束不严重的情况，严重的采伐限额约束和无采伐限额约束的条件下，私有林采用股份制经营的概率较高。

对于股份制经营选择的影响：主要有两个因素，第一是林产品销售情况，当其销售越畅销时，越倾向于采取股份制经营；第二是采伐限额约束情况，当其对私有林经营约束越严重时，越倾向于采用股份制经营。

对于联户经营选择的影响：林产品越畅销，私有林采用自留山经营的概率越高；相对于采伐限额约束严重和无采伐限额约束的情况，采伐限额约束不严重的条件下，私有林采用自留山经营经营的概率较高。采伐限额约束不严重自留山经营的概率要高于采伐限额约束严重和无采伐限额约束的情况。

第三，承包经营意愿的主要影响因素有两个：林地使用费和年自投工数。随着林地使用费的增加，私有林采用承包经营的概率减少，林地使用费每增加1000元，私有林采用承包经营的发生比降低0.05倍；随着林地经营年自投工数的增加，私有林采取承包经营的概率减少，年自投工数每增加1000元，私有林采用承包经营的概率降低0.679倍。

根据上述研究成果提出以下建议：

第一，继续深化集体林权制度改革。中国农业用18亿亩耕地，解决了13亿人的吃饭问题。而林业用43亿亩林地，却没有解决13亿人的用材问题，更没有解决社会对生态的需求问题，其根本原因是林业改革不到位，体制和机制不顺，从而阻碍了林业生产力的发展。实践证明私人经营林业是有效率的。RALPH J. ALIG和DARIUS M. ADAMS等通过模型证明了只要有良好的计划、完善的资本市场和充足的资金，私有林能够以较小的价格波动幅度满足未来的木材需求(Ralph J. Alig, Darius M. Adams Johnt T. Chmelik and Pete Bettinger , 1999)。深化集体林权改革是解决林业中体制问题的必由之路，其中就包括对经营方式的选择的引导。

第二，继续改革采伐限额制度。采伐限额的约束对私有林经营方式的选择具有非常大的影响，事实上，采伐限额影响到私有林经营的公平与效率，在我国非公有制林业的发展过程中应坚持“效率优先，兼顾公平”的原则(魏远竹，张春霞，2006)。现行的采伐限额管理制度使私有林的经营生产无法按照最佳的经济轮伐期进行，增加了经营的成本与风险性，影响了林农经营的积极性，限制了私有林的发展。森林限额采伐政策虽然对林业经营的影响力相对之前有所下降，但仍然是林业经营者所反映的主要制约因素。采伐指标问题严重制约了林农的经营积极性，同时增加了林农的经营成本。例如，有些林子到了主伐期，但是得不到砍伐指标或没有得到足够的砍伐指标，人为造成了经营的成本。另外，那些由于坡度不合格(坡度大于35°)等原因而得不到砍伐指标的林子，国家应适当给予补贴。

第三，建立规范的市场。林业市场与私有林的经营方式密切相关，从上文的分析中看到，林产品的销售和林地使用费分别是影响私有林经营方式选择和承包意愿的两个主要因素。规范林业市场是通过市场的手段促进林业要素流动，提高资源的利用效率，主要包括林产品市场和林业生产要素市场两种：①林产品市场是林农销售林产品，获得私有林持续经营所需资金的关键点。必须发挥市场规律，利用价值规律和价格机制的调节作用，建立合理的林产品价格体系和价格管理体制，从而营造出公正平等的竞争环境，促使私有林的生产经营适应市场经济规律，在竞争中自觉调整产品结构和价位，提高经营管理水平和提高自身的竞争能力，从而提高经济效益。②林业生产要素市场是林业资源利用效率提高的重要手段，这与私有林经营方式选择的目的是相同的，并且影响到经营方式的选择，特别是林地这一基本的生产要素，林地使用费直接影响到承包经营的意愿。因此，要建立规范的林业生产要素市场，发挥市场规律的调节作用，使林业要素价格能充分反映要素的供需情况，营造公平有序的生产经营环境，引导私有林走向生产更有效率、竞争更为有序、发展更能可持续的发展方向。

第四，改革和完善林地使用费制度。林地使用费是影响私有林经营者在目前对经营方式选择的主要因素，改革和完善林地使用费制度是提高私有林经营方式效率的重要途径。首先，以扶持和促进私有林的发展为目的，改革林地使用费的收取方式，以减轻由于林地使用费问题而引起的私有林经营在资金方面遇到的困难，提高经营者对私有林的资金投入能力；其次，林地使用费用途必须尊重农民的发展的主体地位，尊重农民的收益权，使农民的收益权得到保障（戴星翼，2006）；最后，林地使用费应主要用于建设农村公共物品，包括道路、农村文化设施和农村社会保障等基本生活生产方面，做到取之于民，用之于民，以此来提高私有林经营者对林地使用费的认同与支持；同时，也包括应用于林地生产基础设施的建设，使得林业的产出通过各种渠道重新流入林业，从而丰富林业的生产要素资源，促进林业的发展。

第五，解决私有林经营的劳动力投入不足问题。加大社会对私有林发展的投入力度，教育和引导农民投入到私有林的经营中去；同时加大培训力度，让林农掌握更先进的林业经营技术和手段，提高经营能力。

第二节　生产投入行为分析——以福建为例

一、资金投入行为的特征

(一)不同农户资金投入水平存在很大差异

从调查的结果来看(表4-17)，林农平均投入的资金量较多，每户在1.5万元左右，但是不同林农的投入水平存在着十分显著的差异，投入林业经营总资金最大的林农投入了140万元，而许多林农(96户，约占23.13%)却几乎没有投入资金。

表4-17　林农资金总投入量(元)

指标	数值
平均	14941.54
标准误差	3803.396
中位数	3000
众数	0
标准差	77481.06
方差	6E+09
峰度	256.0209
偏度	15.09104
区域	1400000
最小值	0
最大值	1400000
观测数	415
置信度(95.0%)	7476.375

(二)不同农户单位面积上的资金投入量存在差异，且投入水平较低

与林农资金投入总水平相似，不同林农单位面积资金投入水平差距也很大，有部分林农亩均资金投入量为零，而亩均投入最多的农户达到了14400元。此外，从图4-4中还可看出林农的亩均资金投入量绝大多数在1600元以下(占86.02%)，投入水平相对较低。

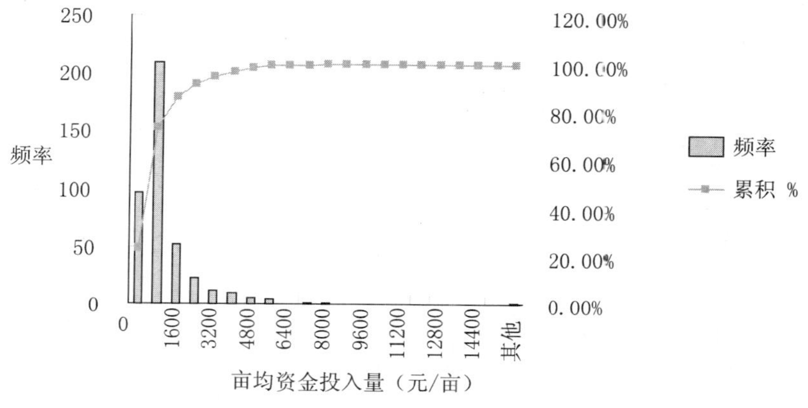

图 4-4　林农单位面积资金投入水平分布

二、林农在不同林种的资金投入水平的差异

(一)农户在不同林种上的资金总投入量存在明显差异

从表 4-18 中可以看出，虽然不论是经营哪种林种，都有相当一部分林农不投入资金(各林种的众数均为零)。但是林农在不同林种上的资金投入量还是有明显差异的：其一，林农在用材林上的资金投入量最大，经济林位居第二，竹林次之，其他林种最少，用材林上的投入水平大约是其他林种(除经济林、用材林和竹林之外的林种)的 48 倍；其二，不同的林农在一林种中资金投入水平的差异也很显著，从方差可以看出，不同林农在用材林上的资金投入量变异最大，经济林次之，竹林位居第三，而其他林种变异最小。

(二)农户在不同林种上单位面积的资金投入量存在差异

从表 4-18 和表 4-19 的对比中，可以发现，农户在不同林种上的资金总投入量和单位面积上的资金投入量都存在显著差异，但是也不完全相同。从总投入量来看，林农在用材林上的资金投入量最大；而从林农单位面积上的资金投入量来看，林农在经济林的投入远高于用材林和竹林，位居第一位，竹林居第二位，用材林在三大林种中林农投入最少。之所以会出现这样的反差与不同林种所需资金投入量有着密切的关系，由于林农经营用材林的面积远大于其他各林种，所以需要投入的总资金量多。而林农经营的经济林面积虽然不大，但是单位面积却需要投入较多的经营成本。

表 4-18 林农在各种林种上的年资金投入量（元）

指标	经济林	用材林	竹林	其他林种
平均	10497. 68939	21051. 0828	3131. 15	436. 8421
标准误差	1018. 639568	12857. 75482	861. 7273	276. 6984
中位数	4900	400	737. 5	0
众数	0	0	0	0
标准差	16550. 93395	161107. 2061	9439. 749	1206. 1
方差	273933414. 5	25955531853	89108867	1454678
峰度	11. 53979018	148. 6116565	45. 05431	10. 28812
偏度	3. 109318616	12. 04759295	6. 174418	3. 168051
区域	110000	2000000	82650	4800
最小值	0	0	0	0
最大值	110000	2000000	82650	4800
求和	2771390	3305020	375738	8300
观测数	264	157	120	19
置信度(95. 0%)	2005. 72669	25397. 76202	1706. 306	581. 3218

表 4-19 林农在各种林种上的单位面积年资金投入量（元/亩）

指标	经济林	用材林	竹林	其他林种
平均	549. 4444	120. 9411	141. 2589	5. 40195
标准误差	33. 82575	34. 96025	23. 47894	4. 494598
中位数	400	23. 75439	65. 38462	0
众数	500	0	0	0
标准差	549. 6033	438. 0506	257. 1989	19. 5915
方差	302063. 8	191888. 4	66151. 26	383. 8268
峰度	3. 178932	100. 4127	26. 35728	18. 35132
偏度	1. 648075	9. 320099	4. 557291	4. 258198
区域	3090. 909	5000	2000	85. 71429
最小值	0	0	0	0
最大值	3090. 909	5000	2000	85. 71429
求和	145053. 3	18987. 75	16951. 07	102. 6371
观测数	264	157	120	19
置信度(95. 0%)	3090. 909	5000	2000	85. 71429

三、劳动投入行为的特征(年自投工)

(一)林农在不同林种上的年自投数存在明显差异，但小于资金投入量的差异

由表4-20可知，平均每户林农在林业上的总自投工数约260天，即平均每户林农约有一个劳动力用于林业经营；林农在经济林上投入的劳动力最多，用材林次之，竹林第三，其他林种最少，而林农资金投入量最多的却是用材林，这和用材林相对经济林而言需要投入的劳动力较少有关。通过比较，还可以进一步发现，自有劳动力投入量在各林种也存在明显的差异，但却远小于资金投入量上差异，自投工最多的林种——经济林其投入水平是投入最少的林种的8倍，而资金投入最多的用材林其投入水平是资金投入最少的林种的48倍。

表4-20 林农自投工数(天)

指标	经济林	用材林	竹林	其他林种	总自投工
平均	317.8636	100.8885	62.275	36.13158	260.0361
标准误差	109.4178	28.62817	8.444022	12.74937	72.19214
中位数	100	25	30	0	60
标准差	1777.829	358.71	92.49962	55.57324	1470.666
方差	3160675	128672.9	8556.18	3088.385	2162858
峰度	173.7422	83.35618	34.2625	-0.16199	258.1709
偏度	12.68934	8.364147	4.872215	1.230659	15.25659
区域	26000	3910	800	160	26562
最小值	0	0	0	0	0
最大值	26000	3910	800	160	26562
求和	83916	15839.5	7473	686.5	107915
观测数	264	157	120	19	415
置信度(95.0%)	215.4464	56.54887	16.72001	26.78544	141.9089

(二)林农在不同林种上单位面积自投工数相差甚远

由表4-21可知，林农在经济林单位面积上投入的自投工最多，达到了每年每亩35天以上，而且不同林农单位面积自投工数差别也很大(见方差)。

表 4-21 林农在单位面积上的自投工数（天/亩）

指标	经济林	用材林	竹林	其他林种
平均	35. 55879	4. 43964	6. 166979	0. 957178
标准误差	8. 058929	1. 212325	0. 935813	0. 516492
中位数	15	0. 673684	2. 5	0
标准差	130. 9421	15. 19038	10. 25131	2. 251335
方差	17145. 83	230. 7477	105. 0894	5. 068511
峰度	194. 7483	43. 41584	20. 1987	10. 06014
偏度	13. 19043	6. 360189	3. 967103	3. 080739
区域	2000	128	74. 5	9. 090909
最小值	0	0	0	0
最大值	2000	128	74. 5	9. 090909
求和	9387. 521	697. 0235	740. 0375	18. 18638
观测数	264	157	120	19
置信度(95. 0%)	15. 86823	2. 39469	1. 853003	1. 085109

此外，从调查中还发现，有部分林农不对林地进行管护而任其处于荒废中。调查数据表明，有 6 户经济林林农(占经济林农的 2. 27%)，30 户用材林林农(占用材林林农的 19. 11%)和 10 户竹林林农(占竹林林农的 8. 33%)既不投入资金也不投入劳动力，使林地处于荒废状态。

四、林地投入行为的特征

(一)林农经营的三个主要林种中用材林平均规模最大

调查结果见表 4-22，林农经营用材林的平均为每户 124 亩，而竹林和经济林分别只有每户 30 亩和 15 亩。这可能和历史原因及用材林的经营相对较粗放有关。此外，从标准差和方差中还可以看，不论是哪种林种，不同林农的林地经营规模相差较大。尤其是用材林，最大经营规模的林农经营的面积是最小经营规模林农的 3350 倍，而且这差距经过新一轮林改后有越来越大的趋势。

表 4-22　林农林地经营面积（亩）

指标	经济林	用材林	竹林	总面积
平均	15.91534	124.0506	30.52083	76.42894
标准误差	2.069584	27.43715	7.162277	11.58836
中位数	6.8	20	12.5	14.8
标准差	33.62677	343.7865	78.45881	236.0728
方差	1130.759	118189.1	6155.785	55730.36
峰度	81.28339	55.24269	64.52227	101.5095
偏度	7.633052	6.767783	7.39579	8.73718
区域	419.6	3349	758.5	3349.6
最小值	0.4	1	0.5	0.4
最大值	420	3350	759	3350
求和	4201.65	19475.95	3662.5	31718.01
观测数	264	157	120	415
置信度(95.0%)	4.075063	54.19625	14.18202	22.77936

（二）多数林农不易获林地

由图 4-5 可知，只有 32% 的林农容易获得林地（林地使用权），而近三分之二的林农不太容易或者很难获得林地。这主要有以下两个方面的原因：其一，林地流转机制不灵活，林地流转困难。其二，集体林地大部分由集体统一经营，林农不易从集体中获得林地。但是，随着以分林到户为核心内容的新一轮集体林权制度的改革的逐渐深化，这种状况正在发生着重大的改变。

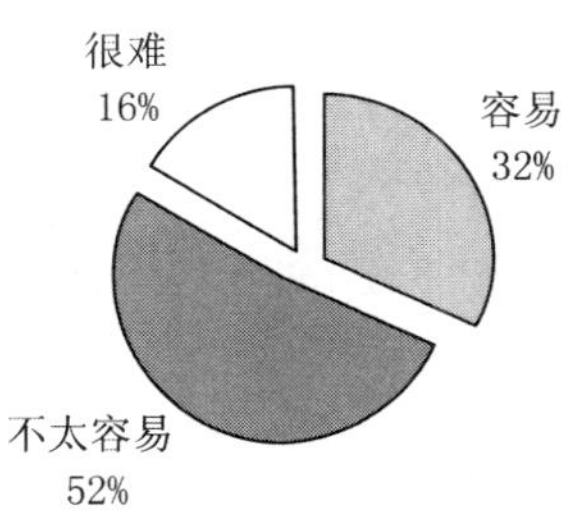

图 4-5　林农林地（使用权）可得性

第三节 生产管理行为分析——以福建为例

一、相当一部分林农经营多种林种、多个地块

调查数据显示，有128户林农经营不止一种林种，占被调查农户的30.84%。而且，有246户林农也往往经营2个以上(含2个)的地块，平均每户林农经营的地块为2.18块，而经营地块最多的10农户其经营的林地高达到10块之多。不仅如此，在林农经营的同一林种中，林农往往也经营不止一个地块，经济林林农平均每户经营1.77块，用材林林农平均每户经营1.55块，竹林林农平均每户经营1.47块，其他林种林农每户经营1.05块(表4-23)。林农之所以经营多林种和多种地块与历史上林权制度的频繁变更有着重要的关系。经营林种的多样性和地块的分散性，会给林农带来较的经营成本，在减少林种多样性和林地分散性方面，林农的力量往往十分有限，政府应该在这方面给予帮助。

表4-23 林农经营的地块数

指标	经济林	用材林	竹林	其他林种	总地块
平均	1.771536	1.552795	1.468468	1.052632	2.183133
标准误差	0.065108	0.073669	0.093892	0.052632	0.067555
中位数	1	1	1	1	2
标准差	1.063869	0.93475	0.989213	0.229416	1.376197
方差	1.131818	0.873758	0.978542	0.052632	1.893918
峰度	2.551086	6.360746	20.19153	19	2.950634
偏度	1.599691	2.262267	3.876345	4.358899	1.477559
区域	5	5	7	1	9
最小值	1	1	1	1	1
最大值	6	6	8	2	10
求和	473	250	163	20	906
观测数	267	161	111	19	415
最大(1)	6	6	8	2	10
最小(1)	1	1	1	1	1
置信度(95.0%)	0.128192	0.145488	0.186072	0.110575	0.132793

二、绝大多数林农选择单户经营

从调查的结果来看，有 359 户林农，占被调查农户的 86. 51% 的农户选择了单户经营，只有不到 15% 的农户选择联户经营①。许多林农指出，他们之所以选择单户经营，是因为这样可以自由地做出决策和生产管理，不受束缚。林农的这种观念对于林业合作经济组织的建立是一个重大的障碍。

三、林农较少施肥，而且以施化肥为主②

与农地不同，林农较少地对林地进行施肥(表 4-24)，平均每户林农每年施肥 1. 78 次，有近四分之一的农户(101 户)没有进行施肥。而且，林农多以施化肥为主，只有 3. 62% (15 户)林农仅施农家肥，有施化肥的林农 292 户，占被调查林农的 71. 02% 。林农所施的肥以化肥为

表 4-24 施肥次数特征表

指标	施肥次数
平均	1. 777777778
标准误差	0. 081852676
中位数	1
标准差	1. 665455573
方差	2. 773742265
峰度	3. 298509135
偏度	1. 433776412
区域	10
最小值	0
最大值	10
求和	736
观测数	414 *
最大(1)	10
最小(1)	0
置信度(95. 0%)	0. 160899809

① 由于多数林农都经营较多地块，此处以被调查的第一个地块来进行分析。

② 样本缺失 1 份。

主已经对林地和林产品质量带来了不利的影响，有些林地的土壤质量已经在下降，而且林产品(如竹笋等)已经不再是绿色食品。

四、林农经营林业的经验较丰富

从表4-25中可以看出，不论是从中位数还是从平均数来看，林农营林的时间都在14年左右，具有较丰富的营林经验。而且，从调查中还可以发现(图4-7)，49%的林农认为对林业经营很熟悉，44%的林农认为对林业经营熟悉，仅有7%的林农表示对林业经营不熟悉。

表4-25 营林经验(年)

指标	营林经验
平均	14.55797
标准误差	0.398572
中位数	14
标准差	8.109736
方差	65.76782
峰度	0.445704
偏度	0.523727
区域	48
最小值	0
最大值	48
求和	6027
观测数	414
置信度(95.0%)	0.783482

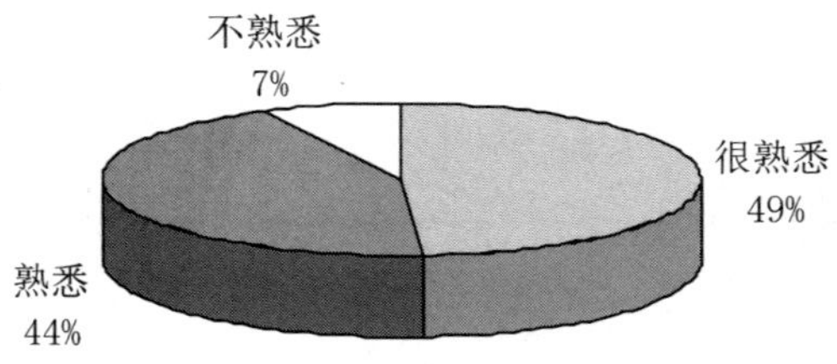

图4-7 林农对营林熟悉度比例图

五、林农解决技术难题的方式具有多样性

林农解决营林过程中遇到的技术难题的方式具有多样性，主要有以下几种(图 4-8)：45%的林农找地方科技人员，7%自己找资料，29%请教当地有经验的人，19%凭感觉。

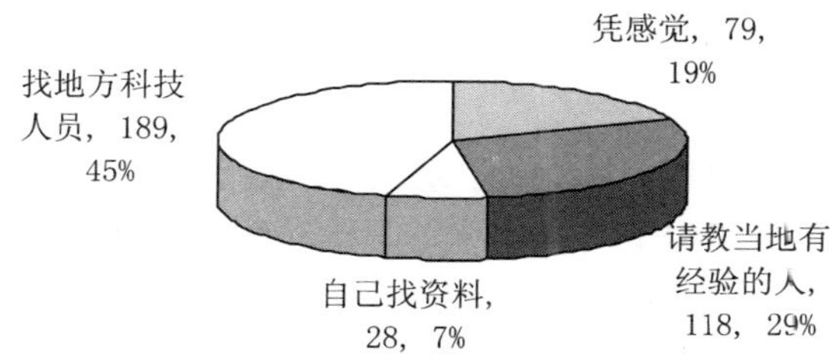

图 4-8　林农解决营林中技术难题的方式

六、经营管理中的环境意识薄弱

调查表明(图 4-9)，有施化肥的林农 292 户，占被调查林农的 71.02%。而从林农对病虫害防治措施来看，仅有 5%的林农选择生物农药，各有 2%的林农选择人工捕杀和害虫天敌防治，即共有 9%的林农选择了环保方式防治病虫害，而却有 60%选择了以化学农药作为防治措施。此外，有 197 户林农，占被调查总数的 48%，林业经营中没有考虑环境影响问题。从以上三个方面(施肥行为、病虫害的防治和环境意识)行为都可以看出，林农营林过程中的环境意识还很薄弱。

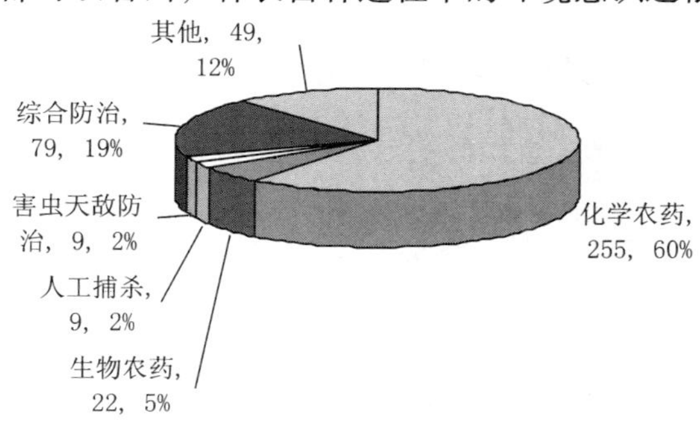

图 4-9　林业经营经验

第五章

林农资金投入行为分析

投入是产出的出发点和动力，投入行为是林农经营行为中最基本、最重要的行为。由于资金可以转化为所有的生产要素，林业资金投入成为林农经营行为的核心内容。本章的数据来源于国家自然科学基金项目“私有林的经营意愿与补贴制度研究：南方集体林区案例研究”课题组的问卷调查，在2005年7月至8月间，课题组先是对南方集体林区中的湖南、湖北、江西、广东、广西、海南6个省区的600户林农进行了问卷调查，之后又设计了内容更加详细的问卷对福建省林农经营行为和经营意愿进行更为深入的调查。在获取了第一手资料的基础上，借助SPSS统计分析软件，通过建立多元线性回归模型，对林农林业资金投入行为进行计量实证研究，以揭示这一行为的内在规律性，力求所得研究成果能够对林业政策的制定有一定的参考价值。

第一节　农户资金投入行为的理论

一、南方集体林区林业资金投入相关研究述评

资金问题长期来一直是制约着我国林业快速发展的瓶颈之一(张春霞，蔡剑辉，1999)。由于资金问题的重要性，一些学者对南方集体林区林业资金投入问题进行了研究，这些研究主要集中在以下几个方面：

(一)林业投资的总体特征

林业投入在很大程度上受到林业投入宏观政策环境的影响。我国林业政策的频繁变动对南方集体林区的林业投入产生了重大的影响。自建国以来，林业投入政策发生了多次重大的调整，经历了三个阶段(马宗亚，2005)：第一阶段(1949～1978年)的计划经济时期，林业投入的主

体是国家；第二阶段（1979～1991年）是改革过渡时期，国家减少了林业的投入、同时是市场经济主体开始参与投入；第三阶段（1992年至今）是社会主义市场经济时期，商品林主要由市场经济主体投入，国家投入的重点是生态林。

事实上，林业投入政策的演变是社会经济发展的缩影。改革开放以来，我国逐步由计划经济向社会主义市场经济体制转变，并且随着社会经济的发展，林业的生态功能重要性日益突显。因而，林业投入政策也发生了相应的两个转变：林业投入主体由国家单一主体转变为多元主体；国家对林业的投入转向以生态建设为主。

张卫民和任恒祺（1994）认为，南方集体林区林业投资的总体特征是：投资短缺，规模不大，且波动性较强；20世纪80年代后，在营林方面投资有了较大的增长；随着改革的深入，林业投资主体正向多元化方向发展。

张卫民和任恒祺准确地指出了南方集体林区各个时期林业投入的总体特征，他们是从总结分析历史统计资料入手，并从宏观层面对林业投入的总体特征展开分析。

（二）影响林业资金投入的因素

1. 林业经营体制对林业投资的影响

张卫民和任恒祺（1994）分析指出：改革开放前高度集中、统支统收的林业投资体制使得林业的投资主体是国家；随着我国经济体制改革的深化，林业投资主体有向多元化发展的趋势；但直到20世纪90年代初中期，集体林区的林业投资体制还带有明显的过渡性，对林业投资产生了诸多不利的影响。

杨金表（1994）认为，到20世纪90年代初中期，主要靠政府调动林区群众积极性来营林的林业经营体制仍然普遍存在，而且国家投入林业的预算也没有保证；林农投入林业的回报率很低甚至接近于零，因而南方集体林业投资匮乏。他还进一步指出，改革当时的林业投资体制是增强南方集体林区林业发展活力的根本措施。

刘晓光（2004）从宏观方面，深入、系统地研究了公共体制对林业投入保障的影响，并提出了不少富有创建性的具体构想。

2. 林业经营体制外因素对林业投资的影响

除了林业经营体制自身，在林业经营体制之外，还有不少因素也对南方集体林区林业资金投入产生不良的影响（张卫民，任恒祺，1994；杨金表，1994；黎明锋，2004）：木材税负担重，林业企业融资方式单一，林业资产权属不清都对集体林区林业投资产生了不利的影响；林业分配比例的不合理性严重降低了林农林业投入的主动性和积极性；由于采伐木材缺乏自主权，木材税费过重，商品林经营利润低导致林农没有积极性投入迹地更新。

（三）林业融资机制

国内学者对林业融资问题的进行了深入的研究。李周（1987）对林业投融资问题进行研究指出，林业投融资存在"三难"：林业部门吸引资金难；林业资金在周转过程中收敛于新的生产始点难；林业资金形成有效投资难。田明华（2002）认为，要进行制度创新减少商品林经营成本，提高投资回报率来吸引社会资本注入林业。吴素珊和李建明（2005）指出，应构建符合林业特点的多种融资模式，以推动林业经济与金融的协调发展。刘伟平和陈钦（2004）对福建省人工商品林筹资能力进行了研究。林舒舒（2006）分析了南方集体林区私有林经营中的抵押贷款融资机制，并指出资金短缺是私有林发展的一个重要瓶颈。李生文（2006）通过分析典型集体林区尤溪县的集体林业经营和林业投资需求状况，阐述了林业担保公司市场化运作模式存在的问题，并提出要在南方集体林区建立林业投融资信用平台。秦涛和环玉建（2004），薛艳（2006）认为，应该建立多元化的融资渠道。

（四）林农林业投资的障碍

以上对林业投入和投资问题的相关研究，基本上是从宏观层次上进行的，有少数学者从微观主体的视角对南方集体林区林业投入和投资进行深入的研究。其中，肖平和张敏新（1998）以江西和福建邵武市为例对南方集体林区集体林林农的负担问题做了深入的研究，并指出林农负担对其林业投资会产生极大的影响，是林农进行林业投资的重要障碍；林农负担涉及的问题是多方面的，要从多方努力才能有助于问题的解决：进一步改革税制，减少对林业的经济管制等。郑宇和肖平（2005）结合林业税费改革的效应，分析了南方集体林农参与林业投资的障碍：

林业税费；限额采伐制度；交易中的谈判能力；集体林转让和收益分配中的缺陷；政策性歧视。以上研究是富有意义的，当然这些研究还需要进一步的实证分析。

（五）简要述评

综上所述，许多学者和林业工作者都对南方集体林区林业（资金）投入进行了较为深入的研究，提出了许多有价值的观点。但是，他们主要是从总量和制度的角度来展开分析的，且大多侧重于宏观层面，从微观主体的角度进行分析的并不多，更没有涉及南方集体林区林业经营的最主要微观主体——林农的林业资金投入行为。

二、农户经济行为理论

（一）农户经济行为研究的经典理论

目前公认的农户经济行为经典理论有两大学说，即“自给小农学说”和“理性小农学说”。

“自给小农学说”是由俄国的“组织－生产学派”于19世纪末20世纪初提出的，俄国农业经济学家恰亚诺夫（A. V. Chayanov）是该学派的杰出代表，他创立了以小农经济模型为核心的农业经济微观理论。该理论指出：家庭农场的运行机制是以劳动的供给与消费的满足为决定因素的，它显然不同于资本主义农场；小农不是“农业工厂”，资本主义经济单元的经济核算基本公式（总收入－原材料－工资＝纯利润）不适用于家庭农场，因此不能用资本主义经济学来分析小农经济；由于劳动辛苦程度受制于主观评价，家庭农场并不会像资本主义经济单元那样以追求利润最大化为目标，不会在成本与收益之间进行权衡，而是基于有利原则追求一种独特的均衡：取决于消费需求满足和劳动辛苦程度之间比较的均衡（A·恰亚诺夫，1925、1996）。简言之，恰亚诺夫认为，农户（家庭农场）并不追求利润最大化，具有非理性。

“理性小农学说”是由诺贝尔经济学奖得主、美国经济学家舒尔茨（Theodore William Schultz）为主要代表的“理性小农学派”提出的。舒尔茨于1964年出版的《改造传统农业》一书，是专门研究发展中国家农业问题的具有里程碑意义的农经著作。在这以前，多数西方学者认为农业是夕阳产业，因此没有必要对农业经济和农户行为进行研究，这方面的研究实际上已经被边缘化了。舒尔茨的著作唤起了人们对这方面研究的重新关注。舒尔茨指出，由于农民像“企业，商人”，无论在购买或在生产时都非常注意不同行为的价值比较，并在比较之后才进行行动，农民对价格和价值的反应是敏感的，因此，农民是理性的。他还进一步指出传统农业的停滞、落后不是农民缺乏企业家的理性，而在于传统农业中对原有生产要素增加投资的收益率低，对储蓄和投资缺乏足够的经济刺激。舒尔茨的“理性小农学说”认为：完全理性的小农也会最大限度地利用有利可图的生产机会和资源，所以可以也必须用分析资本主义企业的经济学原理来解释和分析农户的经济行为。

此外，以黄宗智为代表的历史学派对农户经济行为的分析也较被许多学者所重视。其主要观点是：农户在边际报酬极低时会继续投入劳动，这可能是因为农户没有边际报酬的概念；或者是因为农户家庭受耕地规模制约，相对而言家庭劳动剩余过多，又缺乏其他很好的就业机会，劳动的机会成本接近零（宋圭武，2002）。

从表面上看，经典农户经济行为理论提出的不同学说，对农户行为是否“理性”存在争议，但实际上这些理论都认为农户是“理性人”。以上学派分析所得出的农户行为的差异性并不是因为农户在理性上的不同，而是源于被考察的农户处于不同的历史和社会背景，从而分别处在某种特殊的均衡状态。有些学者认为农户行为是非理性的，是因为他们没有充分考虑到农户所受外部环境约束的特殊性。事实上，现代主流经济学一般也认为人的行为是理性的，所以本文分析南方集体林区林农林业资金投入行为以新古典经济学的“理性经济人”假定作为理论基础。

（二）农户模型——农户经济行为的模型化研究

1. 农户模型的产生

对农户经济行为进行模型化分析的尝试，最早是由俄国经济学家恰亚诺夫于20世纪20年代建立的小农模型（张林秀，1996）。恰亚诺夫做了四个基本假定，即：假定不存在劳动力市场、农民能够自由获得土地、农产品既可以出售又可以自己消费、农民有最低的消费水平保障，建立小农经济行为模型来分析农民（家庭农场）如何将家庭时间在工作和闲暇之间进行合理分配的行为。

恰亚诺夫敏锐地看出了农户集生产者和消费者于一身，其生产、消费和劳动力资源的供给和配置行为是相互作用、相互制约的。对于这样特殊的微观主体很难用传统经济学中的生产者理论和消费者理论来解释，据此，恰亚诺夫的模型中的农户是具有生产者和消费者双重角色的，这是发展中的农户模型的理论基石。恰亚诺夫的小农模型是现行农户模型的雏形。

2. 农户模型的演变和发展

从不同的角度来看，农户模型的演变和发展具有不同的轨迹。可以从三个视角来概括农户模型的发展历程：

（1）基于农户内部成员效用函数的一致性视角。农户内部成员效用函数的一致性，是指农户内部所有家庭成员具有相同的偏好和收入。为了分析方便，大多数农户模型尤其是早期的农户模型，假定农户内部成员效用函数是一致的，简单地将由多人组成的农户作为一个单个的决策整体来处理。然而在现实世界里，家庭成员之间不发生冲突的情形很少见的，所以有些研究开始转向对农户模型这一基本假定进行放松来增强农户模型的解释能力。从农户内部成员效用函数的一致性视角来看，农户模型的发展可以分为两个阶段（都阳，2001；陈和午，2004）：第一阶段是，农户内部成员具有一致性效用函数的单一模型阶段（Gary Becker，1965；Barnum & Squire，1979；Singh，Squire & Strauss，1986）；第二阶段是，农户内部家庭成员具有各自不同的效用函数的集体模型发展阶段（Marrlyn Manser & Murray Browm，1980；Marjorie B. McElroy & Mary J. Horney，1981；Lundberg & Pollak，1994）。

（2）基于农户决策的可分性视角。农户模型中农户决策的可分性（separability），是指集生产者和消费者于一体的农户在做出生产决策和消费决策时可以分开来进行，而不是同时进行。Gary Becker（1965）创建的新农户经济学模型，将农户作为生产者和消费者的结合体；他通过数学方法分析认为，农户实际上可以把生产决策和消费决策分开来进行，即先配置生产要素达到生产最优，然后在收入极大化的基础上再决定最优消费（陈和午，2004）。Barnum & Squire（1979）在恰亚诺夫模型基础上放松了不存在劳动市场的假设所建立的农户模型也认为，农户的生产决策和消费决策就是可分的。农户决策行为的可分性问题长期来一直是农户经济学争论的焦点（曹轶瑛，2001）。他们的分歧主要是在市场完全与否上，只要市场是完全的，则农户生产和消费决策就是可分的。

(3)基于农户模型运用领域扩展的视角。模型是适应现实的需要而产生和发展的，所以从农户模型应用领域扩展程度来回顾农户模型的发展历程既符合逻辑又具有现实意义。从总体上来说，农户模型的运用领域有不断扩展的趋势，并在运用中得到了发展。J. Edward Taylor & Irma Adelman(2003)指出，农户模型最初是用来解释这样一种违背常理的经验发现——一种主要农产品价格的上升并没有带来日本农业部门市场剩余的显著增加(Yoshimi Kuroda & Pan Yotopoulos，1978)。估计的农户模型可以用于分析许多关于农业发展的政策问题，早期多运用于农业价格政策方面；然而，不管早期对价格政策的研究多么重要，农户模型已经被运用到各种各样的领域之中(J. Edward Taylor & Irma Adelman，2003)：非农劳动力供给、技术政策、营养政策、下游产业增长、人口流动、收入分配、储蓄和家庭计划等众多领域(Kuroda & Yotopoulos，1978；Lawrence J. Lau，1978；Choon Yong Ahn、Inderjit J. Singh & Lyn Squire，1981；Peter Hazell & Alisa Roell，1983；Kamphol Adulavidhaya，1984；Jphn Strauss，1984；Singh、Squire & Strauss，1986)。农户模型在运用中有由微观向中观和宏观领域扩展的趋势，还有些学者在运用中把农户模型由静态分析转向动态分析（Iqbal，1986）。

在我国，也有一些学者结合中国的实际国情对农户模型进行了开创性的应用(杨慕义，1994；Albert Park 和任常青，1995；张林秀，1996；张广胜，1999；都阳，1999、2001；曹轶瑛，2001；熊吉峰，2005；贾相平，2005；刘俊华，2005；蔡基宏，2005 等)。农户模型在中国已得到初步的运用。在具体的运用分析中，有些学者还拓展了更符合中国实际的农户模型。

(三)两种极端市场下的简单农户模型

农户模型可以视为国际贸易中的小国模型(J. Edward Taylor & Irma Adelman，2003)。可以用图 5-1、图 5-2 来分别描绘不存在市场和存在完善市场条件下最简单的农户模型①。假定只有两种产品(粮食和闲

① 两个图均来源于 J. Edward Taylor & Irma Adelman 的研究。

暇)、两种要素(劳动和资本)，且资本是不变的($\bar{K}$)，农户的效用函数稳定。用 $Q_f=Q_f(L_f,\ \bar{K})$、C_f、C_f、$\bar{T}$、w、p_f、PPF、MRT 和 MRS 分别表示生产函数、消费的粮食、消费的闲暇、总时间、家庭时间(household time)、粮食的“相对影子价格”(图 5-1 中)或市场价格(图 5-2 中)、生产可能性曲线、闲暇转化为粮食的边际转化率和闲暇替代粮食的边际

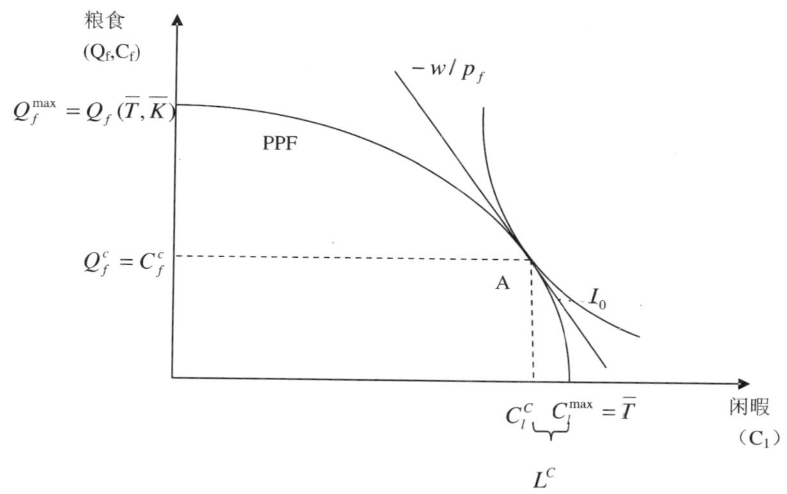

图 5-1　市场缺失下的农业家庭

替代率，I 表示无差异曲线和相对应的效用水平，上标 c 表示不存在市场，于是均衡的条件为 MRT = MRS = $-w/p_f$。图 5-1 描述了不存在市场的极端情况下的农户模型的基本思想。农户在 A 点达到了均衡，生产和消费的粮食相等($Q_f^c=C_f^c$)，消费的闲暇为 C_f^c，此时效用水平为 I_0。在没有市场的情况下，农户所能达到的最大效用为 I_0，若要提高农户的福利水平，只能完善市场。图 5-2 则描述了存在完全市场的另一种极端情形。若起初粮食的市场价格为 p_f，则农户达到均衡时，产出反映在 B 点上，消费量反映在 C 点上，此时产出与消费并不相等，这一点显然不同于没有市场下的均衡状态；此时达到的效用水平为 I_1，这水平高于市场不存在时所对应的效用水平 I_0；若粮食价格上升(如政府实施对粮食生产提供补贴的政策，实际上提高了粮食的价格)，如价格上升至 p'_f，于是新的均衡实现时，效用将由原来的 I_1 提高到 I_2，政策效果是

明显的。当然，这两种极端的市场在现代社会是很少真实存在的，在现实中农户一般都处在混合型市场中；所以，可提高农户产品价格的政策能起作用，但政策效果没有新古典市场下明显。

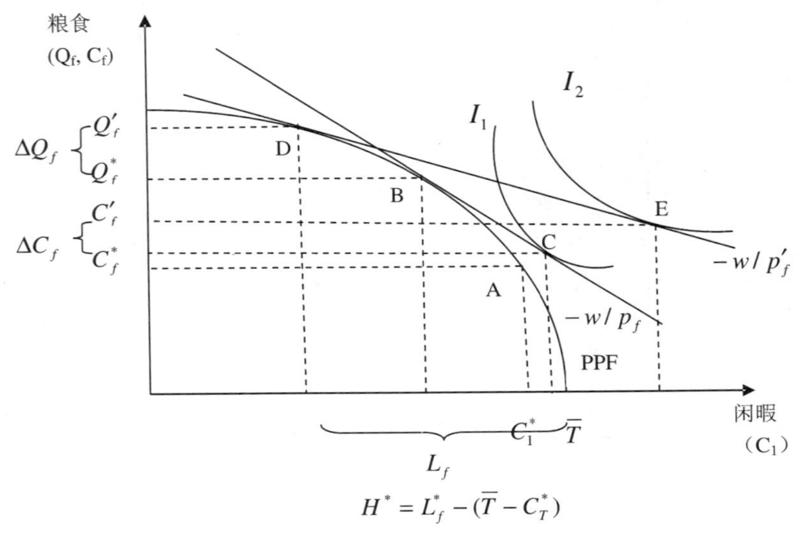

图 5-2 粮食价格上升对产出和消费的影响

可见，现实中的农户是集生产者和消费者于一体的，所以用传统经济理论解释农户行为时存在明显的偏差。而农户模型考虑到了做经济决策的农户既是一个生产者又是一个消费者的特殊角色，故将农户的生产行为、消费行为和劳动力供给行为之间的联系纳入模型之中，增强了模型的解释能力。农户模型虽然为分析农户的行为提供了一个有用的分析工具。但是其局限性也是明显的：农户模型分析中经常用农户的效用或预期效用作为切入点来进行实证分析，而效用是一个很抽象的概念，往往难以准确地衡量；绝大多数农户模型是用来分析政策效果的，这种分析一般都忽视了政策产生的作用不是平均地分散到每个农户身上的这一重要现实。

三、国内外对农户生产性投资行为的研究

（一）农户投资不足及其原因

Theodore William Schultz（1964）较早地对发展中国家农户投资不足的原因进行了深入的研究，他发现：传统农业中对原生产要素增加投资的收益率极其低下，对储蓄和投资缺乏足够的经济刺激，从而农户不愿意增加投资。Bela Mukhoti（1966）也较早对农户投资不足现象进行研究，通过对农业生产率和农地规模之间相互关系的研究，他指出：农业（种植业）经济的本性为较大的农场主提供了较多比农业投资更有回报率的投资机会，大户可能对农业投资相对减少，其中贸易的存在导致或者扩大了人为的农业投资稀缺；大户在贸易等方面处于垄断地位从而可获垄断利益，这是导致农户投资不足的重要原因。但 Gill（1968）通过分析 Bela Mukhoti 各种假定的不合理性，对此问题持完全相反的观点。

国内在这方面的研究比较有代表性的是以下几位学者：陈立双和张谛（2004）认为，农户的农业投资状况总体在恶化，原因是农业收入增长速度降低、农民生活消费支出增加、农业生产资料价格上涨、农田水利等基础设施条件差及农业比较利益低下等因素导致农民对农业的投资预期降低，抑制了其对农业的投资冲动和投资行为。此外，有不少学者对此也提出不少有益的观点（李仁方，1997；吴绍田，1998；张晨晖和罗建朝，1998；许经勇，1999；顾焕间和张超超，2000；黄明东，2000）。农户投资不足的原因主要有：生活消费发生了挤占效应；农业投资环境的恶化；金融支持不足；制度因素和文化因素；经营规模过小；政府对农民重视不足；农村基础设施薄弱等。

（二）农户投资行为的主要影响因素

Steigum（1983）认为，关于农户生产性投资行为的研究，从是否强调金融变量产生的作用方面，大体可以分为两大学派（豆志杰，2006）：一是调整成本理论学派，其基本观点是假定农户投资资金的可得性是不受限制的，最优的长期资本存量应是投入品价格、产出品价格和技术进步诸变量的函数，且认为可以用调整成本来解释单个企业的投资率；与调整成本理论学派相对应的另一学派，则比较强调金融变量在投资过程中所起的作用。Steigum 的概括是精辟的，但他归类的视角是农户是否

存在融资限制。这种概括可能会忽略许多有代表性的研究。笔者认为，以下的研究也是具有一定代表性的。Lewis 等(1988)在研究澳大利亚农业时发现，资本的使用成本是影响投资的重要因素，但收入却不是一个重要的解释变量(贾丁，2004)。20 世纪 90 年代后，国外关于农户投资行为的实证计量经济研究明显增多。Thomas，et al (1994)从资本市场的视角去研究非洲农户非农收入和农业投资之间的关系，结果表明：非农活动的增加有时会使农户的农业投资减少；但非农收入有时也被用于农户投资。Jacoby(1995)等，他们发现：增强土地产权的稳定性有助于农户增加土地投资和土壤改良(张广胜，1999)。Bruce(1995)研究了商业周期对农地投资的影响，指出：1961 ~ 1990 年间的农地投资回报率显著地受到商业周期资本市场风险状况和贴现率的影响。英国农业经济学家 Martio (1996)指出，投资是有风险的，所以投资回报率大于时间偏好率时，农民才愿意投资；农民进行投资面临的风险主要来自环境的不确定性、市场的不确定性和信息不灵三个方面。Gruyter(1996)通过对 1949 ~ 1991 年荷兰农业投资数据研究发现(贾丁，2004)：存在金融状况的约束下，在荷兰影响农业投资的显著因素有资产资本比、贴现率、投入品价格、产出品价格；而储蓄并不会显著地影响农业投资。

国内在这方面研究较有代表性的是林毅夫教授所做的实证分析，他指出(2005)：研究中国农业经济的学者认为，抑制农业投资的潜在因素是农场规模、承包土地使用权的稳定性和金融的不充分性。他以三省四县 800 农户的调查资料对以上观点进行了验证，结果发现，每户的生产性投资和土地规模成正比，但资本土地的比例并未随着土地的规模而增加；在流动性投入严重不足时，信贷也不是制约农场投资的因素；1989 年以前土地使用权的低安全感并没有对投资产生严重的不利影响，然而随着 15 年承包期的逐渐到来，这个问题可能逐渐变得重要起来。除了林毅夫的研究外，郭敏和屈艳芳(2002)的实证研究也是比较具有代表性的，其研究结论大致如下：①农户收入与农户投资存在着极强的正相关关系；②农地收益水平对单位耕地农户投资有较强的正向影响；③在当前农村实际情况下，农地规模对农户投资的影响呈现负相关关系；④农户的农业贷款资金和农户投入存在着很强的正相关关系；⑤农户土地使用权的稳定性对农户投资起着实质性影响。还有一些学者也有相关的研究：刘承芳(2001)指出，农户生产性投资行为受到信贷可得性、家庭其他方面投资与消费行为、非农就业比、土地规模、国家政策、拥有资产的形式等因素的影响；辛翔飞和秦富(2005)对农户投资行为的主要影响因素包括纯收入、工资性收入、税费支出、家庭经营非农产业支出等及其影响程度进行实证分析，并通过研究农户投资与各个影响因素之间的关系，并提出了提高农户投资水平的对策；张健(2005)分析认为，土地产权强度是影响农户农业投资行为的一个重要因素。贾丁(2004)认为，农户农业生产性投资行为受到多种因素的影响：基本家庭情况、拥有的资源状况、市场条件以外部经济环境。

(三)农户投资与经济增长之间的关系

Michael D. 和 T. Kelley(1969)构建了一个同时引入投资和生产决定的农场成长的模型，并对印第安纳中部地区进行实证分析，发现在农场成长过程中投资与产出之间相互作用；且在现有条件下最优的农场成长并不是规模上有效的。Sadan(1970)分析了风险状态下农业经营中的投资行为。他首先描绘和界定出了风险状态下作为投资决策者的农业生产单元所面对的"效率边界"(efficiency frontiers)，这个边界的大小取决于预期的现值和未来净利润和变化；其次，他还给出了简化的跨时期边界代数方程式(模型)，在该式中农业产出水平由单一的投入自变量和随机干扰项所决定的，并且其函数形式是柯布－道格拉斯生产函数；并以此方程对风险状态下农场经济中的投资行为进行了实证研究，同时也考察了不同的生产和消费政策对"效率边界"的影响。最后，他还指出经过适当的调整后的模型可以用来模拟其他政策所产生的影响。

国内也有些学者对农户投资与经济增长关系进行了深入的研究。史清华(1999)研究表明：要素投入数量的增长和质量的提高都会促进农户经济收入的增长。张改清(2005)对农户投资量、投资结构、投资效率的变动规律及与农户经济增长的关系从理论和实证上都做了较细致的分析和研究，得出了不少颇有见地的结论。

(四)农户投资行为的特征

随着家庭联产承包责任制的确立，农户成为独立的经营主体，其经营状况直接影响着农村经济的发展，所以国内有些学者开始关注农户的生产性投资行为。20 世纪 80 年代中后期，农户投资积极性呈现下降趋势，由此引发许多学者对农户经济行为及(生产性)投资行为的极大关注和深入研究。他们在研究中发现了农户投资行为的诸多特征。胡继连(1992)从农户投资的动机和需求出发以行为科学理论、激励理论为指导思想研究农户投资行为，他认为：农户投资行为具有短期化、货币化、双向兼业等特征。马鸿运(1993)研究发现，农户生产性投资的规律是：农户投资行为具有创新、模仿和保守性并存的特点。孔祥智(1998)分析指出，农户投资行为的特点在于其目标的多重性，这事实上是体制转换的产物。这些分析是从农户的动机、目标、结构及制度环境等方面来展开的，具有理论意义和实践价值，但这些研究大多是对农户的投资行为进行定性分析，而定量实证分析较少。张改清(2005)认为，农户投资呈现规模小、力度不足、分布不均的特征，并进行了不少定量研究。

四、相关研究成果的启示

前人的学术成果，为本研究提供了如下启示：

(1)林农应该是理性的，本文以此为基本假定，所以在分析林农资金投入时注重对成本、收益和资源约束的分析。

(2)从农户模型理论中可知，林农的资金投入量可能会受到消费量的影响，因此，在分析林农资金投入水平时，也应把其消费水平作为影响因素来考察。

(3)农户家庭的非农、非林收入、林农的自身特征、林业经济的特性、林地产权状况以及林地特征也是影响林农林业资金投入的潜在因素。

(4)林农的林业资金投入行为还可能与南方集体林区的林业制度及文化制度等因素密切相关。但是，林农的林业资金投入行为是否真正是理性的，是不是显著地受消费量、土地的规模等因素的影响及影响的方向性如何，还必须通过实证分析来验证。

(5)由于不同国家、不同时期的农户在社会和经济中的作用和地位存在差异，农户的内涵也就有所不同。因此，不少学者从各个角度对农户下了各不同的定义(A·恰亚诺夫，1925；尤小文，1996；宁圭武，1999；史清华和黄祖辉，2001；卜范达和韩喜平，2003)，分歧也较多。

其中，恰亚诺夫所下的定义是比较被认同的：农户（农民家庭）是不完全等同于作为其基础的生物学概念，它还应包括许多使事情变得复杂的经济和日常生活因素（A·恰亚诺夫，1996）。黄祖辉等（2005）认为，“农户就是指生活于农村的，主要依靠家庭劳动力从事农业生产的，并且家庭拥有剩余控制权的、经济生活和家庭关系紧密结合的多功能的基本的社会经济组织单位。”黄祖辉等学者对农户下的定义从区划上、职业上和身份上概括出了农户的本质所在，从总体上来说较好地描述了我国最基本的农村社会经济组织。

农户的定义基本上也适用于南方集体林区的林农，但也有不同之处。这里所指的林农，并不要求其家庭收入主要来源于林业。

（6）众多学者对农户经济行为的研究，得出了不一致甚至是完全相反的结论，正如前文已经提到的，这种分歧往往与他们所处的外部环境的差异等因素有关。因此，在研究农户行为时不能简单照搬相关研究的个别观点和结论。本文对南方集体林区林农林业资金投入行为所进行的分析，是将林农所处的特定环境和林业经营本身的规律及特点结合起来进行考察的。

第二节　林农资金投入行为的理论分析

林农林业资金投入行为，是林农投入资金进行林业生产的行为。林农的林业投入，主要是资金、自有劳动力的投入，这也是林农在经营过程中可支配的生产要素。而资金投入行为则是林农经营行为的核心内容。因为，林业资金投入可以转化为所有生产要素，包括劳动力、设备等，可以购买林地使用权、先进技术和各种管理手段，所以林业资金的投入影响着林业经济的各个方面。

一、林农林业资金投入行为的影响因素

林业的特点导致了林农行为的特殊性，影响林农林业资金投入行为的因素也就比较复杂。因为林产品主要用于销售，和自给率较高的一般农产品（如粮食、家禽等）不同，林产品林业生产的商品化程度比较高，因此林农林业资金投入行为也就不同于农业，不是恰亚诺夫式的自给自

足的农户经营行为，而是以获取经济收入为经营目的，作为“理性人”的林农，在进行林业资金投入时，必然会在成本和收益(预期收益)之间进行权衡，以追求收入最大化。所以，影响其经营行为的主要是成本因素和收益因素。此外，林农的林业资金投入行为还会受到所处的外部环境及自身素质等一些条件的约束，这些可概括为约束因素。因此，影响林农林业资金投入行为的因素可以归纳为成本、收益和约束因素等三大类。依据有关投资理论、已有文献，并结合实际情况，又可以把三个方面的因素具体化为林种、林地条件、林业管理制度、林农家庭特征、市场状况等因素进行分析。

(一)林　种

按照《中华人民共和国森林法》(1998)第四条的规定，森林分为五类：防护林和特种用途林、用材林、经济林、竹林、薪炭林。

对于林农来说，经营不同的林种会产生不同的成本和收益。一方面，不同的林种会导致林农投入的意愿、投入资金的时期和方式、投入的资金与劳动的比例等多方面的不同，从而导致林农经营成本产生差异；另一方面，经营林种的差异还会明显地影响林农林业收入的总量、收回成本的周期、获得收入的时期和方式等与林业总收益直接相关的许多方面，从而引起经营收益的差异。

1. 防护林和特种用途林

从林农经营行为和目标的角度来看，两种林种有相似的地方，其主要功能在于产生生态效益和社会效益，而不是以追求经营者经济效益最大化为主要目的，故将二者归在一起。南方集体林区的生态公益林经营的基本特征是：除了对护岸林、护路林、护田林等直接关系到当地国民生计的林地进行部分人工造林外，其余的生态公益林基本上都采用封山育林的自然生长方法。这一特征决定了南方集体林区生态公益林的资金投入是较少的。

在现有体制下，由于生态补偿机制尚不健全，所以林农在生态公益林上的投入基本上是一种无偿或少偿的，林农只能获得部分生态补偿或少量的非木材林产品，所以理性的林农对已经被明确划入生态公益林的森林经营意愿很低，往往只会投入少许的劳动而几乎不投入资金，这是对现有体制的必然反应。

2. 用材林

用材林是商品林的最重要组成部分，一般包括竹林在内。但从经营的角度看，林农在竹林上进行投入和取得收益的方式、周期等方面都迥异于一般的用材林。所以为了研究的需要，本文将竹林独立作为一种林种来分析。

用材林经营的基本特点是长期的多次投入，而收益集中在后期；早期投入多，而中后期投入渐少。这样的基本特点使林农的经营要承担比较大的货币时间成本和相应的经营风险。因此，一方面会降低林农经营用材林的意愿，从而减少资金的投入；另一方面，由于自然力的作用，即使不投入资金，林木也能生长，林农也能从中获得收入，这也会影响林农的资金投入选择。在资金有限的条件下，如果经营的面积相同，则林农在用材林上的资金投入会相对少于经济林和竹林。

3. 经济林

与用材林相比，经济林经营的基本特征是：具有不可间断性的持续投入，不连续的投入和管理将导致经济林质量的严重衰退；收益的周期短，当期的投入是当期得到收入的条件。

4. 竹　林

中国的竹类资源面积及产量都位居世界第一，在南方集体林区，竹林主要是毛竹林及中小径竹林。竹子生长周期短，用途广泛，加上竹笋的保健功效，因此既具有用材林的某些重要特征，又具有经济林的某些重要特征。竹林经营的投入产出规律是：竹林具有当期多投入则有多产出；投入发生间断对竹林不易产生重大破坏；竹林即使不投入资金也往往能获得不少收入。竹林的双重性决定了林农在其经营过程中资金投入上的特点是：林业资金投入一般具有长期性、可间断性。

5. 薪炭林

从营林生产的角度来看，薪炭林具有以下特点：其一，在每年的全国造林面积中薪炭林所占的比重一般都小于1%，而这一比重较高的2002年也只达到0.86%，小到可以忽略不计的地步。其二，在广大的南方集体林区，薪炭林对林农来说只是作为燃料来源来经营的，对其家庭经济收入不会造成太大的影响，所以，多数林农只投入少量的劳动力，而几乎不投入资金。

综上所述，经营的林种不同会对林农资金投入行为产生重要的影响。而且，从经营林种的差异来看，林农的经营行为具有以下特点：①用材林经营具有早期资金投入多和投入可间断的非持续性特点；②经济林经营要求资金投入具有长期性、持续性和稳定性的特点；③林农竹林资金投入具有长期性和间断性；④现有体制下，防护林和特种用途林的低收益性特点；⑤林农基本上不对薪炭林投入资金。

（二）林地条件

林地条件包括林地本身及其所处的外部社会环境的总体状况。林地是林业生产最基本的生产资料，林地条件的优劣在很大程度上直接决定着林地的生产力水平，从而对林业的经营成本和收益产生重大的影响，因而成为影响林农林业资金投入行为的重要因素。林地条件是林地的多方面特征综合作用的结果，大致包括自然条件、经济条件和产权条件三大组成部分：

(1)自然条件：林地自然条件会影响林农林业资金的投入：一方面林地自然条件优越，林农愿意投入更多资金以求高回报；另一方面林农也会因林地自然条件的优越性而减少投入甚至不投入，尤其是林农缺乏资金和劳动力时这种情况更加突出。因而，林地自然条件对林农林业资金投入的影响方向取决于两方面影响绝对值的大小比较。

(2)经济条件：林地的经济条件是指与林地所处地理位置相关的影响林地经营成本的因子，也被称为地利条件。林地条件的经济条件可以用地利级来表示，地利级主要是按照相对高度和离公路(林道或集材道)平均距离的差异来划分的，而且相对高度越低或者离公路(林道或集材道)平均距离越近，所得评分越高即地利级越高(滕起和等，1999)。就南方集体林区的具体情况来看，林农经营的林地较为分散；因此，反映林地的分散性的地块数也会直接影响林地的经济条件，且林地分散性越强，其经济条件越差。

(3)产权条件：林地产权条件是指与社会经济生产关系密切相关的林权状况等影响林地价值的因子的总和。产权不仅包括法律明确规定的对资源的所有权，还包括一系列来自于习俗和惯例的相关权利(Anna Knox & Ruth Meinzen - Dick，2000)，产权条件对林地的价值会产生重要的影响，并且对资产经营产生激励(理查德·A·波斯纳，1977)。而自然资源(土地)的产权条件或者产权状况一般体现排他性(Excludability)、持续性(Duration)、保障性(Assurance)、产权强度(Robustness)四个要素(elements)上(Anna Knox & Ruth Meinzen - Dick, 2000);对于明晰、有保障的产权(Clearly defined & secure property rights)来说这四个要素是缺一不可的(Place et al., 1994)。排他性,指赋予某些人以排除他人使用某种特定资源的权利,它反映了对产权占有、使用的独占性;持续性,也称持续时间或期间,提供充足时间以获取投资的利益,反映了产权的时间跨度(the temporal extent);保障性,个人权利来自制度的保障,它反映了实施被赋予的产权的能力;产权强度,个人拥有的权利束的数量和程度,它反映了持有产权的范围和深度。

一些实证分析表明了(张健,2005),土地产权强度是影响农户农业投资行为的一个重要因素。我国林地产权(管理权、排斥权、转让权)的不完整性和不稳定性,降低了农民参与森林经营的意愿(刘金龙等,2000),从而会使林农投入营造林的资金减少。而事实上,产权四要素的任何一个都对林地产权条件产生重大影响,从而影响林农林业资金投入行为。

林地的排他性是影响林农投资意愿的最主要因素。如果林地缺乏排他性,林农不能排他地占有、使用林地,理性人是不愿意投入资金进行经营的。同时,林地产权的保障性和产权强度对林农林业资金投入也有很大的影响。因为,林地产权的保障性差或产权强度较弱,限制了林农的合法收益,就会降低林地价值,阻碍林农的资金投入。一般来说,林地产权条件越差,林农资金投入的回报率越低、风险性越高,所以林农的资金投入会相应地减少,甚至降到零。

(三)林地规模

林地规模,是指林农经营的林地面积。理论上,一般都认为土地面积(含农、林地)越大,即经营的土地规模越大,农户越趋向于增加农业投资(辛翔飞和秦富,2005)。所以林农资金投入水平与林地总面积应该是成正比的。然而在南方集体林区,许多林农同时经营多种林种,因此存在有限的资金在各种林种中的分配问题,所以林农对某种具体林种的资金投入水平与该林种的面积呈正相关关系,而与其所经营的其他林种的面积总数呈负相关关系。

(四)林业管理制度

(1)采伐限额制度：采伐限额制度的基本内容是由《中华人民共和国森林法》第八条的内容，这一制度虽然带有计划经济色彩，但它对生态环境保护起到了积极的作用。但随着市场经济的发展和林业分类经营的实施，商品林的限额采伐制约了林农的经营主动性、决策权(林木处分权)和收益权。一方面，采伐限额制度使林木资产变现能力变弱。另一方面，森林的采伐限额管理使林农难以按照最佳的经济轮伐期进行经营生产，增加了营林的风险，降低了营林的效益(姚顺波，2005)，从而降低了林农营林的意愿，降低了林农投入林业资金的主动性和积极性。

(2)“两金一费”制度：“两金一费”(育林基金、更改基金、林业保护建设费)是国家为了保证采伐迹地及时更新、为了林业的再生产而设立的专项基金，是目前林业生产的主要资金来源之一。从性质上来看，“两金一费”是对林业生产经营者征收的一种税费，这实际上就减少营林者的经济成果(张春霞和蔡剑辉，1999)，从而会降低林农林业投资的积极性、减少林业资金的投入量。同时由于现实中存在操作成本和技术可行性等原因，取自林农的“两金”却几乎无法真正回到林农的手中，也减少了林农愿意用于且可以用于林业投入的资金(郑宇和肖平，2005)，最终导致了林农林业资金投入水平的下降。

此外，林价制度、林业基金制度、林地流转制度、林业投融资等相关的林业制度也会对林农的林业资金投入行为产生影响。

(五)林农家庭特征

林农的家庭特征，是指林农的家庭成员结构、收入状况、户主特征等与家庭直接相关特征的集合。

(1)家庭成员结构：家庭成员结构主要是指林农家庭人口数、上学人数、劳动力数量。林农消费水平会随着家庭人口数的增加而提高，从而可用于林业投入的资金量越少，林农的林业资金投入水平也越低。上学人数的增加一般会增加林农的支出，从而一定程度上减少可支配的资金，约束林农的林业资金投入。

林农家庭劳动力数量越多，一方面会增加家庭的总收入，增加林农投入林业的资金，引起林农对林业资金投入的增加；另一方面较多的劳动力意味着林农拥有较多的劳动这一生产要素，相对于资金来说，劳动投入的成本相对较低，于是林农在林业经营过程中会用自己的劳动投入去代替资金投入，可以减少林业资金的投入。由于劳动力数量的变化对林农林业资金投入水平同时存在以上两个方面，所以劳动力数量对林农林业资金投入水平的影响方向取决于这两个相反作用力之间的对比。

(2)家庭总收入：在南方集体林区，林农的家庭总收入主要来源于农业收入、务工收入、林业收入及其他收入。家庭总收入是林农进行林业资金投入的最基本资源约束，林农家庭收入的上升会增加林农用于林业投入的资金从而增加林业投入。但也应该看到，非林收入增多会降低林农家庭对林业的依赖性，从而会减少林业资金投入。

(3)户主特征：对于大多数农户来说，家庭生活和生产的各个方面决策主要都是由户主做出的。所以，户主年龄、户主受教育程度、户主是否党员、户主是否村干部等户主的特征对农户行为的密切相关。如户主的年龄过小或过大，对林业资金的投入可能会较少；而户主受教育程度较高，户主往往会有较强的判断能力和决策能力，林农在林业经营收入多、风险小时可能会增加其林业资金投入；户主是党员或村干部，一方面可以获得更多的信息，另一方面也较容易调动相关的资源，往往有较多的机会获得林业经营权和得到贷款，从而可能会增加对林业资金的投入。

(六)市场状况

林业市场是复杂的。一方面，由于林产品千差万别，在实证分析中，结合数据的可得性，将这一因素的影响纳入到林业收入指标中；另一方面，林地流转市场则更为复杂。目前，全国性的林地流转市场还没有建立起来，即使是已经进行这方面探索的福建省永安市和湖北省，其林地市场也还很不完善。而林地的市场流转状况，对林农资金投入量的影响主要表现在：流转可以促进林地流向经营意愿和经营效率较高的林农手中，从而有利于促进林农资金投入量的增加。

需要特别说明的是，以上这些因素对林农林业资金投入的影响绝不是孤立的，而是相互交织在一起的。而且，林农经营行为极其复杂，可能还有不少因素(如林农对未来的预期、当地的气候条件、当地的历史与习俗等)也会对林农资金投入对影响产生重要影响，故本文是基于现有文献对可能影响林农林业资金投入的因素进行的归纳与分析。

二、构建分析模型

(一)变量的选取

1. 变量的选取及释义

林农是否改变林业资金投入，取决于在内外部因素的约束条件下投入行为改变的成本和收益之间的比较。

在对相关已有文献的回顾和对林农林业资金投入行为的理论分析的基础上，结合实际数据的可得性和研究目标，本文以林农经营某一个林种上的林业资金投入量作为因变量(dependent variable)或者被解释变量(explained variable)，而选取自变量(independent variable)或者解释变量(explanatory variable)，见表5-1。

表5-1 变量名称、释义及计量单位一览表

变量名称(标识)	变量的释义和单位
y (fundsi)	林农在某一林种上的林业资金入量(元)
x_1(headage)	户主年龄(岁)
x_2(headeduc)	户主受教育程度(年)
x_3(numeduc)	上学人数(人)
x_4(numlabf)	劳动力数量(人)
x_5(member)	户主是否党员：1=是，0=否
x_6(cadre)	户主是否村干部：1=是，0=否
x_7(cutlim)	是否受过采伐限额的影响：1=是，0=否
x_8(dissen)	是否发生过林权纠纷：1=是，0=否
x_9(numcat)	经营林种数(种)
x_{10}(numland)	所经营该林种的地块数(块)
x_{11}(area)	所经营该林种林地的面积(亩)
x_{12}(meandis)	所经营该林种各林地距离公路平均距离(km)
x_{13}(grown)	所经营该林种有无未成熟林：1=有，0=无
x_{14}(labi)	在所经营的该林种上年自投工数(天)
x_{15}(finc)	经营该林种所得年林业收入(元)
x_{16}(oarea)	经营的其他林种林地面积(亩)
x_{17}(nonfinc)	林业外家庭收入(元)

(1)户主年龄：户主年龄高可能具有较丰富的林业经营经验，更愿意经营林业，增加资金投入；但同时也可能因更害怕风险而减少林投

入。

(2)户主受教育程度：户主受教育多，可能对市场等外部环境的判断更准确；如果环境不佳则减少投入，反之亦然。

(3)上学人数：上学人数多意味着消费支出和教育支出挤占了林业资金的投入。

(4)劳动力数量：劳动力数量的增加家庭收入会随之增加，可投入林业的资金将增加，引起投入的增加；但另一方面劳动力数量多，劳动力相对于资金变得更“便宜”，从而用劳动代替资金进行投入，减少了资金投入。

(5)户主是否党员和村干部：户主是党员、村干部，一方面可以获得更多的信息，另一方面也会增加其可调动的各种资源，增加对林业资金的投入。

(6)采伐限额及林权纠纷的影响：受到林权纠纷、采伐限额的影响的，应该会降低林农的经营收入，从而降低经营意愿，减少林业资金投入，这一点在经营用材林上应该最为明显。

(7)经营林种数：经营多林种，增加了林农可投入的对象，应该会对经营的具体某种林种的林业资金投入产生负效应。

(8)所经营该林种的地块数：地块数多，林地分散，林农被迫增加资金投入；但过于分散，则严重降低林农经营的积极性，从而减少投入。

(9)所经营该林种林地的面积：林地规模越大，资金投入应该越多。

(10)所经营该林种各林地距离公路平均距离：产生作用机理与所经营该林种的地块数相似。

(11)所经营该林种有无未成熟林：对用材林来说，有未成熟林应该会有更多资金投入，而其他林种较难判断的。

(12)在所经营的该林种上年自投工数：年自投工多，可以是林农经营意愿高，资金投入亦多；也可以是用自投入工来代替资金投入。

(13)经营该林种所得年林业收入：理性的林农，经营林业收入增加会加大其资金投入。

(14)经营的其他林种林地面积：经营的其他林种林地规模扩大增多，扩大了林农投入的可选集，发生了其他林种资金投入本林种的挤占效应，从而减少对本林种的资金投入。

(15)家庭非林收入：它对林农林业资金投入产生两个方面的影响：一方面，家庭非林收入的增加会引起林农的可支配资金增加，增加林业资金投入，产生正向效应；另一方面，家庭非林收入的较多意味着林业收入相对比重较低，经营林业对于林农来说相对不重要，因而资金投入会较少，产生负向效应。上述影响因素对林农林业资金投入的影响是复杂的、多方面的，但是基本的作用机理可由图5-3反映出来。

在变量的选取上，需要特别说明的几个问题：

其一，不论是投入和产出，林种对于林农经营的影响都存在较大差异，因此在下文中，对林农林业资金投入行为的分析是分林种进行的，所以没有再将林种作为解释变量放入模型中。

其二，林业收入是林农经营林业所得的收益，同时也是林农可用于林业投入的重要资金来源，即林业收入既影响林农林业经营的收益，也影响林农进行林业投入的可支配资源，所以将其单独列为一个解释变量；但是林业收入和非林收入都是林农家庭收入的重要组成部分，显然将三者都列入方程会产生严重的多重共线性(重复解释)问题。为了尽可能地消除多重共线性又能较好地分析问题，我们将影响林农林业资金投入的家庭收入分解成林业和非林两个部分，并将非林家庭收入也作为一个解释变量。

其三，以上选取的变量并不能包括所有影响林农林业资金投入行为的因素，有些因素(如一些宏观外部环境、林农的天生能力等多种因素)不仅不能量化而且纳入分析都十分困难，所幸的是以下所建的模型在很大程度上能克服这一不足，可以帮助研究人员找出主要的影响因素。

其四，对将林种数引入自变量的解释。不少林农经营的林种数量具有非单一性，在福建的415户样本林农中，经营单一林种的林农为287户，同时经营2种林种的林农为95户，同时经营3种及3种以上林种的林农为33户，分别占样本林农总数的69%、23%和8%(如图5-4)，林农经营林种不止一种的占31%。由于林农经营林种数量的非单一性，所以在分林种分析林农林业资金投入行为时，林农对其他林种所投入的资金量可能会对所分析的林种产生负向效应。

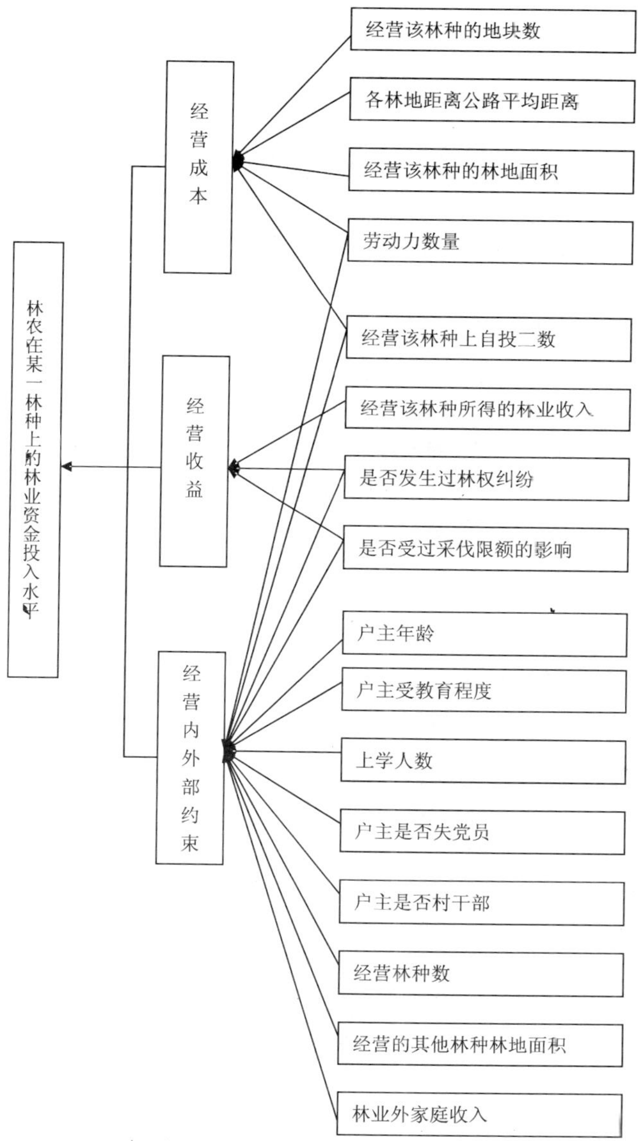

图 5-3　各自变量发生作用的机理

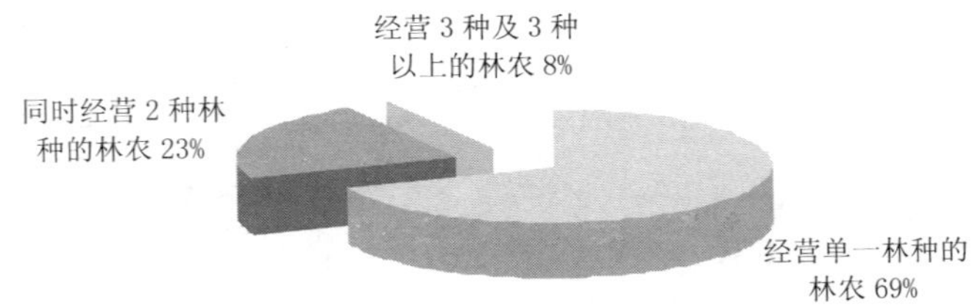

图5-4 经营非单一林种的林农所占的比重

2. 变量发生作用的预期方向

以下将选择林农经营用材林、经济林和竹林三种主要林种的林业资金投入行为来进行实证分析。根据前文的分析，从理论上来说，各解释变量对林农林业资金投入量的理论预期方向见表5-2。但事实上，这些解释变量是否确实显著地影响林农的林业资金投入水平，还要经过实证

表5-2 变量发生作用的预期方向

变量名称(标识)	变量的定义	预期作用方向*
x_1(headage)	户主年龄	+/-
x_2(headeduc)	户主受教育程度	+/-
x_3(numeduc)	上学人数	-
x_4(numlabf)	劳动力数量	+/-
x_5(member)	户主是否党员	+
x_6(cadre)	户主是否村干部	+
x_7(cutlim)	是否受过采伐限额的影响	-(用材林、竹林)；0(经济林)**
x_8(dissen)	是否发生过林权纠纷	-
x_9(numcat)	经营林种数	-
x_{10}(numland)	所经营该林种的地块数	+/-
x_{11}(area)	所经营该林种林地的面积	+
x_{12}(meandis)	所经营该林种各林地距离公路平均距离	+/-
x_{13}(grown)	所经营该林种有无未成熟林	+(用材林)； +/-(经济林、竹林)
x_{14}(labi)	在经营的该林种上的年自投工数	+/-
x_{15}(finc)	经营该林种所得年林业收入	+
x_{16}(oarea)	经营的其他林种林地面积	-
x_{17}(nonfinc)	林业外家庭收入	+/-

* 没有用“()”特别说明，则表示预期发生作用的方向三种主要林种都是相同。

* *()内标注的是林农经营的林种，其前方所示方向为变量对林农经营该林种所产生的预期方向；()前方为0表示预期不会发生显著作用。下同。

的检验。

(二)模型的构建

由于被解释变量是具有定量含义的连续型变量，而解释变量既有连续型变量又有虚拟变量(dummy variable)，本文选择了较为合适的多元线性回归模型来分析问题，这也是人们广泛使用于实证分析(empirical analysis)的工具(J·M·伍德里奇，2003)。综合考虑数据的可获性和数据的特征，设定以下计量经济模型：

$$y = \beta_0 + \sum_{i=1}^{17} \beta_i x_i + u$$

其中，u 为误差项(error term)或扰动项(disturbance term)，它包括了不可测量的因素和无法考虑到模型中来的因素。β_0 为常数项，β_1，…，β_{17}都是这个模型的参数，它们描述了此模型中用来决定林农林业资金投入行为的因素和林农林业资金投入量之间相关的方向和强度。而具体的变量名、释义和计量单位见表5-1。

由于所分析的是横截面数据，本文采用最小二乘法(OLS)对模型进行估计。并选用逐步回归法(Stepwise Regression)筛选出对南方集体林区林农资金投入行为影响显著的变量。

第三节　林农资金投入行为的实证分析——以福建为例

福建省是典型的集体林区，全省森林面积1亿多亩，国有占10%，集体占90%；林木所有权国有部分也只占15%左右[①]。所以，本文以福建省为案例省份来对南方集体林区林农经营的用材林、经济林和竹林的林业资金投入行为进行实证研究，是有代表性的。

一、数据来源说明

本研究所依据的数据资料，是本课题组对福建省23个县级区域内

① 资料来源：福建省林业厅。福建省森林资源概况和福建省林木资源分布状况请参见附录。

83个村的415户林农所做的问卷调查而获得的①。调查点覆盖的县级区域(县域)较广，较有代表性。调查备选的区域是：典型集体林区县(市、区)和特色林业县级区域。调查的具体方法是：在预调查的基础上对参与调研者多次进行统一培训。然后，由调查者对林农进行面对面直接访谈来填写问卷。因此所得调查问卷的质量应该比较有保障。调查抽样和时间：在尽量遵循科学抽样原则的基础，结合实际调查的可操作性，选择样本进行调查；调查时间为2006年1月、2月、3月、7月和8月。

(一)问卷设计的相关说明

依据是问卷调查的目标问卷设计的主要内容为三大部分：家庭成员基本信息、林地经营情况、经营行为与经营意愿概况。家庭成员信息包括林农每个家庭成员的性别，年龄，户口类型，与户主的关系，出外务工年数，受教育年限，是否为上学人员、劳动力、党员、村干部、当过林业干部等内容。林地经营情况包括林农经营林地的地块数和每个地块的面积，经营的起始年份，经营类型，所种的树种，产权状况(有无与相关主体签订合同、有无林权证、经营主体的类型)，林地自然条件(土地的肥沃程度、有无地表水、坡度)，林地的经济条件(离公路的距离、每一林种的地块数)，整地方式，除草方式，树木林龄，产品商品化程度(产品主要去向)，劳动力投入量(年自投工数)，资金投入量(林地使用费及其他成本费用支出)，林业收入。林农经营行为与经营意愿的概况包括：从事林业经营的经验(年数)，营林的主要原因，是否愿意继续经营及原因，选择树种的依据，最愿意经营的林种，林产品的销售状况，对林业未来的预期，家庭收入(务工收入、农业收入、其他收入)，劳动力的支配状况，林业制度(采伐限额制度、当地现有的补贴制度，伐区调查设计制度)产生的影响，经营中遇到的主要困难，林业资金的来源，对经营方式的偏好，林权保障性(有无林权纠纷)，林地使用权的可得性，对林业税费的承受力，采用技术的方式，对环境问题

---

① 在下文中分析的经营三种主要林种的林农户数累加值为541，大于415，初看起来似乎是矛盾的，而事实上，有相当一部分南方集体林区林农不止经营1种林种。

重视与否（有没有考虑经营行为对环境的影响、病虫害的防护措施、肥料的使用种类和频率），对补贴形式、时间及补贴额度确定依据的偏好。

（二）样本分布区域说明

样本林农所在的23个县域是：建瓯市、邵武市、顺昌县、武夷山市、延平区、政和县、光泽县、永安市、三元区、泰宁县、上杭县、永定县、新罗区、连城县、平和县、龙海市、漳浦县、安溪县、永春县、惠安县、蕉城区、古田县、仙游县（图5-5）。样本林农所在的83个村是：胜利村、林屯村、大红村、外屯村、黄坑村、新店村、黄溪村、美和村、大坪村、塔潭村、金鳌村、和村、东里村、双泉村、富坪村、竹叶山村、马屋村、蓝坦村、丘地村、东许村、岭头村、斜尾、盖尾、回龙村、官庄村、才溪村、坝上村、梧岗村、碧砂村、历屯村、文田村、高苏坂村、官溪村、紫山村、溪东村、马坂村、三屿村、玉地村、塔下村、新岭村、后谷村、上洋村、黄墩村、徐洋村、龙山村、上地村、余山村、洋坑村、横坑村、下樵村、槎口村、秀水村、曲村村、江墩村、洋峰村、魏坊村、洪田村、林田村、冲三村、福庄村、西洋坑村、后时村、峰山村、宜盆村、福黎村、宝都村、钱塘村、美仑村、珍山村、大坊村、张信地、竹联村、龙门村、古二村、高南村、蛟塘村、高北村、洪坑村、莘口村、吉口村、南坑村、屿兴村、蓬山村。

以下分别对用材林、经济林和竹林三种主要林种建立多元线性回归模型，三个模型的表达式都是：

$$y = \beta_0 + \sum_{i=1}^{17} \beta_i x_i + u$$

并借助于SPSS软件，用逐步回归法（Stepwise Regression）来筛选变量，用OLS进行估计，得出相应的结果。

二、用材林林农林业资金投入行为的实证分析

（一）实证研究结果

应用157个经营用材林林农的调查问卷整理所得的数据，借助SPSS统计分析软件进行回归分析，得到的主要输出结果见表5-3和表5-4。

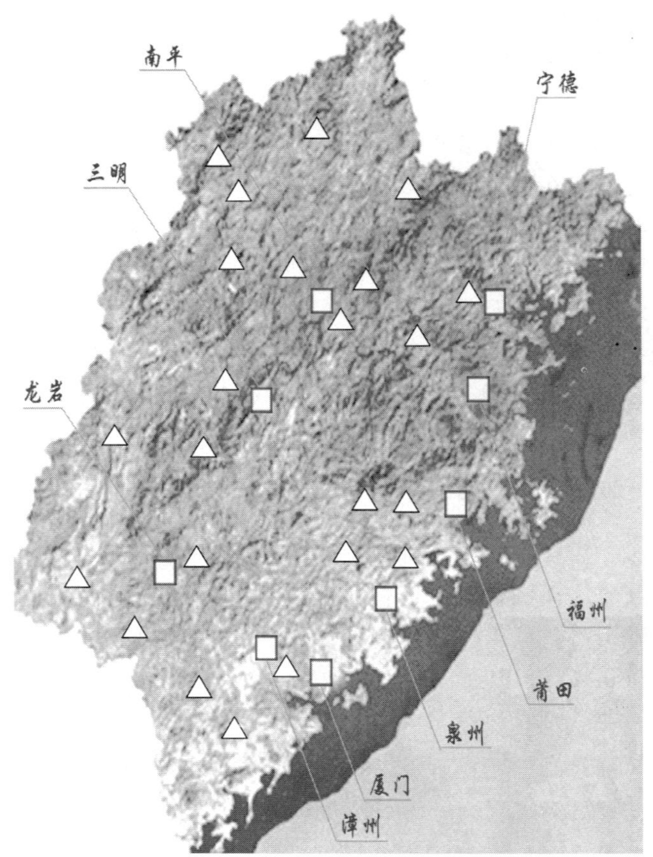

图 5-5 福建森林分布与本调查的区域分布[①]

此图的背景为福建省林业厅用来展示福建省森林分布状况的 TM 卫星影像图。图中正方形所标识的位置，是福建省下辖的九地市所在地；三角形所标识的位置，是被调查样本林农所在的县级区域。

从中可得，回归模型如下：

$$fundsi = -30423.7 + 1.071finc + 73.638area + 45.845labi + 36140.000grown - 384.028oarea$$

$$se = (13666.329)\ (0.052)\ (18.486)\ (16.586)\ (14923.238)\ (178.824)$$

t = (−2.226) (20.723) (3.983) (2.764) (2.422) (−2.148)

Sig. = (0.028) (0.000) (0.000) (0.006) (0.017) (0.033)

$n=157$, $R^2=0.823$, $\bar{R}^2=0.817$, $F=138.534$, $d=2.061$　　(5-1)

其中，调整后的 R − 平方 $\bar{R}^2$，说明回归模型是有较好的拟合度，即被解释变量林农经营用材林林业资金投入量能被模型解释的部分较多，未能被解释的部分较少；Durbin-Watson 统计量的值 $d=2.061$，因为非常接近2，故认为基本上不存在自相关；回归方程显著性检验的 F 统计量的值高达 138.534，F 所对应的 Sig. 值为 0.000（表 5-3），远远小于

表 5-3　方差分析表(用材林)

	平方和	自由度	均方	F 值	Sig. 值
回归	3.52E+12	5	7.04E+11	138.534	0.000
残差的	7.57E+11	149	5.08E+09		
总的	4.28E+12	154			

0.05，甚至远小于 0.01，也就是说哪怕在 1% 显著水平上也是很显著的，表明了回归整体统计显著；在五个自变量各自所对应的容限度中其最小值也高达 0.795≫0.1，总的来说回归不存在严重的共线性问题（表 5-4）；从 t 值和其所对应 Sig. 值可以看出，林农经营用材林所得年林业收入、所经营用材林林地的面积和在所经营的用材林上年自投工数统计检验达到 1% 显著性水平，而所经营用材林有无未成熟林和经营的其他林种林地面积达到 5% 显著性水平。

实证模型的结果表明：经营用材林时林农资金投入行为受到多种因素的综合影响。由于标准化系数 0.801 > 0.153 > 0.099 > 0.085 > 0.074（表 5-4），所以按照重要性程度由高到低排序，影响用材林林农林业资金投入行为的重要因素依次为：经营所得年林业收入、经营的林地面积和年自投工数、有无未成熟林和经营其他林种面积。而且，在保持其他条件不变的情况下，林农用材林经营资金投入量会随着经营用材林收入的增加而增加、会随着所经营用材林林地的面积的扩大而增加、会随着经营的其他林种林地面积的增多而减少；有未成熟林用材林的林农倾向于在用材林上投入更多的资金。这些都与理论分析的预期结果是完全一致的。

表 5-4 回归系数(用材林)

模型	非标准化系数		标准化系数	t 值	Sig. 值	多元共线性统计量	
	系数	标准误差				容限度	VIF
常数项	-30423.7	13666.33		-2.226	0.028*		
经营用材林所得年林业收入	1.071	0.052	0.801	20.723	0.000**	0.795	1.257
所经营用材林林地的面积	73.638	18.486	0.153	3.983	0.000**	0.807	1.239
在所经营的用材林上年自投工数	45.845	16.586	0.099	2.764	0.006**	0.922	1.085
所经营用材林有无未成熟林	36140.00	14923.24	0.085	2.422	0.017*	0.968	1.033
经营的其他林种林地面积	-384.028	178.824	-0.074	-2.148	0.033*	0.990	1.010

注：因变量为经营用材林林业资金投入量(fundsi)；VIF 为方差膨胀因子；“*”，“**”分别表示统计检验分别达到5%，1%显著性水平。

回归的结果还发现：最初被引入模型的户主年龄、户主受教育程度、劳动力数量、所经营该林种的地块数、所经营该林种各林地距离公路平均距离、非林家庭收入这几个自变量统计上是不显著的。由于这些变量在理论预期上对林农经营用材林林业资金投入的影响方向和程度都是不确定的，所以这一结果是在意料之中。但是有几个变量从实证数据得出的结果却是出人意料的：

首先，理论上看，采伐限额应该会对林农用材林的资金投入量产生重大影响，但回归的结果却没有被列入显著变量。其可能的原因是：其一，许多林农所经营的用材林都还处于未成熟阶段(样本户中有未成熟林者高达81.53%)，还没有进行采伐，所以其对用材林的经营积极性并没有造成直接的影响；其二，在本研究中林农是指目前正在经营用材林的林农，而曾经经营用材林的林农没有被作为考察对象，在实际的调查中发现，有些曾受到采伐限额限制的林农，已经将原本经营的用材林林地转为其他林种(如竹林)，这些行为没有在本研究中得以体现。

其次，经营林种数没有成为显著变量，通过相关分析发现，这是因为其与入选变量的其他林种的面积存在较严重的共线性。

最后，上学人数、户主是否党员和村干部、是否发生过林权纠纷四个变量不显著的原因，并不能得到较好的解释，可能是值得进一步思考和研究的。

（二）结果分析与讨论

从回归方程还可以看出，影响用材林林农林业资金投入量各主要因素所产生的偏效应。即据模型的估计结果在分别保持其他条件不变时，有以下几个结论：

(1)林农经营用材林的收入与追加投入基本相当。在其他条件不变时，林农经营用材林的收入平均每增加 1 元，林农会在用材林上多投入资金 1.071 元。这一结果是比较符合现实情况的。原因有二：其一，经营用材林的收益具有明显的滞后性，虽然当期收入很少甚至少于投入，但是林农仍然愿意多投入资金；其二，在南方集体林区，近几年才进行以“分林到户”为重要内容的新一轮林权制度改革，许多林农所经营的用材林都还处于未成熟阶段(就所调查的样本户来看，有未成熟林者高达 81.53%)，所以会出现投入多于收入的现象。

(2)用材林经营规模的扩大会促使林农投入的大幅上升。在其他条件不变时，林农所经营用材林面积平均每扩大 1 亩，经营资金投入量将会增加 73.638 元。这表明了，林农经营用材林时其在用材林上的资金投入水平会随着林地规模的扩大，而呈现明显上升的趋势。这可能是以下两个因素共同作用的结果：一方面，林地面积增大，林农期望获得更高的收入而增加资金投入；另一方面，随着林地规模的扩大，促使林农大幅度增加资金投入。

(3)在用材林上自投工较多的林农倾向于多投入资金。林农用材林经营资金投入量会随着其在所经营的用材林上年自投工数的增加而增加。而且，在其他条件不变时，林农在用材林上年自投工数平均每增加 1 天，相应的资金投入量将增加 45.845 元。这说明了经营用材林的林农对自投工数所产生的预期收入效应大于资金投入的替代效应。

(4)林农资金投入的多少与经营未成熟林的多少呈正相关。其他条件不变时，有经营未成熟林的林农比没有经营未成熟林的平均多投入 36140.000 元。以上结论基本上符合用材林经营的特点。

(5)林农经营其他林种的面积越大，用材林资金投入越少。在其他条件不变时，随着林农经营的其他林种林地面积平均每增多1亩，林农用材林经营资金投入量会减少384.028元。这一点也与理论预期相符合，林农经营其他林种面积的增多，意味着其投入产出的可选集扩大了。

三、经济林林农林业资金投入行为的实证分析

（一）实证研究结果

采用SPSS统计分析软件对264个经营经济林林农的调查问卷整理所得的数据进行回归分析，得到的主要输出结果，见表5-5和表5-6。

得到的估计方程：

$$
\begin{aligned}
fundsi &= -15292.7 + 1.028finc + 77.67larea \\
&\quad + 49.632labi + 0.277nonfinc \\
se &= (4952.329)\ (0.041)\ (14.150)\ (12.522)\ (0.137) \\
t &= (-3.088)\ (25.070)\ (5.489)\ (3.964)\ (2.012) \\
Sig. &= (0.002)\ (0.000)\ (0.000)\ (0.000)\ (0.045)
\end{aligned}
$$

$$n = 264,\ R^2 = 0.813,\ \bar{R}^2 = 0.810,\ F = 278.036,\ d = 2.054 \qquad (5\text{-}2)$$

其中，调整后的R－平方值为$\bar{R}^2$，说明了OLS提供了一个比较不错的拟合度；D－W值d＝2.054，极接近2，基本上可以认为不存在自相关问题；F检验统计量的观测量值高达278.936，其所对应的Sig.值为0.000≪0.01，表明了经营经济林所得林业收入、所经营经济林林地的面积、在所经营的经济林上的年自投工数、林业外家庭收入四个变量是联合统计显著的，即被解释变量与解释变量全体的线性关系是显著的，回归具有整体显著性；对回归多重共线性检查的结果（表5-6），在各自变量所对应的容限度中其最小值也高达0.773≫0.1，不存在严重的共线性问题；从t值和其所对应Sig.值可以看出，林农经营经济林所得年林业收入、所经营经济林林地的面积和在所经营的经济林上年自投工数统计检验达到1%显著性水平，而林业外家庭收入达到5%显著性水平。

表 5-5 方差分析表(经济林)

	平方和	自由度	均方	F 值	Sig. 值
回归	3. 51E + 12	4	8. 77E + 11	278. 936	0. 000
残差的	8. 08E + 11	257	3. 14E + 09		
总的	4. 31E + 12	261			

表 5-6 回归系数(经济林)

模型	非标准化系数		标准化系数	t 值	Sig. 值	多元共线性统计量	
	系数	标准误差				容限度	VIF
常数项	-15292. 7	4952. 329		-3. 088	0. 002 * *		
经营经济林所得年林业收入	1. 028	0. 041	0. 770	25. 070	0. 000 * *	0. 773	1. 294
所经营经济林林地的面积	77. 671	14. 150	0. 165	5. 489	0. 000 * *	0. 810	1. 235
在所经营的经济林上年自投工数	49. 632	12. 522	0. 110	3. 964	0. 000 * *	0. 942	1. 062
林业外家庭收入	0. 277	0. 137	0. 057	2. 012	0. 045 *	0. 904	1. 106

注：因变量为经营经济林林业资金投入量(fundsi)；VIF 为方差膨胀因子；“ * ”，“ * * ”分别表示统计检验分别达到 5%，1% 显著性水平。

由回归结果可知，多个因素对经营经济林林农的林业资金投入行为产生了重要影响。从表 5-6 可知，标准化系数 0. 770 > 0. 165 > 0. 110 > 0. 057，影响经济林资金投入行为的主要因素按重要性程度由高到低排序如下：经济林的经营收入、经营面积、年自投工数和非林收入。在其他条件不变的情况下：经营经济林的资金投入量会随着其经营收入、经营面积、年自投工数和非林收入的增加而增加。这些结旲与预期的基本一致。

回归的结果还显示，最初被引入模型的户主年龄、户主受教育程度、劳动力数量、所经营该林种的地块数、采伐限额的影响这几个自变量在统计上是不显著的；从理论预期的角度，这些变量对用材林资金投入的影响方向和程度都是不确定的，所以这一结果也是在意料之中。但是几个变量的估计结果却是与理论预期相左，其他林种经营面积这一变量不显著可能与林农经营经济林的不可间断性有关。至于上学人数、户主是否党员和村干部、是否发生过林权纠纷、经营林种数、所经营该林种各林地距离公路平均距离在统计检验上不显著，还值得进一步思考和分析。

(二)结果分析与讨论

从回归方程还可以看出，经营经济林的资金投入量各主要因素所产生的偏效应。即据经济林实证模型可知，分别保持其他条件不变时有以下几个结论：

(1)林农经营经济林所得略小于资金投入量。在其他条件不变时，经济林的经营收入的平均每增加1元，林农会多投入资金1.028元。收入小于其资金投入的结论，可能与以下事实有关：近几年的主要林产品尤其是如橘类、龙眼、荔枝、枇杷等水果价格很低，经济林的经营有可能处于亏损状态；但是经济林投入又具有不可间断性，为了以后的获益，即使是亏损林农仍然愿意进行投入。

(2)林农的资金投入会随着经营规模的扩大而大幅度增加。在其他条件不变下，经济林的经营的面积平均每扩大1亩，资金投入量将会增加77.671元。同上面的结论相比较可以看出，不论是用材林还是经济林，经营本林种面积对林农资金投入的影响在方向上是一致的，在数量上也是十分接近的。但原因并不相同。与经营用材林相比，经济林的资金投入随着经营规模的扩大而大幅度增加的原因可能与投入的不可间断性的特点有关，在亏损状态下增加投入主要是为了是维持经济林的生存。

(3)经济林林农的资金投入随着自投人工的增加而增加。其他条件不变时，经营经济林的林农平均自投工数每增加1天，资金投入量将增加49.632元。这表明林农在经营经济林时年自投工数所产生的预期收入效应大于替代效应。

(4)林农的非林收入用于经济林投入的比重较大。在其他条件不变时，林农的非林收入平均每增多1元，经济林的资金投入量将会增加0.277元。

四、竹林林农林业资金投入行为的实证分析

(一)实证研究结果

采用 SPSS 统计分析软件对 120 个经营竹林的林农进行的调查问卷整理所得的数据进行回归，得到的主要输出见表 5-7 和表 5-8。从而可以得出，竹林实证模型如下：

$$findsi = -1045.043 + 136.415area + 663.567meandis - 1228.333numland + 0.159finc$$

$$se = (868.434)\ (7.382)\ (173.262)\ (453.778)\ (0.059)$$

$$t = (-1.203)\ (18.479)\ (3.830)\ (-2.707)\ (2.703)$$

$$Sig. = (0.231)\ (0.000)\ (0.000)\ (0.008)\ (0.008)$$

$$n = 120,\ R^2 = 0.865,\ \bar{R}^2 = 0.860,\ F = 183.591,\ d = 1.949 \qquad (5\text{-}3)$$

其中，调整后的 R－平方值 $\bar{R}^2 = 0.860$，较接近于 1，说明回归方程拟合度较好；D－W 值 d = 1.949，约等于 2，故认为基本上不存在自相关问题；根据样本计算的 F 检验值高达 183.591 和其所对应 Sig. 值为 0.000(表 5-7)，方程在 0.000 水平上显著，表明了方程中自变量和因变量有显著的线性关系(郭志刚，1999)，即回归整体统计显著；对回归多重共线性检查的结果表明(表 5-8)，各自变量所对应的容限度中最小值也高达 0.551≫0.1，回归不存在严重的共线性问题。从中可知，林农所经营竹林林地的面积、所经营竹林各林地离公路的平均距离、所经营的竹林的地块数和经营的竹林所得年林业收入在统计检验均达到 1% 显著性水平。

表 5-7 方差分析表(竹林)

	平方和	自由度	均方	F 值	Sig. 值
回归	1.61E+10	4	4.04E+09	183.591	0.000
残差的	2.53E+09	115	21983923		
总的	1.87E+10	119			

表 5-8 回归系数(竹林)

模型	非标准化系数		标准化	t	Sig.	多元共线性统计量	
	系数	标准误差	系数	值	值	容限度	VIF
常数项	-1045.043	868.434		-1.20	0.231 *		
所经营竹林林地的面积	136.415	7.382	0.854	18.48	0.000 * *	0.551	1.816
所经营竹林各林地距离公路平均距离	663.567	173.262	0.144	3.830	0.000 * *	0.831	1.203
所经营竹林的地块数	-1228.333	453.778	-0.095	-2.71	0.008 * *	0.954	1.048
经营竹林所得年林业收入	0.159	0.059	0.129	2.703	0.008 * *	0.516	1.939

注：因变量为经营竹林林业资金投入量(fundsi)；VIF 为方差膨胀因子；“ * ”，“ * * ”分别表示统计检验分别达到 5%，1% 显著性水平。

竹林实证模型的结果表明：经营竹林的林农资金投入行为受到多种因素的综合影响。由于标准化系数 0.854 > 0.144 > 0.129 > 0.095(表 5-8)，所以按照重要性程度由高到低排序为：经营竹林的面积、林地离公路的平均距离、竹林的经营收入和竹林的地块数。回归的结果和理论分析的预期基本一致。

从实证模型还可以发现，经营竹林的面积是影响林农竹林资金投入量的最主要因素。这一结果与前面所分析的结果是不同的：影响林农经营用材林或者经济林资金投入量的主要因素是经营年收入。产生这一重大差异的根本原因可能在于：只要不遭受重大病虫害，即使不投入资金经营竹林也能获得较稳定的收入，而且投入资金的效益也不太明显，所以单位面积上投入资金基本上是比较稳定的，林地面积就成为影响林农资金投入量的最主要因素。然而，这一情况有可能发生变化，因为我们在实地走访中发现，能提高竹林经济效益的技术(主要是毛竹林的施肥技术与方法)正越来越受到林农的欢迎，林农为采用这些技术而投入资金的意愿越来越强烈，因此竹林的经营收入有可能成为影响林农竹林资金投入量的重要因素。

从回归的结果看，最初被引入模型的户主年龄、户主受教育程度、劳动力数量、年自投工数、采伐限额的影响、有无未成熟林、非林收入这几个自变量统计上是不显著的，这一结果并非在意料之外。但出人意料的是：解释林权纠纷这一变量不显著的可能原因是因为许多竹林在20世纪80年代和90年代林地产权制度改革中以责任山的形式承包给农户的，产权是明晰的，林权纠纷少，影响就小。

（二）结果分析与讨论

从回归方程还可以看出，影响竹林林农林业资金投入量各主要因素所产生的偏效应。即据模型的估计结果可得出以下几个结论：

（1）林农的资金投入会随着竹林林地规模的扩大而大量追加。在其他条件不变时，经营竹林的面积平均每扩大1亩，林农在竹林上将会增加资金投入136.415元，统计检验上显著，说明面积是影响竹林资金投入的最重要因素。

（2）林农的资金投入与竹林离公路远近密切相关。其他条件不变时，竹林离公路的平均距离每增加1km，林农的资金投入量将会增加663.567元。这表明竹林离公路的远近，是影响经营成本的重要因素；随着距离的变大，林农被迫增加资金投入。

（3）林地的分散程度制约了竹林的资金投入水平。其他条件不变时，林农所经营的竹林地块数平均每增加1块，资金投入量将会减少1228.333元。这表明，林地的过度分散将导致林农经营竹林的意愿的显著下降，从而减少了对竹林的资金投入。

（4）竹林的经营收入转化成为回投资金的比重不高。其他条件不变时，林农从经营竹林中所得年林业收入平均每增加1元，林农将会在竹林上多投入0.159元。从收入对投入影响的方向上来看，林农经营竹林与经营用材林、经济林时都是正向效应的，这显示了林农经营行为的理性。但是，通过比较可以发现，以上三个林种的经营收入回投于该林种的比重有不同的情况：竹林的回投资金比重是最小的，这可能与竹林的少投入亦可获得较多产出密切相关。

五、结论与对策建议

（一）研究结论

总结以上的理论分析和定量实证研究，可以得出以下几个主要结论：

（1）林农经营不同林种时，其资金投入行为的总体特征是：用材林的早期投入多、不均衡；经济林的投入具有长期性、持续性和相对稳定性；竹林的投入具有长期性和间断性；在防护林、薪炭林和特种用途林投入上具有少投入或者不投入。

（2）理论上，影响林农林业资金投入行为的因素有经营成本、经营收益和内外部约束条件等三类，这些因素可以具体为：林种、林地条件、林地规模、林业管理制度、家庭特征、市场状况及其他因素等。

（3）实证研究的结果表明：经营用材林、经济林、竹林的林农资金投入行为受到多种因素的综合影响。依重要性程度由高到低排序：用材林的依次为年经营收入、林地面积、年自投工数、是否有未成熟林和其他林种的面积；经济林的依次为年经营收入、林地的面积、年自投工数和家庭非林收入；竹林依次为经营的竹林面积、竹林离公路的平均距离、经年营收入和竹林的地块数。

（4）在保持其他条件不变时，林农经营用材林年收入平均每增加 1 元，林农会多投入资金 1.071 元；经营用材林平均每扩大 1 亩，林农资金投入量将会增加 73.638 元；年自投工数平均每增加 1 天，资金投入量将增加 45.845 元；林农中有未成熟林者比无未成熟林者会平均多投入 36140.00 元；经营的其他林种林地面积平均每增多 1 亩，林农用材林经营资金投入量会减少 384.028 元。

（5）其他条件不变时，林农经营经济林的年收入平均每增加 1 元，林农会多投入资金 1.028 元；经营面积平均每扩大 1 亩，资金投入量将会增加 77.671 元；自投工数平均每增加 1 天，资金投入量将增加 49.632 元；家庭非林收入平均每增加 1 元，资金投入量将会增加 0.277 元。

（6）其他条件不变时，林农经营竹林面积平均每扩大 1 亩，将会增加在竹林上的资金投入 136.415 元；竹林离公路的平均距离每增加 1km，经营资金投入量将会增加 663.567 元；竹林的地块数平均每增加 1 块，资金投入量将会减少 1228.333 元；从中所得年收入平均每增加 1 元，林农将会在竹林上多投入 0.159 元。

（二）影响因素的比较分析

上述的实证分析表明：经营用材林、经济林、竹林的林农资金投入行为受到多种因素的综合影响；经营不同林种的林农资金投入行为所受到的影响因素存在一些共同点，同时也存在着较大的差异。

1. 共同点

回归模型的结果显示：影响三个林种的经营资金投入量的主要因素

有所不同，用材林为经营所得、林地面积、林木成熟状况和经营其他林种面积；经济林为经营所得、林地面积、自投工数和非林收入；竹林为所经营的竹林面积、林地离公路的平均距离、地块数和林业收入。以上结果表明，经营所得、经营面积对三个林种的资金投入水平均有显著的影响，具有统计显著性和经济显著性，而且都是产生正向效应。

2. 差异性

其一，不同林种的林农资金投入行为的影响因素不完全相同。除了经营所得、经营面积两个变量都具有显著正向效应外，其他影响因素则不尽相同；其二，即使是相同的影响因素发生作用的程度也尽不同。

在诸多的差异中，以下差异可能是重要的：

(1)在其他条件不变时，经营不同龄林的林农对资金投入量有不同特点。有经营幼龄林和中龄林的林农比只经营成熟林的平均每户多投入36140.00元；经营收入平均每增加1元，林农会多投入资金1.071元。这表明，目前林农经营的用材林有较多的未成熟林，需要较多的资金投入，但林农对用材林的经营意愿较高。

(2)经营所得对经济林资金投入水平产生如下影响：其他条件不变时，家庭的非林收入被用于经济林投入的平均份额高达27.7%。这表明，林农更重视经济林的经营。在其他条件不变时，林农经营经济林所得年增加1元，林农会多投入1.028元。这表明，一方面，林农比较重视经济林经营；另一方面，林农在经济林上所得的回报不多。

(3)竹林的资金投入水平受到林地分散性的负向影响。在其他条件不变时，经营的竹林地每增加1块，则林农的资金投入量平均减少1228.33元。这一点显然不同于对用材林和经济林的相关分析结果。这可能是因为竹林产生的收益同资金投入相关性更不密切。也就是说，同用材林、经济林相比较，竹林的资金投入对经营收入的影响不太显著，甚至是在无资金投入的情况下也能有收入，只是林地条件的好坏对经营意愿的影响较大。特别是林地分散程度的影响很大，竹林的资金投入会随着林地分散性提高而大幅度下降。

(三)对策建议

现代主流经济学认为，人的行为是理性的。但人们追求经济利益最大化的行为经常与社会最优不完全一致，有时两者甚至存在着明显的冲突。事实上，集体选择经济学也指出，个人理性往往无法导致集体理性。这种现象的普遍存在往往与行为主体实施个人行为的外部环境密切相关。既然人们已在他们所被允许的范围内做出了最优选择，因此如果出现了个人行为与社会最优的矛盾时，要真正改变个人的行为就必须从改变限制个人选择范围的外部条件上去找切入点，否则立意再佳的政策也将是徒劳无益的(林毅夫，2005)。

而外部性理论认为，外部性的存在会使资源的配置偏离帕累托最优状态，即外部性导致了资源配置难以达到最优；产生正外部性的行为所供给的产品往往严重不足，其政策含义是：政府应该对这种行为进行补贴和提供帮助。

由于林业具有很强的正外部性，因而虽然各个林农在现有条件下已经实现了自身最优，但林业产出是不足的，也就是说整个社会并没有达到福利的最大化水平。要实现社会资源配置效率的帕累托改进，就应该结合林农投入行为的内在特征，通过提供补贴、政策引导等方式改变林农所处的外部环境，改变当前已经实现个人最优的林农资金投入行为，使其在重新实现均衡时，社会福利增加。具体建议如下：

(1)加强政策引导，提高林农用材林资金投入意愿。首先，由于目前以“分林到户”为基本内容的集体林权制度改革的时间较短，南方集体林区经营的多为幼龄林，对林业投入资金的需求较大。但是，我国目前的实际情况是林农自有资金不多，营林资金十分紧缺。其次，由于林业具有正外部性，不仅承担了生态保护的功能，而且承担了休闲保健与旅游观光等功能，部分的林农个人投资转化为市场外部效果，自发投资的意愿往往不足。第三，由于经济和社会发展，林木的需求量不断扩大，与当前林业产业的薄弱状态较不对称，林产品特别是林木的供求矛盾日益突出，需要通过促进林业的发展来解决这一矛盾。但单纯依靠林农的资金投入，不仅后劲乏力，更难以达到产业升级跨越的效果；第四，由于林业生产经营周期长，前期资金投入量大，经营效果很难在短期间内显现，生产经营的不确定性极大，风险系数高，在很大程度上制约了投入资金营林造林的积极性。所以，必须对发展林业的资金投入进行有效的政策引导，包括：创新林业融资制度，为广大林农提供资金贷款，如永安产权抵押贷款制度；推行在 WTO 框架下的“绿箱补贴”政策，提高林业产业整体产出能力；减轻林农资金投入负担，减少资金运用成本，提高资金运用效率。总的来说，就是要通过有效的政策引导，减少林农生产经营特别是资金投入运用的不确定性，提高林农投资意愿，带动林农资金的投入。

(2)加强市场建设，促进林农增加收入，提高林农经济林资金投入意愿。加强市场建设，就是要让价格机制更好地发挥作用。要加强林产品市场体系的培育，创建林业经济市场信息平台，降低林产品交易成本；要延伸林业产业链，大力发展各种形式林产品的加工业，引导林农投资建设林木加工、运输、销售企业，把原料就地转化为产品或产成品，增加林产品的工业附加值。通过加强市场建设，可以促进林农增加收入，以增强林农投资于林业产业链各个环节的意愿。

(3)实证分析的结果表明，竹林的分散程度直接影响了林农的经营收入，所以需要政策提供帮助以降低林地分散性的负面影响，提高林农资金投入意愿。竹林林地的分散性与林权制度的变迁历史密切相关，所以当地政府和村组织可以通过新一轮林改的机会，在尽可能尊重林农意愿的前提下解决这一问题，或引导林农通过自愿交换竹林等方式以提高林地集中度。

(四)讨　论

对南方集体林区林农资金投入行为的研究，是一个较新的课题，可参考的相关文献较少。由于林农的经营行为是一种极其复杂的行为，而且南方集体林区林权制度还处在较大的变革中；还由于林业经营周期较长，投入与产出之间存在滞后性，资料收集相当困难，导致本研究的数据具有一定的局限性，分析更加困难。

有待进一步研究的问题可能有两个方面。其一，对少部分既不显著又难以解释其不显著原因的变量有待进一步进行研究；其二，由于林业经营的长周期性，对林农进行 20 ~ 30 年的跟踪调查以获取面板数据进行分析更有意义，如分析林农长期资金投入行为的特点、变化趋势和影响因素；分析在一个经营周期内林农的投入产出的效益；用 DEA 等方法分析林农投入的规模效率等。

第三篇

私有林补贴制度分析

第六章

私有林补贴偏好的实证分析
——南方集体林区的问卷调查

近年来，私有林已成为我国林业的重要组成部分，且发展势头喜人。2003 年 6 月，中共中央、国务院颁布的《关于加快林业发展的决定》中提出要把"放手发展私有林"作为实现新世纪中国林业跨越式发展的重要工作之一后，私有林从后台走到了前台，可以说私有林发展面临着建国以来最好的机遇，并显出了旺盛的生命力。然而，私有林发展有了一个良好的开端，但在私有林进一步发展过程中却暴露出了一系列的问题，面临诸多制度障碍，从而严重地制约了私有林的进一步发展。

既然私有林补贴制度是协调社会利益和个人利益的有效制度安排，能克服制约私有林发展的因素，从而有效促进私有林的健康发展，但补贴制度的开展必须建立在林农补贴偏好的基础上，只有这样，我们才能为私有林发展提供有效的制度供给，以实现私有林的秩序性和规范性，同时补贴额度必须合理，否则会造成公平与效率的流失。在我国私有林补贴政策还存在很多弊端的情况下如何借鉴国外私有林补贴的做法对我国私有林补贴政策进行创新，从而提升我国私有林的生产力，最终实现中国林业的可持续发展，必然成为中国林业经济界迫切需要攻克的难题。本部分将基于对南方九省区的调研数据整理，运用 Logistic 模型分析林农对补贴的偏好，为我国私有林补贴制度设计提供参考。

第一节　影响林农补贴形式偏好的指标选择

一、数据来源

本章分析所用数据来源本研究所在国家自然科学基金项目“私有林经营意愿与补贴制度研究”的课题组近20人历时近2年(2005～2006年)的调查所得。调查范围为南方九省区(福建、广东、江西、安徽、浙江、湖南、湖北、广西、海南)集体林区私有林经营户，涉及35个县市。调查形式为问卷调查、实地走访及座谈的方式。问卷调查按照随机抽样与系统抽样相结合的方法，共调查了我国南方集体林区9个省区的1413个农户，共收回有效问卷1324份，有效问卷率达93.7%，具体样本分布见表6-1，这为研究南方集体林区私有林发展提供了有效的资料支撑。

表6-1　项目研究调查样本数与地区分布

<table>
<tr><td>省份</td><td>问卷份数</td><td colspan="24">问卷地区分布</td></tr>
<tr><td>福建</td><td>415</td><td colspan="4">三明(106)</td><td colspan="4">南平(98)</td><td colspan="4">泉州(52)</td><td colspan="4">龙岩(55)</td><td colspan="4">宁德(42)</td><td colspan="4">福州(62)</td></tr>
<tr><td>湖南</td><td>91</td><td colspan="8">临湘(51)</td><td colspan="8">怀化(35)</td><td colspan="8">会同(5)</td></tr>
<tr><td>湖北</td><td>84</td><td colspan="8">十堰(1)</td><td colspan="8">老河口(82)</td><td colspan="8">枣阳(1)</td></tr>
<tr><td>广东</td><td>91</td><td colspan="8">遂溪县(52)</td><td colspan="8">开平市(39)</td><td colspan="8"></td></tr>
<tr><td>江西</td><td>139</td><td colspan="8">崇义(26)</td><td colspan="8">龙南(25)</td><td colspan="4">信丰(51)</td><td colspan="4">乐安(37)</td></tr>
<tr><td>广西</td><td>129</td><td colspan="8">柳州 (32)</td><td colspan="8">钦州(42)</td><td colspan="8">北海(55)</td></tr>
<tr><td>海南</td><td>68</td><td colspan="8">澄迈县(33)</td><td colspan="8">临高县(35)</td><td colspan="8"></td></tr>
<tr><td>安徽</td><td>66</td><td colspan="8">舒城(20)</td><td colspan="8">宣城(8)</td><td colspan="4">霍山(20)</td><td colspan="4">黄山(18)</td></tr>
<tr><td>浙江</td><td>241</td><td colspan="3">杭州(49)</td><td colspan="3">湖州(9)</td><td colspan="3">金华(71)</td><td colspan="3">宁波(30)</td><td colspan="3">衢州(30)</td><td colspan="3">绍兴(1)</td><td colspan="3">台州(30)</td><td colspan="3">温州(21)</td></tr>
<tr><td>合计</td><td>1324</td><td colspan="24">1413</td></tr>
</table>

二、Logistic回归模型的建立

(一)Logistic回归概述

多元回归分析在社会科学中已经得到广泛应用，成为标准的统计工具。作为多元分析，它能够对社会现象提供较深入的解释力。在社会科

学研究中，因变量是定性变量的情况并不是少数，许多要研究的行为以及它们背后的态度和偏好是定性的。社会生活中人们涉及大量的决策，比如政治选举、是否加入某个社会团体、是否签订一个合同、是否迁移、是否在生育一个孩子等，这些行为、决策和意愿都是定性的，有时是少数类型之间选择，有时甚至只有是否或正反两种类型，社会科学研究需要探索有哪些因素会影响这些决策或行动。Logistic 回归就是用于非连续变量做多元回归分析的。

Logistic 函数(逻辑斯蒂函数)又称增长函数。此函数曾于 1838 年由比利时学者维尔玉斯特(P. F Verhulst)第一次提出，后湮没失传。1920 年，美国学者泊尔和利德(Robert B. Pearl and Lowell J. Reed)在研究果蝇中，重新发现这个函数，并开始在人口估计和预测中推广应用，并引起广泛注意(Henry S. Shryock, Jacob S. Siegel and Associates, 1976)。

(二) Logistic 回归模型的建立

Logistic 函数的原型为：

$$P = \frac{L}{1 + \exp[-(a + bt)]}$$

式中 $\exp[u] = e^u$

其中，t 为时间，P 为时间 t 上的人口数，L 为 P 的最大极限值，a 和 b 分别是有关参数。根据非线性概率模型的要求，需将 P 换成概率 $p = p(y = 1)$，还要将上限改为 1。于是，概率的值域就被限制在(0, 1)之间的合理范围内。上限 $p = 1$ 和下限 $p = 0$ 都是水平渐近线，实际上无论参数和自变量值如何变化，函数值都不会达到上限点或下限点。此外，由于我们未必一定要用时间作为自变量，因此我们将 t 改为 x 以泛指任意一个自变量，其值域也没有任何限制。于是，就得到了 Logistic 概率函数。

Logistic 的概率函数定义为：

$$P = \frac{L}{1 + \exp[-(a + bx)]}$$

进一步可以改写成：

$$P = \frac{L}{1 + \exp[b(-a/b - x)]}$$

从上式我们可以看到，式子突出了两个有用的参数：第一个是 b，第二个是 $-a/b$。在此原理上，引入多个自变量进入 Logistic 概率函数以完成多元分析。将多元线性组合 $a + b_1x_1 + b_2x_2 + b_3x_3 + \cdots + b_kx_k$，以 $\sum b_ix_i$ 表示，其中常数项 a 用 b_0 表示，x_0 恒等于 1。然后为了推导的进一步简明，再令 $z = \sum b_ix_i$，于是，Logistic 概率函数可以表示为：

$$P = \frac{1}{1 + \exp(-\sum b_ix_i)} = \frac{1}{1 + \exp(-z)}$$

将上式中右侧一项的分子和分母同乘一个 exp(z)，得：

$$P = \frac{\exp(z)}{1 + \exp(z)}$$

这也是 Logistic 概率函数的一个常用表达式之一（郭志刚，2002）。

为了在上述 Logistic 概率函数基础上将回归方程的自变量线性组合部分 $Z = \sum b_ix_i$ 单独挪到等式的一边，使等式可以表达为自变量的线性形式，进行以下一系列转换：

$$p[1 + \exp(z)] = \exp(z)$$

$$p + p > \exp(z) = \exp(z)$$

$$p = (1 - p)\exp(z)$$

$$\frac{p}{1 - p} = \exp(z) = \exp(\sum b_ix_i)$$

最后对等式两边取对数，得到了概率的函数与自变量之间的线性表达式：

$$ln\frac{p}{1 - p} = z = \sum b_ix_i$$

把上式做逻辑斯蒂变换，得到 Logistic 回归的一般形式：

$$\text{logit}(p) = \sum b_ix_i$$

三、指标选择

根据文献材料、专家经验法和实际调研初步确认以下指标：户主受教育程度、劳动力、家庭收入来源、家庭总收入、林地面积、经营林业年数、现行的经营方式、营林的主要原因、营林的三要困难、资金的主要来源、经营的主要林种、对林业的预期、现有补贴形式、林权纠纷和林权的纠纷严重性。具体解释见表6-2。

表6-2 林农对补贴形式偏好指标表

编号	指标	变量
1	户主受教育程度	x_1、x_2、x_3
2	劳动力	x_4、$x_4 \cdots x_{13}$
3	家庭收入来源	x_{14}、$x_{17} \cdots x_{18}$
4	家庭总收入	x_{19}
5	林地面积	x_{20}
6	经营林业年数	x_{21}，$x_{22} \cdots x_{69}$
7	现行的经营方式	x_{70}，$x_{71} \cdots x_{75}$
8	营林的主要原因	x_{76}，x_{77}，x_{78}，x_{79}
9	营林的主要困难	x_{80}，$x_{81} \cdots x_{85}$
10	资金的主要来源	x_{86}，$x_{87} \cdots x_{90}$
11	经营的主要林种	x_{91}，x_{92}，x_{93}，x_{94}
12	对林业的预期	x_{95}，x_{96}，x_{97}
13	现有补贴形式	x_{96}，$x_{97} \cdots x_{105}$
14	林权纠纷	x_{106}
15	林权纠纷的严重性	x_{107}，x_{108}，x_{109}，x_{110}

（一）户主受教育程度

户主受教育程度表示被调查林户中林户主受教育的程度，调查时以年限记，出于统计需要，将其分为三类：小学及小学以下；初中；高中及高中以上。

因此设三个二分变量表示该指标：x_1、x_2 和 x_3

$$x_1\begin{cases}1 & \text{小学及小学以下}\\0 & \text{不是小学及小学以下}\end{cases}$$

$$x_2\begin{cases}1 & \text{初中}\\0 & \text{不是初中}\end{cases}$$

$$x_3\begin{cases}1 & \text{高中}\\0 & \text{不是高中}\end{cases}$$

（二）劳动力

劳动力是指被调查林农家庭劳动力数量，其中劳动力指年龄在16

岁到60岁的。根据问卷的调查统计结果共有10种类型，从0～9共10种。设二分变量10个：x_4、$x_5 \cdots x_{13}$，值的含义分别是：

$x_4\begin{cases}1 & \text{林农家里没有劳动力}\\0 & \text{家里有劳动力}\end{cases}$

$x_5\begin{cases}1 & \text{家里只有一个劳动力}\\0 & \text{家里不是只有一个劳动力}\end{cases}$

⋮

以次类推

$x_{13}\begin{cases}1 & \text{家里有 9 个劳动力}\\0 & \text{家里不是有 9 个劳动力}\end{cases}$

（三）家庭收入来源

被调查林户家庭的经济收入的来源，包括种粮、种菜、种林、出外务工和其他收入五个，设5个二分变量x_{14}、$x_{17} \cdots x_{18}$分别表示：

$x_{14}\begin{cases}1 & \text{家庭收入主要来源于种粮}\\0 & \text{家庭收入主要来源不是种粮}\end{cases}$

$x_{15}\begin{cases}1 & \text{家庭收入主要来源于种菜}\\0 & \text{家庭收入主要来源不是种菜}\end{cases}$

⋮

以次类推

$x_{18}\begin{cases}1 & \text{家庭收入主要来源于其他}\\0 & \text{家庭收入主要来源不是其他}\end{cases}$

（四）家庭总收入

林农家庭平均年均总收入，单位以元计，为连续变量。设变量x_{19}。

（五）林地面积

被调查林户家中林地总面积，单位以亩计，为连续变量，设变量x_{20}。

（六）经营林业年数

是指被调查林户经营林业的时间长短，以年计，根据调查问卷统计情况，共有从0年到48年等49种情况，因此设49个二分变量：x_{21}，$x_{24} \cdots x_{69}$，分别表示：

$$x_{21}\begin{cases}1 & \text{经营林业 0 年}\\0 & \text{经营林业 0 年以上}\end{cases}$$

$$x_{22}\begin{cases}1 & \text{经营林业 1 年}\\0 & \text{经营林业不是 1 年}\end{cases}$$

⋮

以次类推

$$x_{69}\begin{cases}1 & \text{经营林业 48 年}\\0 & \text{经营林业不是 48 年}\end{cases}$$

（七）现行的经营方式

是指调查时林户经营林业采取的经营方式[①]，根据实际情况，分为六种：自留山经营、承包经营、租赁经营、股份合作制经营、乡村统一经营和其他。所以设 6 个二分变量：x_{70}，$x_{71}\cdots x_{75}$，分别表示：

$$x_{70}\begin{cases}1 & \text{经营方式为自留山经营}\\0 & \text{经营方式不是自留山经营}\end{cases}$$

$$x_{71}\begin{cases}1 & \text{经营方式为承包经营}\\0 & \text{经营方式不是承包经营}\end{cases}$$

⋮

以次类推

$$x_{75}\begin{cases}1 & \text{经营方式为其他}\\0 & \text{经营方式不是其他}\end{cases}$$

（八）营林的主要原因

调查林户经营林业的动机，分为赚钱、不想放弃林地、没有更好的事可做和为了有最低生活保障。设 4 个二分变量 x_{76}，x_{77}，x_{78}，x_{79}分别表示：

$$x_{76}\begin{cases}1 & \text{经营林业的主要原因是为了赚钱}\\0 & \text{经营林业的主要原因不是赚钱}\end{cases}$$

$$x_{77}\begin{cases}1 & \text{经营林业的主要原因是因为不想放弃林地}\\0 & \text{经营林业的主要原因不是不想放弃林地}\end{cases}$$

① 如林户家中林业经营采取多种经营方式，则以林块面积最大的所采取的经营方式统计。

$x_{78}\begin{cases}1 & \text{经营林业的主要原因是因为没有更好的事可做}\\0 & \text{经营林业的主要原因不是因为没有更好的事可做}\end{cases}$

$x_{79}\begin{cases}1 & \text{经营林业的主要原因是为了有最低生活保障}\\0 & \text{经营林业的主要原因不是为了有最低生活保障}\end{cases}$

（九）营林的主要困难

林户在经营林业过程中遇到的主要困难，包括劳动力不足、交通不便、资金紧张、政策问题、市场问题和其他问题。设 6 个二分变量 x_{80}，$x_{81}\cdots x_{85}$，分别代表：

$x_{80}\begin{cases}1 & \text{营林的主要困难为劳动力不足}\\0 & \text{营林的主要困难不是劳动力不足}\end{cases}$

$x_{81}\begin{cases}1 & \text{营林的主要困难为交通不便}\\0 & \text{营林的主要困难不是交通不便}\end{cases}$

⋮

以次类推

$x_{85}\begin{cases}1 & \text{营林的主要困难为其他问题}\\0 & \text{营林的主要困难不是其他问题}\end{cases}$

（十）资金的主要来源

林户经营林业所需资金的主要来源，包括自有资金、政府补助、银行贷款、民间借贷和其他五种，设 5 个二分变量 x_{86}，$x_{87}\cdots x_{90}$，分别代表：

$x_{86}\begin{cases}1 & \text{资金主要来源于自有资金}\\0 & \text{资金主要不是来源于自有资金}\end{cases}$

$x_{87}\begin{cases}1 & \text{资金主要来源于政府补助}\\0 & \text{资金主要不是来源于政府补助}\end{cases}$

⋮

以次类推

$x_{90}\begin{cases}1 & \text{资金主要来源于其他}\\0 & \text{资金主要不是来源于其他}\end{cases}$

（十一）经营的主要林种

林农经营的主要林种根据实际情况包括经济林、用材林、生态林和其他，设 4 个二分变量：x_{91}，x_{92}，x_{93}，x_{94}，分别代表：

$$x_{91}\begin{cases}1 & \text{经营的主要林种为用材林}\\0 & \text{经营的主要林种不是用材林}\end{cases}$$

$$x_{92}\begin{cases}1 & \text{经营的主要林种为经济林}\\0 & \text{经营的主要林种不是经济林}\end{cases}$$

$$x_{93}\begin{cases}1 & \text{经营的主要林种为生态林}\\0 & \text{经营的主要林种不是生态林}\end{cases}$$

$$x_{94}\begin{cases}1 & \text{经营的主要林种为其他}\\0 & \text{经营的主要林种不是其他}\end{cases}$$

（十二）对林业的预期

林农对林业的预期，指林农对经营林业的前景是否看好，分为三种情况：第一，认为经营林业大有前途；第二，认为经营林业没有前途；第三，不知道。设定两个 3 分变量 x_{95}，x_{96}，x_{97}，分别代表：

$$x_{95}\begin{cases}1 & \text{认为经营林业大有前途}\\0 & \text{不认为经营林业大有前途}\end{cases}$$

$$x_{96}\begin{cases}1 & \text{认为经营林业没有前途}\\0 & \text{认为经营林业不是没有前途}\end{cases}$$

$$x_{97}\begin{cases}1 & \text{不知道}\\0 & \text{不是不知道}\end{cases}$$

（十三）现有补贴形式

指调查时当地实行的补贴形式，包括直接发放现金、免费或优惠提供优良树种、免费或优惠提供相关技术指导、免费或优惠提供相关市场信息、国家出资帮助修建道路、免费提供培训、补助贷款利息（贴息贷款）、提供保护价和其他。设 9 个二分变量 x_{98}，$x_{99}\cdots x_{106}$，分别代表：

$$x_{98}\begin{cases}1 & \text{现有补贴形式为直接发放现金}\\0 & \text{现有补贴形式不是直接发放现金}\end{cases}$$

$$x_{99}\begin{cases}1 & \text{现有补贴形式为免费或优惠提供优良树种}\\0 & \text{现有补贴形式不是免费或优惠提供优良树种}\end{cases}$$

$\vdots$

以次类推

$$x_{106}\begin{cases}1 & \text{现有补贴形式为其他}\\0 & \text{现有补贴形式不是其他}\end{cases}$$

（十四）林权纠纷

指被调查林户是否有遇到林权（林地使用权、林木所有权和林产品所有权）纠纷，设二分变量 x_{107}，代表：

$$x_{107}\begin{cases}1 & \text{有遇到林权纠纷}\\0 & \text{没有遇到林权纠纷}\end{cases}$$

（十五）林权纠纷的严重性

调查时当地林权纠纷的情况，包括很严重、一般、比较少和很少。设 4 个二分变量 x_{108}，x_{109}，x_{110}，x_{111}，分别代表：

$$x_{108}\begin{cases}1 & \text{当地林权纠纷很严重}\\0 & \text{当地林权纠纷不是很严重}\end{cases}$$

$$x_{109}\begin{cases}1 & \text{当地林权纠纷情况一般}\\0 & \text{当地林权纠纷情况不是一般}\end{cases}$$

$$x_{110}\begin{cases}1 & \text{当地林权纠纷比较少}\\0 & \text{当地林权纠纷不是比较少}\end{cases}$$

$$x_{111}\begin{cases}1 & \text{当地林权纠纷很少}\\0 & \text{当地林权纠纷不是很少}\end{cases}$$

第二节　私有林补贴偏好分析

一、补贴偏好的分析模型

为了分析私有林补贴偏好，首先需要设定因变量，即林农对私有林补贴偏好的变量。根据实际调查统计结果，林农最喜欢的私有林补贴方式有 8 种：直接补贴、免费或优惠提供优良树种、免费或优惠提供相关技术指导、免费或优惠提供相关市场信息、国家出资帮助修建道路、免费提供培训、补助贷款利息（贴息贷款）和税费优惠。因此设 8 个二分变量 y_1，$y_2 \cdots y_8$，分别建立逻辑斯蒂模型如下：

$$
\begin{cases}
\mathrm{logit}(p_1) = a + \sum_{i=1}^{i=111} b_i x_i \\
\text{其中 } p_1 \text{ 为林户最喜欢的补贴方式是直接补贴的概率} \\
\mathrm{logit}(p_2) = a + \sum_{i=1}^{i=111} b_i x_i \\
\text{其中 } p_2 \text{ 为最希望的是免费或优惠提供优良树种的概率} \\
\mathrm{logit}(p_3) = a + \sum_{i=1}^{i=111} b_i x_i \\
\text{其中 } p_3 \text{ 为最希望的是提供相关技术指导的概率} \\
\mathrm{logit}(p_4) = a + \sum_{i=1}^{i=111} b_i x_i \\
\text{其中 } p_4 \text{ 为最希望的是提供市场信息的概率} \\
\mathrm{logit}(p_5) = a + \sum_{i=1}^{i=111} b_i x_i \\
\text{其中 } p_5 \text{ 为最希望的是国家出资修建道路的概率} \\
\mathrm{logit}(p_6) = a + \sum_{i=1}^{i=111} b_i x_i \\
\text{其中 } p_6 \text{ 为最希望的是免费提供培训的概率} \\
\mathrm{logit}(p_7) = a + \sum_{i=1}^{i=111} b_i x_i \\
\text{其中 } p_1 \text{ 为最希望的是补助贷款利息的概率} \\
\mathrm{logit}(p_8) = a + \sum_{i=1}^{i=111} b_i x_i \\
\text{其中 } p_1 \text{ 为最希望的是补助贷款利息的概率}
\end{cases}
$$

其中 b_i 分别代表各个模型中相应自变量的系数。

根据调查数据，应用 spss 软件进行多项逻辑斯蒂回归计算，采用向前逐步回归的方法进行回归。经过 14 步的回归，最终得到了最优模型，见表 6-3。

表 6-3　回归步骤

模型	变量	模型检验			
		名称	Chi－Square(a, b)	df	Sig.
Step 0		Intercept	.		
Step 1	x_{106}	其他形式	98.781	16	.000
Step 2	x_{84}	市场问题	80.358	8	.000
Step 3	x_{101}	市场信息	64.719	8	.000
Step 4	x_{99}	提供良种	53.094	8	.000
Step 5	x_{102}	修道	49.862	8	.000
Step 6	x_{105}	保护价	47.910	8	.000
Step 7	x_{85}	其他问题	36.251	8	.000
Step 8	x_{100}	技术指导	30.640	8	.000
Step 9	x_{77}	不想放弃林地	30.904	8	.000
Step 10	x_{91}	用材林	28.470	8	.000
Step 11	x_{93}	生态林	20.101	8	.010
Step 12	x_{81}	交通不便	20.096	8	.010
Step 13	x_{14}	种粮	17.346	8	.027
Step 14	x_{16}	种林	18.689	8	.017

从标准可以看出，首先进入模型的是变量 x_{106}（现行的补贴形式是否为其他形式），其显著水平 Sig. 为 0.000，显示该变量对林农补贴偏好的影响是很显著的；第二进入模型的变量是 x_{84}（营林遇到的主要困难是否是市场问题），显著水平 Sig. 为 0.000，同样显示该变量对林农补贴偏好的影响是比较显著的；同理，依次进入模型的变量是 x_{101}（现有的补贴形式是否为免费或优惠提供相关市场信息）、x_{99}（现有的补贴形式是否为免费或优惠提供优良树种）、x_{102}（现有的补贴形式是否为国家出资帮助修建道路）、x_{105}（现有的补贴形式是否为提供保护价）、x_{85}（营林遇到的主要困难是否是其他问题）、x_{100}（现有的补贴形式是否为免费或优惠提供相关技术指导）、x_{77}（营林的主要原因是否是不想放弃林地）、x_{91}（经营的主要树种是否是用材林）、x_{93}（经营的主要树种是否是生态林）、x_{81}（营林的主要困难是否是交通不便）、x_{14}（家庭收入的主要来源是否来源于种粮）、x_{16}（家庭收入的主要来源是否来源于种林）。

在确定所有的影响变量后，得到模型拟合情况表 6-4。

表 6-4 模型拟合系数

	卡方检验	自由度	显著度
最终模型	597.223	120	0.000

从表 6-4 我们看到，最终得到的模型很好地解释了因变量，其显著度为 0.000，非常显著。得到模型参数统计表(详见附录一)，根据参数统计表可得如下模型：

$$
\begin{cases}
\log it(p_1) = 21.351 + 0.931x_{14} - 1.694x_{16} + 0.091x_{77} - 0.206x_{81} \\
\quad - 1.443x_{84} + 1.200x_{85} + 0.907x_{91} + 2.875x_{93} - 1.078x_{99} \\
\quad - 0.891x_{100} + 3.486x_{101} + 2.186x_{102} - 11.434x_{105} - 9.826x_{75} \\
\log it(p_2) = 8.833 + 0.715x_{14} - 1.292x_{16} - 0.392x_{77} + 0.089x_{81} \\
\quad - 1.353x_{84} + 1.840x_{85} + 1.025x_{91} + 2.943x_{93} - 2.826x_{99} \\
\quad - 0.631x_{100} + 2.919x_{101} + 2.153x_{102} - 12.441x_{105} + 2.490x_{75} \\
\log it(p_3) = 9.686 + 0.823x_{14} - 1.100x_{16} - 0.979x_{77} - 0.122x_{81} \\
\quad - 1.658x_{84} + 1.049x_{85} + 1.168x_{91} + 2.824x_{93} - 1.585x_{99} \\
\quad - 2.159x_{100} + 2.290x_{101} + 2.268x_{102} - 11.148x_{105} + 1.687x_{75} \\
\log it(p_4) = 8.964 + 1.084x_{14} - 1.653x_{16} + 0.436x_{77} + 0.333x_{81} \\
\quad - 2.169x_{84} + 0.850x_{85} + 0.715x_{91} + 1.802x_{93} - 1.019x_{99} \\
\quad - 0.695x_{100} + 0.883x_{101} + 2.039x_{102} - 11.562x_{105} - 1.976x_{75} \\
\log it(p_5) = 9.583 + 0.205x_{14} - 1.511x_{16} - 0.630x_{77} - 1.017x_{81} \\
\quad - 1.401x_{84} + 1.714x_{85} + 0.133x_{91} + 4.062x_{93} - 1.240x_{99} \\
\quad - 0.183x_{100} + 2.566x_{101} + 0.516x_{102} - 12.205x_{105} + 2.05x_{75} \\
\log it(p_6) = 7.688 + 0.236x_{14} - 0.971x_{16} - 0.447x_{77} + 0.667x_{81} \\
\quad - 2.831x_{84} + 1.563x_{85} + 1.406x_{91} + 2.995x_{93} - 1.177x_{99} \\
\quad - 0.963x_{100} + 2.793x_{101} + 0.216x_{102} - 11.141x_{105} + 2.038x_{75} \\
\log it(p_7) = 6.945 + 1.236x_{14} - 1.584x_{16} - 0.104x_{77} - 0.219x_{81} \\
\quad - 0.753x_{84} + 0.974x_{85} + 0.166x_{91} + 3.314x_{93} - 1.021x_{99} \\
\quad - 1.824x_{100} + 2.037x_{101} + 3.057x_{102} - 12.073x_{105} + 2.850x_{75} \\
\log it(p_8) = 9.055 + 1.897x_{14} - 2.436x_{16} + 0.148x_{77} - 0.274x_{81} \\
\quad - 2.732x_{84} + 1.393x_{85} + 0.463x_{91} + 4.001x_{93} - 0.885x_{99} \\
\quad - 0.814x_{100} + 2.506x_{101} + 2.175x_{102} - 13.795x_{105} + 2.297x_{75}
\end{cases}
$$

二、影响补贴偏好的因素

对上述模型分析的结果进行解释如下：

(一) 影响林农对直接补贴偏好的主要因素

影响林农对现金补贴偏好的 14 个因素构成的具体模型如下：

$$\log it(p_1)=21.351+0.931x_{14}-1.694x_{16}+0.091x_{77}-0.206x_{81}-1.443x_{84}+1.200x_{85}+0.907x_{91}+2.875x_{93}-1.078x_{99}-0.891x_{100}+3.486x_{101}+2.186x_{102}-11.434x_{105}-9.826x_{75}$$

从模型中可以看到，家庭主要收入来源于种粮、不想放弃林地经营、经营用材林的经营者等普遍偏好直接发放现金的补贴方式。在调研中我们了解到，由于林业经营风险大，周期长，加上国家实行的采伐限额制度，使得林农经营林业的报酬率相对偏低，希望国家也能像农业直补一样给予一定的直接现金补贴。

(二) 影响林农对提供种苗补贴偏好的因素

影响林农对提供良种补贴偏好的 14 个因素构成的具体模型如下：

$$\log it(p_2)=8.833+0.715x_{14}-1.292x_{16}-0.392x_{77}+0.089x_{81}-1.353x_{84}+1.840x_{85}+1.025x_{91}+2.943x_{93}-2.826x_{99}-0.631x_{100}+2.919x_{101}+2.153x_{102}-12.441x_{105}+2.490x_{75}$$

从模型中我们知道，在收入的主要来源方面：主要来源于种粮的对提供种苗更加喜欢，发生比高出 1.05 倍，而收入主要来源于种林的偏好提供种苗补贴方式的发生比则要低于不是来源于种林的 0.72 倍，原因在于收入主要来源于种粮的林农可能缺乏林业经营技术，对种苗的选择具有害怕心理，故希望种苗补贴，以减少自己的风险；在经营林种方面：经营用材林和生态林的经营者都偏好提供种苗这种补贴方式；在现有补贴方式方面：现有补贴方式为市场信息、帮助修道和其他形式的地区，林农也偏好提供种苗这种补贴方式；现有补贴方式为提供良种、提供技术指导和提供保护价的地区经营者倾向不选择提供良种这种补贴方式，在具体调研访谈中，我们了解到，产生不倾向于选择良种这种补贴方式的原因在于林农认为，由于有技术人员的指导，种苗的选择林农个人可以办到，但对于市场信息、林道修建等具有外溢性的支出林农显得力量单薄，故在这些地区倾向于市场信息、帮助修道和其他形式的补贴。

(三)影响林农对提供技术指导偏好的因素

影响林农对提供技术指导偏好的因素同样有 14 个。具体模型如下：

$$\log it(p_3) = 9.686 + 0.823x_{14} - 1.100x_{16} - 0.979x_{77} - 0.122x_{81} - 1.658x_{84} + 1.049x_{85} + 1.168x_{91} + 2.824x_{93} - 1.585x_{99} - 2.159x_{100} + 2.290x_{101} + 2.268x_{102} - 11.148x_{105} + 1.687x_{75}$$

根据模型的信息显示，在家里的主要收入来源方面：收入来源于种粮的经营者，更偏好技术指导，发生比高出不是来源于种粮的 1.28 倍，这主要是以种粮为主的林农的营林技术缺乏，希望政府能大力提供技术指导。收入主要来源于种林的经营者偏好技术指导的发生比则要低于不是种林的经营 0.67 倍；在经营遇到的主要问题方面：遇到主要问题是交通不便和市场问题的经营者相对于遇到的主要问题不是这些的经营者不偏好技术指导这种补贴方式，分别低 0.14 倍和 0.81 倍，原因在于由于林农对经济效益的追求，市场信息相对于技术指导可能经济效益来的更明显；遇到其他问题的经营者则更偏好技术指导，在具体访谈和问卷回答中，我们了解到，其他问题主要是病虫害的防治和抚育管理技术；在经营的主要树种方面：经营用材林和生态林的经营者都比较偏好技术指导的补贴方式；在现有补贴方式方面：提供市场信息、帮助修道和补贴方式为其他形式的地区经营者也都偏好技术指导的补贴方式。

(四)影响林农对提供市场信息偏好的因素

影响林农对提供市场信息偏好的因素同样有 14 个。具体模型如下：

$$\log it(p_4) = 8.964 + 1.084x_{14} - 1.653x_{16} + 0.436x_{77} + 0.333x_{81} - 2.169x_{84} + 0.850x_{85} + 0.715x_{91} + 1.802x_{93} - 1.019x_{99} - 0.695x_{100} + 0.883x_{101} + 2.039x_{102} - 11.562x_{105} - 1.976x_{75}$$

模型显示，在经营收入的主要来源方面：来源于种粮的经营者偏好提供市场信息这种补贴方式，比主要收入不是来源于种粮的发生比高出 1.96 倍，可能在于以林业为主要收入的林农可能具有比种粮林农更多的市场信息，因为林业是他们的主业，他们有自身的驱动力去收集市场信息，所以偏好没有种粮的经营者强；在经营林地的原因方面：因为不想放弃林地而经营林业的经营者选择提供市场信息这种补贴方式的发生比要高于不是这种原因的经营者 0.55 倍；在经营遇到的最主要困难方面：交通不便和其他问题的经营者更偏好提供市场信息；在经营的主要林种方面，经营用材林偏好提供市场信息的补贴方式，发生比高出不是经营用材林经营者 1.05 倍。

（五）影响林农对国家出资修道补贴方式偏好的因素

影响林农对国家出资修道补贴方式偏好的因素同样有 14 个。具体模型如下：

$$\log it(p_5)=9.583+0.205x_{14}-1.511x_{16}-0.630x_{77}-1.017x_{81}-1.401x_{84}+1.714x_{85}+0.133x_{91}+4.062x_{93}-1.240x_{99}-0.183x_{100}+2.566x_{101}+0.516x_{102}-12.205x_{105}+2.05x_{75}$$

上述模型显示，在经营者主要收入来源方面：来源于种粮的经营者更偏好国家出资修道的补贴方式，相对不是来源于种粮的，经营者偏好的发生比提高 0.23 倍；在经营的主要林种方面：经营用材林和经营生态林的经营者都偏好这种补贴方式，发生比分别比不是经营用材林和生态林的提高 0.14 倍和 57.06 倍；在现有的补贴方式方面：现有补贴方式为提高市场信息、国家出资修道和其他形式的地区经营者偏好这种补贴方式，偏好发生比分别比现有补贴方式不是提高市场信息、国家出资修道和其他形式的地区高出 12.02 倍、0.68 倍和 6.79 倍。

（六）影响林农对免费提供培训补贴方式偏好的因素

影响林农对免费提供培训补贴方式偏好的因素同样有 14 个。具体模型如下：

$$\log it(p_6)=7.688+0.236x_{14}-0.971x_{16}-0.447x_{77}+0.667x_{81}-2.831x_{84}+1.563x_{85}+1.406x_{91}+2.995x_{93}-1.177x_{99}-0.963x_{100}+2.793x_{101}+0.216x_{102}-11.141x_{105}+2.038x_{75}$$

模型信息显示，在主要收入来源方面：种粮的经营者偏好免费提供培训的发生比是主要收入不是种粮的 1.266 倍，而主要收入为种林的偏好发生比则要低于不是种林的 0.62 倍；在经营遇到的主要困难方面：交通不便和其他问题的经营者都偏好这种补贴方式，分别高出 0.948 倍和 3.773 倍；在经营的主要林种方面：经营用材林和生态林的经营者都偏好这种补贴方式，发生比分别高出 3.08 倍和 18.98 倍；在现有的补贴方式方面：现有补贴方式为市场信息、国家出资修道和其他形式的地区经营都偏好这种补贴方式，发生比分别高出 15.33 倍、0.24 倍和

6.68 倍。

(七)影响林农对补助贷款利息补贴方式偏好的因素

影响林农对补助贷款利息补贴方式偏好的因素同样有 14 个。具体模型如下：

$$\begin{aligned}\log it(p_7) = & 6.945 + 1.236x_{14} - 1.584x_{16} - 0.104x_{77} - 0.219x_{81} \\ & - 0.753x_{84} + 0.974x_{85} + 0.166x_{91} + 3.314x_{93} - 1.021x_{99} \\ & - 1.824x_{100} + 2.037x_{101} + 3.057x_{102} - 12.073x_{105} + 2.850x_{75}\end{aligned}$$

从上述影响林农对补助贷款利息补贴方式偏好因素的模型可以看到，在主要收入来源方面：主要来源于种粮的经营者偏好补助贷款利息的补贴方式，发生比是不是种粮的 3.44 倍，提高了 2.44 倍；在经营遇到的主要问题方面：遇到交通不便和市场问题的经营者偏好这种补贴方式发生比降低 0.20 倍和 0.53 倍，遇到其他问题的经营者则更偏好这种补贴方式，发生比提高 1.65 倍，这里的其他问题主要是资金短缺；在经营的主要林种方面：经营用材林和生态林的经营都更偏好这种补贴方式；在现有补贴方式方面：现有补贴方式为提供市场信息、国家出资修道和其他形式偏好国家补助贷款利息的发生比则提高 6.67 倍、21.27 倍和 16.28 倍。

(八)影响林农对税费优惠补贴方式偏好的因素

影响林农对提供保护价补贴方式偏好的因素同样有 14 个。具体模型如下：

$$\begin{aligned}\log it(p_8) = & 9.055 + 1.897x_{14} - 2.436x_{16} + 0.148x_{77} - 0.274x_{81} \\ & - 2.732x_{84} + 1.393x_{85} + 0.463x_{91} + 4.001x_{93} - 0.885x_{99} \\ & - 0.814x_{100} + 2.506x_{101} + 2.175x_{102} - 13.795x_{105} + 2.297x_{75}\end{aligned}$$

从模型中得到，经营用材林的林农偏好税费优惠政策，不管是以种粮为主还是以种林为主的林农也都偏好这种补贴方式。

上面主要基于南方九省区调研数据，运用逻辑斯蒂模型分析了林农所偏好的私有林补贴政策。可以看出，家庭主要收入来源于种粮、不想放弃林地经营、经营用材林的经营者偏好直接发放现金的补贴方式，可见，直接补贴是最受林农欢迎的，因此在设计补贴制度时应考虑到这一点。另外，由于林农自身的原因及所处环境不同，对补贴方式的偏好各有不同，如有的希望技术补贴，有的希望税费优惠，有的希望融资贷款补贴，有的则希望提供市场信息和林道补助，这也充分说明了林农普遍存在这些补贴政策后面所反映出来的问题，如直接补贴偏好折射私有林投资报酬率偏低、技术偏好和市场偏好折射私有林社会服务体系不健全、林道修建折射私有林基础设施建设缺失、贷款利息补贴折射出私有林发展中的融资问题、税费补贴折射私有林税费偏高的问题等等，可见，由于林农自身素质以及能力的原因，其在经营中出现很多自身无法克服的问题(对于兼营林业的林农来说，问题更多，这一点可以从以种粮为主的林业经营者补贴偏好中可以看出)，他们迫切需要政府给予一定的扶持。林农补贴偏好为我们补贴制度设计方向提供了参考。

第七章

国外私有林补贴制度

私有林补贴制度从萌芽到初步形成再到现在的在世界范围内的广泛建立，已经有一百多年的历史了。但是对我国而言，私有林的发展才刚起步，需要通过实施补贴来促进私有林的发展。因此，借鉴林业发达国家在私有林补贴方面的成功经验，并结合本国实际，逐步建立和完善我国的私有林补贴制度，是推动我国社会经济可持续发展的现实选择。本章以工业革命为主线，概括了私有林补贴制度形成的三个阶段，勾勒出世界性私有林补贴制度的发展轨迹，并进行经济学的分析，揭示了私有林补贴制度诞生的客观必然性；同时对私有林发展的具有典型性的三个国家：美国、日本、德国的补贴制度及相关政策进行比较研究，总结出各个国家私有林补贴制度的特性与共性，并深入分析其潜在的原因，以期为我国私有林补贴制度的构建提供借鉴。

第一节　世界私有林补贴制度的形成与发展

世界各国私有林的发展道路虽然不尽相同，但基本上都经历了从产生时期、到工业革命初期的形成时期、工业革命后的快速发展时期和今天的转型时期(李智勇，2003)，工业革命是世界私有林发展的转折点。但是，私有林补贴制度的形成则相对滞后，直到20世纪初才得以形成。事实上，工业革命对世界私有林补贴制度的形成起到间接的促进作用，当然，这是一个漫长的过程，在工业革命后的近百年时间里，世界私有林补贴制度也逐渐走向完善，其过程可以概括为萌芽、形成、发展的三个阶段。

一、萌芽阶段(20 世纪初至 20 世纪 20 年代)

制度的产生都有它深刻的社会经济背景与土壤，私有林补贴制度也不例外，它的萌芽是在工业革命时期，由于工业的发展对木材产生了强烈的需求，从而导致森林的破坏，引起社会对林业的关注和相关政策的调整。

(一)工业革命导致木材需求的急剧扩张(16 世纪至 19 世纪中叶)

关于工业革命的起止时间，学术界存在着较大的分歧，但大多数学者倾向于把它界定在 1760 ~ 1830 年间(杨豫等，1994)。在工业革命前的原始资本积累时期和工业革命时期，百业待兴，资金短缺，技术落后，为了支持工业的发展只能用牺牲森林资源的办法来提供廉价的木质能源和各种工业用材。随着工业的发展，人类对原始森林大肆砍伐和使用，致使一些国家或一些国家的某些地区的森林资源急剧减少，生态环境遭到严重的破坏。欧洲是工业革命的发源地，各工业化大国此时相继经历着从木材需求的急剧扩张到最后木材资源的严重匮乏阶段。例如，到 19 世纪中叶，英国的天然林资源已消耗殆尽，第一次世界大战爆发后，由于四面环海，英国的木材进口受阻，木材的供给只能来源于国内仅存的原始森林(李屹，陈兴良，2004)；由于过度开采，到 18 世纪末，德国森林也已近稀疏或无林，木材出现严重的短缺(王晓东等，2003)。

(二)缓解木材需求紧张政策的提出(18 世纪初至 20 世纪初)

为解决对木材需求的急剧增加与木材供给有限之间的矛盾，欧洲各工业及林业大国出现了许多应对政策。

1. 促进林业发展新理论的提出

为满足本国对木材的需求各工业大国纷纷制定了促进林业发展的政策。最为典型的是德国林学家卡洛维茨(Carlowitz)于 1713 年提出的“森林永续利用理论”，经过其后多位林学家的继承和发展，该理论得到了补充和完善，在世界林业发展史上具有里程碑的意义(董智勇，司洪生，1996)。

2. 新政策的制定和实施

基于木材供求紧张的现实，并在新理论的指导下，英国政府于

1919 年颁布了《林业法》，首先提出了建立林业基金制度，并成立了林业委员会，但此时的林业基金主要用于发展国有林（蔡剑辉，2001）。

同时，各个国家也相继出台了增加木材供给发展林业的新政策。其中，以北欧的芬兰和瑞典最为典型。1734 年，芬兰划定了私有林地和国有林地的边界，这被认为是芬兰现代私有林制度的开始。18 世纪 50 年代开始的《分割大法》对森林所有权作出了更加明确的规定，导致了许多独立的世袭农场的出现，随着这些农场的进一步划分，最终产生了当今芬兰特有的大量家庭小农场和众多私有林主的现象。随着现代私有林制度的发展，芬兰的木材供给量也显著地增加，林业开始成为国民经济的重要产业，目前，其森林工业贸易额占世界贸易总额的 15% 左右（李智勇，2003）。

从 1823 年起，瑞典把人烟稀少的诺尔兰的大片林地分给农民自由开发，1827 年开始实行“土地改革”，大多数农民拥有少量的可耕地和大片林地，林地构成了农民的基本生产和生活资料，这为其私有林的发展奠定了基础。19 世纪 50 年代以后，欧洲经济的发展刺激了瑞典原木的大量出口，同时，瑞典木材工业也开始飞速发展，1850 年瑞典出现了第一家由蒸汽驱动的锯木工厂，1857 年首家生产纸浆的工厂开业，木材工业的迅速扩张，导致对国内木材需求量的激增。但是，由于连年无节制的自由采伐，到了 19 世纪 80 年代，许多重要森林已濒枯竭（赵爱云，2001）。

（三）私有林补贴制度的萌芽

旨在解决木材紧缺的政策推动了私有林补贴制度的形成与发展。鉴于之前对森林无节制的开采所导致的严重后果，瑞典政府于 1903 年通过了第一部《森林法》，该法律在限量采伐、永续利用的原则下，着重引导私有林主对私有林采用人工更新。伴随着《森林法》的颁布，瑞典政府于 1905 年成立了县林业委员会。该委员会对森林法的贯彻与实施起到了重要的作用。一方面，它向国家林业局报告本县的私有林经营情况；另一方面，它为林主和公众提供服务，包括：向林主宣传和贯彻森林法；向公众和有关单位提供关于本县森林的资料；以及支取和发放林业补助金，提供技术咨询等。同时，瑞典在其他政策中对小林主也采取一些优惠措施，如规定了林业贷款的低利率，约为 3%；对迹地更新和森林保护实行财政补贴，使小林主的经济生活渐趋稳定（赵爱云，2001）。虽然此时对私有林的补贴只是作为次要的补充，并没有形成系统、稳定的法律，但这标志着世界私有林的发展正向一个崭新的阶段迈进，私有林补贴制度开始萌芽。

二、私有林补贴制度的形成阶段（20世纪20年代至40年代初）

最早建立私有林补贴制度的是瑞典和芬兰。

随着1903年颁布的《森林法》的有效实施，瑞典政府逐渐加大了对私有林的扶持力度。瑞典政府不提倡以税收来调节经济，但主张用补贴来鼓励林业优先发展领域和扶持林业的薄弱环节（赵爱云，2001）。从20年代起，瑞典便建立起对私有林的造林补助基金制度，由国家林业局做年度补助金计划，经议会批准后，由国库拨交国家林业局统一掌握，并由省林业委员会发放。补助对象是：造林、林道建设、林地排水等，补助标准最高可达50%。1927年以后，造林补助基金的补助范围由新造林扩大到整个营林生产过程，补助金额也稳步增长（蔡剑辉，2001）。

由于芬兰与瑞典在历史上是一个联合王国，它们的林业发展史也极具相似性，都属于世界林业大国和私有林大国。为了鼓励私有林主提高森林经营强度，1928年在总理塔内尔的倡议下，芬兰颁布了《森林改造法》，国家通过预算拨款资助森林改造工程（李智勇，2003）。

从世界私有林补贴制度产生的历程中我们可以看出，各国政府为了促进私有林的发展，鼓励私有资金投入林业（商品林），以解决木材供需矛盾和生态环境建设，而对私有营林主体无偿转移财政资金的一系列政策组合和制度安排，形成了私有林补贴制度。

三、世界私有林补贴制度的发展阶段（20世纪40年代中期至现在）

正是瑞典政府对私有林的大力扶持，瑞典私有林取得了空前的发展，也使得瑞典成为林业发达国家之一。20世纪40年代以后，在欧洲率先形成的私有林补贴制度随后逐渐向北美洲的美国、大洋洲的新西兰和亚洲的日本等地区和国家扩散。而作为工业化大国的英国、法国、日本、德国、美国等，则是在20世纪40年代以后才开始建立私有林补贴制度。工业发达国家的私有林制度建设的相对滞后的主要原因是：一是受1929年经济大萧条的影响，各工业化国家相继陷入经济危机，恢复经济是第一要务，现实上也没有更多的经济能力来对私有林实施补贴；二是第二次世界大战的出现，当时，主要工业化国家都陷入了战争的泥潭，根本没有更多的精力来考虑发展本国经济。因此，直到第二次世界大战结束后，各工业化国家才重新把重心转移到发展经济的轨道上来，包括建立对私有林补贴制度，因为这一制度的实施符合当时的社会发展需要，所以在之后的10年间，私有林补贴制度才逐步从欧洲这个中心向世界范围扩散。

20世纪后期，随着全球生态环境的恶化，保护和改善生态环境成为各国政府面临的重要问题。尽管私有林是私有财产，但它在实现木材生产目标的同时，也承担了保护和改善生态环境的重任，发挥着十分重要的作用。正因此，各国对私有林采取了多样化的补贴措施。而私有林补贴制度的逐步完善，也极大地促进了这些国家林业的飞速发展。

(一)在西欧的发展

1. 英　国

英国在1919颁布《森林法》进而设立林业基金后，还于1945年、1947年和1974年先后通过三个法案，对私有土地长期用于造林的私人进行资助，资助方式有：①甲种补助法。个人以其土地永远用于生产木材，政府每年补助其造林和抚育费用的25%，直至收益期为止。②乙种补助法。凡个人的10 hm^2 以上的土地长期用于生产木材、涵养水源、保护农田、净化空气者，每公顷发给造林费用100英镑(针叶林)或225英镑(阔叶林)，此外每公顷每年发给抚育费3英镑，针叶林发至25年，阔叶林发至50年。由于建立了国家林业基金制度和林业补助金制度，英国的森林覆盖率已由一战时期的4%上升至现在的10%，森林增长量居西欧之首，成为少林国家森林资源稳定增长的典范(蔡剑辉，2001)。

2. 法　国

法国则于1946年设立国民林业基金(FFN)制度对林业实行宏观调

控。基金来源为森林工业税收，课税对象为原木、锯材、纸及纸板等。FFN 主要用于资助私人造林以及发展林区道路建设、病虫害防治工作等。基金总收入中扣除 4.35% 归农业部预算，0.91% 归木材应用宣传基金会，7.5% 归木材技术中心，4.25% 归全国农业发展联合会，4.25% 给各地区林产主中心，余下 78.74% 归 FFN。基金提供的资助方式有：①无偿补贴，以实物或现金支付给受援者。②奖金，对造林面积在 10hm^2 以上的私人进行奖励，奖励的额度为造林投资的 30% ~40%。③现金贷款，用于补足造林投资的缺额部分，年利率 0.25% ~1.5%，偿还期 30 ~50 年。④契约工程，即由林地所有者提供土地，由国家造林、抚育、采伐，直至契约义务全部完成，所得收入在清偿债务和利息后，利润对半分享。在 2000 年前后，法国国民林业基金总额每年约为 4 2 亿法郎，其中 2 7 亿法郎用于扶持造林(蔡剑辉，2001)。

3. 德 国

德国分别于 1956 年和 1969 年先后颁布了《私有林管理法》和《林业合作法》，对私有林主予以 15 年的经费补贴。前 5 年给予所耗经费的 40% 补贴，第 2 个 5 年为 30%，最后 5 年为 20%(蔡剑辉，2001)。

(二)在北美洲、大洋洲和亚洲的发展

1. 美 国

为鼓励私有林造林和育林，美国于 20 世纪 60 年代末至 70 年代初实施了造林补助金制度和林业退税政策联邦政府每年拨给林业部门 130 万美元的造林补助基金，用于私有林主的造林补助；1980 年美国国会通过了鼓励私有林主造林的退税政策，规定：每个纳税人可以退 1 万美元的营林投资税，造林年度先退 9%，其余 91% 分 7 年平均退还，期间，如果私有林主改变林地用途，则依照法律课以高税率，并追缴退税(蔡剑辉，2001)。

2. 新西兰

20 世纪 80 年代之前，国家对私营林业公司和小林主采取造林补助政策，国家给予成本 45% 的补助；80 年代后，改为中立税制，即私营林业公司和小林主在计算向国家交税的收入中扣除成本。这样，既减少了私有林主的交税金额，又降低了交税比例，从而鼓励了更多的人从事造林事业(蔡剑辉，2001)。

3. 日 本

日本对私有林的造林补助金制度建立于20世纪40年代后期，一般是造林（人工林、天然林改造、抚育等）补助费用总额的40%（政府负担30%，地方负担10%）；特殊林地改良补助70%（政府50%，地方20%）；复层林示范区造林、抚育等补助60%（政府和地方各30%）（蔡剑辉，2001）。

（三）私有林补贴制度发展轨迹的分析

纵观私有林补贴制度的发展轨迹，其在时间上明显滞后于私有林，具体表现在两个方面：第一，出现时期远远落后于私有林。虽然，私有林补贴制度的出现时间落后与私有林的出现时间，这符合事物发展的规律，是正常的，但两者之间的时间跨度大，又是不正常的。芬兰、瑞典、德国、法国等国的私有林雏形可追溯到11世纪（李智勇，2003），而对私有林实施补贴直到20世纪初才出现萌芽，两者的时差近1000年，在人类漫长的历史长河中，这占据了几乎1/4。第二，出现时期明显落后于对私有林的其他相关政策，进入18世纪，伴随着工业革命的迅猛推进，一系列关于私有林的扶持政策应运而生，主要是围绕缓解木材需求压力而设立的，对于木材需求国家而言，它们所实行的政策更像是计划经济，国家对私有林的经营实行管制，而对木材供给国家而言，它们的政策更像是市场经济，为私有林主提供一个相对轻松的营林环境，并没有涉及补贴。作为工业发达国家的代表，英国于1919年颁布的《林业法》虽然有出现补贴，但其补贴对象是国有林，其他工业化国家的补贴政策也是先着眼于国有林的，北欧的瑞典、芬兰由于其地理上的优势及私有林长期以来在国民经济中的主导地位，私有林补贴制度的形成相对较早，但也是到20世纪20年代。而世界性的私有林补贴制度的形成则是在20世纪40年代中期以后。

私有林补贴制度的相对滞后于私有林的发展是有它的客观原因的。从经济学的角度上看，一个产业在其出现初期竞争力是比较弱的，需要国家政策上的保护，补贴可以是一种理想的选择，但是，私有林在工业革命初期形成时，并不是以一个产业而存在的，而主要是为了满足人们自己的生活需求，如：盖房子、取火、搭桥等，那时候在木材的利用方面还处于自给自足的方式，政府对私有林主的营林活动基本是不会干预的；当一个产业处于发展时期时，政府是不会对其进行保护的(这里仅考虑一国或一地区范围内，不考虑国际贸易)，因为西方国家当时信奉的是亚当·斯密的自由市场经济思想，崇尚优胜劣汰的生存法则，在工业革命完成以后，私有林开始进入市场经济时代，政府对其采取自由放任的政策(瑞典、芬兰)；一个产业处于蓬勃发展时期，由于客观条件的限制——资源的短缺，其发展陷入了困境，政府对其进行干预则显得尤为重要，这时候补贴不失为一种很好的方式，19 世纪末，由于过度砍伐，瑞典的私有林消耗殆尽，为了保持私有林这一产业的持续发展，瑞典于 1903 年通过了第一部《森林法》，把限量采伐、永续利用纳入基本法规，同时为了激发私有林主的营林积极性，对其实施补贴具有显著的效果，私有林补贴进入了萌芽阶段。

到了 20 世纪 20 年代，瑞典和芬兰的私有林补贴制度基本形成，但作为工业化大国的英国、法国、日本、德国、美国却是 20 年后才开始建立该国的补贴制度，其可能的原因有两个：一是受到 1929 年经济大萧条的影响，当时各工业化国家相继陷入经济危机之中，恢复经济是第一要务，现实上也没有更多的经济能力来对私有林实施补贴；二是受到第二次世界大战的影响，当时，主要工业化国家都陷入了战争的泥潭中，根本没有更多的精力来考虑发展本国经济，况且在战争环境下着手经济建设经常是没有回报的，这是由于战争对整个国家会带来破坏性甚至是毁灭性的打击。因此，直到第二次世界大战结束后，各工业化国家才重新把重心转移到发展经济的轨道上来，对私有林实施补贴符合当时的社会发展需要，在之后的 10 年间，私有林补贴制度的建立形成了以欧洲为中心向世界范围扩散的局面，世界性的私有林补贴制度开始形成。

第二节　美、日、德私有林补贴制度比较

美国、日本、德国三个国家的私有林补贴制度有一定的典型性，所以进行比较分析。为便于比较，本文把补贴的类型分为正向补贴与逆向补贴。由于税收和信贷都会导致私有林主收入的减少，它们被认为是负补贴，而实施税收优惠政策和信贷优惠政策可以使私有林主收入减少的

幅度降低，这等同于给予私有林主直接的经济扶持，这里把这类的扶持政策规定为逆向补贴，逆向补贴是专门针对负补贴而言的；与此相对应，直接的财政扶持政策则定义为正向补贴，正向补贴是专门针对传统意义上的补贴而言的。

一、三个国家的私有林发展概况

（一）美 国

美国私有林地占全国林地总面积的63.3%，私有林（1.74亿hm^2）占全国森林面积的57.6%。美国私有林具有四个特点：一是营造林的主体。2001年全国共造林107.8万hm^2，政府系统造林9.7万hm^2，仅占9%；私有林主造林98.1万hm^2，占91%，其中非工业私有林主造林51.7万hm^2，接近全国造林面积的一半。二是木材生产的主力。私有林的木材生产占全国木材生产的95%。三是主要分布在东部地区。东部地区平原多、河流多、降水多，自然条件较西部好，私有林面积达1.28亿hm^2，占全国私有林面积的74%，占东部地区森林面积的81%。四是非工业私有林主众多。全国私有林主有990万~1000万个，在私有林中，不经营林产工业的非工业私有林主拥有森林1.47亿hm^2，占84.5%；经营林产工业的私有林主拥有森林0.27亿hm^2，占15.5（杨继平，2003）。

（二）日 本

日本是一个森林资源非常丰富的国家，林地私有化程度高，在全国2514.6万hm^2森林中，私有林面积为1457.2万hm^2，占森林总面积的57.9%。林地私有化的改革大大促进了森林植被的恢复，在全国的森林面积中，人工林面积为1035万hm^2，占41%，这些人工林多数是第二次世界大战后实施私有制营建的，现在81%以上达到了中龄林和成熟林。在林业经营户中，多数是小规模经营，全国共有林业用户105万户，其中1~5hm^2的林业用户为74.7%，5万~10万hm^2的林业用户为13.7%，10~50hm^2的林业用户10.6%，50hm^2以上的林业用户只有1%（研修团，2005）。日本的私有林之所以能够得到长期稳定的发展，是与日本多年来实行的各种扶持政策分不开的。特别是第二次世界大战以后，为了尽快重建遭受严重破坏的森林和生态环境，保证木材的稳定供给，中央及地方政府对私有林给予了多方面的扶持，极大地推动了私有林的发展(王登举，2004)。

(三)德　国

德国的私有林地和林木所有权归私人所有，总面积达 497.8 万 hm^2，占全国森林总面积(不包括经济林)的 46%，是德国林业所有制形式中比重最大的。全德国有 100 多万个私有林主，平均每个拥有森林不到 $5hm^2$，只有 2% 的私有林主拥有森林面积超过 $50hm^2$(薛康，2000)。根据 2003 年的农业报告，2001 年德国按全部森林所有制的平均收益计算，亏损达每公顷 33 欧元，该年 200 hm^2 以上的大私有林企业一多半出现赤字。这种状况至今也没有改善，而且由于木材价格下跌，林业企业的情况会更糟。

二、私有林正向补贴的对比分析

(一)美　国

虽然美国成立的时间只有短短的 200 多年，但由于其经济、社会各方面综合实力的强大，使得其在私有林补贴方面比发展中国家具有优势，甚至比一些林业发达国家更加完善。在美国许多的法律都是由各个州自行设立的，在国家整体规划下，各州之间由于实际情况的差异，补贴制度也存在较大的差别。

1. 造林成本补贴

美国私有林的造林成本补贴有 4 种类型：森林资源营造型、农地保护型、环境保护型、固氮型。

(1)森林资源营造型。以森林土地为特定对象，补贴目的是为了发展森林的功能利用，主要内容为制定计划、造林、林分改良等整备作业。补贴比例 60% ~75%，1996 年造林面积约 37.5 万亩，补贴总额 450 万 ~600 万美元，每亩一年的补贴额为 12 ~16 美元。预算规模虽然很大，但并不是扩大造林，因此对扩大木材资源效果不大。

(2)农地保护型。以农地、草地及森林为主要对象，补贴目的是通过休耕保护环境和减轻农业环境负担，主要内容是维持、营造草地或森林，恢复野生生物生息地，改善水边区域、肥料等自然环境。补贴年限为 5 年，补贴比例 50% ~75%，造林面积约 1600 万亩，补贴总额 1.25

亿~1.75亿美元，每亩一年的补贴额为7.4美元。虽然由于规模大所以用于造林的支出也大，但这种补贴促进了森林面积的增加，对私有林的木材资源扩大的效果明显。

(3)环境保护型。以野生生物生息地和湿地、水边和侵蚀危险地为特定对象，补贴目的是水土保持和保护野生生物以及恢复和保护湿地，主要内容是改良、营造草地或森林，改善野生生物生息地、改善湿地保护植被、造林、林分改良以及修建贮水池等。补贴比例50%~75%，且有的项目每年按10%~50%增加，对于地区的重要生物物种，可制定生息地保护计划优先成为补助对象，但期限较短仅为5~10年，并且在契约结束后土地处理没有明确的规定，因此影响了效果。

(4)固氮型。以农地为特定对象，补贴目的是固氮，主要方式是农地造林、补贴比例为60%。固氮造林补助是近年才有的，现在还未成为联邦政府补助事业，只是由电力公司等出资在5个州实施。但美国总统在1993年制定的“气候改善行动计划”中已经把“改善私有林管理”作为战略之一提出来，还要求农业部增加扶持金额以促进改善管理和扩大造林，因此，固氮造林补助有可能成为联邦一级的补贴事业内容。由于固氮造林占用的是非林地，所以促进了森林面积的增加，也就扩大了木材资源。

以上这些补助事业的对象限于公司以外的小规模(6000亩以下)的农家和个人等，每年接受一定数额的补助金，根据不同政策，契约从5~10年到10~15年不等(李星，2000)。

2. 生态效益补偿

美国的生态效益补偿措施可以分为两种：州自行设立的补偿制度、联邦与州共同发起的补偿制度。其中，第二种补偿制度所涉及的范围更为广泛。

(1)州自行设立的补偿制度。根据联邦政府《清洁空气法案》和《清洁水法案》的有关规定，由于靠近河溪的牧地或河溪两岸304.8m(1000英尺)内土地易发生土壤侵蚀，河流和小溪岸边的缓冲地带必须保留一定宽度的林带。为了涵养水源，保持水质，《华盛顿州森林指南》规定，河流和小溪两岸边必须保留60m宽的防护林带。这给私有林主的经济造成损失。为了补偿私有林主的损失，华盛顿州政府规定：与防护林带接壤地带的森林采伐销售单位，以市场价核算防护林带的森林价值，并按其总价值的50%给予林主一次性补偿。

（2）联邦与州共同设立的补偿制度。为了在河岸缓冲区种植林木和恢复湿地，以改善水质、减少土壤侵蚀和保护野生动物栖息环境，美国联邦与一些州共同启动了名为保护区建设（Conservation Reserve Enhancement Program，CREP）的流域管理新项目，该项目对自愿放弃农业生产而进行植被恢复的土地所有者提供10～15年的财政扶持，以保护生态脆弱的土地。

参与CREP项目的义务是，土地所有者必须同意在合同期内（通常为10～15年）维护、保持和管护种植的林木。参与者可以选择种植护岸森林（70%租金补助）或草原缓冲带或湿地（50%租金补助）。在合同期内，这些报酬将按年度付给。例如：林主营造护岸林，每英亩可获得的补偿为：土地租金70美元+租金补助49美元（7070%），即每英亩可获得119美元的补助。马里兰州的土地所有者在种植河岸森林时将获得100%的补偿，种植草原缓冲带或湿地时获得87.5%（或者更多）的补偿。如果土地所有者出售土地使用权，他可以一次性获得租金，其数量各地不同。如Allegany县为每英亩[①]702美元，Balcimore县为每英亩2716美元，平均为每英亩1234美元。如在Fredellck县，出让10英亩河岸森林使用权15年，每年的租金为1105美元，预期收益为8350美元，总补偿为24925美元（15年×1105美元/年+8350美元）（钱玉如，2002）。

（二）日　本

日本私有林补贴制度起源于第二次世界大战以后，战争使得日本的森林覆盖率、林木蓄积量急剧下滑，为了缓解当时木材需求的紧张局面，对私有林的补贴制度应运而生。经过半个多世纪的发展与完善，日本私有林发展的焦点已从增加木材供应转移到加强生态效益与社会效益的可持续发展轨道上来，相应的其他私有林扶持政策也陆续地出现，如：林道建设补贴、税收优惠政策、信贷优惠政策等。在私有林补贴政策方面，由于其雄厚的经济实力，日本目前已经赶上林业发达国家了。

① 1英亩=4048.2m^2。

1. 造林成本补贴

日本现行造林成本补贴制度分为一般造林补贴和瘠薄地造林补贴两种。一般造林补贴对象为：小规模林业家庭造林，荒山荒地的扩大造林，天然林迹地更新，人工迹地更新，人工促进天然更新和森林火灾病虫害等灾害造林地的恢复造林等。一般造林补贴 40%，其中政府负担 30%，地方负担 10%。瘠薄地造林的补贴对象是指在土地缺乏养分，林木基本停止生长或极为不良的林地上的造林，因为其需要采取特殊整地方法，所以需经费多、时间长，故该补贴较一般造林地补贴标准高，为 70%，其中政府负担 50%，地方负担 20%。

都道府县对造林者补贴的一部分费用或自行造林时，国家给予部分补贴。主要对造林事业、指导监督业务、适地适数调查、组织造林推进对策调查事业支付补贴。补贴率分为 40%、50% 和 70% 不等。补贴分别由国家和都道府县按 3:1 或 5:2 的比例分别承担。

按私有林造林成本补贴的发展过程以时间序列划分，可以分为以下五个阶段：

(1)萌芽阶段。1946 年，日本为了加速森林资源的恢复与重建，将造林列为重要的公共事业之一，开始对民间造林实行半额财政补贴(1947 年起改为中央财政 40%，地方财政 10%)。这一政策在 1950 年制定的《造林临时措施法》和 1951 年的新《森林法》中得到了法律支持。在这一政策的推动下，日本的造林面积连年增加，从 1946 年的 5 万 hm^2，发展到 1950 年的 30 万 hm^2，到 1955 年达到了 40 万 hm^2(王登举，2004)。

(2)成熟阶段。经过 10 年的实践，日本于 1956 年制定了《林业相关事业补助金等的支付纲要》(以下简称《纲要》)，重新确立了补助标准。规定凡人工造林面积 0.1 hm^2 以上或天然林改造 0.3 hm^2 以上者，国家财政给予造林成本的 30%，地方财政给予 10% 的补贴。事实上，这一补贴率只是一个原则性基数，在实际操作中，都要按照不同时期的工作重点，对各种造林项目的补贴率进行调整。例如，当时对扩大造林(指天然林采伐迹地造林和荒山荒地造林)补贴的最低线为 48%，而对更新造林(指人工林采伐迹地造林)补贴的最低线为 24%(王登举，2004)。

(3)重点加强阶段。随着森林恢复目标的完成，日本于1973年对《纲要》进行了一次较大的修改(表7-1)。这次修改后的主要特点是：①加大了对扩大造林的补助力度，从表7-1可以看出，所有项目的补贴率均不低于40%，最高的达到了68%；②进一步缩小了更新造林的补助范围，除灾害恢复和保安林、自然公园的更新造林外，一般用材林的更新造林原则上不再列为补贴对象；③减少了对一般造林的补助，而将补助重点转向了重点地区和重点林种；④新设了天然林改造的补助项目(王登举，2004)。

表7-1　1973年的造林补助标准

造林种类	补贴率
扩大造林	
特定开发地区造林	68%
林业振兴地区造林	60%
保安林、自然公园等特殊区域造林	60%
森林保护区域的计划内造林	60%
森林保护区域的计划外造林	52%
按照森林施业计划进行的造林	52%
森林组合承担的委托造林	48%
一般扩大造林	40%
更新造林	
保安林、自然公园等特殊区域造林	40%
森林保护区域的计划内造林	40%
森林保护区域的计划外造林	32%
按照森林施业计划进行的造林	32%
一般更新造林	不补贴
天然林改造	40%

资料来源：半田良一，1990。

(4)综合整备阶段。20世纪70年代后期，随着进口木材的增加，木材价格的急剧下跌，国产木材的销售状况日见不振，这就大大影响了林农的造林积极性。同时，扩大造林的鼎盛时期(50～60年代)所营造的针叶林急需抚育间伐，而间伐小径材的销路又不佳，因此大多数林农对抚育间伐持消极态度。为了改变这一局面，1979年日本开始实施“森林综合整备事业”，其目的就在于保证森林的健全性，提高森林的质量，以获得更好的经济效益和生态效益。为此，再一次调整了造林补助政策。这次调整从总体上加大了补助的力度，对于扩大造林一律实行68%的补贴率，天然林改造一律实行60%的补贴率，更新造林的补贴率提高到40%～52%，同时还增加了对间伐、抚育的补助项目，补贴率为40%～60%（半田良一，林政学，1990）。

（5）生态公益强化阶段。进入20世纪80年代以后，随着人们对环境问题的关心程度的不断提高和国产木材销售的滑坡，政府的林业工作重点也从木材生产转移到了提高生态公益机能上。因此，对“森林综合整备事业”的内容也作了相应的调整，提出了“三个整备”，即以建立健全的生态系统为目的的“人工培育天然林整备”、以强化现有人工林生态机能为目的的“复层林整备”和以传统的扩大造林、更新造林为内容的“单层林整备”。为了保证“三个整备”的实施，于1987年重新修订了《纲要》，制定了新的补助标准（表7-2）。新《纲要》的造林补助的基本方针是：①加快复层林和人工培育天然林的建设；②造林与抚育相结合；③保证采伐迹地的更新造林。这标志着造林补助的重点已经完全转向了森林公益机能的强化方面，坚持了30多年的以扩大造林为核心的

表7-2 1987年的造林补助标准

造林种类	补贴率
“森林综合整备事业”计划内造林	
人工培育天然林建设：天然林改良、抚育、作业道开设等	60%
复层林建设：下层木栽植、露光伐、抚育、作业道开设等	60%
单层林建设：人工造林（包括扩大造林和更新造林）、抚育等	68%
“森林综合整备事业”计划外的一般造林	
人工培育天然林建设：天然林改良、抚育、作业道开设等	32%
复层林建设：下层木栽植、露光伐、抚育、作业道开设等	48%
单层林建设：保安林造林、特殊危害地段造林、特殊病虫害林分的更新造林等	56%
按照森林施业计划进行的造林、一般危害地段造林等	48%
一般人工造林（包括扩大造林和更新造林）、抚育等	32%
特定保安林的紧急造林	64%

资料来源：半田良一，1990。

造林补助政策至此宣告结束。新的造林补助政策实施10多年来，“三个整备”取得了很大的进展，截至2000年3月，共完成“人工培育天然林整备”18.7万hm^2；“复层林整备”7.5万hm^2；在“单层林整备”中，人工造林28.1万hm^2，人工林抚育358.2万hm^2(日本林野厅，1989～2000)。

2. 林道建设补助

林道是林业基本建设的一项重要内容。对于私有林的林道建设，日本也将其作为公共事业，在资金上给予了大力的支持。全国有90%的私有林道建设项目是通过财政补贴，3%是通过政策性贷款，7%是自筹资金建成的(岸根卓郎，1975)。

因为林道建设不是一家一户的林农所能够完成的，所以除了少数大林主外，日本对私有林林道建设的补助资金一般不对个别林农，而是发放给森林组合或市、町、村，由这些机构来组织实施。从1945年开始，为了加快远山地区天然森林的开发，实行了林道建设项目全额补贴政策，条件是开发面积在1000 hm^2以上。而对于近山地区的林道建设项目则实行50%～80%的补贴率，条件是开发面积在100 hm^2以上(半田良一，1990)。60年代以后，随着远山地区森林资源的减少，林道补助政策开始向开发与扩大造林相结合的方向倾斜。为此，在林道补助项目的选择条件中引入了数量化指标——林业效果指数，其计算方法为：

$$\underset{\text{（生产指数）}}{\frac{\text{利用区域内的森林总蓄积}}{\text{针叶林面积}\times 100+\text{阔叶林面积}\times 30}}+\underset{\text{（育林指数）}}{\frac{\text{扩大造林预定面积}+15\text{年以下的人工要面积}}{\text{利用区域面积}}}$$

根据这一指标建立的林道建设补助标准为：对于大干线建设项目，要求开发区域面积在2000 hm^2以上，林业效果指数在1.0以上，补贴率为55%；对于一般支线林道建设项目，要求开发区域面积在50 hm^2以上，林业效果指数在1.0以上，补贴率为45%。另外，对于人口严重外流的“过疏地区”的一般支线林道建设项目，最低开发面积可放宽到30 hm^2。在上述国家财政补贴的基础上，都、道、府、县政府还要进行追加补贴，补贴率根据本地的财政状况决定，一般为20%～25%(半田良一，1990)。

20世纪70年代，日本的林道建设重心逐步从单纯追求线的延长转向了林道网的建设。与此相对应，林道建设补助体系也发生了变化。一是提高了对干线林道的要求，同时加大补助力度。要求利用区域面积在 1000 hm^2 以上，林业效果指数在 1.1 以上，补贴率为 65%。二是降低了对一般支线林道的要求，扩大了补助范围。要求利用区域面积在 50 hm^2 以上(人口严重外流的“过疏地区”为 30 hm^2)，林业效果指数在 0.8 以上，补贴率为 45%(“过疏地区”为 50%)。三是开辟了对于利用面积达不到上述要求的小规模的林道建设项目，由中央和地方的一般事业费予以补贴的新渠道。如山村振兴、间伐综合促进、林业结构调整、山村特产振兴等原本以软件建设为主的非公共事业项目，也单列出一部分经费补贴小规模的林道建设，要求的利用面积最低值为 0.3 ~ 10 hm^2，补贴率为 45% ~50%。四是地方财政对作业道等更小规模的林道建设项目给予单独补贴，补助对象可以是独立的林农(半田良一，1990)。

20 世纪 80 年代以后，日本的林道建设事业开始向多目的、综合利用方面发展。林道不仅要为林业经营活动服务，同时也要为森林的有效管理、山区环境建设和经济振兴服务。为此，除了继续执行 70 年代制定的干线林道和支线林道补贴政策外，日本还实施了三项大的工程：一是林业综合开发地区林道建设工程，其主要目的是加强山区的基础设施建设，实现林业和山区经济的振兴。这项工程从 1980 年开始实施，共选定约 300 个市、町、村，主要内容包括区域内的林道网建设、用水和排水设施的改善等，中央财政补贴率为 55%。二是重点林区林道网建设工程，主要目的是在人工林基本成熟的地区建立畅通的林道网，以此来促进国产材供给基地的形成。这项工程从 1986 年开始实施，重点内容是林道网的完善和已有林道与公路的衔接，中央财政补贴率为 45%。三是以森林管理与培育为目的的林道建设工程，这项工程是将 1978 年启动的间伐林道建设工程、1983 年启动的水土保持林林道建设工程和 1984 年启动的特定保安林紧急林道建设工程进行整合，并新增加了松天牛危害林林道建设的内容，于 1987 年开始实施。工程的内容不变，中央财政的补贴率为 50%(半田良一，1990)。

20 世纪 90 年代，日本的林道建设主要是服务于山村振兴、林业结构调整和森林公益机能的提高，林道建设补助政策基本上沿用了 80 年代的标准体系，表 7-3 是 1990 ~2000 年由财政补贴实施的林道建设工程量。从表7-3中可以看出，无论是新建林道，还是已有林道的维修改造都在逐渐减少。因此，90年代以来，在施工内容上更注重林道与国道和县道的连接、运输能力和安全系数的提高、环境破坏的减少周边自然景观的协调性、休息场所和服务设施等。

表7-3 1990～2000年由财政补贴实施的林道建设工程量

年度	新建林道(km)	维修改造(km)
1990	1883	711
1991	1662	588
1992	1529	518
1993	1519	502
1994	1524	504
1995	1281	478
1996	1344	473
1997	1134	440
1998	1075	330
1999	1055	285
2000	1031	292

3. 生态效益补偿

日本的生态效益补偿主要体现在防护林的补贴上。森林被指定为防护林后，森林所有者(或经营者)的经营活动受到一定程度的约束，由此而蒙受损失，国家应予补贴(日本森林法的第35条)。补贴的金额：当林内有标准伐期龄以上立木时，补贴额等于立木价的利息，这是在禁止砍伐的条件下；限择伐的补贴额的计算与此相仿。没有标准伐期岭以上林木的防护林的林主(或经营者)享有优先获得造林补贴、减免租税和贷款融资等方面种种优惠待遇。日本森林法对于由农林水产大臣指定的防护林培育保护区所使用的经费也有明确规定：费用由国家和收益都道府县分担，国家负担2/3，都道府县负担1/3(日本森林法第46条)。保护期原则为7年，可酌情延长3年。期满后，保护区登记为防护林，按防护林管理(日本森林法第42条)。

(三)德　国

为了鼓励和扶持地方林业企业、私有林主积极开展植树造林，发展林业，德国分别于1956年和1969年先后颁布了《私有林管理法》和《林业合作法》，对私有林主予以15年的经费补贴。前5年给予所耗经费的40%补贴，第2个5年为30%，最后5年为20%，这是德国最早的林业基金制度。目前，德国的林业基金制度由州、联邦和欧盟共同负担，其中州占20%，联邦占30%，欧盟占50%。同时，林业基金制度对林业基金的用途、资助对象、资助金额作出了明确的规定。林业基金制度的建立，对促进德国林业的发展，发挥了积极的作用（丁付林，2001；蔡剑辉，2001）。

1. 近自然林业

20世纪90年代中期德国的林业政策向近自然林业（表7-4）转轨，为了促进私有林向这一目标过渡，联邦粮农林部已引用了相关法律条例对政策资助的对象以及资助方式作了指示，并对各项资助规定了上限和下限，规定各州可在此限度内自作调整。资助对象是法律上的地主、林主、农业企业和林业企业的法人。所谓近自然林业，就是自然造林，即林地的树木经过采伐以后，不用人工栽植苗木，靠其原有树木落下的种子，自然生长幼苗，然后加以抚育，从而恢复森林。同时，该政策要求不加任何人工管理的自然生长林要达到本地区林业面积的2%（李智勇，闫振，2001；丁付林，2001）。

表7-4 近自然林业具体补贴标准（以巴符州为例）

补贴对象	补贴额[德国马克/(hm^2·年)]
阔叶树种栽植	8000
混交林栽植（至少40%以上为阔叶林树种）	5000
自然更新	1500
幼林抚育	700
石灰改良土壤	按实际费用的90%补偿
新修道路	按实际费用的40%~70%补偿

2. 初次造林奖励

德国联邦政府和各州政府都十分重视林业的发展，尽管目前德国的森林和林地面积已占国土面积的29.2%，有的州甚至更高，如巴符州的森林面积已占全州面积的39%，他们仍然鼓励和扶持新的造林计划。

初次造林(表7-5)，是指改草地或农耕地为林地而新开始的造林，资助有一次性的，也有多次性的(丁付林，2001；李智勇，闫振，2001)。

表7-5 初次造林具体补贴标准(以巴符州为例)

补贴对象	补贴额(德国马克/ hm^2)
由草地改林地造林	350～600(一次性)
由农田改林地造林	600～1400(期限20年，标准不变)

同时，对具有较高生态价值的阔叶林或针阔混交林，国家的补贴更多，最高的比例可达造林成本的50%(表7-6)(田静波，2002)。

表7-6 阔叶林或针阔混交林具体补贴标准(以萨克森州为例)

树 种	最多株数	最少株数	资助额(德国马克/ hm^2)
云杉、北美黄杉、落叶松及其他针叶树	3000	1500	2700
松	8000	5000	4000
冷杉	200	100	4500
红榉、栎	7000	5000	12000
椴、其他硬阔叶树	3000	2000	7000
其他阔叶树	3000	2000	3500

3. 平衡补偿

平衡补偿(表7-7)是指确保森林的保护和生态功能或某些森林的经营方式发生了变化而给予的一种补偿。例如，原是生产木材的森林，由于情况发生了变化，或是出于保护环境，平衡自然生态；或是美化环境，供人们休憩用；或是改善农业结构，用于农业的防护等，需在一定程度上的限量采伐而给予林主的补偿。有的对于终止某些经营方式(例如不把树木砍光、抚育型木材采伐、自然更新的方法等)也都给予一定的补偿(丁付林，2001)。

表7-7 平衡补偿具体补贴标准(以巴符州为例)

补偿对象(森林面积在 $200hm^2$ 以内)	补偿金额(德国马克/ hm^2)
土壤保持林范围外	80
土壤保持林范围内	140

4. 因不可抗拒因素使森林遭受破坏的补偿

由于自然的不可抗拒的因素，使森林遭受重大破坏，国家为了林主的利益而给予的一种补偿。如德国 1999 年发生的一场飓风，损失森林面积约 4 万多 hm^2，大批的木材不能及时销售，需修建贮木场和修复林区道路，政府就给予了私有林主和公有林主以紧急援助(表 7-8)(丁付林，2001)。

此外，私有林施碱性肥料国家补助 90%。国营林业局机械为私有林采伐只收三分之一费用；私有林修林道，国家补助 80%；国营林业局为私有林主销售木材提供咨询，优先销售私有林主之材等(李立长，1994)。

表 7-8 因不可抗拒因素使森林遭受破坏的补偿补贴具体标准(以巴符州为例)

补贴对象	补贴额
修建贮木场	实际费用的 40%
木材运输	10 德国马克/m^3
木材贮存	6 德国马克/(m^3·年)
林区道路修复	实际费用的 40%
再造林	视投资而定

三、私有林的逆向补贴制度比较

(一)美　国

总体而言，美国的逆向补贴更加完善、补贴幅度较大、涉及面广，各州依据实际情况也设立了许多优惠政策。美国的林业税收项目较少，由于林业的弱质性，国家重点进行扶持，同工业部门相比，其税收在各个方面都具有优势。

1. 税收优惠政策

美国林业税制实行联邦、州和地方 3 级政府分权制度，联邦政府及州政府拥有立法权。3 级政府税收比重大约为 70%、20%、10%，联邦政府以个人所得税为主，州政府以销售税和消费税为主，地方政府以财产税为主(肖平、张敏新，1999)。

(1)采伐税减免。许多州的森林采伐税均有这样的规定，即森林所有者采伐的木材供自己家庭使用时可以免税，另外，还有两种间接免税的规定。俄勒冈州规定，任何个人都允许每年免税采伐 113.25m^3（按千板英尺等于 4.5m^3 换算）木材。西弗吉尼亚规定，潜在纳税人每年可获得 500 美元的税款信贷，月平均为 41.67 美元。有些税法还规定，除了自己使用所采伐的木材外，还对家庭用的圣诞树和薪材实行免税，伊利诺伊、北卡罗来纳和南卡罗来纳等州的税法中就包括这些条款（李卫东，1999）。

（2）木材所得税收减免。所得税是按林主的利润额以一定比例征收，通过累进税率计算，由联邦和州政府共享。

美国国会于 1980 年通过了鼓励私有林主造林的免税政策：每一个纳税人可免 1 万美元的造林投资税，造林当年可以先退税 9%，其余 91% 分 7 年平均退还（钱玉如，2002）。

（3）税基排除优惠。在确定应税项目时，各州分别作出有利于林业生产的税基排除规定。比如，一些州征收土地税收时，排除改良活动带来的价值增长部分；一些州按土地生产力价值征税时，免除了林木价值。同时，对种苗、化肥以及机器设备等固定资产的投入也不计入应税项目（钱玉如，2002）。

（4）资本收益的税额减免。对林农出售固定资产所获得的收益作为长期资本收益，享有 60% 的税额减免（钱玉如，2002）。

（5）遗产税优惠。包括两方面：一是按林地用途计算林地价值。一般可使实际价值比市场价值低 30% ~70%，从而减少应税收入。二是延缓支付期限。按规定，遗产税应在财产拥有人死亡后 9 个月缴纳完毕。林农的遗产税可以在财产拥有者死亡 5 年后开始缴纳，并允许在 10 年内分期缴纳，这减少了林业资产流动性差的不利影响（乔占平，郑淑臻，2003）。

2. 信贷优惠政策

对于没有能力集中资金投入于林业生产的中小家庭农场和小私有林主，农业部农民家政管理局以 5% ~6.5% 的低利率发放专门贷款，贷款期限长，生产性贷款为 1 ~7 年，紧急贷款（灾害贷款）可达 20 年之久。该政策始于 1935 年并一直延续至今（艾云航，1994）。

(二)日　本

日本的逆向补贴除了具有覆盖面广，补贴额度大的特点外，最为突出的是其制定的比较详细，这同其正向补贴是相一致的。第二次世界大战后，其私有林的迅猛发展也得益于此。

1. 税收优惠政策

(1)山林所得税。税基构成优惠：日本在计算应纳税所得金额时，除了扣除一切必要成本及自然灾害损失外，还扣除了相当于立木收入20%的金额和50万日元免征额，目的在于鼓励林主按照森林施业计划经营好森林。

减征：影响最大的分离5除5乘课税方式可减免税额约70%。

免征：用国家收购山林后支付的全额补偿金重新购买山林或取代补偿金接受山林时，对这部分所得全部免征(白秀萍，2001)。

(2)转让所得税。对国家征用的林地可从扣除必要经费后的金额中再扣除5000万日元为免征额；为国土保安目的，出售给国家和地方政府的防护林区域内的土地，可从转让所得中扣除2000万日元予以免征；为扩大林业经营规模而出售的土地可扣除800万日元免征(白秀萍，2001)。

(3)法人所得税。依法出售给国家的土地，可从转让所得中扣除5000万日元免征，出售给国家和地方政府的防护林区域内的土地可扣除2000万日元免征；部分支出可列入亏损或必要经费，在计算该事业年度所得时予以扣除，如造林头一年30%的造林成本、用国库补助金购置固定资产的压缩额、作为造林基金的部分采伐收入、作为准备金提留的森林灾害共济款3%和长期育林共济款6%的部分、捐款及特种基金负担费等等(白秀萍，2001)。

而且，为鼓励林业企业开展科技开发，在征收法人税时，对企业投入科技开发增加的经费，就其增加部分可从法人税额中给予20%的特别扣除予以免征；对购买生物技术等基础技术研究开发用资产的法人，给予法人税特别扣除，即在法人享受科技经费增加部分特别扣除的基础上，还可扣除资产购置费的5%予以免征；为技术振兴支付的科研经费可按当期法人税额的15%为上限予以免征(白秀萍，2001)。

(4)遗产税。遗产税优惠政策为减征、免征和延期缴纳。

减征：山林为课征对象时，其立木评价额为时价的85%。保安林为课征对象时，按照禁伐或限制采伐的程度予以减征。允许部分皆伐的山林按其林地及立木通常评价额70%的部分课征，择伐林按50%、单木择伐林按30%、禁伐林按20%课征。

免征：在遗产税申报书递交期限内，将接受遗产全部或一部分捐赠给国家、地方政府或特定公益法人时，其捐赠部分不予征税。

延期缴纳：当不动产价值所占比例低于课税遗产总价值50%时，与立木价值超过课税遗产总价值30%部分的价值相对应的税额，均可延期5年分期等额缴纳，利息税分别为年息5.4%、4.8%和3.6%（而与其他财产价值相对应税额的利息税为6.6%）；当不动产价值超过课税遗产总价值50%时，与防护林等保护区内的土地价值相对应的税额可在15年内分期等额缴纳，利息税为4.8%，与森林施业计划区内立木价值超过课税遗产总价值30%的部分相对应的税额，可在20年内分期等额或不等额缴纳，利息税为3.6%（白秀萍，2001）。

（5）不动产购置税。日本的不动产购置税标准税率为4%。但是，对防护林用地的购入、与国有林交换购入的土地和林业组织接受其成员以土地出资免征不动产购置税（白秀萍，2001）。

（6）轻油交易税。日本的轻油交易税税率为定额税，按每公升32100日元课征。林业经营、木材生产、木材加工、堆肥制造及木材市场等企业和个人所购买的专门用于其业务经营的动力源轻油免征轻油交易税（白秀萍，2001）。

（7）固定资产税。由都市町征收，纳税义务人为固定资产所有者，含抵押权人和延续100年的地上权人。课征对象包括土地、房屋、折旧资产。税率为标准税率1.4%，限制税率2.1%。

免征：防护林和国家公园区域内的特种保护区、池沼、山林及原野；森林组合等林业协作组织所属的事务所及库房。

减征：中小型林业企业及森林组合等协作组织利用国家补助金或贷款购买的机械设备，3年内可按其购入价格的1/2部分减征（白秀萍，2001）。

2. 信贷优惠政策

信贷支持提供低利率、长还贷期的政策性信贷是日本对私有林实行的又一重要的扶持手段，其中包括由财政直接提供的贷款项目和由财政给予贴息的贷款项目。日本规定，凡依法办事，严格执行各项规章制度和规划的，以及在生产经营中有困难的林主，均可以随时向国家申请林业专项贷款，其贷款利息仅为1.3%，对依法办事的林主可以多贷，也可以减息(赵克清，2002)。造林贷款制度造林事业的贷款必须是长期低利的。因此一般的银行难以应付，而是利用农林渔业金融公库设置特别贷款制度。1975年的造林贷款上利率为3.5%～6.5%不等。偿还期限定为30年或35年以内(梁启军，张波，张力，2001)。

(1)农林渔业金融公库融资。农林渔业金融公库是日本实施农林渔业政策性信贷的主要窗口，创立于1953年，其主要目的是维持和提高农林渔业生产力。公库的资本金来源于国家“产业投资特别会计”和部分借入资金，借入利息与贷出利息的差额由中央财政一般会计予以补偿。农林渔业金融公库现行的林业贷款项目见表7-9。借贷对象为林农、森林组合、市、町、村等，森林所有者可以通过森林组合或市、町、村等组织得到贷款，也可以直接向农林渔业金融公库设在各地的分店直接借贷。2001年度完成的贷款额为583亿日元。

表7-9 农林渔业金融公库林业贷款项目(2002)

贷款项目	主要目的	还贷期限(年)	年利率
林业基本建设资金	造林、林道建设和灾害恢复	15～55	1.2%～1.35%
森林培育活化资金	森林施业的集约化，森林公益机能的提高	30	无利息
林业结构调整促进资金	促进林业产业结构的合理化	20	1.2%～2.35%
林业经营促进资金	林地购入、育林、生产方式的改善	25	1.2%～1.35%
林业经营安定资金	采伐调整、森林施业方式的转化	25	1.2%～2.35%
林业设备资金	生产设备的购入，流通销售设施的建设	15～20	1.2%～1.35%
山村、过疏地区经营改善资金	经营改善、复合经营促进	25	1.2%～2.35%

资料来源：农林渔业金融公库网站。

(2)林业改善资金。林业改善资金创建于1976年，主要是为了应对森林抚育不足、林业劳动灾害事故频繁发生、林业劳动力不足等问题而设立的。资本金的构成为中央财政占2/3，地方财政占1/3，由都、道、府、县设立林业改善资金特别会计，向林农及森林组合等发放。林业改善资金为无息贷款，主要借贷项目见表 7-10。2001 年度完成的贷款额为 100 亿日元。

表 7-10　林业改善资金借贷项目(2000)

借贷项目	借贷限额	还贷期(年)
1 林业生产高度化资金		
间伐促进资金	50 万日元/ hm^2	5
高品质木材生产资金	45 万日元/ hm^2	5
受灾森林恢复治理资金	120 万日元/ hm^2	5
复层林转换促进资金	90 万日元/ hm^2	10
森林施业委托资金	1 万日元/ hm^2	10
新技术、新设备引进资金	100 万～900 万日元	5
特殊地区新技术、新设备引进资金	所需费用的 80%	5
间伐材高效利用	1200 万日元	10
间伐专用设施资金	所需费用的 80%	10
2 新型林业产业资金		
调查等经营准备	80 万日元	10
作业道开设或改造	120 万日元	10
特殊林产物生产	1000 万日元	12
3 林业劳动福利设施资金		
安全生产设施资金	6 万～660 万日元	5
劳动负担减轻设施资金	47 万～1200 万日元	7
劳动保健设施资金	50 万～700 万日元	10
4 青年林业劳动者培养资金		
教育培训资金(青年劳动者)	国内培训 20 万日元/人	3
	国外培训 50 万日元/人	3
教育培训资金(雇佣者)	国内培训 45 万日元/人	3
	国外培训 80 万日元/人	3
青年经营者	从事育林事业者 250 万日元/人	10
	从事木材工业者 750 万日元/人	10

资料来源：日本林野厅网站。

(3)木材产业高度化促进资金。木材产业高变化促进资金是为改善小规模、实力较弱的木材生产、加工、流通企业的经营状况而设立的。它主要是以低息贷款或贴息的形式，为上述企业提供经营合理化和经营规模扩大所需要的基本运转资金和设备资金。资本金由中央财政和地方财政以1:1的比例提供的基础资金和由农林中央金库等本系统的金融机构提供的配套资金(基础资金的4倍)构成。借贷对象为制定了切实可行的计划，并通过都、道、府、县知事认定的森林组合、森林所有者、木材生产企业、木材加工企业、从事木材批发和零售的单位。基本运转资金的贷款限额为1000万至3亿日元，还贷期限为短期1年，长期5年，年利率为短期1.85%～2.20%，长期2.15%～2.50%；设备资金的贷款限额为5000万至1.8亿日元，还贷期限为7年，年利率为2.65%～2.80%。2001年度完成的贷款额为1268亿日元(王登举，2004)。

(4)林业就业促进资金。设立林业就业促进资金的目的是，为在林业行业新就业的人员及接受新就业者的林业生产单位提供就业培训资金和就业准备资金。其资本金主要由地方财政和地方林业协会提供，中央财政给予适当的支持，构成比例也各不相同。林业就业促进资金为无息贷款，主要借贷项目见表7-11，2001年度中央财政对基金的支持总额为6亿日元(王登举，2004)。

表7-11 林业就业促进资金贷款项目(2002)

贷款项目	借贷对象	贷款限额	还贷期限(年)
就业培训资金	新林业就业者	在林业劳动力确保支援中心接受培训者：15万日元/(人·月)	20
		在林农家里实习培训者：15万日元/(人·月)	20
		在教育培训机构接受培训者：5万日元/(人·月)	20
	雇佣者	在林业劳动力确保支援中心接受培训者：12万日元/(人·月)	13
		在林农家里实习培训者：12万日元/(人·月)	13
		在教育培训机构接受培训者：4万日元/(人·月)	13
就业准备资金	新林业就业者	就业前的求职活动费、安家费等：150万日元/人	20
	雇佣者	支付新就业者的旅费、安家费补助等：120万日元/人	13

资料来源：日本林野厅网站。

(5)农林渔业信用基金。农林渔业信用基金是由中央财政、地方财政和林业经营者共同出资建立的信用合作基金，主要目的是为林业经营者获得其他政策性贷款和非政策性贷款提供债务保证。保证的对象为林业经营改善所必需的基本运转资金和设备资金的借贷，主要项目有造林、育林、木材产业的经营改革、林业劳动雇佣的改善等。申请信贷保证的条件是：①申请者必须加入该基金；②贷款项目和经营改革计划必须通过基金管理委员会的认定(王登举，2004)。

(三)德　国

总体上讲德国的逆向补贴形式比较单一，主要集中在税收优惠政策方面。因此，这里仅就其主要的税收优惠政策作一介绍。

德国私有林企业主和林农交纳的税种主要有所得税、土地税、销售税、森林财产税。1966 年联邦政府改革了税制，以后又一再减税。各种林业所有制的税不超过 3%，森林采伐的销售税为 5%，且规定由最终用户负担，但如果遭受自然灾害，政府将降低其所得税率，而其他行业的销售税为 15%。森林财产税是按永续经营原则确定的。对各种立地、树种、树岭的森林有不同的、统一的评估标准，以每 20 龄为一级进行评估和计税，方法简单明了(李智勇，闫振，2001；郭跃，2000)。

四、三个国家的补贴制度比较分析几启示

通过比较分析可以看到，美国、日本、德国三国私有林补贴制度以及相关政策既各具特性，也存在一定的共性。

(一)三个国家的特性

就特性方面而言，可以从两个角度进行考虑：

(1)从补贴所涉及范围的广度即补贴的完善程度来看，日本排第一位，例如，它对林业人员的就业补贴是其他国家所没有的，还有在私有林的税收和信贷方面，其所涵盖的范围也相当广泛，几乎涉及了所有可能存在的领域，而且相关政策制定得较为详细；美国列第二位，美国的私有林补贴制度也制定得比较完善，跟日本的主要区别体现在其制定的详细程度，这主要是由于美国各州都可以根据自己的实际情况制定相应的政策；德国列第三位，德国的永续林业早在 18 世纪初就出现了，经过近 300 年的演变，现在已发展到比较成熟的阶段，现在的近自然林业

依然贯穿着永续利用的思想，在补贴方面相对较少，主要就是造林成本补贴和生态效益补偿。

(2)从补贴的比例上看，美国、日本、德国基本上都维持在50%左右，其补贴的额度远高于其他国家，当然，美国、日本、德国都是当今世界上最发达的国家。

(二)三个国家的共性

就共性而言，体现在两个方面：

(1)各国私有林补贴制度实施的初始阶段都是对造林成本的补贴，这主要是因为造林成本是营林过程中最为重要的一个环节，对其进行补贴对营林效果的影响也最为显著。

(2)对生态效益进行补偿则是一个国家私有林补贴制度完善的标志，这在日本表现得最为明显，从第二次世界大战后以增加木材供给为主要目的的私有林补贴政策的实施到20世纪80年代末，木材供过于求导致的木材价格下降进而私有林补贴政策导向转移到生态公益建设方面，至此日本完成了私有林补贴制度的演进过程。美国由于其经济实力的强大，私有林补贴制度从形成到完成所经历的过程比较短，从造林成本补贴的出现到生态效益补偿的实施两者的间隔只有一二十年。德国由于其森林永续利用思想的指导，长期以来都是把生态效益放在第一位，因此，其实施造林成本补贴和生态效益补偿出现在同一时间。

(三)启　示

对三个国家的比较分析中可以看出：

(1)相对于上述三个国家，我国目前有关的私有林补贴政策是比较零星的，还不是真正意义上的私有林补贴，更类似于补偿，如退耕还林工程和生态效益方面政府的财政扶持，而重点地区速生丰产用材林基地建设工程才是真正意义上的补贴，但是补贴的额度很小。

(2)从补贴的额度上看，美国、日本、德国三国基本上都维持在50%左右，而中国的补贴则要小得多，在5%以内，这个显著的差距直接原因是经济水平上的差异。

(3)作为一个国家私有林补贴制度完善标志的生态效益补偿方面，我国现在所实施的生态效益补偿也只是停留在公益林上，对私有林主营林实施生态效益补偿还有一段比较长的路要走。

第三节 世界私有林补贴制度的评述

由于国情、林情不同，各国对私有林发展的扶持手段也不尽相同。但总体上说，各国私有林发展的政策环境是十分宽松和有效的。下面对世界主要国家所采取的私有林补贴主要手段做一归纳，以期对我国私有林发展有所借鉴。

一、国外私有林补贴的主要形式

(一)一般政府服务补贴

美国政府非常重视占多数私有林的健康发展，针对私有林建设中出现的问题，采用一系列的补贴政策来激励私有林林主营林的积极性。在美国，联邦政府对私有林建立了一个完整的服务体系，包括森林防火、防治病虫害，森林资源清查，土壤保护技术和管理技术及资金援助，林业教育和研究。联邦森林防火与病虫害防治通过与州和地方政府合作，联邦土地管理机构参与州和地方的能力建设，提供资金援助，为控制火灾、防治病虫害、保护森林制定政策标准。早在1972年，美国防火经费达4000万美元，防火宣传经费达100万美元/年，80年代防火预算提高到3.2亿美元，全国林地平均防火费用为1美元/hm^2。美国新农业法“林业”部分的社区防火促进计划规定2002～2007年拨款3500万美元/年，以实现最佳防火效果。同时，不管是公有林还是私有林，林务局都对森林病虫害问题进行区域评估，为州政府分担部分防治病虫害的成本费。20世纪60年代，美国病虫害防治经费就平均达1200万美元/年，1978年增加到2500多万美元/年。在林业科研上，美国林业科研注重基础与应用研究相结合、研究与生产相结合以及系统性和连续性相结合。美国的林业科学研究积极为森林经营服务，林业科学研究课题大多针对林业实际工作中最需要解决的问题而设立，科研人员到林业生产第一线了解生产实践中迫切需要解决的问题，经过研究获得一定成果，通过技术推广手段将科研成果传达到私有林林主，返回到生产第一线指导实践活动。另外，美国联邦农业部还设立了技术推广局，负责技术推广。该局每年的推广经费为12亿美元，其中联邦政府承担25%，州政府承担50%，县政府承担25%。目前美国50个州中，有104所大学承担林业技术推广工作，共有科研、示范和推广人员5000人，其中200人为林务专家，有150个技术推广办公室，共有270名林务专家，11000名技术推广人员，为1000万个私有林主服务。各个州都有技术推广站，林务工作者和大学科研、示范和推广人员无偿为私有林主提供技术咨询、培训和网上教学，负责提供实用技术和市场营销服务、制定林业经营规划等工作。对小私有林主，州林业机构提供资金和技术服务，通过举办培训班、远程教学、实地练习来推广新的科研成果，对私有林主提供新培育的良种和苗木等，其目的是提高小私有林主的森林经营水平。如美国新农业法“林业”部分规定2002～2007年拨款3500万美元/年，用于宣传教育，帮助私有林主了解可持续林业的意义，了解向林业顾问咨询的意义。同时，美国林场体系还不断帮助小私有林主制定森林管理计划，提供经营和管理技术及信息，并对森林经营较好的小私有林主颁发证书。为鼓励私人或公共部门为美国的农业、渔业、林业产品开拓、保持、扩大国外市场，美国新农业法“农业贸易与援助”部分规定：政府将分担适当的海外营销和宣传活动费用，到2007年，该类补贴最低达2亿美元(李智勇，2001)。

在日本，财政补贴是日本私有林扶持政策中最为有效、力度最大的一项措施，不但病虫害项目开支可列入公共事业预算，而且林道修筑费用也由国家预算拨款。对于私有林的林道建设，日本也将其作为公共事业，在资金上给予了大力的支持。全国有90%的私有林林道建设项目是通过财政补贴，3%是通过政策性贷款，7%是自筹资金建成的(岸根卓郎，1975)。从1945年开始，为了加快远山地区天然森林的开发，实行了林道建设项目全额补贴政策，条件是开发面积在1000hm^{2}以上。而对于近山地区的林道建设项目则实行50%～80%的补贴率，条件是开发面积在100hm^{2}以上。60年代以后，随着远山地区森林资源的减少，林道补助政策开始向开发与扩大造林相结合的方向倾斜。70年代，日本的林道建设重心逐步从单纯追求线的延长转向了林道网的建设。与此相对应，林道建设补助体系也发生了变化。一是提高了对干线林道的要求，同时加大补助力度。要求利用区域面积在1000hm^{2}以上，补贴率为65%。二是降低了对一般支线林道的要求，扩大了补助范围。要求利用区域面积在 50 hm^2 以上（人口严重外流的“过疏地区”为 30 hm^2），林道补贴率为 45%（“过疏地区”为 50%）。三是开辟了对于利用面积达不到上述要求的小规模的林道建设项目，由中央和地方的一般事业费予以补贴的新渠道。如山村振兴、间伐综合促进、林业结构调整、山村特产振兴等原本以软件建设为主的非公共事业项目，也单列出一部分经费补贴小规模的林道建设，要求的利用面积最低值为 0.3 ~ 10hm^2，补贴率为 45% ~50%。四是地方财政对作业道等更小规模的林道建设项目给予单独补贴，补助对象可以是独立的林农。80 年代以后，日本的林道建设事业开始向多目的、综合利用方面发展。林道不仅要为林业经营活动服务，同时也要为森林的有效管理、山区环境建设和经济振兴服务。为此，除了继续执行 70 年代制定的干线林道和支线林道补贴政策外，日本还实施了三项大的工程：一是林业综合开发地区林道建设工程，其主要目的是加强山区的基础设施建设，实现林业和山区经济的振兴。这项工程从 1980 年开始实施，共选定约 300 个市、町、村，主要内容包括区域内的林道网建设、用水和排水设施的改善等，中央财政补贴率为 55%。二是重点林区林道网建设工程，主要目的是在人工林基本成熟的地区建立畅通的林道网，以此来促进国产材供给基地的形成。这项工程从 1986 年开始实施，重点内容是林道网的完善和已有林道与公路的衔接，中央财政补贴率为 45%。三是以森林管理与培育为目的的林道建设工程，这项工程是将 1978 年启动的间伐林道建设工程、1983 年启动的水土保持林林道建设工程和 1984 年启动的特定保安林紧急林道建设工程进行整合，并新增加了松天牛危害林林道建设的内容，于 1987 年开始实施。工程的内容不变，中央财政的补贴率为 50%（王登举，2004）。

在基础建设上，早在 1979 年，瑞典林业发展区林道建设、保养和改造可获得 60% ~75% 的补贴，其他地区补贴标准为 60%。另外，在林业发展区，私有林地排水项目补贴占费用的 50% ~70%，其他林地为 50% ~60%，其他地区为 50%。另外，瑞典一直非常重视科研投资，每年用于科研与开发的经费约占国民生产总值的 3%。最近几年，政府多次提出紧缩开支计划，但科研投资不仅没有减少，反而增加到 3.3%，成为世界上科研投资最多的国家。在林业科研投资中，国家拨款占 38%，私人投入占 60%，海外资金占 2%。瑞典高度重视林业科技推广工作，并将科技推广作为国家林务局的主要任务。国家、省林务局和社区各级林业管理部门分别设有林业科技推广处、科、站等专门机构和人员，负责不同层次的林业科技推广和服务工作。国家每年都划拨一定的专项经费用于林业科技推广，同时，各省、公司和社区也提供相当数量的科技培训推广经费，例如延彻平省政府指定林业事业费的8%为科技推广费。此外，私有林主协会也从保障林主利益出发，为林主举办培训班，提供科技信息，开展技术服务活动，出版期刊。

法国林技推广也可得到了国民林业基金的扶持。法国私有林和地方公有林林道建设由国民林业基金扶持；加拿大林区道路修筑的政府补助额高达投资额的80%。澳大利亚林道补贴率也高达35%。在欧盟，对建立林木所有者联合会，以便支持其成员可持续、高效经营管理其林木的，欧盟给予补贴；在林产品的利用和销售方面开发新途径的也给予补贴。在加拿大，为加快林区的开发建设，提高林业生产效益，政府在扩大林业投资的同时，重视林业基础设施的建设，鼓励私人采伐公司修建林道，并对林道建设所需资金给予80%的补贴，其余的20%由公司负担。在政府的支持下，加拿大已具备了密集的林道网、先进的机械设备及采运技术体系，使森林采运效率一直处于世界领先地位，并远远高于其他国家，保证了森林工业的高速发展。

（二）自然灾害救济补贴

林业在生产过程中特别是森林资源在生产过程中所面临的各种自然灾害和市场风险，极大地影响着林业生产的稳定性，也在一定程度上影响了人们将资金投放到林业领域的积极性。为增强林业的稳定性，很多国家都实行林业自然灾害救济补贴。在英国，如果私有林遭受火灾，其补植地可根据专业经营计划获得造林补助；在智利，当主要宜林地遭遇沙害时，将获得额外补助金，以补偿造林支出；早在1979年，瑞典林业发展区遭受兔害或鼠害后，第一次补植可获70%的补贴，第二次补植可获90%的补贴；意大利对泥石流、冰雹等自然灾害给予救助。美国政府也通过灾害援助计划，对遭受自然灾害打击的生产者进行损失补贴，帮助他们稳定收入并恢复生产。如美国新法规定，自然灾害使果树死亡率超过15%时，可获补种果树成本的75%或免费种苗，对每个果农最高补贴额7500美元或同等价值的种苗，最高补贴面积500英亩（张得才，2005）。

（三）收入保险和收入安全网络计划中的政府补贴

为减少林业经营风险，通常有两方面的工作可做：一是改善林业技术和工程装备，就目前科学发展水平和经济力量而言，这种方法虽能在一定程度上减缓灾害，但在重灾防范与治理的效果上显得有效性不足；二是建立林业后备基金，将林业生产所面临的重要风险有效地纳入到保险体系。通过建立森林保险，将林木、原木、竹林和林下植物等作为保险标的，对这些标的在整个成长过程中可能遭受的自然灾害、意外事故和市场风险所造成的经济损失提供经济保障，这种保险保障制度有利于林业生产者及时恢复生产，安定林区人民生活，促进林木资源健康发展。正是森林保险所能起的积极作用，世界很多国家都开展了森林保险活动，并且在很多国家和地区作为政策保险经营，国家对森林保险采取保护、扶持政策，政府给予适当补贴或税收优惠。实际上，森林保险起源于北欧的瑞典、挪威和芬兰，至今已有近百年的历史。瑞典、丹麦、美国、日本等国已经有一整套较为完善的林业保险制度。瑞典林业保险一般由私营商业保险公司经营，并成立联营再保险公司，承担联营分保业务。私营商业保险公司承保国有林、集体林和个人林场的人工林及林木产品，保险种类分为火灾保险和综合责任保险。根据各地的地理位置、自然环境、气候条件、交通情况、群众习惯等因素，将全国森林划分为6个林区，不同林区规定不同的保险费率，同时政府给予一定的补贴。芬兰的森林保险在政府农林部门监督下，由许多私人的保险公司组成的芬兰保险中央联盟来经营。承保对象包括：国有林、企业财团所有林、教会及个人林场。经营险种有：森林火灾保险、森林重大损失保险、森林综合保险和森林附加保险。目前，承保数量和险种都有很大发展。全国划分20个林区实行差级费率，重大损失险享受费率优待，芬兰政府提供相应的基金补贴。据资料显示，在20世纪的七八十年代里，芬兰的林业保险平均赔付率为70%左右，业务发展比较稳定。日本的森林保险由森林火灾保险特别会经营，由政府对森林进行保险，森林保险的对象仅仅为人工林，天然林由于价格不好评估不予保险，森林保险的责任范围包括火灾险、气象灾害险和由于火山喷发造成森林山火的喷火险。

(四)税收优惠

为鼓励和支持私有林主的事业发展，减免税费是许多国家支持私有林发展的重要举措，下面列举一些国家的实际做法，供参考。

在芬兰，政府对私有林主采取了一系列的减税政策，包括强制性的森林经营费用(产出的2% ~6%)、森林更新和幼林抚育费用(采取固定的标准)以及林区挖沟和建路的费用等进行减免。另外还有一些临时性的免税，如对森林更新区给予一定的免税，对农地造林给予一定的免税，对中幼林的间伐采用特殊的免税方法，即大约50%的间伐材的出售是免税的。

德国私有林企业主和林农交纳的税种主要有所得税、土地税、企业税、销售税、森林财产税。1966 年联邦政府改革了税制，以后又一再减税。各种林业所有制的税不超过3%，木材采伐的销售税为5%，而其他行业的销售税为15%。

日本的林业税制优惠主要表现在两种税收上:

(1)所得税。在林业所得税的征收上，主要实行了优惠手段，包括将木材销售收入与其他收入分离，这样可以保证林业税收优惠政策有针对性，立木生产成本一律按40%计算，从木材销售收入中扣除，如果经营者按照有关规定制定了森林施业计划，通过林业管理部门的认定，严格按照森林施业计划进行了森林的管理和经营，可以再扣除20%的立木生产成木，在剩余部分中再扣除50 万日元，经过以上3 项扣除后的余额即为应税收入。然后在此基础上计算所得税。为缓和累进所得税给林农带来的压力，他们采取了一种特殊的5 分5 乘方法，即把其中的1/5 乘以税率，然后乘以5 就得到实际纳税额。

(2)继承税。在征收继承税时，如果继承的财产中包含了林木，应税资产就会变得很大。为了交纳税金，继承者不得不进行不合理的采伐，这样势必造成森林的破坏。为此，日本对林木的继承税实际了优惠政策包括，对于一般用材林，按所继承林木实际价值的85%计算征税额；对于保安林，如果是禁伐林则按林木实际价值的20%，如果是择伐林则按林木实际价值的50%；如果是小面积皆伐林则按林木实际价值的70%计算征税额。林木继承税的税金可以在20 年内分期交纳，年利率为3.6%。

美国联邦政府为了鼓励私有林的发展，也制定了各种税收优惠政策，以促进私有林主对森林的良好经营和对林地的长期投资。美国的木材税收项目较少，仅有地方税和联邦所得税，对木材所得税给予一定的优惠。此外，美国国会于 1980 年通过了鼓励私有林主造林的免税政策：每一个纳税人可免 1 万美元的造林投资税，造林当年可以先退税 9%，其余 91% 分 7 年平均退还。纽约州正在实施一个减免土地税的计划：私有林主只要同意至少 10 年内要按照州政府的规划经营森林，即可以得到减免 80% 土地税的优惠政策。同时，美国税基比较合理，按扣除采伐成本后交纳林业税，按税后利润交纳所得税。

(五) 金融信贷补贴

实行金融信贷优惠也是各国为促进私有林发展的又一重要的扶持手段，许多国家的政府对私有林的经营活动都以不同形式和不同程度实行了贷款等优惠的金融扶持政策。同样下面也列举一些国家的具体做法，供参考。

在日本，政府大量提供低利率或无息、长还贷期的政策性信贷来扶持私有林的发展，其中包括由财政直接提供的贷款项目和由财政给予贴息的贷款项目，并建立了多个融资体系：

(1) 农林渔业金融公库融资。农林渔业金融公库是日本实施农林渔业政策性信贷的主要窗口，公库的资本金来源于国家“产业投资特别会计”和部分借入资金，借入利息与贷出利息的差额由中央财政一般会计予以补偿。借贷对象为林农、森林组合、市、町、村等，森林所有者可以通过森林组合或市、町、村等组织得到贷款，也可以直接向农林渔业金融公库设在各地的分店直接借贷。造林贷款利率一般为 3.5%，偿还期为 35 年。

(2) 林业改善资金。林业改善资金创建于 1976 年，主要是为了应对森林抚育不足、林业灾害事故频繁发生、林业劳动力不足等问题而设立的。资本金的构成为中央财政占 2/3，地方财政占 1/3。由都、道、府、县设立林业改善资金特别会计，向林农及森林组合等发放。林业改善资金为无息贷款。

(3) 林业就业促进资金。设立林业就业促进资金的目的是：为在林业行业新就业的人员及接受新就业者的林业生产单位提供就业培训资金和就业准备资金，其资本金主要由地方财政和地方林业协会提供，中央财政给予适当的支持，构成比例也各不相同。林业就业促进资金为无息贷款。

(4)木材产业高度化促进资金。木材产业高度化促进资金是为改善小规模，实力较弱的木材生产、加工、流通企业的经营状况而设立的。它主要是以低息贷款或贴息的形式，为上述企业提供经营合理化和经营规模扩大所需要的基本运转资金和设备资金。资本金由中央财政和地方财政以 1∶1 的比例提供的基础资金和由农林中央金库等本系统的金融机构提供的配套资金构成。

(5)农林渔业信用基金。农林渔业信用基金是由中央财政、地方财政和林业经营者共同出资建立的信用合作基金，主要目的是为林业经营者获得其他政策性贷款和非政策性贷款提供债务保证。保证的对象为林业经营改善所必需的基本运转资金和设备资金的借贷，主要项目有造林、育林、木材产业的经营改革、林业劳动雇佣的改善等(王登举，2004)。

在瑞典，政府向私有林主提供的低息贷款年息为 3%；法国造林贷款年息为 0.25% ~1.5%，借还期为 30 ~50 年。巴西政府规定，林业企业公司和个人，可以向政府申请造林低息贷款，贷款利率为年 3%，贷款期限为 6 年。

(六)私有林造林直接补贴

对私有林造林的直接补贴措施，各国都有其各自的政策，下面也仅列举几个国家的实例，供参考。

日本造林补贴金制度作为推进日本造林特别是私有林造林的发展起到了十分重要的作用，它是造林制度的基础。从第二次世界大战后的 1946 年开始，造林事业就被纳入公共事业对象中，由国家提供造林费用 1/2 的补贴，第二年改为国家补贴 4/10，地方补贴 1/10。日本现行造林补贴制度分为一般造林补贴和瘠薄地造林补贴两种。一般造林补贴对象为：小规模林业家庭造林，荒山荒地的扩大造林，天然林迹地更新，人工林迹地更新，人工促进天然更新和森林火灾病虫害等灾害造林地的恢复造林等。一般造林补贴 40%，其中政府负担 30%，地方负担 10%；瘠薄地造林的补贴对象是指在土地缺乏养分，林木基本停止生长或极为不良的林地上的造林，因为其需要采取特殊整地方法，所以需经费多、时间长，故经费补贴较一般造林地补贴标准高，为70%，其中政府负担50%，地方负担20%。

美国私有林占的比重较大，私有林的发展状况对整个美国林业的发展有着重要影响。私有林经营所需投入，主要靠林主的自有资金和银行贷款，但政府也给予适当的扶持和补偿，以鼓励和支持林主经营管理好自己的森林。美联邦政府每年都有一笔预算下拨给州政府，作为对私有林主人工更新造林的补贴。如有些州规定每英亩的私有林人工更新，由州政府无偿补贴30美元，这相当于每英亩更新费用的50%。此外，农业部林务局在每年的预算支出中，也有5%用于对私有林的补贴。其次，他们通过实施“农业保持计划”，对小林主的造林和林分改良实行经济补贴。对参加保持计划并符合有关条件的，给予50%～70%的成本补贴。这里的有关条件是指：①必须是非工业私有林主；②拥有的林地必须能够进行造林或改造经营；③拥有的林地必须在一定期间内能够生产商用木材。为鼓励私有林主造林，美国还设立了一项林业奖励项目基金，各州统一实行造林奖励政策。该基金对造林费用补贴最高可达65%，一位林主1年所活动的最高补贴额可达1万美元，补助费用由政府支付(李洪山，1998)。

在芬兰，1967年颁布的《森林改造法》规定，国家对林地施肥给予财政补贴。在澳大利亚的蒂罗尔，政府每年都提供1亿澳元(政府和州提供80%～90%，其余由个人负担)的林业补贴预算，其中，造林、抚育占60%。

二、对国外私有林补贴制度的评述

各国政府为鼓励和支持本国私有林的发展，都采取了不同的政策手段。

(一)补贴类型多样

为促进私有林的发展，林业发达国家纷纷针对私有林建设中出现的问题，采取了一系列长期的稳定的、种类繁多的经济扶持政策来激励私有林林主营林的积极性，包括造林补贴、技术援助、林业保险、灾害救助、林业教育和科技推广、林业基础设施建设、森防投资、社会化服务体系建设、低息或贴息贷款和轻税赋等等政策，极大地促进了本国私有林的发展。

(二)发达的林业社会服务体系

对小林农来说，虽然开展专业性较强的技术工作时需要相应的专业技术人员，但是显然不能常年保持这些人员，这不但没有必要，而且在经济上也不合适，为此，很多国家建立了发达的林业社会服务体系，如在瑞典，现有3000多家各种林业社会服务组织，遍布全国各地，对小林主提高信息、技术、价格等多种服务。政府在林业社会化服务组织的建设上给予大力的扶持。

(三)务实高效的林业科研和技术推广机制

为提高林业的生产水平和经济效益，林业发达国家非常重视林业科研活动，如瑞典、加拿大、美国，政府不但设立林业科研基金，而且还引导科研机构、林业合作公司、私有林林主共同开展林业科研，使科研与技术的课题与林业发展方向和生产实践紧密结合。在对林业科研进行有力扶持的同时，还建立了发达的林业技术推广机制，如在美国，各个州都有技术推广站，林务工作者和大学科研、示范和推广人员无偿为私有林主提供技术咨询、培训和网上教学，负责提供实用技术和市场营销服务、制定林业经营规划等工作。

三、国外私有林补贴制度的经验

正是这些宽松和有效的政策环境促进了它们私有林的快速发展，也就是说，私有林补贴制度在促进世界私有林发展过程中是有效的，这为我们构建私有林的扶持政策提供了经验借鉴。

(1)通过对营林生产者从不同角度、不同方面采取各种补贴手段，在一定程度上能调动经营者从事营林生产活动的积极性，进而促进本国林业生产的顺利发展。也正是由于各国政府采取了对私有林发展的宽松政策，才使得其私有林迅速成为其国家林业发展的支柱。目前，瑞典私有林面积占全国森林总面积的87%，占供材量的60%，私有林业在国民经济中占有举足轻重的地位；在美国全国近2亿hm^2的用材林面积中，私有林就占73%，采伐量占80%以上；法国的私有林面积997.8万hm^2，占全国森林面积的60.4%，年木材生长总量为6306.7万m^3，占全国年木材生长总量的73%；日本私有林面积占全国森林面积的60%，在1040万hm^2的人工林中，私有林面积和蓄积所占比重高达65%和74%；韩国私有林地面积458万hm^2，占林业用地的70.5%，在活立木蓄积中，私有林蓄积1.85亿m^3，占总蓄积的60%。在奥地利全国的森林中，私有林面积也超过80%。

(2)对商品林业也不是完全采用市场补偿手段，国家和社会也给予各种有效的扶持和补偿，以体现国家和社会对商品林公益性的承认和回报(李洪山，1998)。

但是我们也应注意，国外有关营林生产的直接补贴的做法和理论固然有可取之处，但也有一定的不足：首先，国外有关营林生产的直接补贴行为大多只停留在具体操作上，所以导致他们在具体直接补贴营林生产者时缺乏科学的指导思想和理论依据。其次，各种造林补贴份额的确定缺乏系统科学的依据。究竟国家对各类营林生产活动应补贴多大份额，各国都没有一个合理的标准，这样易产生收益回报上的不公平现象。

第四节　国外私有林补贴制度对我国的启示

虽然我国在林业理论与政策的研究方面已经取得了多方面的显著成效，但是关于私有林补贴制度的研究目前仍处于探索阶段。国外林业发达国家关于私有林的研究成果固然值得借鉴，然而由于各国国情差异甚大，照搬发达林业国家的经验必然与我国的实际产生矛盾。为此，我们应该在实践的基础上，广泛利用发达林业国家成功的经验，以实现我国在私有林建设方面的迅猛发展。

一、我国的私有林补贴制度分析

相对于正向补贴，我国在逆向补贴方面的发展更为迅速。目前，各有关的省、市、县基本都设立了为促进私有林发展的税收优惠政策，大力加强与扶持林业投资和私有造林，体现在税收优惠政策的逐年改善，以及信贷优惠的有效实施。

（一）税收优惠政策

我国的林业税制一直受到国家的扶持和保护，财政部、国家林业局是拥有最高的立法权，各级政府的相应法规必须在国家规定的框架内制定。进入21世纪，我国的税制改革在多方面取得了显著成效，为林农增收提供了强有力的保障。

（1）免征企业所得税。自2001年1月1日起，对包括国有企事业单位在内的所有企事业单位种植林木、林木种子和苗木作物以及从事林木产品初加工取得的所得暂免征收企业所得税。我国目前的企业所得税有法定税率和优惠税率两种。法定税率是33%；优惠税率分为18%和27%两种。对年应纳税所得额在3万元（含3万元）以下的企业，暂减按18%的税率征收所得税；年应纳税所得额在10万元（含10万元）以下至3万元的企业，暂减按27%的税率征收所得税。另外，对一些特殊企业的税率国家另行规定。因此，这一改革给利润较高的林业企业带来更大的福利。

（2）取消农业特产税。2006年2月17日，温家宝总理签令废止农业特产税，至此农业特产税在全国范围内取消。按之前国家的规定估算，商品林的税率大致占其销售收入的10%。这意味着废止农业特产税后用材林和薪炭林每年的利润率上升1个百分点以上（其轮伐期在10年以下），而经济林的利润率则上升5个百分点以上（进入结果期以后每年都能收获，因此其收获间隔平均不到2年）。因此，这一改革对经济林的效益影响更大。

（3）育林基金、维简费等方面的优惠。根据实际情况，地方各级政府制定了不同的优惠政策。例如，广东省规定：对规模在2500亩以上的非公有制林场，经核准后可享受国有林场在税收、采伐指标、木材自销经营等方面的优惠政策。对一次造林达到1000亩以上的个人、10000亩以上的企业，经验收、审批后，可享受与外商在育林金、维简费返还方面的同等优惠政策；福建省青山纸业股份有限公司获准享受同国有林业采育场同等的林业优惠政策，育林费返还60%，维简费返还80%。这些具体优惠政策的实施对于我国私有林的发展起到强大的推进作用。

（4）免税进口。2006年3月30日，财政部、国家税务总局颁布法令，对种子（苗）和种用野生植物种源配额免税进口。该政策的实施对于扩大我国植物种源和保护珍稀植物有重大的意义。

(二)信贷优惠政策

(1)林权证抵押贷款。这是目前我国林业的主要贷款形式，国家暂没有对其统一规定但广泛地出现于各地市，其目的是扶持造林、育林、护林。抵押方在专业人员对其经营的林木资产价值进行评估后可申请贷款，最高额度不超过评估价值的70%。依实际情况，每亩抵押贷款额波动幅度很大，从几十元到数千元不等，抵押年限一般为1~5年。

(2)贴息贷款。现行的林业贴息政策已解决了足额贴息问题，其贴息资金由中央财政安排，允许对各类银行(含农村信用社)发放的林业贷款贴息。同时，对各类经济实体营造的具有一定规模、集中连片的工业原料林贷款项目给予贴息，期限为3年；其余林业贷款项目贴息期限为2年；贴息率根据实际情况适时调整：金融机构一年期贷款利率分3%(含)~5%、5%(含)~7%、高于7%(含)三种，相应地个人林业贷款项目分别按年利率1.5%、2%、3%贴息。

二、国外私有林补贴制度对我国的启示

(一)从国情出发，择机建立私有林补贴制度

我国的基本国情是人口众多，人均资源量相对于林业发达国家是比较少的，环境容量小，而另一方面是改革开放以来我国的经济已经快速发展了30年，积累了许多生态环境问题，重大的自然灾害和环境事件频繁发生，给社会经济和人民生活带来严重的影响。因此加大生态环境建设已经成为广大居民的迫切需求，建立私有林的补贴制度具有相当的紧迫性。进入新世纪，我国已经开始放手发展私有林，相应地，对私有林实施补贴也摆上了日程。因此，选择合适的时机完善私有林补贴制度就成了私有林发展的一个关键性问题。

当然，建立私有林补贴制度需要一定的可能条件，稳定的社会环境和一定的经济能力是必不可少的可能条件，我国的目前已经具备了建立私有林补贴制度的必要条件。虽然，私有林补贴制度的形成明显的滞后于私有林的发展历史，但同时也可以看到，后发展国家总是在借鉴先发展国家的经验，具有后来居上的优势，如美国、日本、德国就是如此，在第二次世界大战后各国纷纷建立起具有各自特征的私有林补贴制度。

所以，我国应当在合适的时机完善私有林补贴制度。我国已经具备了社会环境的条件，因为改革开放以来我国的国际和国内环境都比较稳定，这是我国经济持续、快速发展必不可少的因素。而从经济实力看，我国也已经有了一定的条件，我国目前的整体生活水平已经达到了小康，尤其是东部沿海的一些地区已经达到了比较富裕乃至中等发达国家的水平，从经济能力上讲对这些地区私有林的发展实施补贴是可行的。

(二)建立私有林补贴制度要在 WTO 框架下以“绿箱政策”为主

就正向补贴而言，当今世界主流的形式是“绿箱政策”，即服务型补贴形式。这也是我国目前应该积极倡导的，主要体现在三个方面：

(1)补贴的所占的比例不大，发达林业国家对私有林所实施的补贴基本上都是从造林成本开始的，补贴所占的比例基本维持在 50% 左右，有的甚至更高，我国还是一个发展中国家，实施服务型补贴制度与当前的经济能力是相匹配的。

(2)这是一种高效率的补贴形式，对私有林实施大比例的扶持政策会引起资源配置的低效率，导致整体社会福利的损失，不利于整体经济的快速发展。

(3)符合世界发展的潮流，联合国粮农组织对各国农产品补贴政策的管理方面越来越趋向于消除“黄箱政策”并逐渐向“绿箱政策”靠拢，实施服务型补贴可以为我国私有林的健康发展提供更为宽松的国际环境，也有利于我国经济的稳定发展。

(三)建立私有林补贴制度既要重视正向补贴，也要重视逆向补贴

基于我国的现实国情考虑，高标准地实施完善的正向补贴，目前尚有一定的困难，而我国在林业税费以及林业信贷的理论与实践方面已经有相对成熟的经验了，实施逆向补贴对私有林的发展具有重要的现实意义。林业税费优惠可从三个方面考虑：

(1)适应行业生产的特点。林业是一个比较特殊的产业部门，具有生产周期长、资金投入多、见效慢、破坏容易恢复难、风险较大等特点，作为经济杠杆的税收政策必须适合林业的上述特点，以便更加充分有效地发挥税收的调节、平衡和鼓励作用。

(2)直接优惠与间接优惠相结合，以间接优惠为主。直接减免税短期效果好，政策优惠易于计算，适合区域经济开发的要求；间接减免税长期效果好，有利于增强企业发展后劲，更好地体现差异政策。由于我国林业的发展是一个长期战略问题，林业与其他行业存在着明显的差异，我们的林业税收优惠政策应从直接方式为主逐步转向以间接方式为主。

（3）侧重优化林业税收的种类结构和内容。目前，林业税收的种类太多，这一方面增加了林业企业的负担，另一方面也难以监督和管理。因此，在税收方面主要保留增值税和所得税，停征一些税种，以便与我国的主体税种相一致（赵雪蜂，2003）。在林业信贷方面，林权证的抵押贷款解决了长期以来林农贷款难的问题，为造林、育林、护林的顺利提供了强有力的保证。同时，国家的贴息贷款政策进一步减轻了林农的负担，是林农实现脱贫致富千载难逢的机遇。其主要的问题在于抵押年限相对较短，有的地方仅为 1 年。因此，对于有些林业收益较迟的地方可以考虑适当延长其贷款期限，不搞一刀切；对于提前还清贷款的林农可以考虑降低其贷款利率以增进其营林积极性。

（四）建立私有林补贴制度应走可持续发展之路

（1）社会经济的可持续发展需要私有林的发展，需要私有林在提供经济效益的同时向社会提供更多的生态效益。而促进私有林达到一定的规模，是保证社会获得生态效益的前提条件，因此需要建立私有林补贴制度，以适当缓解私有林主营林的资金周转压力，保持私有林经营的整个产业链的有效运行。适当的直接补贴是必要的，其他的途径将会是重要的，如推进投融资制度创新，积极吸引社会力量投资林业，开拓筹集社会资金的渠道，引导社会资金投入到重点生态区域的林业建设，由政府设立专项基金，建立林业担保公司，为林农投资造林、营林提供担保，以引导社会资本和商业银行资本的投入等。这些属于服务型补贴的形式，有利于资源的配置效率，有利于私有林的持续发展，进而为私有林生态效益的实现提供了可能。

（2）走可持续发展的道路是保持经济效益稳定的必要保证。经济的发展，必然需要资源的投入，而过度的资源消耗则不利于经济的持续、健康发展。私有林主追求的首要目标是经济效益，不分树种盲目地对私有林实施补贴可能导致私有林主大规模地造林、大规模地砍伐、并且种植预期收益最高的树种，这将会导致林地生产力的下降，为私有林的后续发展埋下隐患。因此，在建立私有林补贴制度时，应对私有林主经营的树种、砍伐年限、砍伐比例作出具体的规定，以实现私有林经营的代际公平，避免“前人栽树，后人遭殃”悲剧的重演，让子孙后代也同样享受到私有林持续、稳定发展而带来的经济效益。

第八章

私有林补贴制度的博弈分析和效果评价

在集体林权改革中重新兴起的私有林需要有补贴制度的支撑，而如何设计出有效的补贴制度，需要对补贴制度涉及的多方利益主体进行博弈分析及效果评价。本章通过相应的模型探讨补贴制度的类型、模式，分析私有林补贴制度的最优路径选择，为制度的设计提供相应的理论准备。

第一节　私有林补贴制度的博弈分析

一、参与者的博弈分析

私有林补贴制度的相关行为主体包括林业管理部门、私有林主和政府官员，他们在私有林补贴制度的系统内部形成了多方多阶段的博弈。

（一）相关假设

为了便于问题的分析，需要对实际问题进行一定的抽象和简化。假定作为追求效用最大化的私有林主有一笔资金 m，当前市场收益率为 i，林主私人投资收益率为 $i-k$，社会收益率为 $t(1>t>i-k)$。私有林主的策略有(种树，不种树)、(使用补贴，不使用补贴)。

林业管理部门代表社会利益，它的效用最大化在于私有资金投向林业，促进森林资源的保护和扩大，策略有(补贴，不补贴)、(监督，不监督)。假设它有一笔准备发放的补贴金 c，为了发放这笔补贴资金，没有监督政府官员需要支付成本 b，$b=c+s$，s 是相关制度安排的成本；若监督政府官员，则需要支付成本 $b+e$，e 是监督成本。

政府官员是林业管理部门的代理者，效用是个人经济收入和政绩的综合，策略有(发放，不发放)。若缺乏监督，政府官员不发放补贴可获得补贴金 c，但政绩为0；发放补贴则个人收入为0，政绩为 p。若有监督，政府官员不发放补贴则可以获得补贴金 c，但政绩为 $-(p+j)$ (政绩为反数 $-p$，并因贪污补贴金个人声誉受到影响取得效用 $-j$)，发放补贴则个人收入为0，政绩为 p。

(二) 博弈模型

在对林业管理部门、政府官员、私有林主的行为策略和支付进行充分假设的基础上，可以得出图8-1的博弈树。

该博弈树有林业管理部门、政府官员、私有林主三个参与者，总共有 A、B、C、D、E、F、G、H 八个终节点，其支付形式为(林业管理部门支付，政府官员支付，私有林主支付)并且每个信息集都是单节点信息集，意味着该博弈树所表述的动态博弈是完美信息博弈，即博弈中

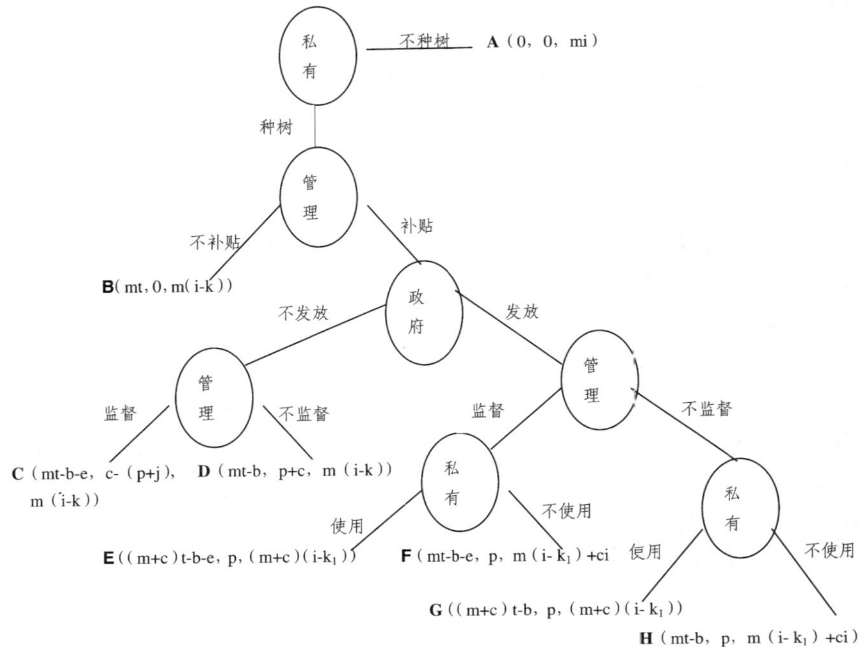

图8-1 私有林补贴制度博弈模型图析

没有任何参与人同时进行选择，且所有后行为的参与人对此前有关参与人的行为是明确知道的。

（三）模型分析

在这个抽象的多方多阶段动态博弈模型中，因为博弈树终节点上支付关系难以明确，通过逆推法寻找均衡路径是不可能的，但可在一假定均衡路径中比较各行为主体支付关系，为决策提供指导。

私有林补贴制度设计的目标是促进私有林的发展，保护和扩大森林资源，在该模型中主要体现为林业管理部门支付的最大化。八个终节点中，实施补贴制度的终节点有 C、D、E、F、G、H 六个，其支付大小按顺序排列有：$G[(m+c)t-b]>E[(m+c)t-b-e]$，$H$、$D(mt-b)>F$、$C(mt-b-e)$，即最理想的均衡终节点为 G。但仅是理想的一点，因为 D 点政府官员的支付 $p+c$ 明显大于 G 点政府官员的支付 p，林业管理部门“不监督”策略导致政府官员“不发放”策略，G 不可能是均衡点。政府官员选择“不发放”策略使林业管理部门“补贴”策略下的支付小于“不补贴”策略下的支付，所以林业管理部门实施补贴制度肯定要采取“监督”的策略组合，从而排除 H、D 点作为均衡点。

G、H、D 被排除后，实施补贴制度的理想均衡点是 E 点。再比较补贴后 E 点和不补贴 B 点，E 点效用 $(m+c)t-b-e$ 小于 B 点效用 mt。事实上，若政府不补贴，则私有林主不种树 A 点效用 $mi>$ 种树 B 点效用 $m(i-k)$，即 B 点实现不了。所以政府肯定采取补贴策略，E 点是理所当然的均衡点。要使林业管理部门支付最大化，该博弈树的均衡路径将是：私有林主种树——管理部门补贴——政府官员发放补贴——管理部门监督——私有林主使用补贴。要实现该均衡路径，还得满足如下补充条件：

政府官员受监督情况下发放补贴 E 点的效用大于不发放补贴 C 点的效用：$p>c-(p+j)$ (8-1)

私有林主使用补贴 E 点的效用大于不使用补贴 F 点的效用：

$(m+c)(i-k_1)>m(i-k_1)+ci$ (8-2)

私有林主在接受补贴后使用补贴 E 点的效用大于不种树 A 点的效用：$(m+c)(i-k_1)>mi$ (8-3)

要使式(8-1)成立，须满足 $2p>c-j$，即政府应该给施行补贴制度的政府官员足够的政绩激励，并且要使官员因为贪污所受到的声誉影响足够负面，这样，政府官员受到监督后才会弃暗投明，自觉把补贴额发放给私有林主。

要使式(8-2)成立，须满足 $k_1c<0$，即 $k_1<0$。由于 k_1 是补贴后市场收益率与林业收益率的差额，$k_1<0$ 要求林业收益率大于市场收益率。这说明政府施行旨在提高林业生产力的服务型补贴制度的效果将更为明显；若施行激励型补贴制度，必须附加条件地给予补贴，私有林主才会选择使用补贴策略。在此基础上，式(8-3)$(m+c)(i-k_1)>mi$ 也成立，上述博弈均衡路径将完美成立。

二、私有林补贴制度博弈模型的修正

在对现实抽象和简化的基础上，通过完美信息动态博弈分析，当施行服务型补贴制度，或者附加条件地施行激励补贴制度时，可以实现私有林补贴制度的博弈均衡路径。然而，抽象模型的分析只是有利于发现问题的实质，全面分析和了解私有林补贴制度如何有效发挥作用，还需要充分考虑现实的制约因素，对模型加以修正。

（一）实现博弈均衡路径的制约因素

林毅夫把个人制度安排和自愿制度安排归为诱致性制度变迁，而政府制度安排则属于强制性制度变迁。强制性制度变迁往往受到官僚机构运作方式和能力的影响，代理人不会完全按照决策者的意愿行事；政府的政策从制定到推行都要受到利益集团的影响；社会科学知识储备尤其是决策者的知识储备也要影响制度安排。私有林补贴制度的供给属于强制性制度变迁，一样要受到这些因素的制约。

1. 财政压力

在上述模型中，管理部门的补贴似乎是无条件的，其实不然，林区现实的财政压力制约着均衡路径的实现。改革开放以来，林业生产者由产品低价统购改为税费负担的形式继续为公共部门提供资本积累，削弱了林区经济发展的动力。1992 年实行“分灶吃饭”改革，南方集体林区可采资源状况好，市场价格高，财政包干系数高，长期资源消耗使绝大多数林区陷入了经济危困和资源危机中，还有大量的超编人员、离退休人员等社会问题，林区政府组织财政收入压力越来越大。

2. 政府失灵

在抽象的模型中，林业管理部门完全代表社会，其决策的效用最大化是为了吸收私有资金投资林业，保护和扩大森林资源总量。然而，与市场失灵一样，政府同样出现失灵，在计划经济向社会主义市场经济转型时期，政府职能转变存在很强的惯性和惰性。尤其是森林具有环境效益、社会效益等外部性，林业部门能够借之扩充政府职能，导致机构膨胀，管理成本上升，诱发林业行业内部收费项目的增加和扩大，进一步加重私有林主的税费负担，不但产生不了补贴的效果，反而出现负补贴现象。

3. 补贴金额计算的困难

模型中，林业管理部门为了吸收私有资金投资林业，必须提供补贴金额 c。在现实决策过程中，补贴金的数量取决于私有林补贴制度的制度安排成本和制度收益。根据诺斯和戴维斯的政府制度安排成本观点，私有林补贴制度安排的成本包括补贴金 c；组织制度成本 s，即施行补贴制度过程中产生的组织建立和维持经费；阻滞成本 e，包括官员贪污补贴金、部门挪用资金等所造成的政策偏差，可通过监督成本间接表示。可见私有林补贴的制度安排成本 $c+s+e$ 的计算相对复杂，尤其是还要考虑不同政策环境下的政策效应偏差，通过制度效益和制度成本确定补贴资金的发放金额有着相当的难度。

4. 私有林主政策反应的差异

在模型分析中，私有林主被简单化了。实际上，私有林主包括林农、林业企业、合作组织：林农经营的私有林小块化、分散化，资金有限，生产经营方式落后，自身技术供给不足，市场敏感度低，服务型补贴制度对其更有吸引力；林业企业与合作组织的私有林规模一般较大，生态效益外部性明显，生态效益补偿相对重要；另外，林业企业的资金可供选择的投资机会多，资本逐利性强，对私有林投资回报率的敏感度高，并且林业企业与合作组织生产规模大，取得的补贴金可以产生规模效益，其$(i-k_1)$大于林农的$(i-k_1)$。私有林主特征差异决定了他们对补贴制度政策反应的差异。

（二）私有林补贴制度产生的效应偏差

由于私有林补贴制度均衡路径实现所受到的制约因素，私有林补贴制度的公共政策效应将产生一定的偏差。具体体现在经济效应、社会效应和生态效应偏差。

1. 经济效应

在补贴模式分析过程中已指出一次性直接支付补贴和附加条件补贴在激励私有林主发展私有林方面有一定的差异，为进一步发现私有林附加条件补贴制度的经济效益，在此将从边际收益和边际成本角度进行分析。

在图 8-2 中，私有林经营的平均生产成本和边际生产成本分别是 AC 和 MC。AV 和 MV 表示平均收益和边际收益。现在假定某私有林主收到一笔补贴，把平均成本线和边际成本线下拉到 AC_1 和 MC_1，产出从 G 扩大到 G_1，线下拉到 AC_1 和 MC_1，产出从 G 扩大到 G_1，利润也从 JEFK 变动到 $J_1E_1F_1K_1$，提供给政府的税收也相应变动。JEFK 面积是比 $J_1E_1F_1K_1$ 大还是小？通过图中可以发现，平均收益曲线越平坦，补贴后的利润 $J_1E_1F_1K_1$ 越是大于 JEFK，补贴的经济效益越好。对于水果等经济林的产品，产品价格受供求关系影响的系数明显，平均收益曲线较为倾斜，补贴效益有限；而至于木材产品，情况则与之相反。

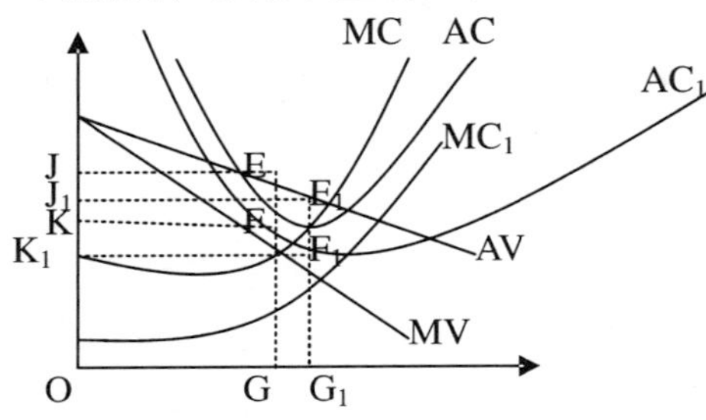

图 8-2　补贴制度的经济效益图析（Ⅰ）

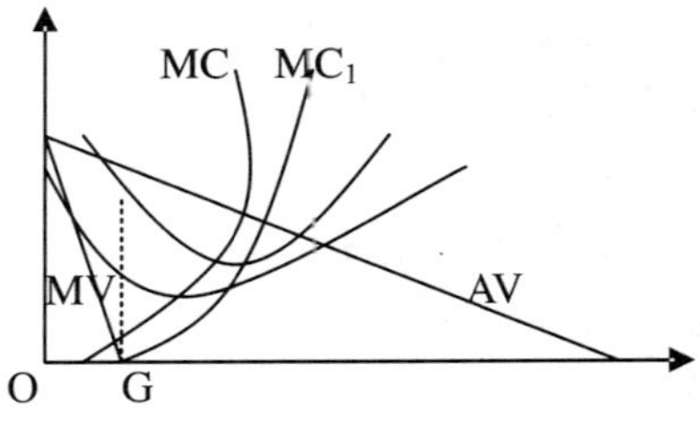

图 8-3　补贴制度的经济效益图析（Ⅱ）

另外，边际收益曲线横向截距的大小也决定了补贴金额应用的数量。如图 8-3 所示，通过补贴使私有林主的边际成本曲线从 MC 下降到 MC1，此时，边际成本曲线和边际收益曲线的交点在横轴上 G 点，进一步追加补贴仍未能扩大到私有林的经营产出量。即补贴达到私有林主的边际收益为零时，进一步的补贴将失效。由于林农、企业与合作组织存在技术差别和规模差别，他们的边际收益曲线也有所不同，同样的补贴制度对不同私有林主将产生一定的经济效益偏差。

2. 社会效应和生态效应

在公共基金分配方面，公平性常常是政府关注的焦点。私有林补贴制度将促进私有资金投资私有林，这将创造就业、消除农村贫困和使许多人(包括那些先前已被经济边缘化的群体)受益的经济活动增加。然而，由于政府职能的制约、私有林主的差异，小私有林主不能从财政补贴措施中受益，要么是他们不了解这些激励措施，要么是因为不能应付复杂的申请程序(Beattie，1995；Haltia，Keipi，1999)。补贴帮助农村造林和缓解农村人口压力的社会效益经常不明显(Vaughan，1995；Durst and Brown，2003)。

私有林补贴促进私有造林的发展，很多无林少林地区农田防护林以及农林间作发展起来，防护林和治沙工程得到建设，从而保护了生态环境。但补贴过程中，由于政府职能的制约、补贴金计算的困难和私有林主反应差异等因素进一步扭曲了林业生产要素的价格，当价格没有反映产品与消费的全部成本和收益时，人们将会依照错误的信息从事活动。非市场价格和激励结构导致市场供应过剩或者过度消费，这会造成环境退化(de Moor，1997)。比如政府和私有林主过度追求桉树、杨树等生产周期短的树种，造成对环境的负面影响。

三、实现博弈均衡路径的制度需求

根据上述分析，博弈均衡路径的实现面临着如下挑战：财政压力制约着补贴金的有效来源；政府失灵制约着补贴金的有效发放；补贴金额计算困难制约着补贴金的有效度量；私有林主反应差异制约着补贴金的有效使用。这要求私有林补贴制度的设计应该克服博弈均衡路径实现所面临的挑战。

我国工业化已经发展到反哺农林的阶段，在公共财政中设置私有林补贴专项资金对保障私有林补贴金的充足来源是有必要的，尤其是对于财力匮乏的林区，私有林的地位更为凸显，中央或地方财政对私有林补贴将获取更高的公共效益。与循环补贴模式相比，输入补贴模式更能实现博弈均衡路径。其中，建立一套规范的转移支付制度是实行输入补贴模式的重要保障，这要求降低代理者的寻租机会。就如调查中所发现的，90%的私有林主希望补贴金的发放形式是直接在银行开设专用账户。

政策实践过程中，私有林补贴金额在不同主体间分配的依据主要是产木材量或林地面积，其中以林地面积为依据受到广大私有林主认可；而对同一个主体应该发放多少补贴金，则更多的是参考当地财政情况，林业管理部门给予主观估计，这往往使直接发放补贴金的科学性和有效性受到限制。其实，计算私有林外溢的生态效益再给予补贴在目前技术上不可行，但如果通过补贴制度施行后私有林投资报酬率的增加量反过来确定私有林补贴金的数量则相对可行，私有林目前投资报酬率容易获得，补贴后的预期报酬率则可以参考当前市场平均报酬率。

私有林主中，林业基础设施建设、技术信息服务等对提高林农私有林的收益率更为明显，他们对服务型补贴制度有更多的需求，根据课题组在2005年7～8月份间对南方集体林区（湖南、湖北、海南、广东、广西、江西）私有林主的问卷调查（发放问卷600份，有效回收322份），三分之二多的林农要求政府提供林道建设、技术信息服务、种苗等服务型补贴制度；林业企业与合作组织虽然资金充裕、技术先进，但经营的私有林规模大，生态效益外部性明显，补偿型和激励型补贴制度更受欢迎，尤其是对于林业企业，他们对私有林投资报酬率更为敏感，信贷优惠与税收优惠对私有林投资报酬率的提高有明显的促进作用。

四、结 论

私有林补贴制度有效性的制度需求包括：采用输入补贴模式；降低代理者寻租机会；侧重提高林业生产力的补贴制度；对不同水平的私有林主采取不同类型的补贴制度。然而，我国私有林发展的时间短，集体林区对私有林补贴制度的系统运用相对较少，对私有林补贴制度进行合理的公共政策评估还有很多制约因素；目前森林资源资产的评估技术有限，科学准确地计算补贴金仍有一定的难度；各个林区私有林发展环境不同，其对私有林补贴制度的具体需求也有所差别。因此，结合私有林补贴制度的博弈分析，对私有林补贴制度效果的详细评价，以及具体分析私有林补贴偏好的情况，将有利于对私有林补贴制度的设计提供相应参考。

第二节 私有林补贴制度的福利效应分析

应用经济学的一般模型对私有林补贴制度的福利效应进行分析时发现，私有林所具有的正外部性的特点，需要有新的理论分析角度。

一、理论假设

(1)树木的生长年限恒定不变；

(2)补贴的投入以生产木材为目的，而不是以利润最大化为目的；

(3)树木的生长不产生外部性，即外部收益为零。

设立第一个假设条件的原因是：不同树种的生长年限不尽相同，并且同一树种在经过若干次种植以后生长周期也可能发生变化，在生长年限恒定时，就可以分析单位时间内木材供给量由于补贴引致的增量。设立第二个假设条件是基于私有林补贴制度建立的初衷，即缓解木材供不应求的压力，增加木材的供给量。设立第三个假设条件的原因是：森林的外部收益具有衡量上的技术困难，且经营用材林的侧重点并不是生态效益。

下面从供求缺口恒定和供求缺口扩大的两个方面来分析私有林补贴的福利效应。

二、供求缺口恒定时的福利效应分析

(一)当 $P_1 \geqslant P_B$ 时的福利效应分析

在木材需求紧张的情况下，木材的生产周期必须是相对较短的，这样才有利于更大程度上的满足对其源源不断的需求。这样它不同于生命周期很长的生态林，以生产木材为主要目的用材林。那么，政府所采取的激励机制应该使私有林的生产体现在最有效率的均衡点上，以最大限度地弥补木材需求的缺口。

如图 8-4 所示，横轴 OQ 表示私有林的供给或需求数量，纵轴 OP 表示私有林供给或需求的成本或价格，曲线 S_1，S_2 是私有林的供给曲线，曲线 D 是私有林生产者所面对的市场需求曲线。供给与需求曲线分别相交于点 A，B。曲线 S_1，S_2 分别与纵轴相交于 P_1，P_2，其含义

是：营林生产需要一定的成本，只有达到最低限度的资金投入即当私有林的单位价格分别达到 P_1，P_2 时，营林者才有从事营林的激励。曲线 D 与横轴相交于点 Q_D，其含义是：当私有林的单位价格为 0 时，市场对私有林的需求量为 Q_D，亦即市场的最大需求量或饱和需求量。在自由市场情况下，均衡的价格和产量由供给曲线 S_1 和需求曲线 Q_D 共同确定，两者的交点 A 分别对应均衡价格 PA 和均衡产量 Q_A。而 Q_B 代表的是市场的潜在需求量，这样供给与需求之间就存在了缺口（Q_B-Q_A）。为了缓解这一矛盾，必须引入政府干预，在需求曲线 Q_D 不变的情况下，当供给曲线 S_1 向下移动时，可以促使均衡产量 Q_A 的增加。当曲线 S_1 向下移动到 S_2 时，均衡产量 Q_A 也增加到了 Q_B 即实现了对供求缺口（Q_B-Q_A）的弥补。

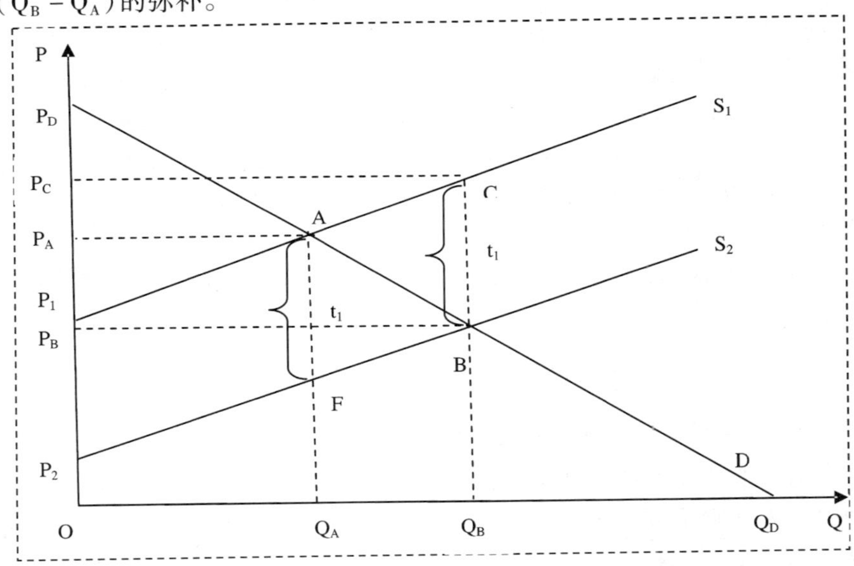

图 8-4 供求缺口恒定时的私有林补贴效应（$P_1 \geqslant P_B$）

现在，我们再来分析一下通过政府的补贴政策对整个社会福利会造成怎样的影响。在均衡点 A，生产者剩余由三角形 P_AAP_1 的面积表示，消费者剩余由三角形 P_DAP_A 的面积表示；在均衡点 B 生产者剩余由三角形 P_BBP_2 的面积表示，消费者剩余由三角形 PDBPB 的面积表示；政府的补贴总额由矩形 P_CCBP_B 的面积表示。这样，生产者剩余的增量为

$(S_{\triangle P_BBP_2} — S_{\triangle P_AAP_1})$（S 代表面积，以后在△、□前的 S 都是此含义），消费者剩余的增量为$(S_{\triangle P_DBP_B} — S_{\triangle P_DAP_A})$，通过政府补贴干预所造成的社会福利的增量为$(S_{\triangle P_BBP_2} — S_{\triangle P_AAP_1}) + (S_{\triangle P_DBP_B} — S_{\triangle P_DAP_A}) — S_{\square P_CCBP_B} = — S_{\triangle ACB}$。

因此，政府补贴导致了社会福利的损失，其损失量用三角形 ABC 的面积来衡量。

（二）当 $P_1 < P_B$ 时的福利效应分析

以上我们讨论的是当 $P_1 \geqslant P_B$ 时，如何弥补恒定的供求缺口$(Q_B - Q_A)$以及由此带来的社会福利的缺失。但是，在工业革命时期，硬木森林作为一种稀缺资源，其供给曲线必然缺乏弹性。因此，供给曲线可能比我们想像的更加陡峭以至于出现 $P_1 < P_B$的情况。随着供给曲线斜率的增加，为了弥补恒定的供求缺口$(Q_B - Q_A)$，政府补贴总额以及社会福利将发生如何变化呢？

如图 8-5 所示，在保持 A 点不变的前提下，随着供给曲线 S_1 斜率的上升将会出现 $P_1 < P_B$ 的情况。此时的生产者剩余增量为$(S\triangle P_BBP_2 — S\triangle P_AAP_1)$，消费者剩余增量为$(S\triangle P_DBP_B — S\triangle P_DAP_A)$，补贴总额

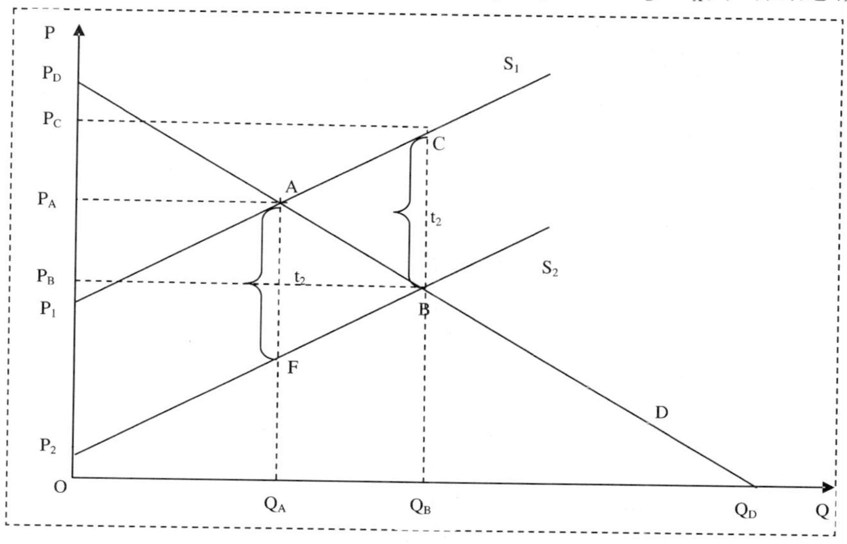

图 8-5 供求缺口恒定时的私有林补贴效应$(P_1 < P_B)$

为 $S\square P_C CBP_B$。其中，单位产量的补贴额变为 t_2，由于此时的供给曲线 S_1，S_2 比原来的更陡峭，必然导致 $t_2 > t_1$，即单位产量的补贴额增加了。社会福利的增量为：

$$(S\triangle P_B BP_2 - S\triangle P_A AP_1) + (S\triangle P_D BP_B - S\triangle P_D AP_A) - S\square P_C CBP_B$$
$$= - S\triangle ACB。$$

因此，不论 $P_1 \geqslant P_B$ 还是 $P_1 < P_B$，社会福利的损失额都表现为三角形 ACB 的面积。随着供给曲线斜率的增加，单位产量的补贴额也相应的增加，并且政府补贴总额以及社会福利的损失也同比例、同方向地变动。

三、供求缺口扩大时的福利效应分析

以上两种情况下，我们都假定政府补贴是为了弥补恒定的供求缺口（$Q_B - Q_A$）。但在现实中供求缺口并非恒定的，工业化的发展使能源——木炭供给出现紧张局面，供求缺口开始形成。随着工业化的深入发展，对能源——木炭的需求进一步扩大，导致了供求缺口的恶性扩张。

下面，我们再考虑一下：在保持供给曲线 S_1 及需求曲线 D 不变的前提下，当供求缺口（$Q_B - Q_A$）产生变动时，为弥补这个缺口，单位产量的补贴额、政府补贴总额以及社会福利将如何变动。

如图 8-6 所示，令 $HC'C = \beta$，$BB'E = \alpha$，$|Q_B'Q_B| = r$，则当产量由 Q_B 增加到 Q_B'时，单位产量补贴额的增量为 $t_3 - t_1 = |EB| + |HC| = |EB'| \times \tan\alpha + |HC'| \times \tan\beta = r \times (\tan\alpha + \tan\beta)$。假设原来的补贴总额 $S\square P_C CBP_B = S$，那么现在的补贴总额。

$$S\square P_{C'} C'B'P_{B'}$$
$$= S + |EB| \times |P_{B'}B'| + |HC| \times |P_{C'}C'| + |EB'| \times t_1$$
$$= S + |OQ_{B'}| \times (t_3 - t_1) + r \times t_1$$
$$= S + r^2 \times (\tan\alpha + \tan\beta) + r \times [\,|OQ_B| \times (\tan\alpha + \tan\beta) + t_1\,]$$

因此，政府补贴总额的增量为 $\triangle S = r^2 \times (\tan\alpha + \tan\beta) + r \times [\,|OQ_B| \times (\tan\alpha + \tan\beta) + t_1\,]$，其含义是：当供求缺口（$Q_B - Q_A$）扩大 r，对应的补贴总额将发生 $\triangle S$ 的变动。由于 $\triangle S$ 为 r 的二次函数并且二次项系数为正，表明随着供求缺口（$Q_B - Q_A$）的扩大，政府补贴总额将

呈几何级数递增，并且供求曲线 S_1、D 的斜率绝对值越大从而供求曲线 S_1、D 的越缺乏弹性以及 β、α 的值越大政府补贴总额也将发生同方向的变动。

我们再来分析一下，供求缺口（Q_B— Q_A）的扩大对社会福利的变动将产生什么影响。如图 8-6 中△ACB 和△A C′B′的面积分别表示供求缺口（Q_B— Q_A）变动前后社会福利的损失总额。显然，社会福利损失总额的增量为 S□CC′B′B，并且 S□CC′B′B = $r \times t_1 + 1/2 \times r_2 \times (\tan\alpha + \tan\beta)$，这也是关于 r 的二次函数并且二次项系数为正，表明当供求缺口（Q_B— Q_A）扩大时，通过政府的财政补贴调控必然以引起社会福利呈几何级数递减的损失为代价。

综上所述，供求缺口（Q_B— Q_A）的扩大将引起政府补贴总额将呈几何级数递增以及社会福利呈几何级数的递减。在这过程中政府的干预所能起到的调节作用也呈几何级数的递减即随着供求缺口（Q_B— Q_A）的扩大将引起政府调节作用更大程度的消失，寻求新的途径来解决能源危机势在必行。

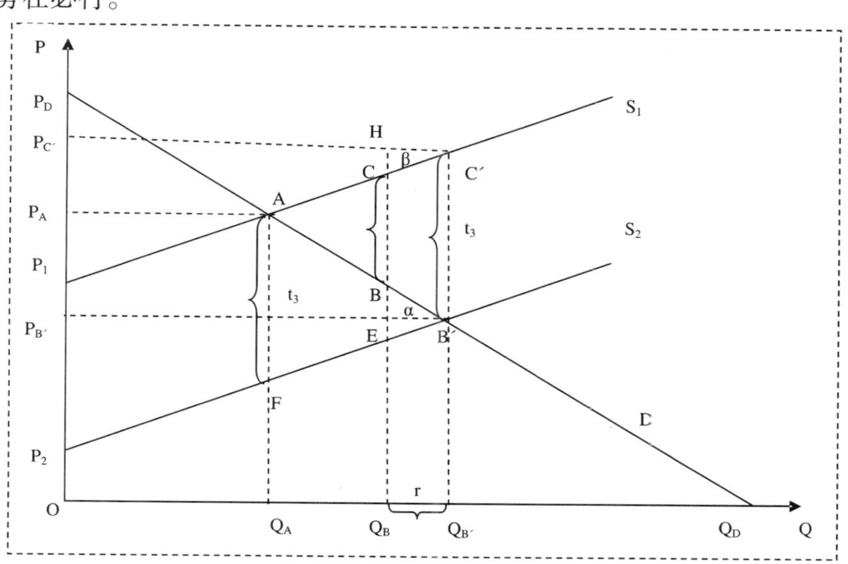

图 8-6　供求缺口扩大时的私有林补贴效应

四、结 论

不考虑正外部性的经济理论模型是不适合于这一分析。

从上述的经济学分析中，我们可以看到，在不考虑林业的外部性等严格的前提下，私有林的补贴必然导致社会总福利的损失，降低了社会的效率。然而，这一经济理论是建立在如前所述的不考虑外部性的前提下才成立的，这对于一般的工业品生产是适合的，但对于林业这一特殊产业则是不适合的。林业的特点恰恰就在于它的外部性，并且是非常巨大的正外部性，私有林主在进行植树造林，扩大森林面积，提高森林覆盖率，增加木材和其他林产品的生产的同时，为社会提供了净化空气、调节气候、保持水土、涵养水源、防风固沙、美化环境等多方面的生态效益。而私有林主通过市场所收获的仅仅是林木的价格，其他方面的价值都没有得到体现，因此林业经营中存在着巨大的正外部性，它向社会提供了综合效益，它的正外部性对社会福利的贡献远远大于木材的价格，也远远大于上述经济学模型所计算出来的林业补贴所带来的社会福利的损失。正因此世界各国都实行了对林业经营的补贴制度。

第九章

私有林补贴制度的理论分析

前面几章对私有林的现状、特征及经营意愿的分析为构建私有林的补贴制度提供了基础，从本章开始对私有林补贴制度进行研究，首先需要从理论上分析私有林补贴制度的必要性。

第一节　私有林补贴制度分析的理论假定

一、补贴内涵的狭义理解

要理解私有林补贴内涵，首先必须明确什么是补贴(Subsidy or Subsidies)。关于补贴，实际上存在着狭义和广义两种理解。

在经济学上，补贴是一个比较常见的字眼。在许多文献中，把补贴等同于财政补贴，指的是政府进行宏观调控采用的一种手段。虽然政府文献中没有对补贴进行内容界定，但在学术研究上，不同的学者根据不同的研究目的和不同的分析需要，从多角度和多层面对补贴涵义进行了分析，并相应地给出了补贴的不同定义，这是关于补贴的一般内涵的定义。

(一)国内的定义

在所掌握的国内文献中关于补贴概念的描述有:

(1)《经济大辞典·财政卷》(96~97页)对“财政补贴”的解释是:用国家财政资金直接资助企业或居民的国民收入再分配。它在资本的原始积累中曾经发挥过重要作用。现代资本主义国家仍利用这种办法支持垄断资本，干预国民经济。在社会主义条件下，是为弥补企业亏损和保障职工生活等而由国家财政给予的补贴。

(2)李杨(1990)对“财政补贴”定义为:在某一确定的经济体制结构

下，政府支付给企业和个人的，能够改变既有的产品和生产要素相对价格的，从而产生收入效应和替代效应的无偿支出。

(3)陈共(1994)认为补贴是一种影响相对价格结构，从而可以改变资源配置结构、供给结构和需求结构的政府无偿支出。

(4)梁新潮(1995)认为补贴是政府的一种转移性支出，是各级政府根据一定时期政治经济形势的客观要求，为了达到调控经济或稳定社会等目的，对某些特定项目所实施的资金补助。

(5)平新乔(1995)认为，补贴是由政府(也可能是私人)无偿地支付一种款项，用以填补由消费者所支付的价格与由生产者所承担的成本之间的差额。在生产者不能以消费者所普遍接受的价格提供某种产品和劳务时，用这种办法可以使生产者有利可图地做到这一点。

(6)李海波(1996)认为，补贴是国家根据一定时期的政治经济形势的客观要求，为有计划地调节生产、分配、流通和消费，对经济组织、城乡居民所实施的财政性特定补助。

(7)安体富、周升业(1996)认为，补贴是国家为了某种特定需要向企业或居民提供的无偿补助，这实质上是将纳税人的一部分收入无偿转移给补助受领者。

(8)谢天增(1996)认为，补贴是国家为了某种特定的需要，而将一部分资金无偿补助给企业和居民的一种再分配形式，属于财政支出中的转移支出部分。它是政府调节经济运行的重要手段。

(9)冯海发(1996)认为，财政补贴，是指在既定的经济关系和政策关系结构下，政府通过财政对企业和个人支付并不属于政府一般职能范围内的无偿性补助。

(10)刘隽亭、许春淑(2004)认为，财政补贴是国家为了执行某项政策而给予生产者、经营者和消费者的特定补助或津贴。

(11)何盛明、梁尚敏(1987)认为，财政补贴是国家为有计划地调节社会需求和社会经济生活，在经常性的财政分配外，以直接或间接的方式，对经济组织、城乡居民所实施的财政性特定补助。

(二)国外的定义

在国外经济学文献中，补贴定义有：

(1)张芳杰(1985 年)认为补贴，尤指政府或社团补助某项工业或某项需要帮助的事业，或补助战时盟国，或如食物补贴以保持价格稳定等。

（2）美国D·W·莫法特（1989）认为，补贴是联邦政府对特种商品、服务或生产要素的私有生产部门或消费者提供的经济支持。政府不是要得到相应的补偿，而是对受益人规定特定的行动，通过改变与补贴受益人有关的商品或服务的价格或成本，来鼓励或抑制该项商品或服务的产量、供给或使用以及相关的经济行为。这种支持采用的形式有二：一是直观现金补偿；二是通过下列方式进行暗含的补偿：①减少特殊的纳税义务；②贷款利率低于政府的一般贷款利率，或从贷款担保人那里获得贷款；③以低于市场价值的价格或费用提供商品和服务；④政府以高于市场的价格购买商品和服务；⑤政府采取某些改变个别市场价格的管理行动。

（3）英国戴维·皮尔斯（1988）认为，补贴政府支付的款项（也可能是私人支付），用以填补消费者所支付的价格和生产者耗费的成本之间的差额，如在价格低于边际成本时的情况。这类补贴要达到的目的如下：①把钱从纳税人那里转给某一产品的生产者或消费者，例如，用以提高农民的收入。②借助供给或需求弹性机制影响供方和需方的行为，如同外部经济的情况。③抑制或稳定某些商品的价格，如作为反通货膨胀的一部分。

（4）P·B·穆斯格雷夫（1972）认为，补贴从最终的意义上说，它可以被定义为由政府的课税和支出活动给予任何个人的净得利。在穆斯格雷夫看来，国家财政支出的功能不是别的，就是提供补贴，因而财政支出的理论就可以看成是关于补贴的理论。

（三）补贴的内涵

由于补贴现象的复杂性，加上补贴的运用由政府的财政政策具体规定，具有权宜性和多变性，在不同的体制背景，不同的观察视角，以及考察的不同层面上，所形成的对补贴的认识和做出的解释不大一样，但不管是在什么样的角度以及什么样的背景下，上述对补贴的解释并不存在根本性的差别，而是存在一定的共性，即补贴与政府的财政行为有关，与相对价格联系在一起，属于转移性支付。具体地讲，国内外关于补贴的定义，有以下共同之处：①补贴是一种政府行为，是政府宏观调控的一种手段，不仅包括中央和地方政府的补贴行为，而且还包括政府干预的私人机构的补贴行为。②提供补贴的主体是政府，即补贴是一种财政行为：即政府公共账户存在开支，而且是一种价值的单方面转移，属于转移性支付，即是说，这种支付不以政府取得相应的商品和劳务为代价。③补贴的目的，主要是为了达到社会稳定和经济发展。④补贴必须授予被补贴方某种利益：一般认为这种利益是受补贴方从某项政府补贴计划中取得了某些它在市场中不能取得的价值。补贴的受领者，既可以是生产者，也可以是消费者。⑤补贴的作用在于通过改变资源配置结构而调节经济运行。⑥补贴的方式，可以是直接的给予现金补偿，也可以是间接的给予税收优惠或减免等暗含的补助。⑦补贴在数量上是用于填补消费者支付的价格与生产者耗费的成本之差。

可见，补贴指的是国家财政部门在一定的时期内，根据国家政策的需要，对某些特定的产业、部门、地区、企事业单位或某些特定的产品、事项直接给予的现金补偿或间接给予的税收优惠或减免等暗含的补助和津贴。它是财政调节经济过程中派生的一种分配形式，是财政调节经济的重要杠杆，以实现政策的意图，促进经济的发展。所以，理解补贴的内涵，需要把握以下几点：

(1)补贴的行为主体是国家，补贴是国家财政分配的一种形式和实现国家职能的一种工具，必须得到国家政府授权财政部门的认可。可以说，在很大程度上，补贴等同于财政补贴。

(2)补贴的依据是国家在一定时期制定的社会、政治、经济的有关政策，具有鲜明的政策性和可控性。一方面，补贴的依据是国家在一定时期的政策目标，并由国家财政部门统一管理，因此具有很强的政策性，它不仅是国家调控经济的杠杆，也是协调社会各种关系、保障社会秩序和安定团结的政治局面的一种经济手段；另一方面，补贴的对象、数额、环节、时期等具体内容，都由财政部门根据国家政策的需要来决定。当某项政策发生变化时，财政补贴将相应调整；当某项政策实施完结、失去效力时，相应的财政补贴也将随之取消。因此补贴是国家可以直接控制掌握的经济杠杆，具有可控性。

(3)补贴的对象是一些特定的产业、部门、地区、企事业单位和特定的产品、事项，因此，补贴不具有统一性、普遍性，是一个特殊的财政分配形式，具有很大的灵活性和伸缩性。补贴的对象具有可选择性和针对性，国家还可以根据政策的变化和社会形式的发展对财政补贴进行及时的调整和修正。

(4)补贴是国家在经济管理中自觉运用价值规律、实现宏观经济调控的不可缺少的一个重要经济杠杆，世界上大多数的国家都运用补贴来调节经济发展，实现国家的政治经济目标。

二、补贴内涵的广义理解与私有林补贴的本质

上述关于补贴内涵的一般理解，大多局限在财政支出账户的理解上，对补贴的本质特征阐释得不够。下面，通过分析补贴的实质，进一步从广义上来理解补贴的内涵，并给出本研究关于私有林补贴的定义。

我国发展私有林的目的在于最终实现中国林业的可持续发展和森林资源的永续利用，但由于私有林本身的特性和制度的缺失使得私有林在进一步发展过程中出现了一系列的问题，因此必须采取有效的扶持政策，以给私有林创造良好的发展空间，从而调动和吸引私有资金参与林业、投资林业、建设林业。可见，对私有林进行补贴是政府促进私有林发展的一种扶持手段，因此，在探讨“私有林补贴”时必须要将补贴与私有林发展的最终目的相联系，不能仅仅停留在上述关于补贴的定义上。而要将财政补贴手段的运用与中国林业可持续发展联系起来，更好地实现我国森林资源的永续利用，则应从深层意义上理解补贴的经济本质，从而为解决究竟补贴是否是一种“可有可无”、或“可多可少”的政策变量；或是否“不论以何种方式和何种条件，只要支付了补贴就可解决问题”等这些重大的理论与实践问题奠定理论认识基础。

西方经济学认为，政府之所以要干预经济活动，是因为存在市场失灵，那么，作为政府政策手段的补贴也就可以从市场失灵理论中去寻求答案。市场失灵理论认为，之所以会发生市场失灵，基本原因就在于，不存在价格信号或价格信号失真(经济扭曲)；通常，价格信号的扭曲又与经济活动的外部性联系在一起(Harvey S. Rosen，1995)。为此，我们将借鉴市场失灵理论和外部性理论来考察补贴的内涵，从而为确定私有林补贴的本质提供参考。

(一)市场失灵下的补贴内涵

市场失灵是指市场机制不能提供符合社会效率条件的商品或劳务。一旦市场处于无效率的时候，政府就成为了替代的手段之一。政府应该尽可能地避免市场失灵所产生的不良后果，以促进市场更有效率地运作。

1. 对消费者的补贴

按照经济学原理，在有效的市场上，当价格等于边际私人成本，私人福利最大化。但对某些行业来说，如一些垄断性很强的公用事业，如果按照市场均衡所确定的价格进行交易，往往会导致某些产品的价格急剧上涨，甚至出现通货膨胀。因为在这些行业，垄断者为获取垄断利润可以控制行业的产量以达到控制和操纵市场价格，此时价格可能远远大于私人生产成本。为此，政府往往对这些行业进行管制，即制定一个最高价格。如图 9-1。

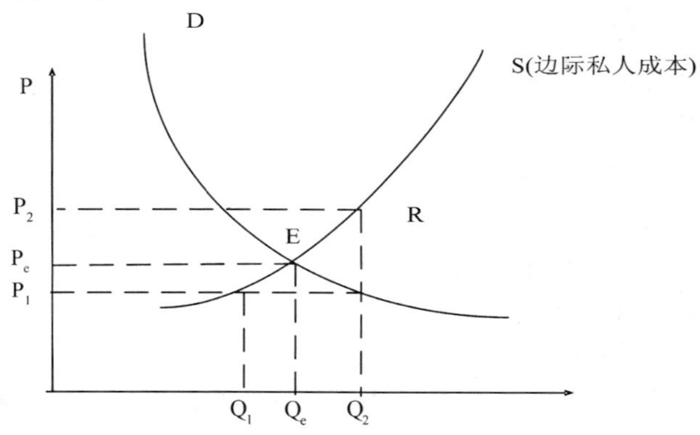

图 9-1 最高限价和最低限价

注：P_1，P_2 分别表示政府制定的最高价格；P_e 为供需均衡价格；D 表示需求曲线；S 表示供给曲线。

图 9-1 表示政府对某种产品实行限价的情形。开始时，该产品市场的均衡价格为 P_e，均衡数量为 Q_e。但由于存在市场失衡，出现产品价格相对过高，政府为抑制该产品的价格，对其实行最高限价。假定政府制定的最高价格为 P_1，则需求将扩大到 Q_2 水平，消费增加，但潜在地导致短缺(短缺量为 $Q_2 - Q_1$)。如果抛开导致市场产品短缺这一因素的

话，从经济学意义上讲，这里的实际价格与市场均衡价格之差可以被认为是由政府干预而形成的对消费者的补贴，最大的补贴应该是生产者私人成本与消费者价格的差异。

2. 对生产者的补贴

同样，在现实中也还存在着对生产者的补贴。例如，政府实行高于市场均衡价格的最低保证价格。政府实行最低限价的目的通常是为了扶持某些行业的发展，因为，如果按照市场均衡价格进行交易，往往可能因为市场均衡价格过低而导致生产者退出该行业从而使市场供给出现危机(最大的原因可能在于市场均衡价格低于生产者的私人生产成本)。如果实行最低限价(如图 9-1 的价格 P_2)，此时，生产者将受到激励扩大其供给至点 Q_2，即是说，生产者受到经济激励而加大资源消耗，形成较高的生产量 Q_2。同样，如果抛开最低限价导致的产品过剩的话，从经济学意义上讲，这里的实际价格与市场均衡价格之差可以被认为是由政府干预而形成的对生产者的补贴，生产者实际获得的补贴应该是实际价格和生产成本的差异。

(二)外部理论下的补贴内涵

在实际经济中，单个经济单位从其经济运行中产生的私人成本和私人利益往往与该行为所造成的社会成本和社会利益不相等。在某些时候，某个人(生产者或消费者)的一项经济活动会给社会上其他成员带来好处，但他自己却不能由此而得到补偿。此时，这个人从其活动中得到的私人利益就小于该活动所带来的社会效益。这种性质的外部影响被称为所谓“外部经济”。根据经济活动的主体是生产者还是消费者，外部经济可以分为“生产的外部经济”和“消费的外部经济”。另一方面，当某个人(生产者或消费者)的一项经济活动会给社会上其他成员带来危害，但他自己却并不为此而支付足够抵偿这种危害的成本。此时，这个人为其活动所付出的私人成本就小于该活动所造成的社会成本。这种性质的外部影响被称为所谓的“外部不经济”。外部不经济也可以视经济活动主体的不同分为“生产的外部不经济”和“消费的外部不经济”。

根据福利经济学原理，各种形式的外部性的存在将产生严重的影响，即资源配置将偏离帕累托最优状态，因此，必须对其加以改进，以实现帕累托最优。如果个人在物品的生产或消费中引起了外部不经济，这类生产或消费会对社会和环境产生的负效应，从而使社会的边际成本大于企业的边际成本，或者社会得到的边际收益小于企业得到的边际收益，必须减少其供应量。下面以完全竞争条件为例来说明生产或消费的外部不经济是如何造成社会资源配置失当，如图 9-2。图 9-2 中水平线 dP 是某竞争厂商的需求曲线和边际收益曲线，MCP 为其边际成本曲线。由于存在生产或消费上的外部不经济，故社会的边际成本高于生产者或消费者个人的边际成本，从而社会边际成本曲线位于个人的边际成本曲线之上，如 MCS 。MCS 和 MCP 的垂直距离可以看成所谓的外部不经济。即由于个人增加一单位生产或消费所引起的社会其他人所增加的成本。个人为追求利润或效用最大化，其产量或消耗量定在价格(亦即边际收益)等于其边际成本处，即 Q_2。但使社会利益达到最大化的产量或社会福利达到最大化的消耗量应该是使社会的边际收益等于社会的边际成本，即应当为 Q_1。因此，生产或消耗的外部不经济造成产品生产或消耗过多，超过了帕累托效率所要求的水平 Q_1。为实现帕累托最优，必须减少其生产或消耗量。减少其生产或消耗量的一个办法就是将这些外部成本“内在化”到生产者或消费者的账单里(例如政府向排污者收费或抽税)。换句话说，外部成本应追加到私人成本之上以获得社会成本。按照经济学定律，当价格等于边际社会成本时，社会福利最大化，此时，生产量或消费量将减少至其社会最优水平 Q_1(在完全竞争市场下，个别厂商是市场价格的接受者，因此价格还是原来的 p_o。在价格不变的情况下，生产者产量为 Q_1)。在这里，我们可以把使边际私人成

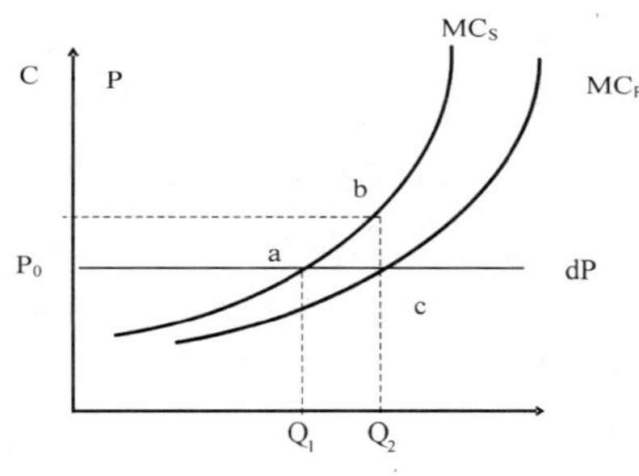

图 9-2 生产或消费的外部经济(Ⅰ)

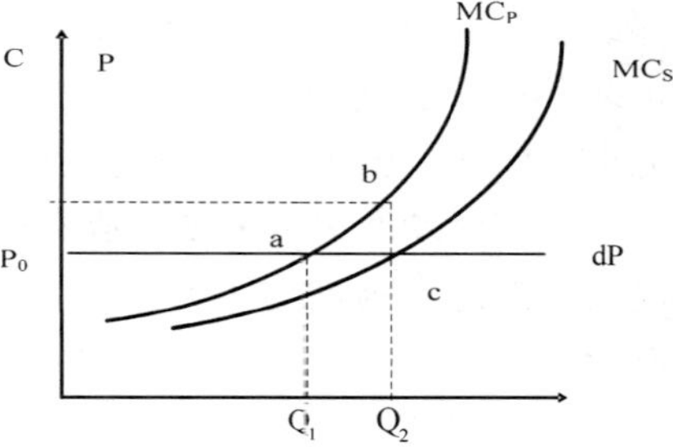

图 9-3 生产或消费的外部经济(Ⅱ)

本等于边际社会成本的行为看作是一种补贴行为，只不过是一种负补贴，单位产品的补贴量就是边际社会成本和边际私人成本之差，即价格与边际私人成本的差异。

如果生产者或消费者的经济活动中存在正的外部性，这类商品的生产或消费会对社会和环境产生的正效应，从而使个人生产成本或消费成本高于它的社会成本（如图 9-3 所示，$MC_p > MC_s$，私人边际成本在社会边际成本曲线之上），或者个人的收益低于它的社会收益，从而导致有益外部性商品的供给不足。为实现帕累托最优，必须增加其生产或消耗量。增加其生产或消耗量的一个办法就是对生产者或消费者给予补贴。通过补贴，让边际私人成本等于边际社会成本，或边际私人收益等于边际社会收益。当价格等于边际社会成本时，社会福利最大化，此时，生产量或消费量将增加至其社会最优水平 Q_2。同样，补贴量等于边际社会成本和边际私人成本之差，即价格与边际私人成本之差。

由此可见，从广义的角度，补贴可以理解为任何价格与边际私人成本之间的差额。如果这种补贴是通过政府直接或间接的财政支出途径来实现的，则政府财政的这种支出就形成财政补贴。从福利经济学角度理解，政府财政支出就是广义的财政补贴（孙凯，1999）。由此，可以将补贴定义为是政府通过调整价格与边际私人成本之差，或政府通过调整边际私人成本与边际社会成本之差，而直接或间接地给予生产者或消费者以财政支持的各种干预措施的总称。这些措施反映在财政账户操作的形式上，就是政府的各种转移性支付。如果这种转移支付发生在私有林上，就形成私有林补贴。即私有林补贴是政府通过调整价格与边际私人成本之差或政府通过调整边际私人成本与边际社会成本之差，而直接或间接地给予私有林经营者以各种财政支持的各种干预措施的总称。从定义中可以看出，这里所阐述的私有林补贴实际上是广义的财政补贴，包括政府为扶持私有林发展而发生的一切转移性财政支出，如政府对私有林的基础建设投资、科研开发及推广支出、信贷补贴及直接价格补贴等等（WTO 中对农业的补贴就是采用这种广义的补贴内涵）。私有林补贴制度，就是指国家在实施私有林补贴中所形成的规范的总称，包括成文的规则和约定俗成的做法等。本研究将采用这种广义的补贴内涵来开展私有林补贴制度的研究。

三、与私有林补贴相关的概念

为了便于分析研究，还需要进一步明确与私有林补贴有关的政府支出概念及其相互区别与联系，以利于理论探讨和实证分析时更好地明确私有林补贴与它们的各种相关联系。

（一）私有林补贴和林业扶持（林业支持）

所谓林业扶持，是指对林业的资源投入增加的速度比其他部门或行业高的资源配置过程，是政府、企业或社会公众利用计划手段、经济手段、行政手段、法律手段、思想教育和舆论工具等手段对林业的一种支持，即林业支持。林业扶持的性质是指在其他条件不变的情况下，通过扶持式资源配置，在资源投入的增加速度上高于其他部门或行业，以便使林业能得到迅速成长和壮大，起到林业应起的作用或担负起林业应负起的责任。扶持是被扶持对象迅速发展和壮大的启动器。我国对林业的扶持主要出现在最近数十年间，主要体现在以天然林保护工程和退耕还林还草工程为代表的造林工程的实施。

私有林补贴则主要是指政府为了鼓励私有资金投入林业（商品林）发展而对私有林经营主体无偿转移财政资金的一系列政策组合和制度安排，它既包括狭义的私有林补贴（即直接补贴），还包括贴息贷款、税收优惠、政府服务活动等促进私有林发展的各种制度安排。可见，私有林补贴也是一种对林业的扶持手段，只不过这一手段扶持的客体是私有林，所以相对于林业扶持来说，私有林补贴的客体范围较之要小，但包括在林业扶持当中。因本研究主要论述的是私有林的激励机制，所以但凡涉及私有林的扶持手段实际上指的就是私有林补贴。

（二）私有林补贴和林业补助

“补助”是政府为扶持某一特定行业而给予的优惠（王小丽，2004）。林业补助是指各级政府为促进林业发展，对营林主体所进行的各种经济性补助措施（包括直接补贴、信贷、减免税收、减免地租等）。林业补助的目的，是促进林业发展；手段是“补”，是对营林主体不能获得正常利润的一种弥补。国家为了鼓励营林业的发展，必须利用经济杠杆，保证营林生产要素都能获得正常利润，否则这些资源就会配置到报酬高的非林行业，林业发展就成了无源之水。林业补助是政府干预林业经济的行政行为，政府之所以干预，因为林业具有外部性，并且由于林业生产周期长，风险大，地域广等特点，市场失灵，需政府采取补助措施矫正，促使市场配置营林生产要素的基础作用得以发挥，提高林木供给水平（姚顺波，2005）。私有林补贴其实几乎等同于林业补助，在国有林业、集体林业、私有林业并存的时期，私有林补贴更确切地说其补助对象应该是对私有营林主体的林业补助，但本研究所定义的私有林补贴是一种广义的补贴内涵，不但包括直接补贴、信贷、减免税收、减免地租，还包括政府为私有林发展所提供的一般服务，而林业补助一般只是指前者，故其补贴的手段要比林业补助的手段更多一些。

（三）私有林补贴和森林生态效益补偿

"补偿"是指特定受益者因消费某一产品或服务给予生产者一定额度的支付，具有持续地进行市场交换的意义。森林生态效益补偿是指各级政府为了改善生态环境，向社会提供生态安全公共服务，限制、剥夺林木所有权行使所造成损失的一种经济补偿措施（王小丽，2004）。营林主体造林的主要目的并非自用，而是通过林木交易获得利润，处置林木、进行林木交易是林木所有权的直接体现。然而政府认为如果任由林木所有者自由处置林木，会造成生态环境破坏，影响环境质量，所以我国政府对林木所有权的处置设置了种种限制条件，如严格的采伐许可证制度，乃至禁伐制度，这无疑限制了私人财产权的行使。法律上虽然承认政府为了公共利益，可以对私人财产权加以限制，甚至剥夺，私人有服从的理由与义务（程浩，2002）。但政府为了公共利益限制、剥夺林木所有权的自由行使造成了私人的财产损失，政府理应对林木所有者予以补偿。而作为对私有林业发展的扶持手段，私有林补贴是一种促进产业发展的行为，并不是政府因生态效益的需要代表社会向私有林营林主体购买"采伐限制权"而产生的财政支付，这有别于森林生态效益补偿的资金直接转移。虽然私有林林农经营的森林有一部分划分为生态公益林，但这部分私有林不是本研究所定义的私有林范围（本研究所定义的私有林是私有林经营主体所经营的商品林），故私有林补贴有别于森林生态效益补偿。

四、国内外关于私有林补贴制度的研究现状

(一)国内的研究

私有林在我国长期处于弱势地位，社会认识的偏差和政府对私有产权的严格限制，极大地阻碍了私有林的发展。因此，改革开放以来，国内学者主要围绕产权制度与税费制度这两方面开展研究，而关于私有林补贴问题的研究较少。

围绕私有林低投资回报率，国内学者主张对其进行补贴，主要有三种意见：①私有林的生态效益外部性未能得到补偿，营林的私人成本高于社会成本，私人收益低于社会收益；提高私有林投资回报率的手段在于给私有林主一定的补贴，补贴额刚好等于社会收益与私人收益之差(张美华，2001；王小丽，2004)；②营林主体有自身克服外部性的机制，比如扩大企业规模、产权明晰等手段，所以私有林低报酬率的原因在于政府的不合理干预，如不合理税费、采伐限额制度等抑制了营林业的健康发展；提高私有林投资回报率的方法在于减少政府干预，努力创造条件使营林主体获取社会平均利润率(姚顺波，郑少锋，2005)；③认为私有林低投资回报率是由于林业行业的弱质性，比如林业生产周期长、林业风险太大等；提高私有林投资回报率应给予一定的扶持和补助(隋舵，黄清，2001；蒋梅，2000；王焕良等，1994)。

从公共政策的角度对私有林补贴制度进行分析，其研究成果可概括为三个方面：①论证了私有林补贴制度存在的必要性；②介绍了私有林补贴制度的公共政策内容；③深入分析了私有林补贴制度有效实施的条件、现实制约因素及产生的效应偏差(洪志生，2006)。

(二)国外的研究现状

总体上讲，世界主要林业发达国家在私有林补贴制度的建立方面都是先从逆向补贴即税费优惠和信贷优惠开始的，其直接目的都是为了调动私有林主的营林积极性，而间接目的则涉及多方面，包括生态效益、社会效益和经济效益。其逆向补贴的形式多样，几乎涵盖了从造林到抚育再到采伐以及最后的销售阶段这整个营林过程，其中又侧重于税费方面的优惠，主要有林地税、所得税、资产税、财产税、资本收益税、遗产税、赠予税、特别分离税和森林费。相比而言，信贷优惠则涉及较

少，其形式也比较单一，主要是以森林、林木、林地使用权作为贷款的担保或抵押物。在逆向补贴的有效实施的同时，伴随着世界经济的快速发展，资源的稀缺性逐渐成为焦点问题，而森林是最为主要的一种原始资源，在促进对世界经济的发展方面具有举足轻重的作用，社会需求的扩大为私有林正向补贴制度的建立提供了先决条件（李智勇，闫振，2001）。正向补贴的形式也是多种多样的，主要表现为：造林成本补贴、免费供应苗木、林道建设补贴、病虫害防治补贴、免费的技术指导和信息咨询等。有关研究成果显示，林农之所以不愿意或不按照政府的意愿去经营森林，主要有经济和能力两方面的原因；政府对林农依据公益原则经营森林所造成的损失应予以补偿，对无力经营者给予协助（Mills，Cain，1999；永田信，2000；岛本美保子，1994）。在鼓励经营的方式上，经济补助、收入限制和技术援助均会影响林农的经营行为，而最有效的方式当属经济补助。在具体的补助措施方面，财政直接补助为林农偏好的政策（Hickman，2001；Royer，1997）。在补贴效率方面，直接补助有加重政府财政负担的可能，研究人员建议以适当的融资利率来增加林农的造林意愿，同时也可减轻政府的财政负担，并提高财政投资的效率（鹤助治，2002；Binkley，1997；Hodges，Cubage，2000）。

五、理论假定

假设条件的确立，是一切科学理论、假说在研究方法上最基本的共同形式（罗必良，2000）。由于私有林发展的多样性复杂性，并且在私有林补贴制度研究中，我们将遇到一些并不清楚的变量以及难以把握的相互关系，因此在提出理论假说之前，有必要对不能完全了解把握的因素或变量作出假设，抽象掉不重要的变量，从而将注意力集中在容易把握的关键性变量上（郑少红，2007）。

罗必良（2000）依照假设前提在理论形成过程的作用和性质，将经济理论研究中的假设前提划分为初始条件假设、限界条件假设及辅助条件假设三类：

（一）初始条件假设

它主要是决定所研究问题性质和主要内容的前提条件，这些前提条件基本上是真实存在并且是具体明确的，是构成整个假设条件的基础。

本研究的初始条件假设为林农个人利益，同时引申出行为最大化、偏好多样化等行为假设。

(二)限界条件假设

它是指有关研究中确立其变量范围限制条件的假设，它决定了理论假说模型不同的抽象程度，具有一定的虚假性。

本研究将会经常使用限界条件，例如在分析林业弱质性时，我们所假设林农所拥有的信息量是给定的，并且没有成本，这就是限界条件假设。我们还会假设“林农营林具有一定的风险”，“林农在经营过程中存在信息不对称”等各种限界假设。

(三)辅助条件假设

辅助条件假设比限界假设更具体明确，一般包括自然资源和人力资源、技术水平、资本存量、外部特征等环境条件。本研究出现的辅助假设主要有：林地资产专用性、信息不确定性等。

在界定了以上假设前提后，本研究的理论假说可表述为：在市场经济条件下，社会利益和个人利益产生矛盾时，补贴制度是协调社会利益和个人利益的有效制度安排。

上述理论假说是构建本研究理论分析框架的前提与依据，也是后面实证分析的逻辑起点，我们将通过产权理论和公共品理论分析来加以验证。

第二节 私有林补贴的产权制度分析

从现代产权理论的角度来分析，林业这一具有生态效益的特殊的产业，私有林的产权受到政策与管理制度的限制，因此是不完善的产权，而残缺的产权使私有林主的个人利益受到损失。补贴是对受损的个人利益的一定补偿，也是生态效益内部化的要求。

一、产权的基本理论

(一)产权的定义

20 世纪 60 年代，产权(property rights)理论受到了西方各国的广泛重视，取得了较快的发展，并形成了多个不同的学派。目前，虽然产权理论已开始趋于成熟，广泛使用，但西方理论界对产权的概念仍没有形成完整、统一的定义。

《新帕尔格雷夫经济学》解释，产权是一种通过社会强制而实现的对某种经济物品多种用途进行选择的权利。也就是说，产权不是一种而是一组权利。这种权利的有效性取决于对此权利强制实现的可能性以及为之付出的代价。这种强制既可以是法律规范、契约和政府强制，也可依赖伦理道德规范进行。产权的基本要素有所有权、使用权、收益权、转让权。产权反映的不是人与物的关系，而是人与人的关系。具体地说，产权是物品所有者"实施一定行为的权利"，是由于物品的存在和使用，影响自己或其他人的受益或损害，因而所有者在法律或契约范围内对物品多种用途作出选择的权利。

经济学家阿尔钦认为："产权是一个社会所强制实施的选择一种经济品的使用的权利。"

德姆塞茨认为："产权是一种社会工具，其重要性就在于事实上它们能够帮助一个人形成他与其他人进行交易时的合理预期。更重要的是产权包括一个人或其他人受益和受损的权利，产权的一个主要功能是引导人们实现将外部性较大地内在化的激励。"

产权经济学的创始人科斯认为，人们通常认为，商人得到和利用的是实物(一亩土地和一吨化肥)，而不是一种行为的权利，但这是一种错误的概念。我们会说某人拥有土地，但土地所有者实际上拥有的是实施一定行为的权利。产权理论所要决定的是存在的合法权利，而不是所有者拥有的合法权利。

弗鲁博腾和佩乔维奇认为："产权不是物与人之间的关系，而是指由物的存在及关于它们的使用所引起的人们之间相互认可的行为关系。产权安排确定了每个人相应于物时的行为规范，每个人都必须遵守他与其他人之间的相互关系，或承担不遵守这种关系的成本。"

阿贝尔认为："产权包括所有权、使用权、管理权、分享残余收益或承担负债的权利、对资本的权利、安全的权利、转让权、重新获得的权利及尚未列举的一些权利。"(徐秀英，2005)

(二)产权的内涵与本质

虽然目前所使用的产权概念虽不完全一致，但较普遍的意见是，产权是指与所有权相联系的一组权利，也即指以财产所有权为核心的，反映投资主体对其财产权利的总称，包括所有权、使用权、处分权和收益权等。它不可能脱离所有权而独立存在，但也无法用所有权来加以概括。财产所有权是确定物的最终归属，表明主体对物的独占和垄断的权利，具有排他性、本源性和全面性。所有权的排他性表明物的所有权在法律上只能归属于一个主体。而产权（所有权、使用权、处分权和收益权等）可以归属于一个主体，也有可能按照一定的规则或合约，分属几个主体所行使。

产权有三个基本要素，即产权主体、产权客体和产权权利。产权主体是指享有或拥有财产所有权或具体享有所有权某一项权能以及享有与所有权有关的财产权利的人（自然人、法人）、单位、组织和国家；产权客体是指产权权能所指向的标的，是产权主体可以控制和支配或享有的具有文化、科学和经济价值的物质资料以及各类无形资产；产权权利指产权主体依法对产权客体行使的一组权利和享受的相应利益，是主体对客体的权益关系。产权的四项基本权利是所有权、使用权、处分权和收益权，其中收益权是产权最本质的权利。

（三）产权制度

产权实质上是一套激励与约束机制。影响和激励行为，是产权的一个基本功能。新制度经济学认为，产权安排直接影响资源配置效率，一个社会的经济绩效如何，最终取决于产权安排对个人行为所提供的激励，但产权安排必须要靠制度的约束和规范。所谓的产权制度是既定产权关系和产权规则结合而成的，且对产权关系实现实行有效的组合、调节和保护的制度安排。或者说就是对产权所包含的权能的界定、主体的设定、确立和保护的一系列行为规范（张春霞，1994）。也就是对产权的各项权能：财产的最终所有权、实际的占有权和使用权、自由的专利权以及“剩余”的索取权所进行的制度安排。产权制度的内容是：①产权安排，通过产权界定确定排他性产权，以及在法律等范围内的使用、转让、责任、收益等；②产权结构，通过股权结构的确定，所有权、经营权等治理结构的安排，确立法人财产权，界定出资人、经营者、劳动者之间的权利和义务，形成对劳动者和经营者最优化的激励和制约机制；③产权保护，包括法律保护、退出权保护。

诺斯提出一个假说：有效率的制度安排是促进经济增长的关键。制度通过激励、经济刺激、提供信息等方式对个人的行为产生影响，从而影响事物的发展结果(如图9-4)。

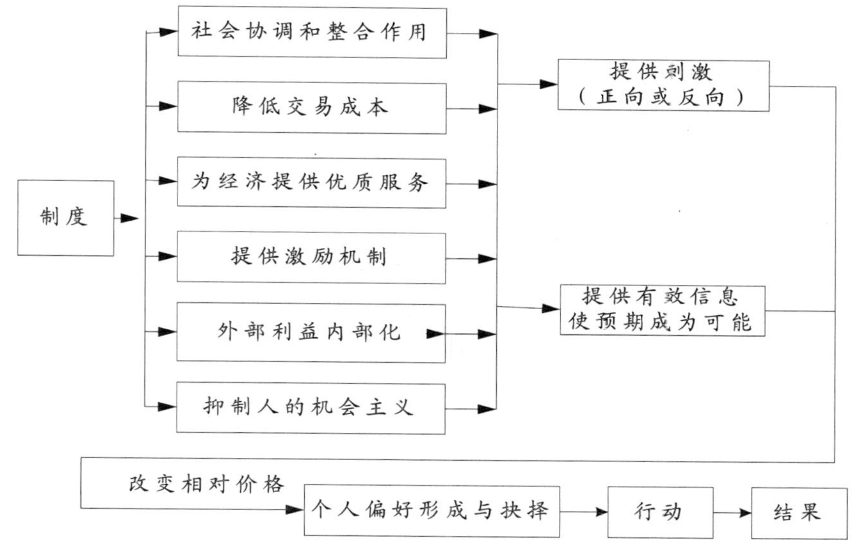

图9-4　制度功能及其对个人行为的影响

(四)产权制度的功能

产权制度作为一种社会安排，具有节约费用的作用，以低费用的方式解决人们在使用资源中的冲突。产权制度之所以促进经济增长，提高经济效率，归功于其产权的清晰界定和四种权利在不同的产权所有者亦即：自然人、法人和国家中的合理分配。有效率的产权制度具有以下功能：

1. 能优化资源配置

资源的配置是通过产权的流动来实现的，产权的流动又主要是通过产权的交易来实现，如果产权模糊不清，产权的交易就不能顺利进行，资源就无法配置到最有效的位置，财产的使用效率就会降低。可以说，合理的产权制度安排是提高资源配置效率的必要条件。根据科斯定理，当交易费用为零时，资源配置效率与初始产权界定无关。即无论采取哪一种产权制度，资源总能够通过产权交易达到最优配置，产生最大效益。当交易费用不为零时，合理的产权制度也能够通过对产权的清晰界定或产权结构的科学安排，降低交易费用和道德风险，有效地解决资源的流动和重新配置问题，提高资源使用的效率。

2. 能对产权主体起激励作用

在市场经济条件下，现代产权制度首先要求界定产权，要保证产权明晰，能够使产权在法律及经济运行过程中真正实现清晰。“公地悲剧”告诉我们，在公共产权土地上，人的行为的全部成本都不由自己承担，人们不会考虑自己的行为对他人的影响，从而产生大量的外部性。若想要把外部性内在化，就得在所有人之间谈判，使公共选择达成一致，但交易成本非常高，大大影响了经济绩效，因此必须明确界定产权。只要产权一经界定，经济主体就拥有了属于他的产权，这不仅意味着他能做他想做的事，而且意味着他能对他的收益产生预期，那么产权主体的行为就有了内在的驱动力。可以说，产权界定越明确，对产权主体的激励就越大，资源配置的效率就越充分，社会的总效用就会越高。

3. 能对产权主体的行为产生约束

虽然产权制度能通过利益机制对产权主体产生激励功能，但产权关系既是一种利益关系也是一种责任关系，产权的有限性，使产权制度具有对产权主体的约束功能（徐秀英，2005）。产权权能空间的有限性不但界定了产权主体的交易界区，而且还规范了产权主体的交易行为。也就是说，产权制度在确认和保证产权主体可以得到什么权利的同时，也确定了他的利益边界，限制了他不可以得到更多的利益。如果他的行为超过了所界定的范围，取得了不该得到的利益，就是越权或侵权，他将为此付出代价，因此，产权制度是人们从事经济活动的最重要的、甚至是最基本的手段（綦好东，2002）。

二、私有林补贴的必要性

（一）对受限产权的补偿

我国山林权属制度变迁在大致经历了土地改革时期、初级社时期、高级社时期及人民公社时期、林业三定时期等过程后，现逐步向以市场为导向的“非集体山林使用权制度”演变，可以说这种以市场为导向，多层次、多权属的混合的“非集体山林使用权制度”将是我国集体林区山林使用权制度改革的方向，也就是向私有林演变(魏远竹，2003)。在这演变过程中，作为制度安排和制度变迁的核心内容，产权制度将对林农参与林业活动的积极性具有最为直接的影响。依据《中华人民共和国森林法》，森林资源包括国家和集体所有的林地，个人所有的林木和使用的林地等。因此，山林权属可以被定义为山林的所有者和使用者为了实现某一或某些目的而拥有或试图拥有的有关林地、林木资源的一系列权利的总称。具体可表述为拥有林地或林木的占有权、使用权、收益权、处分权等权利。从法律来看山林权属权利人应该具有以下6项权利：①依法享有采伐权；②林中资源利用权；③补偿权；④流动权、担保抵押权；⑤森林景观开发权；⑥品种权。

林地资源是林业生产经营最基本、最重要的经济资源。在市场经济条件下，林地资源的配置必须反映市场经济的内在要求，形成市场化的林地资源配置方式。按照市场经济的内在要求配置林业经济中的林地资源，除了林地要具有流动性外，还有很重要一点就是农户家庭及单位对林地资源要有充分的经营方向选择权和经营数量选择权。也就是说，林农对自己拥有的林地资源造林的品种、数量、怎样造、何时抚育、何时采伐、采伐数量等拥有完全的选择权，可完全按照市场导向进行选择。然而为保护森林资源及获取生态效益(社会利益)，我国实行了采伐限额管理制度，不但采伐林木要受到国家森林采伐限额和木材生产计划的严格控制，而且林业法律法规对林木采伐的年龄、方式都有严格规定。

应该承认，采伐限额制度在遏制乱砍滥伐森林资源方面确实起到了一定的作用，但限制了私有林林农收益权的实现。私有林经营者作为林木资源的所有权拥有者，理论上应该享有林木的占有、使用、收益和处置权等各方面的完全权益，并且我国宪法也明确私有财产权，《物权法》第一百二十五条也规定，土地承包经营权人依法对其承包经营的耕地、林地、草地等享有占有、使用和收益的权利，有权从事种植业、林业、畜牧业等农业生产。但由于受到森林资源限额采伐制度的影响，致使本应由私有林经营者拥有和控制的林木资源的收益权和处置权受到了非正常的限制。私有林经营主体不但无法按照市场的供求关系随时自主地调整森林采伐数量(在市场机制下，即使那些林子已经达到经济成熟)，以实现其经济效益的最大，而且还要负责进行经营和管护，加大了私有林林农的经营成本，这不仅严重限制了私有林林农的自主经营权、采伐权及相应的收益权，还严重地影响了私有林经营者的生产经营积极性，降低了经营者的经济效益(从我们对杉木投资报酬率分析的案例可以看出，杉木最佳经济轮伐期在第 17 年，其投资报酬率是 11.41%。如果林农因采伐指标而推迟砍伐的话，其投资报酬率将逐渐递减，林农由此而导致了经济收益上的损失。其他树种也一样，在最佳经济轮伐期后投资报酬率都是呈递减状态)，从而产生社会利益和个人利益之间的矛盾。按照产权理论，在私有林产权实施过程中，只有实施合理的私有林产权制度，为林农提供稳定性和安全性保障，才能在保障林农权益的同时充分实现资源的有效配置，从而产生良好的制度绩效。既然政府的政策措施对私有林林农造成了经济收益的损害，必然应为此承担其相应的经济责任，给予林农必要的经济补贴，才能协调好社会和个人之间的利益冲突。

(二)生态效益内部化的要求

私有林在营林过程中，生产有形林产品的同时也提供生态功能。有形林产品同时具有竞争性和排他性，可以进入市场，通过市场价格机制的作用转换为经济效益。但生态功能有不同于一般产品的特性：一是不具有实物性，无法通过直接的交换关系实现其价值；二是它的消费过程无法界定，人们随时随地可以享用森林的生态效益，而不必立刻为这种享用付费。可见这些特性使私有林生态功能未能在市场机制下给私有林主带来经济效益，导致个人收益不完全。

其实，这种市场机制的失效也导致私有林供给量小于社会效用最大化的需求量。

如图 9-5，横坐标表示造林面积，纵坐标表示价格。MPB 表示经营者的边际私人收益曲线；MSB 表示边际社会收益曲线：MC 表示营林的边际成本曲线；MEB 表示边际外部收益。MSB 是把每个造林面积的边际私人收益和边际外部收益相加得到的，用公式来表示即为 MSB = MPB + MEB。根据帕累托最优条件，经营者将选择在他的需求曲线 D_P 与边际成本曲线 MC 的相交 a 所对应的 QP 处造林，因为此时 MPB = MC；而社会最适造林面积(即造林面积既能达到改善生态环境的目标，又能满足人们对森林资源公共产品与服务的需求)应是 MSB 与 MC 的交点 b 所

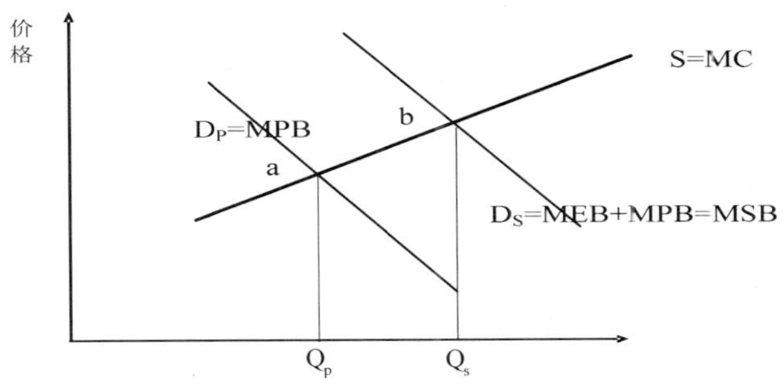

图 9-5　私有林外部经济性

对应的造林面积 Q_s，此时 MSB = MC。由图可见 $Q_s > Q_P$，这说明经营者的实际造林面积较社会对森林的需求过低，出现了无效率或称之为“市场失灵”，从而也产生社会利益与个人利益的矛盾，即国家出于社会利益的需要，要求林业生产者在 b 点生产，但由于外部收益没有内部化，私有林生产者只愿意在 a 点生产。

从另一个角度看，政府实行采伐限额管理制度另一个目的是为获取森林所提供的生态效益。然而，当私有林成熟后，其经济收益与生态功能将对立起来：私有林主砍伐林木获得经济收益，私有林的生态功能将消失；政府通过采伐限额限制发挥私有林的生态功能，私有林主却不能即时得到林木经济收益。作为“理性经济人”来说，私有林主经营林业是为了得到林木的经济收益，林木的收益权是属于私有林主的。而事实上，私有林的生态功能仍属于私有林林主所有，当私有林林主没有对其有要求权时，可以充当公共物品使用，而当私有林生态功能与私有林经济收益对立起来时，作为林木产品和生态产品所有者有权决定其取舍。政府通过采伐限额制度使用私有林生态功能也使得个人利益与社会利益产生矛盾。

前面已述，产权制度在确认和保证产权主体可以得到什么权利的同时，也确定了他的利益边界，限制了他不可以得到更多的利益。但如果他产生的效益超过了他本身所获收益，也必须得到补偿。根据产权理论，为了使私有林生产达到社会帕累托有效，必须使私有林的生态效益内部化(即外部效应内部化)，即私有林为社会生产的生态功能必须得到补偿。也就是说，只有生态效益内部化，才能使个人利益和社会利益达到和谐统一。而生态功能的非排他性和非竞争性必然要求公共财政补贴取代市场机制作为私有林生态效益的补偿渠道。

第三节 补贴制度的公共品理论分析

私有林既是私人产品，又具有公共品的性质。国家既具有经济人特性又是公共品的提供者，需要对私有林进行一定的补贴。

一、新制度经济学的国家特性

(一)国家的经济人假设

新制度经济学的重要代表人物在批判契约论和掠夺论的基础上提出了自己的国家模型。这一模型具有三个基本特征：其一是国家为了获取收入，常常以提供一组服务，如保护产权和维持社会公正作为与公民的交换条件，获取选民提供的税收，以维持国家正常运行。由于国家提供这些服务存在着规模经济效应，因此作为一个专门从事这些服务的组织，国家由此得到的社会总收入要高于每一个社会个体自己保护自己拥有的产权所得到的收入。其二是国家为了使自身收入达到最大化，它将选民分为各个集团，并为每一个集团设计产权，在这里，国家实际上是一个带有“歧视性的垄断者”。其三是国家在实际运行中，面临着潜在的竞争对手，这一潜在竞争来源于其他国家以及在现存政治经济单位中可能成为潜在统治者的个人，正是潜在竞争对手的存在，促使国家在行使其职能时不得不做多方面的利益权衡，并防止被潜在竞争对手所替代的可能性的发生。从诺思的国家模型中，可以得出一个结论：国家是享有行使暴力的比较利益的组织。这个组织的目的是使统治者的福利或效用最大化，即国家带有浓厚的经济人色彩。

国家具有经济人的人格特征决定了国家行为的悖论，换言之，国家有两个方面的目标，即一方面要使统治者的租金最大化，另一方面要降低交易费用以使全社会总产出最大化，从而增加国家税收。然而，这两个方面之间存在着持久的冲突，这种冲突是使社会不能实现持续经济增长的根源。因为第二个目标包含一组能使社会产出最大化而完全有效率的产权，即只有在有效率的基础上才能使社会产出最大化，而第一个目标是企图确立一组基本规则以保证统治者自己收入的最大化。到底是使统治者租金最大化还是使社会产出最大化，在许多情况下确实是一个两难选择的问题，这就是有名的“诺思悖论”。“诺思悖论”描述了国家与社会经济相互联系、相互矛盾的关系，即“国家的存在是经济增长的关键，然而国家又是人为经济衰退的根源”。制度是国家与社会经济关系形态的主要形式，因而是社会经济兴起衰退的主要原因。与此相联系，解决“诺思悖论”的关键，在于国家界定和行使产权的类型、行使产权的有效性，即国家是否能够通过制度供给提供有效率的产权激励，也就是政府能否采取有效的管制方式，力促经济的有效发展。

（二）国家是公共品提供者

公共品理论是20世纪30年代发展起来并逐渐完善的最新经济理论之一，其核心在于探讨公共品最优供给问题，这一理论也是西方经济学理论界为论证政府和财政干预经济活动具有合理性这一命题的必然产物。

纵观公共品理论的发展历史，许多经济学家都给公共品的概念做过界定，如奥尔森在其《集体行动的逻辑》一书中提出：“任何物品，如果一个集团 X_1，…，X_i，…，X_n 中的任何个人 X，能够消费它，它就不能适当地排斥其他人对该产品的消费。换句话说，那些没有购买任何公共或集体物品的人不能被排除在对这种物品的消费之外，而对于非集团物品是能够做到这一点的。”布坎南在《民主财政论》中指出“任何集团或社团因为任何原因通过集体组织提供的商品或服务，都将被定义为公共产品”、“某一种公共产品只可以使很小的团体，比如包括两个人的小团体受益，而另外一些公共产品却可以使很大的团体甚至全世界的人都受益”。公共品的严格定义由1970年诺贝尔经济学奖获得者美国经济学家萨谬尔森于1954年在《公共支出的纯理论》提出：“每个人对这种产品的消费，都不会减少其他人对它的消费。”

后来，经济学家提出了公共品不同于私人产品的特征。即使用上的“非排他性”和消费上的“非竞争性”。所谓非排他性指的是不可能阻止不付费者对公共品的消费，对公共品的供给不付任何费用的人同支付费用的人一样能够享有公共品带来的益处；消费上的非竞争性指的是一个人对公共品的消费不会影响其他人从对公共品的消费中获得的效用，即增加额外一个人消费该公共品不会引起产品成本的任何增加。

布坎南根据萨缪尔森的定义所导出的公共品是“纯公共品”，现实世界中除了由市场决定的私人产品和“纯”公共品外，还存在介于公共品和私人物品之间的一种商品，称为准公共品或混合商品。他进一步对公共品特征做了细分，认为公共品具有三个典型类型：效用的不可分割性、消费的非竞争性和受益的非排他性。并据此特征划分了私人产品和准公共产品，凡是可以由个别消费者所占有和享用，具有可分割性、竞争性和排他性的产品就是私人产品，介于二者之间的产品是准公共品。

公共产品理论创立后，公共产品如何实现最佳的供给是研究的关键问题。瑞典学者在这方面首先取得进展。威克塞尔明确提出了“免费搭车”问题，并认为公共产品的最佳供给，应该建立符合现实的政治运作程序。之后，他的学生林达尔以公共产品需求偏好理论建立了林达尔模型。这为以后的公共选择理论奠定了基础。以布坎南为代表的公共选择学派设计了多种的公共品供给决策机制。20 世纪 60 ~ 70 年代，以布坎南为首的经济学家们在公共选择的研究方面取得了突破性的进展，他们基于对“理性人”这一经济学基本假设的坚持，认为政治市场具有与经济市场高度的相似性，成功地运用微观经济学的方法来分析了政治决策过程，对隐含在公共支出和税收水平背后的政治因素进行了深刻的分析。在他们看来，离开经济利益冲突去分析政治行为是不够深刻的，反过来，离开政治决策方式去分析公共品的经济意义也是不切实际的。

公共产品概念最主要的公共政策含义是，政府应当在提供这类物品上发挥基础性作用。公共品理论表明，由于公共品或服务存在着非竞争性与非排他性，并因此导致这样的结果：社会极为需要的产品和服务，市场却几乎无法提供。所以，对于这些产品和服务而言，政府的介入是唯一的选择，即公共品应当由政府提供，以弥补市场提供的无效率和资源浪费。但同时认为，单一的政府机制或市场机制以及单一的公共部门或私人部门，在公共品供给过程中均存在失灵问题，有效率的制度安排或选择应当是政府与市场复合调节、公共部门与私人部门混合生产。其制度选择的一般逻辑是：公共品特别是准公共品的资源配置，首先应由市场调节和私人部门生产；在市场和私人部门配置失灵时，由政府及其公共部门来补充。就是说，公共品供给制度安排应立足于政府与市场以及公共部门与私人部门的职能互补，而不是相互替代。

二、补贴的必要性：有利于经济人目标实现

我国发展私有林的目标有两个：一是增加农民收入，二是改善生态与环境，以实现森林资源的可持续化(李周，2005)。

1. 目标之一：增加农民收入

从第一个目标看，中国是个人口大国，且农村人口占大多数。城乡二元结构作为我国特定历史条件和计划经济的产物，在国家发展进程中发挥了重要作用，但随着社会的发展和工业化进程不断推进，城市与乡村的差距不断拉大，并且已经影响到整个社会的稳定与发展。资料表明，2005 年，农民的人均纯收入是 3255 元，城镇居民的可支配收入为 10493 元，两者的收入比为 3.22∶1，2007 年更提高为 3.33∶1。导致城乡居民收入差距扩大的主要原因，还在于农业生产力发展水平低，劳动生产率低，农业产业化发展缓慢，与市场经济体制相适应的农业保护政策体系还没有完全建立起来。城乡居民收入差距日趋扩大，导致社会不稳定因素增加，从而影响了社会的和谐稳步发展。另外，由于占人口大多数的农民收入水平低，购买力不足，客观上也严重影响了扩大内需方针的落实。2005 年，我国社会消费品零售额，在县和县以下实现的部分只占总额的 32.9%。这样的国情决定了要真正消除城乡差距将是一个漫长的历史过程。但是，在当前工业化、城镇化加速的背景下，城乡差距呈扩大之势，这就需要引起高度重视。

可见，我们最薄弱的环节是农村，最困难的群体来自农村，最大的隐患也来自农村。农业、农村和农民问题，始终是关系我国经济和社会发展全局的重大问题。如何解决农业、农村、农民问题，不仅影响到国民经济的持续稳定健康发展，也影响到和谐社会的构建，更直接关系到全面建设小康社会的进程。福利经济学之父庇古提出了两个有关社会福利最大的基本命题：第一，国民收入越大，社会福利就越大。要使社会福利达到最大，就必须使社会国民收入达到最大，必须是社会资源的配置达到最优；第二，国民收入分配越均等，社会福利就越大。在边际效用递减规律的作用下，同样的货币量对穷人的效用要大于对富人的效用。因此国家应采用收入转移的方式，把高收入者的部分收入直接或间

接地转移给低收入者，直到他们的边际效用相等为止。为减少城乡收入差距过大，保持经济的持续发展、社会的和谐稳定，必须采取一定的措施来增加农民收入，以促进社会的和谐发展。新农村建设目标的提出正是这一问题的体现。

私有林发展的主战场在农村，农民是推进我国私有林发展的主力军，大力发展私有林是繁荣农村经济、解决“三农”问题的重要举措。目前，私有林不仅是促进我国林业发展的重要力量，而且它在增加农民收入、调整农业产业结构及扩大就业等方面都具有重要的作用。首先，私有林的发展可以有效地增加农民的收入。我国“三农”问题的核心是农民收入低下及其所引致的生活水平低下。十一届三中全会以来，以农村家庭联产承包责任制为标志的农村经济体制改革使我国农民的收入水平有了一定程度的提高，但现阶段，由于农村家庭联产承包责任制的体制效应已经释放殆尽，我国农村经济发展进入了徘徊阶段，城乡居民之间的收入差别依然存在，而且近几年还有进一步加大的趋势，农村经济的进一步发展需要新一轮的体制创新，而大力发展私有林是现阶段增加农民收入的有效途径之一。因为私有林发展的重点领域是以获取经济效益为主要目的的商品林，私有林经营者可以通过大力发展具有显著经济效益的速生丰产林和短轮伐周期的工业原料林，这样不仅可以为社会提供大量的木材产品，还可以有效地增加农民收入，提高他们的生活水平。其次，私有林的发展有利于促进农业产业结构的调整。我国农业用地中，粮食作物的种植面积占了绝大的比重，农业产业结构比较单一，这是造成我国主要农产品出现供过于求、农产品价格连年下跌、农民增产不增收等一系列问题的主要根源所在。而大力发展私有林，对于降低粮食作物的种植比例，调整作物的种植结构，促进农业产业结构的调整等方面都具有重大意义。

2. 目标之二：改善生态与环境

从第二个目标看，中国是一个发展中国家，正处在发展经济和保护环境双重任务十分繁重的特殊历史阶段。在全面推进现代化建设的过程中，一方面，随着整体经济发展水平的提高和人们生活质量的改善，社会对生态环境和资源的需求急剧增长，需求目标日益多样化；另一方面，生态环境基础比较脆弱，加上人口、资源等因素的作用，积累了前所未有的生态环境问题。

(1)森林承受的压力越来越大。①森林总量不足。在森林总量上，虽然我国的森林面积居俄罗斯、巴西、加拿大、美国之后，为世界第五位，但人均占有量仅为0.128hm^2，约为世界人均占有量0.6hm^{2}的1/5。我国森林覆盖率约相当于世界森林覆盖率的60%。中国的森林蓄积量居俄罗斯、巴西、加拿大、美国、刚果(金)、印度尼西亚之后，列第七位，但人均森林蓄积量9m^3，只有世界人均蓄积量72m^{3}的1/8。上述3项指标不但与森林资源丰富的发达国家差距大，就是与发展中国家相比也是很低的。②我国森林分布不匀衡。东北的黑龙江、吉林、内蒙古和西南的四川、云南5个边远省份的森林面积、蓄积量就分别占了全国森林面积的41.3%和蓄积量的52.4%；而华北、中原及长江、黄河下游地区以及我国西部地区，如新疆、青海、甘肃、宁夏、西藏的大部分地区及内蒙古西部，其拥有的森林资源很少，有的地区覆盖率还不足1%。南方集体林区森林面积5358.48万hm^2，占我国现有森林面积的30.64%，森林蓄积210297.5万m^3，占全国森林总蓄积量的16.85%，却承担起国内木材供给的主要角色。③森林质量不高，单位面积蓄积量较低。郁闭度0.2~0.3的林分面积占林分总面积的20.1%。全国林分平均每公顷蓄积量为78.06m^3，为世界平均水平的68.5%。用材林平均每公顷蓄积量为72.50m^3，人工林林分只有34.76m^3。林分年均生长量每公顷3.35m^3。④林龄结构不合理，可采资源缺乏。全国林分面积中，中、幼龄林占71.1%；在用材林中，中、幼龄林面积占74%(如图9-6)，蓄积量占46.7%。在第四次和第五次森林

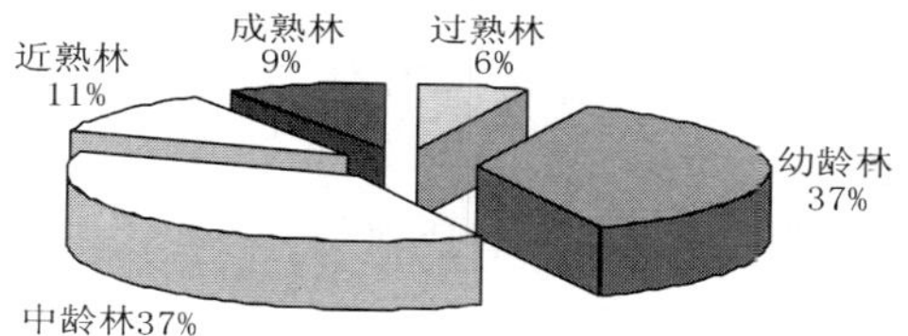

图9-6 用材林中各龄级比重①

① 资料来源：中国森林保护与可持续经营国家报告(2003)。

资源清查间隔期内，用材林成、过熟林面积减少 17.2 万 hm^2，蓄积量减少 1.6 亿 m^3；中幼龄林采伐面积占林分总采伐面积的 78.5%，蓄积量占总采伐蓄积量的 57.7%%，可采后备资源继续减少。由于成熟林面积锐减，林木蓄积量少，采伐有限，我国木材及其他林产品一直供不应求，市场缺口很大，为满足国内需要，国家每年都要进口一定数量木材。2005 年全国木材产品市场总供给量为 32597.75 万 m^3，其中进口原木及木质林产品折合木材 12146.88 万 m^3（原木进口 2936.80 万 m^3）。根据预测，我国木材紧张状况近期不会缓解，在很长时间内依靠进口木材补充国内需要的局面不会改变。⑤林地流失数量大。在第四次和第五次资源清查间隔期内，共有 1081 万 hm^2 的林业用地因改变用途或征占用转为非林业用地，平均每年 216.3 万 hm^2；其中，两次清查间隔期内，281 万 hm^2 有林地转为非林地，年均 56.2 万 hm^2。据第六次（1999 ~2003 年）森林资源清查结果显示，清查间隔期内有 1010.68 万 hm^2 林地被改变用途或征占改变为非林业用地，全国有林地转变为非林地面积达 369.69 万 hm^2，年均达 73.94 万 hm^2。另外，由于我国人多地少，山区面积大，土地利用开发的总体战略首先要保证农业用地，留给林业的发展空间相对有限且质量较差，主要以边远山区和丘陵地带以及严重退化的贫瘠土地为主，这在客观上加大了林业进一步发展的成本和难度。

（2）沙化土地面积有增无减。20 世纪 50 ~60 年代，沙漠化土地每年扩展 156 万 hm^2；70 ~80 年代，每年扩展 210 万 hm^2；90 年代，每年扩展 246 万 hm^2；目前达到 343.6 万 hm^2。沙漠化导致我国耕地、草场的退化。自 20 世纪 50 年代以来，全国已有 67 万 hm^2 耕地、235 万 hm^2 草地和 639 万 hm^2 林地变成流沙。内蒙古乌兰察布盟后山、阿拉善、新疆塔里木河下游、青海柴达木盆地东南部、河北坝上和西藏那曲等地，沙漠化年均扩展速率达 4% 以上。由于风沙步步紧逼，成千上万的牧民被迫迁往他乡，成为“生态难民”。全国受沙漠化影响的人口达 1.7 亿人。沙漠化的扩展使中华民族生存空间大大缩小，带来的生态灾害十分严重，已成为中华民族的心腹大患，是我国最严重的生态问题之一。1993 年 5 月，发生在西北地区的一场强沙尘暴，造成 12 万头牲畜死亡、丢失，505 万亩农作物受灾，380 人死亡，直接经济损失 5.4 亿元。1998 年 4 月，西北 12 个地、州遭受沙尘暴袭击，46 万亩农作物受灾，

11 万头牲畜死亡，156 万人受灾，直接经济损失 8 亿元。内蒙古鄂托克旗 30 年间流沙压埋房屋 2200 多间，棚圈 3300 多间，近 700 户村民被迫迁移他乡。据测算，我国每年因沙漠化造成的直接经济损失达 540 多亿元，折合每天损失 1.5 亿元。

（3）水土流失尚未得到遏制。20 世纪 50 年代，长江流域水土流失面积为 3600 多万 hm^2。90 年代上升到 5600 万 hm^2，40 年增加近 1 倍。年土壤侵蚀量 22.4 亿 t。长江干流年平均输沙量达 5 亿 t 以上。目前，全国平均每年新增水土流失面积 100 万 hm^2，每年流失的土壤总量达 50 亿 t。50 年来，由于水土流失而毁掉的耕地达 4000 多万亩。据估计，流失 1mm 厚的表土，每公顷可减少谷物产量 10kg 以上。这对一个农业大国来说无疑是一个严重的问题。

（4）洪灾危害愈加严重。历史上我国洪涝灾害十分频繁。500 多年来，长江流域发生过 53 次大洪水，近 50 年来，每 3 年就出现一次大涝。1950～1980 年，我国平均每年受涝灾耕地面积达 0.1 亿 hm^2，成灾面积 0.08 亿 hm^2，粮食损失 100 亿 t 左右，受灾人口以百万计，造成经济损失平均每年 150 亿～200 亿元。从 20 世纪 80 年代以来，洪涝灾害呈发展趋势，我国长江、黄河、珠江、淮河等七大江河的水灾面积和成灾率都比 60 年代和 70 年代有所增加。1998 年夏季，我国发生了历史上罕见的特大洪涝灾害，波及 4 个省、直辖市，特别是长江发生了自 1954 年以来又一次全流域大洪水，松花江、嫩江出现创历史记录的特大洪水，致使全国农田受灾面积达 3.34 亿亩，成灾面积 1.38 亿亩，死亡 4150 人，直接经济损失 255.1 亿元。

日益严峻的生态环境问题已严重威胁着中华民族的生存与发展，制约着经济社会的可持续发展，已经成为当今中国面临的最紧迫、最重要的问题之一。由于森林在维护生态平衡、保护自然生态、改善生态环境方面的巨大作用，我国政府在新的历史条件下相继启动了天然林资源保护政策、退耕还林政策、封山育林政策等生态建设投入政策，这表明国家要把林业推向发展的重要地位，成为经济社会可持续发展的重要基础，这是基于中国发展现实做出的必然选择。私有林是我国林业的重要组成部分，是当前林业建设中最具活力和潜力的板块，私有林的发展不但能为我国经济建设和人民生活水平的提高提供大量的木材类产品和林副产品，而且还能为我国生态建设提供重要的支持，有利于缓解我国林业和生态建设投入不足的矛盾。

然而受林木自身生长规律的影响，林农的营林经营存在着很大的风险，农民的收入充满变数。一方面，由于林木生产周期较长，其受自然因素和环境的影响很大。林农劳动对象是有生命的植物，受自身生长规律的制约，林业对自然条件依赖性强，并且林业户外经营特征明显，频发的自然灾害和病虫害严重威胁林业生产；另一方面林主一般地处信息闭塞之地，他们缺乏关于林产品价格与供求关系的全面掌握，很难利用市场信号来准确预测若干年后市场的价格与供求情况，市场信号调节林业的作用弱化，并且林业生产的资源约束性使林产品供给价格弹性迟钝，价格波动引致的市场风险攀升。加上林业资产投资的专项性，一旦形成投资，林农很难重新配置使用，如果要使林业投资转移，就会遭受重大经济损失。具体讲林业资产专用性可概括为：一是地理区位固定性。林业资产不能轻易挪动，无法随时改变地理区位，增加了林业资产交易的难度。二是林业物质资产专用性。指林业资产对人类而言有较为固定的使用价值，这也使林业资产交易变的较为困难。三是林业资产可能会受外界约束而不能正常参与市场交易。但在市场经济条件下，作为“理性经济人”来说，林农是把利益最大化作为其生产经营目标，在利益驱动下，他们不会将资金、劳力等资源自发地投向资金周转慢、经营风险大的林业产业。林业产业原有的资金要素，在追求利润最大化原则的目标下，也会从林业部门流向利润相对较高的部门，使得林业企业资金短缺的困难进一步加剧。这些都造成了林业在市场竞争中处于劣势。此外，就林业行业内部来说，木材加工业和木材采运业的相对利润较高，从而导致流向木材加工业和木材采运业的资金相对要高于营林业，这也不利于林业资源的培育，使得供求矛盾变得突出。这就是说林业属于弱质产业，投资林业周期长、风险大、见效慢，任何一个参与私有林发展的主体都希望自己投入的资金流动性强，获利能力高、见效快。这对矛盾决定了林业对投资者必然产生天然的负激励。负激励状态一旦形成，便产生持续性，持续性的负激励往往对该行业造成较严重的损害。按照激励理论，只有经营林业的收入有了保障，自然林农经营林业的预期价值也会提高，否则林业生产经营者会因无利可图而产生离林倾向。

既然私有林有助于国家目标的实现，作为经济人的国家理所当然应关注这弱质产业的发展。而这种关注的具体而实质性的表现，就是从利益上保证林业生产经营者获得合理的利润。因此，在市场机制不能保证林业生产经营者合理利润预期的情况下，国家应对林业实行扶持、保护和补贴的政策，以激励这一行业的健康发展，这既有助于国家经济人目标的实现，又有助于林农经济人营林目标的实现。

三、补贴的必要性：满足社会对公共品的需求

(一)私有林是准公共产品

萨缪尔森、马斯格雷夫、萨瓦斯等从产品本身的特点，即消费客体的特征角度进行的分析，以排他性和竞争性两个维度把物品分为三大类，即纯公共物品、准公共物品和纯私人品。其中，公共物品具有两个特性：非竞争性和非排他性。非竞争性是指一物品被人消费时，并不妨碍或影响别人对同一物品的消费；非排他性是指任何人即使他不愿意为某物或为他提供的服务付费，也不可能把他排除于该物品和服务的消费之外，纯粹公共物品完全满足这两个特性，而准公共物品并不严格满足这两个特性，见表 9-1(洪志生，2007)。

表 9-1　纯私人产品与准公共产品的特性

特征	排他性	非排他性
	纯私人品	准公共产品(拥挤性公共品)
竞争性	排他成本很低； 由私人企业生产； 通过市场分配； 资金来源是销售收入	集体消费，但存在着拥挤； 由私人部门生产或直接由公共部门提供； 通过市场或国家预算分配； 资金来源是销售收入或税收收入。
	准公共产品(排他性公共品)	纯公共产品
非竞争性	具有外部性的私用品； 由私人企业生产； 通过市场分配，辅之以补贴或校正性税收； 资金来源是税收收入	排他成本极高； 直接由政府提供或在与政府签约的情况下由私人企业生产； 通过国家预算分配； 资金来源是强制性税收收入。

基于以上分析，可以对准公共物品做界定：准公共产品是这样一种产品，它所提供的利益的一部分由于有明显的排他性和竞争性，从而具有私人产品的特征，但其利益的另一部分排他性和竞争性不严格，可由所有者以外的人享有，所以又具有公共物品的特征。

私有林是商品林，私有林主可以通过砍伐林木取得经济效益，私有林生产的木材林产品具有排他性和竞争性，是典型的私人产品。然而，如公益林一样，私有林所提供的生态效益包括净化空气、防风固沙、调节气候、涵养水源、森林景观等也是私有林的产品，这些生态功能的排他性和竞争性不严格，具有公共物品的性质。因此，私有林是准公共物品。

需要说明的是，林业公共品具有不同于一般公共品的特点，在其供给中很难只供给公共品，林业公共品供给与林业私人品是不能分开的，因此，林业公共品供给出现了多主体趋势。除了政府之外，私人企业、社区、社会第三部门和国际组织也参与到了公共经济活动中，成为林业公共品供给的重要主体。但林业公共品供给多主体趋势决不意味着完全脱离政府，相反，政府在林业公共经济活动中发挥着至关重要的作用。政府要为林业公共品供给的其他主体提供制度激励，这包括对林业公共品产权的界定以及给予某些激励措施等，因为，按照公共品理论，私人提供林业公共品等于替公共品提供主体政府完成本应它该做的事，自然政府应该为林业公共品提供者给予补助，如税费优惠、对私有林公共品投入资金给予信贷扶持及相关补贴等，以不使其福利受损。如我国实施的退耕还林工程，它的实施是以私人承包制为基础，供给主体不是政府，而是寻求私人利益的退耕农户。在此公共品的供给中，政府为激励私人农户退耕还林（提供公共品），给予了其一定的补助。但我国目前私有林税费不规范和融资体系不健全的现状却阻碍了私人提供林业公共品的积极性，应加以纠正。

（二）私有林公共品的市场失灵

从私有林内在的运行机制来看，私有林健康发展少不了发达的社会化服务体系如林业技术推广、技术指导、信息咨询、教育培训以及自然灾害防控、病虫害防治、森林防火等设施建设，但这些外溢性较强的能促进私有林健康发展的公共产品单靠林农个体力量是很难完成的，也容易产生市场失灵和免费搭车行为，这就要求政府充当制度供给者、环境营造者和主要投资者的角色。虽然科斯定理表明，在产生外部性的场合并不一定需要政府干预，只要明确外部性的所有权同样可以达到有效配置资源的目的，但这一看法显然假定交易成本为零。然而在现实生活中交易成本为零的情况是不存在的，因为交易成本实际上就是制度成本，而任何超过两个人的社会均存在制度，制度是使交易成本减少的产物，只要有制度的存在就会有交易费用的存在。如果林农对这些公共品通过界定其产权来提供，可能产生的交易费用大大超过产权界定所取得的收益，因此，就有必要政府通过公共财政来弥补市场失效。一般来讲，成熟的市场经济不能有效提供公共品、实现收入分配的社会公平和宏观经济稳定，由此决定了公共财政应在资源配置、收入分配和经济稳定与发展三方面承担起相应的职责。而我国私有林市场经济的发育还不成熟，其失灵程度较之成熟的市场经济形态更为严重，这就决定了我国公共财政应在资源配置、收入分配和经济稳定与发展方面发挥更大的作用。通过对私有林补贴制度，克服私有林公共品的市场失灵，使微观经济主体从中得到的自身效益接近于社会效益，促进资源配置优化发展。

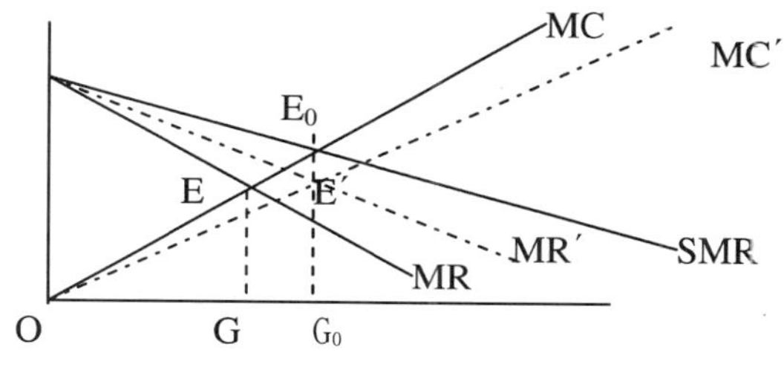

图 9-7　私有林补贴制度作用

如图 9-7，在私有林生产存在外部经济性的情况下，私有林主生产的边际成本是 MC，私人边际收益曲线是 MR，社会边际收益曲线是 SMR，在政府不进行任何干预的前提下，私有林主将在 G 点进行私有林经营，因为私有林主的私人边际收益曲线和私人边际成本曲线均衡于 E 点。然而，社会福利最大化要求真正的均衡点应是 E_0，满足社会福利最大化的私有林经营点应该为 G_0 点。可见，缺乏政府干预的私有林经营达不到社会福利最大化。通过私有林补贴制度的设立，直接现金补贴、信贷优惠、税收优惠等都可以提高私人的边际收益，私人收益曲线

MR 上移到 MR′，财政资金对基础设施的投入，对市场信息、科技服务的投入，对金融保险的投入，都有利于降低私有林的经营成本，使私人的边际成本曲线下移到 MC′，相交于新的均衡点 E′，这时私有林将在 G_0 点进行私有林经营，满足社会福利最大化。

第四篇

私有林补贴制度设计

第十章

私有林补贴制度设计框架

前面的理论分析部分论证了构建私有林补贴制度的必要性，本章在借鉴国外私有林补贴制度的基础上提出我国私有林补贴设计的立足点，结合林农补贴偏好，提出了补贴制度设计的原则，构建了私有林补贴制度体系的总体框架。

第一节　构建补贴制度的基本原则

一、补贴制度设计的立足点

综观国外私有林补贴制度，可以看出，制定补贴制度的主要目的是鼓励私人资金投入林业，促进商品林的发展，以实现解决木材供需矛盾和进行生态环境建设的双重目标，所以补贴制度的立足点在于：一是要为私有林发展创造良好的外部环境，以改善私有林发展的外部条件，降低林农的营林成本和风险；二是通过补贴提高林农的经济效益。正是基于这样的逻辑起点，各国采用了不同的补贴制度，如技术援助、林业保险、灾害救助、林业教育和科技推广、林业基础设施建设、森防投资、社会化服务体系建设、低息或贴息贷款和轻税赋等等政策正是为改善私有林投资环境从而降低林农营林成本和风险而设立的；造林补贴则是为提高私有林林农直接经济效益而设立的。

实际上，在世界经济一体化的大背景下，各国的补贴制度必然要受到 WTO 的规则的制约。WTO 的农业补贴政策分为“绿箱”和“黄箱”两种不同的补贴政策，“绿箱”补贴政策是国际规则所允许的，是指政府执行某项农业计划时，其费用由纳税人负担而不是从消费者转移而来，不是直接给生产者提供价格支持的补贴措施，因此对贸易没有或仅有微小的扭曲作用，其大部分是为改善农业投资条件减少农业投资风险而设立的，如政府的一般服务、收入保险和收入安全网络计划中的政府补贴、自然灾害救济补贴、农业环境补贴等，这是 WTO 所大力提倡的。“绿箱”补贴的目的是为了刺激农民对农业的生产积极性，补贴制度的立足点一是为农业生产提供良好的外部条件，以降低农民务农成本和减少农业风险；二是稳定和提高农民收入。而“黄箱”补贴则有不同的情况，“黄箱”补贴主要是指那些容易引起农产品贸易扭曲的政策措施，《农业协定》规定用综合支持量来衡量“黄箱”补贴的大小，并要求在约束该类补贴的基础上，逐步予以削减。可见，“黄箱”补贴中的价格支持是受 WTO 规则约束的，因为大多数国家采用这一政策的主要目的是提高农民直接经济效益。

中国是否需要发展私有林，在今天，已经是一个无需争论的问题了。林业界提出的发展非公有制林业的命题，其实探讨的就是私有林的发展问题。中国发展私有林的目标有两个：一是增加农民收入，二是解决木材供需矛盾和改善生态环境。为吸引更多的私有资金投入到私有林这一行业，我国私有林补贴制度设计的立足点也应该是：一要改善私有林投资环境，降低林农投资成本和投资风险；二要以增加农民收入为目标。只有这样，才能够把农民营造私有林的积极性调动起来。可见，补贴制度设计的重点是构建私有林快速发展的环境和提高私有林竞争力两个方面，即制定的制度能使农民愿意培育私有林，采用的措施能确保私有林具有市场竞争力。

二、补贴制度设计应遵循的原则

要对私有林补贴制度进行设计，首先必须探讨设计应遵循的原则。私有林补贴制度设计应遵循以下原则：

(一)遵循市场经济规律

遵循市场经济规律是我国私有林发展的必然选择。市场经济的基本准则是公平、竞争、开放和效益，而核心和基础是竞争。但由于林业自身所具有的外部性特点，造成了市场失灵，使其无法与生产者进行平等的市场竞争，很难通过自身而在市场上求得发展。另外，市场经济又是产权经济，但由于产权受限，私有林经营者的利益得不到保障。因此，必须借助于国家宏观调控的力量和社会的力量，来克服其市场上的弱质和制度上的缺陷。通过补贴来支持私有林的发展，就是这种宏观调控力量的体现。当然，对私有林进行补贴，解决的是市场失灵和产权受限的问题，而决不意味着是取代市场机制的作用，也绝非意味着要回到过去计划经济的老路上去，即绝非意味着要靠行政手段来管理私有林。相反，这是在发挥市场对资源配置起基础性作用的前提下，通过补贴来矫正市场调节造成的偏差，把市场机制和补贴等宏观调控手段有机结合起来，促进私有林可持续发展的顺利实现。

(二)坚持公平、合理的原则

私有林的发展需要有资金的投入，而合理的回报率是吸引投资的基本条件。对私有林的补贴说到底就是对市场失灵的矫正，是对外部经济性的内部化，通过这样的矫正性补贴，使私有林生产者能够同社会上的其他生产者一样获得合理的报酬。当然补贴额度的多少必须遵循公平、公正的原则，一方面既要让私有林的生产者能获得不低于其他生产者的利益，以激励他们的生产积极性，为社会提供更多的生态产品和林木产品；另一方面又不要造成收入分配上的悬殊与差距，产生危及经济效率的后果。因此，过高或过低的补贴，都无法产生应有的激励效应，林业可持续发展目标也就难以实现。

根据林业的实际情况，对私有林的补贴需要考虑林种和地区差异。因为不同林种的采伐年限大不相同，林农所经受的风险就有很大的差异，加上不同地区营林费用差距较大(主要体现在劳动力费用上)，私有林给林农带来的经济效益也就有很大的差别，同时鉴于林业生产的特殊性和森林资源的特点，不同林种产生的生态效益也大不一样。如果对私有林进行补贴时采用同一标准，而不考虑不同林种的特点，可能会对林农产生负刺激(因为轮伐期短的树种经营风险较小，所获收益相对轮伐期长的林种来说其经济效益更好，如果实施同一补贴标准，就会使经营短轮伐期树种的林农所获效益远远大于经营长轮伐期树种所产生的经济效益)，从而影响到林农的生产积极性，也使私有林补贴失去了其原有的意义，因此，私有林直接补贴的必须遵循公平、公正的原则。

但需要注意的是，对私有林进行直接补贴，关键问题是资金。资金的投入量取决于国家整体经济发展水平。因此，在确定合理的补贴额度时要考虑国家的经济发展水平。虽然我们在制定补贴制度时可以，也应该借鉴林业发达国家的经验，但不能照搬发达国家的林业补贴模式和额度。而且我们是发展中国家，受到经济发展水平和阶段的制约，我们的补贴制度也只能是初级的，低标准低水平的。因此国家经济发展的整体水平制约着私有林合理补贴制度，只有与国家经济发展水平相适应的补贴额度，才是合理的。

(三)坚持可操作性原则

补贴制度的实施必须考虑在实践中的可操作性，即实现理论科学性和现实可行性的统一。因此，在设计时应充分考虑数据取得的可能性和量化的难易程度。计算不能过于复杂，要方便可行。

另外，补贴制度作为针对特殊目标的具体政策，应该保持相对的稳定和连续，否则就会使得政策的规范对象及政策执行者无所适从，而且要支付巨大的社会成本，并降低制度的应有效率，导致公众对政府的信任程度的下降。因此，私有林补贴制度的实施应该稳定、连续。

(四)符合国际惯例的原则

对私有林进行补贴，涉及到相关当事人的利益，是一个敏感的问题，而且更重要的是，在我国已经加入 WTO 后，在私有林补贴制度的设计上，必须遵循 WTO 的基本原则，符合国际惯例。因此，应探寻在国际多边贸易体制框架下，对私有林实行有效补贴的方式和途径，按乌拉圭回合农业协议规定及我国的“入世”承诺，制定科学、合理、适度的私有林补贴政策。

第二节 私有林补贴制度的总体框架

一、补贴制度的三种类型

如上所述，私有林补贴制度设计的立足点：一要为私有林发展创建良好的外部条件，二要不断增加林农收入。依据补贴对私有林经营主体所产生的效用，借鉴其他发达国家私有林发展补贴制度的运用以及林农的补贴偏好，我们可以把私有林补贴分为激励型补贴制度、服务型补贴制度和补偿型补贴制度三大类型。

(一)激励型补贴制度

激励型补贴制度旨在通过增加私有林投资者收益，进而提高其投资的积极性，具体包括直接补贴（直接现金补贴）、信贷优惠、税收优惠等。林业作为弱质性产业，其投资回报率偏低，对其进行补贴使投资者收益增加，这对私有资金投资私有林有显著的激励作用。对林业活动给予现金补贴是各国普遍采取的鼓励私有林发展行之有效的重要措施之一。在我们对南方九省区集体林区林农调研中也了解到，直接补贴是最受林农欢迎的补贴方式。信贷优惠指的是为私有林主提供利率和贷款时间上的优惠，这也是鼓励私有林发展的一项重要措施。信贷优惠政策的使用有利于鼓励大量社会资金投入林业，形成社会办林业的局面。税收优惠也是各国比较常用的方式，其目的是创造一个良好的发展环境，使商业性森林经营成为一个盈利产业并在可选择的投资项目中具有吸引力（洪志生，2006）。

(二)服务型补贴制度

服务型补贴指能够通过为私有林投资者提供服务，降低生产成本，从而引导私有资金投向私有林发展的补贴形式，此类补贴相当于 WTO 农业协议中的政府一般服务支出。和一般工厂车间不一样，林木生产的开放性使很多林木生产行为具有外部性，如林业基础设施建设。还有部分生产行为私有林主自己提供无法形成规模效益，比如技术指导、信息咨询、教育培训、病虫害防治、种苗提供等。具有准公共行为性质的生产行为，往往出现私有主体供给不足，政府应以公共服务的形式进行公共供给。私有林生产过程中政府的技术指导、信息咨询、教育培训、林业基础设施建设等都隶属于服务型补贴制度。具体包括：配套服务型补贴制度、设备服务型补贴制度、物资服务型补贴制度。配套服务型补贴制度包括技术指导、信息咨询、教育培训等。政府通过建立相应的组织机构，在林业生产过程中为私有林主提供生产技术和病虫害防治技术指导，提供林木市场信息咨询，提供技术运用和装备使用的教育培训。设备服务型补贴制度主要是林业基础设施建设，具体上有林道建设、森林防火设施建设、森林灌溉设施建设。物资服务型补贴制度是政府出于减轻私有林主负担和规模效益，免费或优惠为私有林主提供种木、种苗、病虫害防治药等物资的补贴制度。在制度安排中，服务型补贴制度通常分为两种形式：完全补贴和部分补贴。完全补贴是指某项硬件或软件服务百分百由政府提供，私有林主可免费使用，这种方式虽有利于一片空白的基础上吸收私有资金投资林业，但对于政府的财政负担较重，所以比较少用；部分补贴指政府在私有林主自主提供公共服务过程中给予一定比例的补贴，这种方式有利于减轻财政压力，提高补贴效用。

（三）补偿型补贴制度

补偿型补贴指补偿私有林投资者的损失，避免私有林投资者私有资金流出的补贴形式。如灾害补偿型补贴制度。林业生产周期长，又是开放式生产，面临着森林火灾、气候异常、病虫害等几大灾害的共同威胁，是典型的高风险产业。为保证经营者利益，吸收私有资金对林业的投入，应设立相关的保障机制，对意外损失给予补偿，补贴额可依受灾情况而定（王焕良等，1994）。

二、总体框架：直接补贴和间接补贴

从上面的补贴类型看，实际上补贴主要分为两大类：一是改善林农投资环境、降低林农投资风险的补贴，如服务型补贴（技术指导、信息咨询、教育培训、林业基础设施建设等）和补偿型补贴（灾害补贴）以及一部分激励型补贴（信贷优惠、税收优惠），这种补贴构建的目的在于为私有林发展创建良好的发展环境，在此，我们称为间接补贴；二是为直接增加林农收益而设立的补贴，如现金补贴，我们称为私有林直接补贴。私有林补贴制度的具体框架如图 10-1。

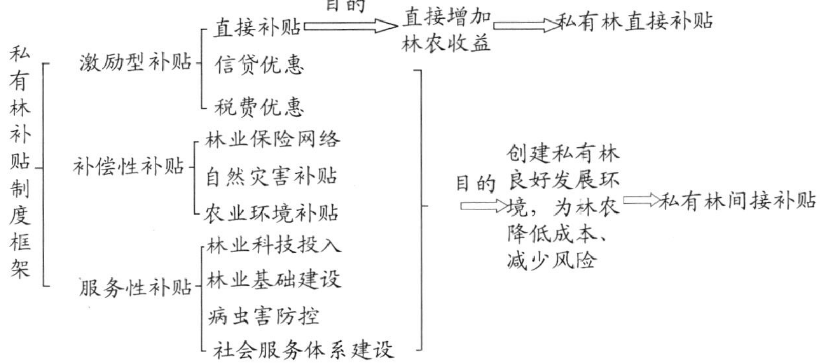

图 10-1　私有林补贴制度框架

其实这种补贴体系也和WTO农业补贴框架相同，如图10-2。

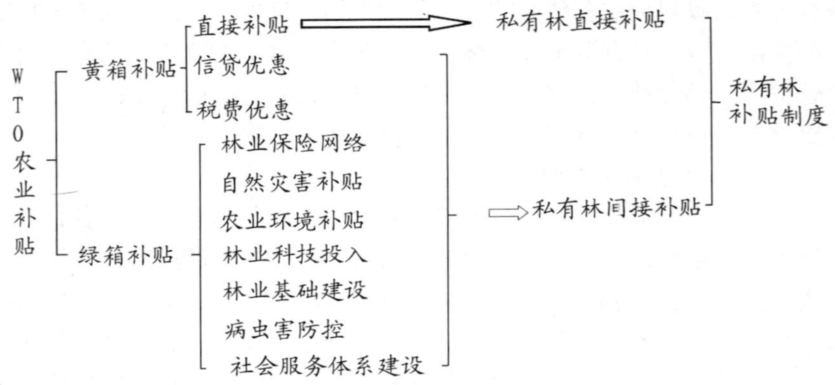

图10-2 WTO农业补贴体系与私有林补贴体系的关系

下面几个章节就将根据上面所探讨的私有林补贴框架，即分为私有林直接补贴和私有林间接补贴，结合林农补贴偏好分别对私有林补贴制度进行设计。

第十一章

私有林的直接补贴方案

对林农来说，他们是“理性经济人”，他们所追求的是利益最大化，只要经营林业的平均收益率大于或至少等于营林必要报酬率，他们就愿意从事林业生产。所以要提高林农经营私有林的意愿，必须使他们在经营中所获得的利益大于或至少等于营林必要报酬率，否则他们会退出私有林的经营，而从事其他行业的生产经营。加上林业经营周期较长，在经营过程中不可预见的风险较大，这也对现有或潜在的私有林林农进一步投资的意愿产生障碍。尽管承包责任田和承包林地农户都享有剩余索取权，能够通过直接占有自己承包田中的部分剩余农产品或者承包林中的林业产品来补偿经营活动所付出的努力成本，但承包责任田与承包林地对农户的补偿在时滞上存在较大差异，即在责任田上所付出的努力成本在较短期便可以得到补偿，而经营林木则需等待相当长的时间才有所回报，可见，经营林业的风险更大。埃格特森指出，“农户对风险的看法取决于他们的贫富程度；而个人对风险的厌恶程度影响了对契约的选择”，农户由于抗风险能力弱，在土地资源配置时将有很强的回避风险的倾向，因此，需加强对私有林林农的扶持，增强他们抗风险的程度。在补贴偏好研究中我们已经通过实证了解到林农最喜欢的补贴偏好是直接补贴，对私有林林农进行直接补贴的目的就是要保证私有林林农的经济投资效益，增强他们抗拒风险的能力，以便吸引更多的资金投入到林业当中，从而促进我国林业实现跨越式发展的宏伟目标。本章将就私有林直接补贴方案和补贴额度的确定做一番探究。

第一节 农林业直接补贴模式及启示

一、农业直接补贴政策

我国现行的农业直接补贴政策种类很多，除粮食直补外，还有良种和农机补贴，为了弥补化肥、农药、柴油等农资价格上涨对农民收入的影响，2006 年又增设农资综合直接补贴。在众多直接补贴政策中又属粮食直补最具特点，故在此仅对粮食直补方式作一梳理。

2004 年初，粮食直接补贴政策在河南、山东等 13 个粮食主产区开始实施，这标志着直接补贴政策在我国正式启动并直接进行更大范围的试验和推广阶段。财政部颁布的实施意见中关于补贴方式有明确的表述，可对种粮农民直接补贴有三种方式可供选择，即“按计税面积补贴、按计税常产补贴、按粮食实际种植面积补贴”。虽然中央只提供了三种可供选择的补贴方式，但是，各省份实际采取的补贴方式却有 4 种，即按农业计税面积补贴、按计税常产补贴、按粮食实际种植面积补贴、按种粮农民出售商品粮的数量补贴。按计税面积补贴简单方便，河南、湖南、宁夏等多数省份都采用了这一方式；按照计税常产进行补贴的省份主要是甘肃和内蒙古；按照实际种植面积进行补贴的主要是江苏；按农民出售商品粮数量进行补贴的省份主要是湖北、江西、新疆。

（一）粮食直补模式

1. 以农业税应税面积或计税常产为依据的补贴模式

这种补贴模式的具体做法是放开粮食收购价格，不再按保护价收购农民余粮，实行随行就市收购余粮，将原来按保护价敞开收购农民余粮间接给农民的补贴，改为按国际通行的做法，直接补贴给农民，补贴标准为粮食市场价低于政府保护价的价差。每户农民补贴数额的计算公式为：

$$\frac{\text{每户农民}}{\text{补贴数额}}=\frac{\text{该地区亩均}}{\text{商品粮常量}}\times\text{价差}\times\frac{\text{农户计税}}{\text{耕地面积}}$$

直接补贴的实施办法如下：一是确定各地享受补贴的商品粮常量。如安徽是以各县 1998 ~2002 年五年保护价收购农民余粮的平均数为基础来确定商品粮常量。二是确定每户农民享受补贴的商品粮常量。各地区可以农业税计税土地面积，或农业税计税常产，或两者各占一定比例等方式为依据来确定每户农民享受补贴的商品粮常量。三是核定差价补贴标准。由省级价格和统计部门对全省粮食市场进行统计调查得出市场价，其低于省政府确定的保护价的差价部分，作为对农民补贴的标准。当市场价高于保护价时，取消差价补贴。四是确定每户农民补贴数额。将确定的每户农民享受补贴的商品粮常量乘以政府公布的差价补贴标准，即为每户农民每年应得的补贴数额。在这种补贴模式下，安徽2003年每亩耕地平均补贴标准为10元左右，每个农业人口平均补贴14元左右。2007年，由于地区差异，安徽粮食补贴资金在一亩地最低10元、最高30多元之间。

2. *以粮食交售量为依据的补贴模式*

这种补贴模式具体做法是先确定补贴总量，再按农户与国有粮食购销企业的产销订单(或以前的粮食定购任务)核定各家各户应得补贴额。补贴总量的确定是按前几年保护价平均收购量(或以前的粮食定购量)和保护价与市场价的平均价差来核定。如2003年湖北省政府确定只对全省17个粮食主产县、市的60亿kg中晚稻进行补贴，每公斤原粮补贴0.06元，将全省补贴锁定为1亿元。按1998~2000年3年中晚稻产量和收购量的平均比例，将全省补贴总额一次性定额包干中晚稻主产区监利、公安、天门等17个县(市)，由县政府将补贴的收购量逐级分解落实到户。粮食购销企业与农户签订收购订单，按市场价组织收购，把补贴以价外加价的形式直接结算给农户。但从2005年开始，湖北省采用按实际种植面积给予补贴。2007年，湖北省当阳市粮食直补每亩补贴标准为18.39元，综合直补每亩补贴标准为23.61元。

3. *以粮食实际种植面积为依据的补贴模式*

这种补贴模式以江苏省为代表，即按水稻实际种植面积发放每亩的补贴额度，具体过程由农民申报、面积核实、公示和资金兑付等四个工作环节组成。首先，农产面积申报由村组负责，申报工作栽插秧后立即进行。乡镇核实后张榜公布，如有问题及时处理。县级农业部门要根据乡镇上报的方案，组织对水稻种植面积逐村、逐乡核实，向县级财政部门提供直补面积清册。县财政部门根据省规定的补贴标准和直补面积清册制定全县直补实施方案，报县(市、区)人民政府审批。补贴资金的兑现做法是乡镇财政所根据村组核实的种植面积上报材料，分别向农户和信用社反馈，然后农户持财政所反馈的凭证到信用社领取补贴款。2007 年江苏水稻直补标准每亩补贴为 20 元。

(二)评　述

以农业税应税面积或计税常产为依据的补贴模式是和粮食生产和销售完全不挂钩的一种补贴，可以说是一种脱钩补贴。在这种补贴模式下，获得补贴的是拥有承包地的农民，补贴数量不与以后年度使用的生产要素、从事的生产类型或产量和价格有关，不要求农民因为获得补贴而进行生产，它对生产和贸易没有扭曲作用，或扭曲作用非常小，符合 WTO 绿箱政策的要求。按计税面积发放补贴能有利于我国农业结构战略性调整目标的实现，因为只要有了地，不论种植何种作物都可以享受补贴，在这种情况下，农民就可以按照比较优势原则进行种植业结构调整，扩大经济作物的种植比例，从而有利于我国农业结构战略性调整目标的实现。但是，这种模式形成的后果是：一方面将“粮食直补”扩大成对整个农民的补贴，并不符合中央将粮食间接补贴改为直接补贴以提高粮食补贴效率，更好地保护种粮农民利益的政策意图；另一方面使领“粮食直补”的农民不管在应税耕地面积上种什么作物，甚至荒芜，都可照领“粮食直补”。能否获得补贴取决于是否有承包地，与是否生产粮食无关，与是否将粮销售给国家无关，因此，补贴对农民种粮的积极性影响不大，不利于稳定粮田面积，势必使国有粮食购销企业掌握必要粮源发生困难，使国家宏观调控失去不可或缺的载体和资源。

以粮食交售量为依据的补贴模式是按粮食交售量补贴，实际是价外补贴，可说是对粮食直接挂钩的直补。即将保护价的暗补改为明补，是保护价形态有变，实质未变，目的是提高补贴效率，避免扭曲价格的形成机制，使对粮食的支持更好地发挥它应有的作用。这种补贴模式的好处在于能直接增加种粮农民的收入，能够起到稳定粮食生产的作用，不会破坏由供求形成价格的市场机制，不会造成粮食企业的经营困难；不利之处可能会导致国有粮食购销企业的垄断地位，不利于粮食收购主体多元化格局的建立，而这正是我国粮食流通体制改革能否取得成功的关键。另外，由于定购任务以外的粮食没有补贴，也可能会影响农民的种粮积极性，毕竟订单粮是农民粮食生产量的一部分。

以粮食实际种植面积为依据的补贴模式是按粮田实际种植面积进行补贴，即不种粮食即不予补贴，实际是对粮食“半挂钩的直补”。这种模式不仅有利于强化农民种粮意向，有效增加粮食种植面积，切实保护种粮农民利益，充分调动农民种粮积极性，还便于国家对农业生产进行因势利导，优化粮食质量，发挥主产粮区的优势。但这种模式的缺陷在于操作比较复杂，因为农民每年实际种粮面积在变动，存在每年需对农民实际种植面积进行复核的问题。

三种粮食直补模式比较，见表 11-1。

表 11-1 粮食直接补贴模式比较汇总

补贴模式	补贴依据	补贴属性	对农民的影响
以农业税应税面积或计税常产为依据的补贴模式	农业税应税面积	脱钩补贴	弱
以粮食交售量为依据的补贴模式	粮食交售量	直接挂钩补贴	较强
以粮食实际种植面积为依据的补贴模式	实际种植面积	半挂钩补贴	强

（三）启 示

不同的粮食直补模式各有其利弊，但从以上的分析中，我们可以得到以下几点启示，以指导我国私有林直接补贴制度的设计：

（1）从上面的分析中可以看出，按实际种粮面积实施补贴对农民产生的影响最强，因此，为调动林农参与林业经营的积极性，我们可以借鉴这一方法，在对私有林进行直接补贴时按林农实际种植面积进行补贴。补贴私有林的目的就是要促进林业的可持续性，而林业的可持续性这一目的最终是要反映在森林的数量、分布、质量和结构等诸多方面上。采用按林农实际种植面积进行补贴，能充分调动广大林农参与林业经营的积极性，不但能吸引更多的社会资金投入到造林行业，以增加森林的数量，而且还能使更多地区的宜林地在林农造林积极性高涨的情况下变成林地，从而大大改善我国森林的分布和促进林木资产结构的多样化。

（2）我国对粮食直补补的是保护价与市场价的平均价差，是一种差额补，当市场价小于保护价时，给予补贴；当市场价大于保护价时取消补贴，目的是要保证我国粮食产量的稳定。为促进林业的可持续发展，我们也应该给予林农经营林业以适当的补贴，但由于林业投资周期长，风险大，林农对未来市场的预期把握不准，而不像粮食生产的短平快。要把林农留在林业中，必须使他们获得所预期的回报率，否则他们将退出这一行业而转向其他行业。因此，对私有林的直接补贴也应该是一种差额补贴，这种差额是他们经营林业的平均投资报酬率与所要求的回报率的差额。当其林业的平均投资报酬率大于所要求的回报率时不给予补贴；当林业的平均投资报酬率小于所要求的回报率时，给予补贴。

(3)从上面各省区粮食直补标准中可以看出，由于不同省份因其市场价格不同，他们的直补标准也大不一样。同样，我们在考虑私有林直接补贴时，也应该是不同的地区具有不同的补贴额度。由于不同地区经济发展有差异，其社会平均利润率也不同，加上不同地区由于自然地理条件的差异，其林业投资必要报酬率也不一样，因此，各地私有林补贴额度应该是当地的营林投资平均报酬率与当地林业投资必要报酬率的差额。当然，这给补贴政策的实施带来一定的复杂性，但不乏公平、公正。

二、现有林业直接补贴政策

我国的私有林补贴制度仍处于探索阶段，伴随着林权改革的深化，私有林的迅速发展已成定局，所以进入21世纪后，我国便开始逐渐重视鼓励私有林发展的相关政策。例如，在林业六大工程如火如荼的进行中，为适应新时期林业的发展而设立的国家对于退耕还林工程的补贴以及对于重点地区速生丰产用材林基地建设工程的投资，特别是2004年国家林业局设立的生态效益补偿基金制度，这些都表明了我国在私有林补贴方面掀开了崭新的一页。因此，制定私有林补贴制度的时机已经成熟。

(一)退耕还林政策

私有成分参与国有林区的林业活动，主要出现在华北中原地区，林木实行“林随地走”的政策，农户成为独立的林业经济运行主体，虽然他们很少得到国家的林业投资，却享受了市场调节的政策利益。最新统计数字表明，在三北防护林体系建设中，私有林已占据半壁江山，年均提供就业机会83万个，成为推进三北地区生态建设的主要力量。事实上，在全国各地几乎都有众多造林大户出现，私有制林业正在迅速崛起。截至2003年底，我国森林面积1.75亿hm^2，覆盖率已超过18%，森林蓄积124.56亿m^3。其中人工林面积0.53亿hm^2，约占世界人工林面积的26%，居世界首位。

退耕还林工程以退耕地和宜林荒山荒地为特定对象，补贴的目的是为了遏制我国生态环境的恶化，解决中西部地区严重的水土流失问题，扭转长江、黄河流域水患灾害，主要措施为“退耕还林，封山绿化，以粮代赈，个体承包”的综合措施。计划到2010年控制水土流失面积3.4亩。通过10年(2001~2010)建设，退耕还林2.2亿亩，宜林荒山荒地造林2.6亿亩；新增林草植被面积4.8亿亩。工程规划期内规划任务需投入2323.81亿元，其中粮食补助1317.255亿kg(折合资金1844.16亿元)，现金补助210.45亿元，种苗补助240亿元，科技支撑与前期工程工作费19.2亿元，全部为中央投资(表11-2)。

国家按照核定的退耕还林实际面积，向土地承包经营权人提供补助粮食、种苗造林补助费和生活补助费。①粮食补贴，长江流域及南方地区每亩退耕地每年补助粮食(原粮)150kg、黄河流域及北方地区每亩退耕地每年补助粮食(原粮)100kg，补助粮食(原粮)的价款按每公斤1.4元折价计算；②种苗造林费补贴，每亩50元；③生活费补贴，每亩每年20元的，补贴年限为经济林5年，生态林8年，其中生态林比例不少于80%(表11-3)。同时，尚未承包到户和休耕的坡耕地退耕还林的，以及纳入退耕还林规划的宜林荒山荒地造林，只享受种苗造林补助费(陈健生，2006)。

根据上述标准，可得每亩林地平均每年可获得的补贴额，计算公式如下：

(每亩粮食补贴总额+每亩种苗造林费补贴额+每亩生活费补贴总额)÷补贴年限

表 11-2 计划中的退耕还林补贴情况(2001～2010)

补贴对象			平均补贴额[元/(亩·年)]	补贴比例
长江流域及南方地区	已承包到户的退耕地	经济林	240	100%
		生态林	236.25	100%
	尚未承包到户和休耕的坡耕地以及宜林荒山荒地	经济林	10	4.2%
		生态林	6.25	2.6%
黄河流域及北方地区	已承包到户的退耕地	经济林	170	100%
		生态林	166.25	100%
	尚未承包到户和休耕的坡耕地以及宜林荒山荒地	经济林	10	6%
		生态林	6.25	3.8%

表 11-3 实际发生的退耕还林补贴情况(2003～2005)

补贴面积(亿亩)	合计(亿亩)	补贴总额(亿元)	简单平均补贴额(元/亩)	加权平均补贴额[元/(亩·年)]	补贴比例
退耕地造林 0.79	1.89	668	776	394	大于 160%
荒山荒地造林 1.1			50	无实际意义	无实际意义

对比以上计划和实际发生的退耕还林补贴情况，可知实际发生的补贴额与计划的补贴额之间存在较大的差距，此原因有两点：①对以前的造林补贴未考虑在内，从 2000 年开始，国家着手对退耕还林实施补贴，由于对退耕地造林的补贴年限最少为 5 年，意味着 2003～2005 年的政府财政支出都涵盖了对 2000 年、2001 年、2002 年退耕地造林的补贴；②科技支撑与前期工程工作费未被扣除，这部分投资不属于政府对林农的补贴，而上述研究把它们都考虑进去了。因为用这种方法分析所导致的误差很大，我们可以考虑从另外一个角度进行分析，3 年中(2003～2005 年)政府的投资总额 668 亿元大致占工程期内(2001～2010 年)计划投资总额 2323.81 亿元的 30%，这同时间上的进度是一致的，因此，可以认为中央政府在该政策的实施上是有效率的。

(二)重点地区速生丰产用材林基地建设工程

该工程主要是为了促进我国的生态环境建设和保护，同时减轻对国际木材资源消耗的压力而发起的。根据森林分类区划分的原则，其范围主要限定在400mm 等雨线以东，自然条件和立地条件较好，地势平缓，不易造成水土流失和对生态环境造成影响的地区，涉及河北、内蒙古、辽宁、吉林、黑龙江、江苏、浙江、安徽、福建、江西、山东、河南、湖南、湖北、广东、广西、海南、云南等18 个省(区)。工程分两个阶段，2001 ~ 2005 年，重点建设以南方为重点的工业原料林产业带；2006 ~ 2015 年，全面建成南北方速生丰产用材林产业带。到2015 年(表11-4)，建成速生丰产用材林2 亿亩，完成南北方速生丰产用材林绿色产业带建设。工程建设规划总投资为718 亿元，其中：国家补贴114 亿元，贷款及自筹604 亿元。补贴的内容涉及森林防火、病虫害防治、优良种苗的开发推广等。

表11-4　计划中的重点地区速生丰产用材林基地建设工程补贴情况(2001 ~ 2015)

补贴面积(亿亩)	补贴总额(亿元)	平均补贴额(元/亩)	补贴比例
2	114	57	16%

对比计划中和实际发生(表11-5)的重点地区速生丰产用材林基地建设工程补贴情况，可知实际发生的补贴情况在各个指标上的值都偏小。首先，补贴面积和补贴总额偏小，这点是可以理解的，因为，2002 ~ 2005 年还处于工程的第一阶段，该阶段的主要任务是以南方为试点开始进行工程项目的投资，其涉及的范围必然是较小的；其次，平均补贴额和补贴比例都显著地小于计划中的数值，这可能有两个原因：①更多的资金会被投资于该工程的第二阶段；②国家在这方面政策的实施缺乏效率，导致资金不到位。

表11-5　实际发生的重点地区速生丰产用材林基地建设工程补贴情况(2002 ~ 2005)

补贴面积(万亩)		补贴总额(万元)	平均补贴额(元/亩)	补贴比例
造林地364 改培22	合计386	4208	10.9	4%

(三)森林生态效益补偿

中央森林生态效益补偿基金是对重点公益林管护者发生的营造、抚育、保护和管理支出给予一定补助的专项资金。基金的补偿范围为国家林业局公布的重点公益林林地中的有林地，以及荒漠化和水土流失严重地区的疏林地、灌木林地、灌丛地。截至2006年，中央政府共拿出30亿元，对全国4亿亩非天保工程区的重点公益林进行森林生态效益补偿，360万农户2000万人口直接受益。平均补助标准为每年每亩5元，其中4.5元用于补偿性支出，0.5元用于森林防火等公共管护支出。

三、生态公益林补偿标准及启示

对私有林进行直接补贴，必然涉及到补贴方案的确定和补贴额度计算等问题，即怎样补、补贴多少是合理的。如何对私有林进行直接补贴可以说是问题探讨的核心，因为这既关系到补贴主体和补贴对象的双方利益，又关系到补贴的效果，但由于经营林业所带来的经济效益具有较大的不确定性(不仅和市场有关，而且不同的地段，不同的林种，它们的经济效益都不同)，加上森林生态效益具有无形性和多效性，要对其进行准确计算，并作为生态效益补贴标准仍有一定的困难，因此，如何确定直接补贴补贴额度就显得非常重要。现有以下几种计算方法：

(一)基于社会平均成本的补偿标准

采用这种计量模型的代表人物是万志芳、耿玉德，他们认为，立地条件较好的林地可以获得级差收益，因为林地立地条件好可以使培育公益林的成本量减少，即公益林的生产经营者在较好立地条件上经营公益林投入量减少了。为保证公益林生产经营补偿的公平合理，在实际中应将这部分因立地条件好造成的成本减少予以扣除，只补偿劳动消耗的成本部分。因此，在某立地种植公益林应补偿的总标准应是劣等地上某种人工公益林社会平均成本扣除该立地条件下公益林的成本节约量，即公益林生产经营过程中所消耗的社会平均成本。

总标准的计算模型是：

$$S_{ji} = \sum_{k=1}^{n} F_{ik}(1+i)^{n-k+1} - LR_{ji}$$

其中：S_{ji}——在第j等立地条件下，第i种公益林总的补偿标准(元/hm^2)；

F_{ik}——劣等地上第i种人工公益林在第k年时的平均成本(元/hm^2)；

LR_{ji}——在第 j 个立地条件上第 i 种公益林所承担的级差收益（元/hm²）。

(二)基于社会平均营林利润的补偿标准

采用这种方法计算公益林的学者(如谢利玉)认为，公益林要持续经营，必须使投入到公益林经营中所损失的直接利益得到全部回收，并取得社会平均利润，这样才能确保生态公益林的扩大再生产。因此，公益林补偿标准应包括投入和利润两部分，即公益林补偿标准由各种投入及平均利润构成，其实质是对基于成本途径的公益林林价增值的补偿。公益林序列林价可表示为：

$$T_n = \sum_{i=1}^{n} \frac{F_i(1+r_i)^{n-i+1}(1+P_i)}{(1-t_i)(1-s_i)} \quad (n > i) \qquad (11\text{-}1)$$

其中：T_n 为某地区公益林第 j 年单位面积的林价(元/hm²)；F_i = 第 i 年公益林单位面积各项营林总投入(元/hm²)；r_i 为第 i 年利率(%)；P_i 为第 i 年平均利润率(%)；t_i = 第 i 年税率(%)；S_i = 第 i 年灾害损失率(%)。

依据式(11-1)，公益林第 n 年林价补偿额为：

$$T_n = T_n - T_{n-1} = \frac{F_n(1+r_n)^{n-i+1}(1+P_n)}{(1-t_n)(1-s_n)} \qquad (11\text{-}2)$$

1 ~ n 年期间平均每年的补偿额为：

$$\bar{T}_n = \frac{1}{n}\sum_{i=1}^{n} \frac{F_i(1+r_i)^{n-i+1}(1+P_i)}{(1-t_i)(1-s_i)} \qquad (11\text{-}3)$$

(三)基于林地使用费与实际投入补偿标准

谢剑斌认为，生态公益林的补偿标准应该包括林地基础性建设、经营管理、灾害损失以及非商业性经营获益损失等要素。

假设在一定年数内，单位面积生态公益林年平均补偿标准为 Z，则：

$$Z = \sum_{i=1}^{n} \frac{[B_i(1+r) + C_i(1+p)]}{n(1-d)}$$

其中：Z——单位面积生态公益林年平均补偿标准；

C_i——第 i 年单位面积生态公益林基础性建设和经营管理的各项费用；

B_i——第 i 年单位面积林地费用价；

r——林地利润率；

P——盈利率，即非商业性经营获益损失率，采用费用利润率：

d——灾害损失率；

n——年数。

(四)启 示

不同的学者从不同的研究角度，因此得出了不同的生态公益林补偿的计算模型，但从以上模型建立的思路可以看出几个共同点：一是出发点都是为了要实现生态公益林的可持续发展。为实现这个目标，补偿必须使林农或林业经营单位投入到生态公益林经营中所损失的直接利益得到全部回收，并取得相应的利润，只有这样，才能维持生态公益林经营代理的稳定性，实现生态公益林的可持续发展。二是由于林业投资周期较大，并且充满风险，因此在计算模型中大都考虑了货币时间价值的问题。三是模型大都是从成本加利润的角度来考虑补偿额度，即由于目前森林生态价值计算方法的不成熟，在考虑补偿额度时大都建议只对营林成本加利润来进行补偿。

对私有林林农进行直接补贴目的是要提高林农的经营收益，降低他们的经营风险，以便为我国经济建设和人民生活需要提供各种林木产品，实现我国林业的可持续发展，所以它和生态公益林补偿的目标不尽相同，但以上对生态公益林补偿额度的计算却为我们计算私有林的补贴额度提供了有益的借鉴。在考虑私有林补贴额度时：①出于对生态价值估价方法的不成熟及国家财政实力的考虑，我们建议目前只考虑林农经营私有林的经济收益，而不考虑私有林所提供的生态效益；②要考虑到林农经营林业所经受的风险；③基于社会平均成本的补偿标准计算模型提出了应根据立地条件而实施不同的补贴标准，按照这种思路，我们在给予私有林直接补贴时也可以考虑对不同的林种或立地给予不同的补贴额度。

第二节 私有林的直接补贴方案

私有林直接补贴方案设计是如何对私有林进行直接补贴的核心，本小节将根据农林直接补贴标准或模式的启示，结合私有林自身的特点来确定私有林直接补贴制度设计方案。

一、影响私有林经济效益的因素

前面已述，对私有林进行直接补贴就是使林农在营林过程中能获得较稳定的收益，降低他们的经营风险，以便为我国经济建设和人民生活需要提供各种林木产品，实现我国林业的可持续发展，但私有林直接补贴应体现“公平、公正”的原则，因此在确定直接补贴方案（即如何补贴）前必须搞清楚影响私有林经济效益的因素，从而更好地为补贴方案的确定奠定基础。

所谓的私有林经济效益是指林农在经营私有林过程中产生的经济效益，即成本与收益的对比。作为“理性人”的林农在进行林业资金投入时，必然会在该行为所产生的成本与收益（预期收益）之间进行权衡，以追求利益最大化，因此，在对私有林林农经营效益影响因素进行分析时可对私有林预期收益和经营成本产生影响的因子入手。在对南方集体林区调研中，我们了解到，影响私有林林农经济效益的因素有以下几种：

（一）树　种

对于林农来说，经营不同的树种会产生不同的成本和收益。一方面，不同的树种会导致林农投资的时间和方式、投入的资金与劳动的比例会有差异，从而导致林农经营成本产生差异；另一方面，经营树种的差异还会明显地影响到林农林业收入总量、收回成本的周期等，从而引起经营收益的差异（从我们计算的案例中可以看到，桉树的经营报酬率在28%～32%，而经营马尾松和杉木的回报率却分别在6%～11%和8%～12%，不同的树种给林农带来的回报率差异较大）。而事实上，林农在决定林地经营选择时大多是从见效快（即轮伐期短）、经济回报率较高的树种。2008年1月，在对福州市闽侯县鸿尾乡调研过程中了解到，林农在对集体林改时所承包的林地进行砍伐后大都种植桉树及速生丰产杉木（顺昌2代，主伐林龄在第10年），原因在于这些树种相对于一些传统树种来讲，它们投资相对少，林木价格较高，而且投资回收快。2005年7月到8月，在对南方集体林区九省区总共1324份有效林农问卷调查中，有近 41.5% 的林农在选择树种时依据的标准是高收入的树种，当然，也有近 22.5% 的林农选择当地的树种（图 11-1）。选择当地树种的原因在于林农对当地树种的特性比较了解，加上当地树种适应当地的生产环境，其经营成本和经营风险相对较小。可见，树种对林农经营效益有很大的影响，也决定林农经营的意愿。

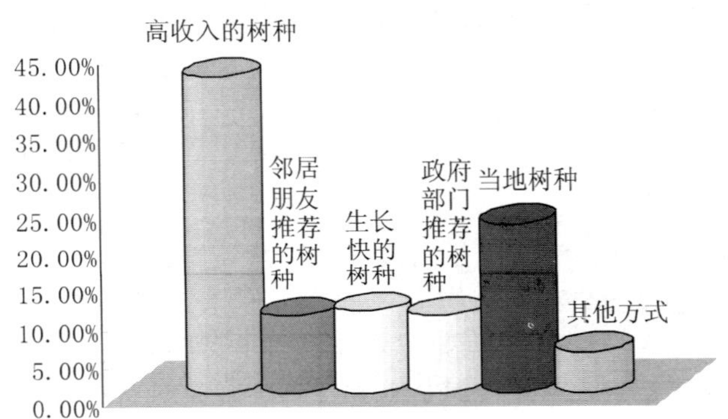

图 11-1　林农树种选择依据①

（二）轮伐期

一般说来，轮伐期短的树种，林农经受的风险较小，经济效益见效快，投资回收速度也快，林农从中获利较大；相反，轮伐期较长的树种，经济效益见效慢，投资回收速度也慢，林农从中获利的风险较大。我们在调查中发现，林农在选择经营树种时，大多选择轮伐期较短的树种。在广东，我们对开平市、湛江市、遂溪县三县市林农进行了问卷调查，在回收的 91 份有效问卷中有 80 份问卷选择经营经营轮伐期较短的桉树，只有 9 份问卷选择经营轮伐期较长的针叶树。在对海南澄迈县、海口市、澄迈县、临高市调研回收的 68 份有效问卷中有 85% 的林农也选择轮伐期较短的桉树。

当然，由于受自然条件的影响，树种在空间的分布上具有一定的地域性，这使得林农在当地选择树种的范围具有一定的局限，但在适宜的树种中，他们也是愿意选择轮伐期相对较短的树种，如安徽和湖北。由于地域条件和海南、广东不同，安徽、湖北适宜的树种主要有针叶树、

① 数据来源：南方九省区调查汇总。

杨树和其他一些阔叶树种。相对来说，杨树的轮伐期较其他树种要短，林农在选择树种时，大多数是选择轮伐期较短、经济效益较好的杨树。在安徽回收的66份有效问卷中也有近73%的林农选择种植杨树。在湖北回收的84份问卷中有54份问卷的林农选择轮伐期较短的杨树，所占比重占调查样本的65%，如图11-2。

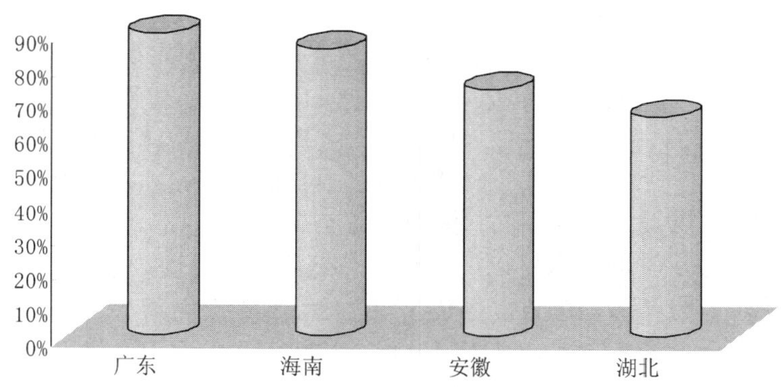

图11-2　林农选择短轮伐期的比重①

（三）林地使用费、人工费及林木产品价格

林地使用费也称林地租金或山本费，是指林地所有者出让林地使用权，由林地使用者交纳一定数额的林地租金。林地使用费是在林改后才出现的，目的是为增强村集体财力，以更好地为分散经营的林农提供发展生产、增加收入的各类服务，以及为更好地促进农村社会公益事业的发展，因此，集体山林落实承包、租赁、转让等林业生产责任制后，在重视林农利益的同时，必须统筹兼顾村集体利益，均应收取一定的林地使用费，以建立合理的利益分配关系，壮大发展村集体经济。如福建省三明市2005年颁布的《三明市人民政府关于加强林地使用费收取和使用管理的指导意见》（明政文［2005］109号）规定，用材林的林地使用费，可以按面积每年或数年收取一次，也可以在林木采伐时按木材产量或木材销售税后利润比例分成，其林地使用费收取的标准是：对于本村林农以家庭承包方式、且平均获得村集体林地使用权的，其用材林林地使用

① 数据来源：南方九省区调查汇总。

费缴纳标准每年每亩一般不低于3元，并随今后物价上涨等因素，林地使用费的收取标准应逐年有所增长；对于林农通过其他方式获得集体林地使用权的，可通过公开竞标、竞价确定或由当事双方协商确定，在对林地资源进行合理评估的基础上，按照市场规则确定林地使用费缴纳标准，以实现林地使用价值的最大化；对于国有林场、林业采育场经营集体拨交的商品林地，按照省政府《关于调整林地使用费，稳定国有林场和林业采育场经营区的通知》(闽政[2005]50号)规定确定林地使用费标准。即用材林主伐时按所产木材提取的林价款的30%支付林地使用费，间伐材折半支付；乡村林场经营集体拨交的商品林林地使用费可参照国有林场标准收取。在实际调研过程中我们了解到，福建省的林地使用费在不同的地区标准不同，大概在每年每亩10～15元。

林地使用费的收取可以说是维护林地所有者合法权益的具体体现，也是确保农村基层组织正常运转、建立健全农村公共服务、调整农村利益二次分配的客观需要，是为民利民、造福于民的重要举措，但林地使用费的存在对承包、租赁的林农来说却是一笔费用，这笔费用对林农经营收益将产生不小的影响。根据姚顺波博士的测算，如果免林地使用费的话，可以使林农投资报酬率在原来基础上增长近10%。

林木经营成本也对林农造林收益产生较大影响。林木经营成本主要在造林阶段、抚育管护阶段以及采伐阶段，平时只是抚育管护费用的支出。造林、抚育管护阶段的成本我们把它成为营林成本，主要有林地清理费、整地费、苗木费、林地租金、肥料费用、栽植补植费、抚育管护费、病虫害防治等；采伐阶段的成本我们称为主伐成本，主要有伐区设计费、采伐工资、道路维护费、运输成本、检尺费、林道准备等费用。在营林成本和主伐成本中，很大一部分费用是人工费。我们课题组在调研过程中发现，不同的地区，苗木费、伐区设计费、肥料费和病虫害防治等支出差异不是很大，但由于地区经济发展状况的不同，人工费呈现较大的差异，这主要体现在雇工的日工资费用上。比如，在福建闽东、闽南地区，由于当地经济发展较好，人们生活水平较以前有较大的提高，加上就业机会较多，当地工人的日平均工资至少在70元以上，并由于存在农村劳动力向城市转移因素的影响，还出现雇工困难及工资不断上涨的现象。而在闽北，由于经济发展状况较之闽东、闽南有较大差异，工人的工资只要每天 25 ~ 40 元就可以雇请到。人工费用的地区差异将对私有林林农营林收益产生较大差异。

另外，林木资产价格也是影响林农经济效益的一个重要因素。一方面，林木产品的价格决定林农最终的经济收入；另一方面，林木产品价格决定着林木产品相关的税费。林木产品价格除受本身价值影响外，主要受市场供求的影响。不同的林木产品有不同的价格，不同的林木产品需缴纳不同的税费(不同的林木产品具有不同的市场价格或计征价)，它们共同对营林经济效益起作用。

黄和亮博士曾对影响林木经营收益的因子做过敏感性分析，他以福建永安林业集团经营的巨尾桉为研究对象，测算了各因子变化对营林内部报酬率(IRR)的影响，见表 11-6。

表 11-6　因子变化对内部收益率的影响

指标	IRR	原有 IRR	IRR 的下降幅度
营林成本上升 10%	16.02%	18.09%	11.44%
采伐成本上升 10%	15.39%	18.09%	14.9%
木材销售价格下降 10%	12.32%	18.09%	31.09%

从表 11-6 可以看出，木材销售价格对 IRR 的影响最大。当木材销售价格下降 10% 时，IRR 下降达 31.09%；当营林成本上升 10% 时，其 IRR 将下降 11.44%；如果采伐成本上升 10% 就引起 IRR 下降 14.93%。需要说明的是，虽然上述指标是利用营林成本和采伐成本作为影响因子来分析它们的变化对 IRR 的影响，但也间接说明了人工费对林农经济效益的影响(营林成本和采伐成本大部分是由人工费构成)。

(四)林业税费

林业税费问题一直是林业生产经营者关注的焦点问题。近年来，国家相继取消了森林资源补偿费、林业建设保护费，2005 年又取消了除烟叶外的所有农业特产税，林业税费负担有所减轻，这标志着我国林业税费改革迈出了新的步伐。虽然有些省份规范了增值税、所得税征收范围，使从事木竹生产的单位和个人在自产自销木竹时免征增值税和所得税，但育林费和维简费等也占销售收入的 20% 以上，这和林业发达国家相比，必须得承认中国对林业的税费还是很重(印度尼西亚、巴西、新西兰等林业发达国家林业税费比例为销售收入的5%）。

此外，在实地调查中，我们还了解到一些地方仍然存在着一定程度的地方税费保护主义问题，群众对此有较大的意见。如永安市在林改的初期，通过降低各种税费的起征价，对全市的木竹产品实施了较为优惠的税费政策。但该市最近又对这一政策进行了调整，即由原来的针对所有的木竹产品改为仅针对在本市范围内销售的木竹产品，而对于销售往其他县市的木竹产品则按较高的起征价征收"两金"等各项相关的税费。这一政策调整的目的在于保证本市林产加工企业的原料来源，限制木竹产品销售往其他县市。但这却是以降低林农的收入为代价的，因为林农销售给本地企业的木竹产品的税费虽然没有提高，但销售价格较低；而销往外地的木竹产品，虽然其销售价格较高，但差价部分成为政府的税收。

对营林者来说，林业税费是一种费用，因此增加了林农的经营成本，从而影响到他们的营林经济效益。郑德祥博士曾测算了林业税费对林农营林内部收益率的影响。他是以福建省南平地区林农经营的一般杉木中径材生长指标为基础，根据其近年来的社会平均营林成本，并基于2005年的市场价格，结合南平地区三次税费改革（为了顺应市场经济与林业体制改革不断深入发展的需要，自2001年起，福建省以南平地区作为林业税费改革试点，对1994年以来的林业税费制度先后三次进行了较大幅度的改革。具体改革措施详见附录二），测算了在不同的税费种类及税费比例下营林内部收益率的变化。他得出的结论是：在2001年前的林业税费体制下，森林资源资产经营的投资收益率虽然也高于6%，但基本上不超过9%；而2001年税费改革后林业投资收益率有了很大的提高，其收益率基本上都超过了9%；在25年以下经营周期的森林资源资产的经营投资收益率更是高达10%（表11-7）。

表11-7 不同林业税费制度中不同林龄收益率

林龄	2000年	2002年	2004年	2005年后	未来
15	0.060	0.101	0.104	0.112	0.121
20	0.086	0.113	0.115	0.121	0.128
25	0.081	0.102	0.103	0.108	0.114
30	0.073	0.090	0.091	0.096	0.101

注：为使分析结果更具参考价值，假设未来两金减免至5%进行分析。

虽然，以上研究是基于一定的假设条件，但也不难看出不同的税费制度对营林收益具有较大的影响。

当然，林地的立地条件和经营的规模也对林农经营收益有一定的影响。不同的立地条件具有不同的营养成分，营养成分的不同又将影响到林分的质量与森林的蓄积量，进而影响到经营收益。虽然林地质量在某种程度上可以人为改变，如增加林地施肥量，但这无形中也增加了林农的经营成本。同样，林业经营规模的不同，其平均管护费用和林地道路修建成本也存在很大差异，这也将影响到营林收益。在福州市闽侯县鸿尾乡调研过程中我们了解到，一个管护员的月工资大约在1000元左右，但有个造林大户只雇用了一个护林员却管护了他承包经营的1600亩桉树林，而另一个造林大户却每年需雇请两位护林员来管护他的250亩杉木林，如此巨大管护效率的反差在于经营林地规模的差异，因为桉树林是成片林，便于集中管护，而杉木林是分散林，这给管护带来困难。同样在林地道路修建上也是如此。

二、私有林直接补贴模式

所谓私有林直接补贴的模式就是私有林补贴的实际操作办法，即怎么补的问题。下面我们在分析影响营林经济效益各因素之间相互关系的基础上来确定私有林直接补贴模式。

（一）树种是影响营林经济效益各因素的综合体现

上述的分析表明，影响私有林林农经济效益的有许多因素，树种、轮伐期、林地使用费和人工费、林木价格及税费都对林农的经济效益有较大的影响，而进一步的分析则表明，树种是影响林农营林经济效益的综合体现。

我们知道，森林与其他植被类型地理分布取决于水热因子的结合。一个地域水热因子的时空分布特征又决定于其地理位置、大气环流状况和海拔高度这3个基本要素，因此，森林植被的分布呈地带性，一方面，不同的地带由于水热条件不同使得不同区域具有不同的树种（树种的分布具有空间地域性）。不同的树种又决定了它们各自的轮伐期，其收获的林木产品又具有不同的市场价格。不同的市场价格又决定了它们各自的税费不同（不同的树种具有不同的市场价格或计征价）；另一方面，不同的地带(区域)由于经济发展状况的不同，又使得林地使用费和人工费产生巨大的差距。反过来说，不同的树种具有不同的空间区域分布，不同的空间区域决定了林地使用费和人工费的大小，加上不同的树种产生不同的税费和木材价格，它们共同作用决定了不同树种产生的经济效益不同(图 11-3)。

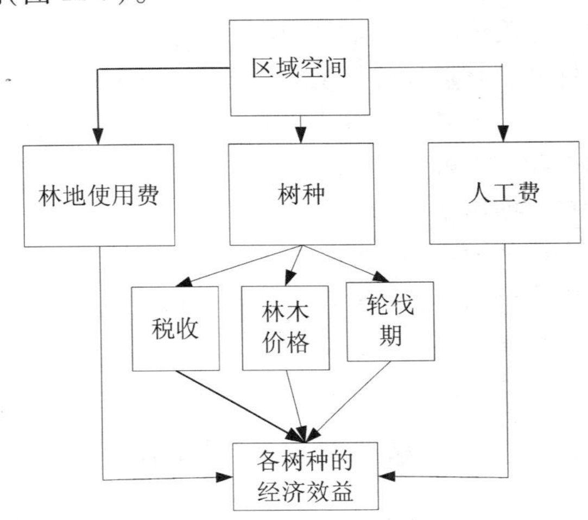

图 11-3 影响林农经济效益各因素之间的关系

(二)私有林直接补贴模式——按树种补贴

基于以上分析，我们知道，不同的树种具有不同的经济效益。作为理性经济人来说，林农在决定其经营行为时肯定选择经济效益好的树种，而不会选择经济效益差的树种，但社会主义建设需要各种品种的林木产品，为鼓励林农经营经济效益较差的树种，则必须加大对其的扶持力度，唯有这样，才能吸引社会资金进入其中，也才能为社会建设生产出多品种的林木资产，也就是说，对经济效益好的树种，我们可以不补贴或少补贴；经济效益差的树种我们可以多补贴。因此，在对私有林进行直接补贴时建议以树种为类别，分别计算不同树种的补贴额度。

因为树种是按照空间区域来分布的，以树种作为补贴模式，一方面是可以结合区域特征，考虑不同区域的林地使用费和人工费的差别；另一方面是可以考虑不同树种的林木价格和税费，从而能更好地关注不同树种的经济效益。对私有林进行直接补贴其目的之一就是要提高林农经济效益。采用这种补贴模式，一方面能使经济效益差的树种在政府的扶持下获得稳定的收益，从而吸引更多的私有资金投入到私有林当中，为我国经济建设提供品种繁多的林木产品；另一方面树种的不同决定了它们具有不同的经济效益，且发挥生态效益的大小也不同，如据专家论证，阔叶林的生态价值功能就要比针叶树种发挥的生态功能大，所以如果要把生态价值纳入私有林补贴额度的话，则生态价值越大的树种应获取更多的补贴，因此，在确定私有林补贴额度时，不能吃大锅饭，搞千篇一律，而应根据不同的树种给予不同的补贴，这也是公平与公正原则的体现。

三、私有林直接补贴额度

私有林直接补贴额度的确定是私有林直接补贴的核心，它关系到补贴的效果和补贴者的经济承受能力问题。私有林直接补贴额度不仅受到社会经济发展水平的制约，同时也受到社会经济发展对于森林资产和生态环境的需求程度，以及补贴者对补贴资金的承受能力限制。只有所确定的补贴额度充分考虑到相关利益团体经济承受能力、公共意识、森林可持续经营成本及其缺口，即以生态上合理、经济上可行和社会可接受作为判定补贴额度的准则，才会使得所确定的补偿额度具有可操作性。

（一）理想的补贴额度——基于生态效益的全额补贴

林农所经营的商品林，一方面给林农带来了经济效益，另一方面在存续过程中发挥了巨大的生态效益，也就是说，商品林既能为社会提供林木产品，同时还向社会提供生态产品。有形林木产品可以进入市场通过市场价格机制的作用转换为经济效益，但生态产品却未能在市场机制下给私有林主带来经济效益，即消费者消费了林农所提供的生态产品却并没有为此付费，从理论上来说不符合公正、公平的原则，消费者应该为此付费。在目前市场机制无法对私有林所提供的生态产品进行补偿时，必然要求公共财政取代市场机制对私有林所提供的生态功能进行补贴。因此，理论上的补贴依据是以修正经济外在性作为私有林补贴额度确定的依据，即私有林补偿额度应等于边际社会收益和边际私人收益之差。这完全符合公正原则，基于对森林生态产品的经济价值计算，包括涵养水源、固土保肥、改良土壤、净化大气、生物多样性维护和森林景观价值等，但目前森林生态产品经济价值计算的方法和理论还很不成熟，何况依据这一原则设立的补贴额度会显得过高，国家财力也无法承受，因此，在目前阶段对于私有林的补贴额度只能是理想的补贴额度。

（二）目前可操作的补贴额度——基于林业投资必要报酬率的补贴

在目前对森林生态产品经济价值的计量还没有统一标准时，在实践中对私有林补贴应按照经济适应性原则和社会公平性原则来确定具体的补贴额度。所谓经济适应性原则是指补贴额度的确定要考虑国家的经济承受能力。所谓的社会公平性原则是指应使森林经营者获得合理的回报。作为理性的经济人来说，林农经营私有林目的在于获取经济效益。当其经营林业获取的回报低于必要报酬率时，林农可能就会转换其经营行为，而转向收益更高的行业。政府对私有林进行直接补贴目的在于要提高林农经营私有林的经济效益，借以激励林农参与林业经营的积极性，以吸引更多的私有资金参与到私有林的建设中，促进我国林业的可持续发展。为达到这一目的，就必须要使林农经营私有林所获收益不能低于林业经营必要报酬率。当林农经营私有林所产生的平均投资报酬率低于林业经营必要报酬率时，政府必须给予一定的补贴，因此，从相对指标来说，私有林补贴额度确定的依据应是林农营林平均报酬率与林农经营林业所要求的必要报酬率的差额。

当然，随着人们对森林生态产品需求增加、森林生态产品的经济价值计算的方法和理论的成熟和国家补贴能力的提高，补贴额度应不断提高。

（三）直接补贴额度的计算模型

前面已述，在考虑我国目前经济发展状况和生态价值核算困难的基础上，建议目前私有林补贴额度应是林农经营林业所要求的必要报酬率与林农经营私有林所获平均投资报酬率的差额，同时，由于林农营林经济效益受树种的影响，对私有林直接补贴建议分树种采取逐年补贴办法。下面给出具体补贴额度的计算方法：

首先计算某地区某树种平均投资回报率。在考虑货币时间价值的情况下，私有林投资报酬率就是私有林经营期间的内含报酬率，即各年现金流入量的现值与流出量现值相等时的折现率。某地区林农经营某树种的平均内含报酬率（即投资回报率 IRR）可通过下面公式计算。

$$NPV = PV_t(1+IRR)^{-1} - C_t(1+IRR)^{-1} - \sum_{t=0}^{t} R_t(1+IRR)^{-t} = 0$$

式中：PV_t 表示某地区某树种单位面积地块上 T 年采伐时的平均规格材与非规格材出材量乘以当年它们各自价格的和，即 T 年采伐时林农所获木材总收入；C_t 表示某地区某树种单位面积地块上 T 年采伐时的平均采伐成本（包括税费）；R_t 表示某地区某树种单位面积地块上各年的平均管护成本和种植成本等；IRR 表示某地区某树种平均投资回报率；t 表示私有林经营年限。

某树种平均投资回报率计算后，就可以计算某地区此树种单位面积地块上的直接补贴额度。其每年的补贴绝对额度等于该地区单位面积私有林在经营期内的各年度平均投资额的现值乘以该地区林农经营林业所要求的必要报酬率与该地区某树种平均投资报酬率的差，其计算公式为：

$$S = \left[C_t(1+r)^{-t} + \sum_{t=0}^{t} R_t(1+IRR)^{-t}\right] \times (r - IRR)$$

式中：r——表示某地区林农投资林业所要求的必要报酬率。

当然，由于各地区经济发展有迥异，经营林业所遭受的风险各不相同，从而使得各地区的经营林业所要求的必要报酬率也不尽相同，因此，在确定各地区林业经营必要报酬率时应充分考虑当地经济发展状况和林业经营状况。也就是说，各地区私有林补贴额度因他们各自投资林业所要求的必要报酬率不同而应有所差异。其实，国家在进行退耕还林补偿时，也是充分考虑了长江南北经济发展状况的差异而采取不同的补偿标准，各省份对生态公益林的补偿也是各不相同。

四、林业投资必要报酬率的确定

（一）必要报酬率的实质

在项目评价中对项目取舍的标准之一就是看项目所带来的平均报酬率是否大于必要报酬率，大于则方案好，反之则舍去。必要报酬率就是投资主体对投入资金占用所要求的一定补偿比率，它是投资者要求得到的最低报酬率。只有当一个投资项目的平均报酬率高于必要报酬率时，才是有吸引力。在项目评价中，必要报酬率的确定有以下几个思路：

(1)以资本成本率作为必要报酬率。投资者所投入的资本不是白白使用，而是有其资本成本的。投资项目的报酬首先必须能够弥补资本成本，否则该项目不可行，因此可以以资本成本率作为必要报酬率来评价方案是否可行，该方法比较适用于所使用的资本是借入或通过发行优先股筹资的项目，因为使用该方法筹资其成本比较容易确定，但当投资是以通过普通股筹集或内部积累的方式取得时，资本成本率的高低就很难确定。

(2)以机会成本率作为必要报酬率。选定一个项目，意味着必须放弃将该资本作为其他项目投资。被放弃的投资项目所能获得的必要报酬率，就是被选定项目的机会成本率。当投资资本面临多个投资方案时，机会成本率比较容易确定。

(3)以无风险报酬率加风险报酬率作为必要报酬率。无风险报酬率是指投资者在无风险状况下投资所要求的报酬率，在实务中一般以国债利率作为无风险报酬率。风险报酬率是投资者因为冒风险投资而期望得到的超过无风险投资报酬率的额外报酬率，实际上是一种风险补偿率。冒风险越大，期望得到的风险报酬率越高。否则，对投资者来说就没必要冒风险或更大的风险投资。因此，必要报酬率 = 无风险报酬率(RF)+风险报酬率(RR)。可见，必要报酬率的大小和风险有关，风险越大，必要报酬率就越高，它们的关系如图11-4。该方法适用于对风险项目的评价。

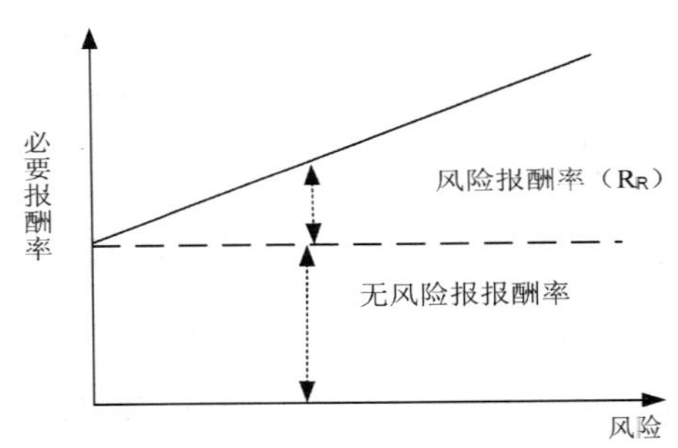

图11-4 风险与报酬关系图

采用以无风险报酬率加风险报酬率作为必要报酬率时，必须了解影响必要报酬率的因素。一个项目的投资必要报酬率受多种因素的影响，首先它受市场利率和国家宏观政策的影响。对风险投资者来说，预期的回报率必须大于市场利率，否则他将不会投资该项目。市场利率越高，其要求的投资报酬率也应该越高，但市场利率又随国家宏观政策调整而产生波动。当国家为稳定经济的增长而采取提高市场利率时，必然引起必要报酬率的上升；当国家为推动经济的发展而采取降低市场利率时，必要报酬率则也随之降低，因此，项目投资必要报酬率也受宏观政策的影响；其次投资必要报酬率受行业经营风险因素的影响。行业风险高，投资者所要求的必要报酬率也高，否则资金将退出该行业；行业风险小，其所要求的风险报酬率也就低；另外，在现代社会中，通货膨胀是不可避免的，尤其是在经济增长快，吸引投资多的地区。通货膨胀使货币贬值，对于投资者来说，未来资产因通货膨胀导致缩水的风险也应该在预期回报中得到补偿，否则投资回收期长的项目将无人问津，因此，在项目必要报酬率中必须包括预期的通货膨胀率。在公开的资本市场上，资本是自由流动的，资本投资者一般根据当前市场的利率水平（尤其是国债利率水平）、预期的通货膨胀率以及拟投资的行业风险水平来估计和判别资本的投资方向或进出一个行业，其实质上反映出项目必要报酬率是由 3 个部分组成，即市场利率（安全利率）、通货膨胀率和行业风险利率所构成，我们可以用以下公式进行估算：

$$\frac{\text{项目投资}}{\text{必要报酬率}} = \text{市场利率} + \text{通货膨胀率} + \frac{\text{行业风险}}{\text{报酬率}}$$

（二）林业投资必要报酬率的内涵

所谓的林业投资必要报酬率就是投资者投资林业活动所要求的最低报酬率，是林业投资主体对占用资金所需要的一种补偿。作为一种特殊行业，林业除具有一般行业的特征外，它有一些自身的特点。由于林业生产周期较长，资金周转慢，加上林业生产除受市场因素影响外，还受其林木生长载体如立地等自然条件的影响，在这样长的时间内它经受的风险自然比较大，因此，林业投资必要报酬率除受到利率影响因素的作用外，还受到了林业行业本身如林业火灾、病虫害、自然灾害等诸多因素的影响。

作为私有林的投资者来说，由于其投资的资金有一部分是自有资金，根据上述必要报酬率确定的分析，很难利用资本成本率作为其必要报酬率；另外土地资本存在不能自由流动的特征，大部分林业用地都在丘陵地带，而且坡度较大，很难用做他用，因此缺乏可用来比较的方案，也很难利用机会成本率来作为其必要报酬率，故在此我们利用无风险报酬率加风险报酬率这种方法来确定林业投资必要报酬率，其必要报酬率的计算公式应为：

$$\begin{matrix}\text{林业投资}\\\text{必要报酬率}\end{matrix} = \text{市场利率} + \text{通货膨胀率} + \begin{matrix}\text{林业行业}\\\text{风险报酬率}\end{matrix}$$

（三）林业投资必要报酬率的确定——以福建省为例

1. 市场利率的确定

这里的市场利率就是无风险报酬率，即安全利率。安全利率是指在特定的社会中，长期稳定的基础上的货币资本投资平均收益。确定安全利率的最好方法是将稳定的政府为其公债支付的利率（无风险的利率）或以当前的市场利率为准。对林业投资来说，由于期经营期限一般在5年以上（如桉树的采伐年限为5～7年，其他树种的采伐年限更长），因此我们可以用5年期国债利率或5年期市场存贷款利率为基础来确定其安全利率，即无风险利率，这是林农即使不选择从事生产经营而把资金购买国债或存在银行所能获得的无风险报酬。2007年，我国发行的五年期国库券实际利率为6.34%，现实市场五年期利率（存款）为5.85%。按照目前国家政策的发展趋势，我国市场利率还有上升的趋势，为稳健起见，建议把无风险报酬率定为6%。

2. 通货膨胀率的确定

在实际工作中，通货膨胀率的确定可以根据过去年份的物价指数统计数据，来确定一个长期较为稳定的通货膨胀率。根据福建省1978年至2006年的各种消费指数变化情况，以1978年为基数100，全省居民消费价格指数上涨了484.34%。如果用环比增长率来考虑的话，每年价格上涨指数虽不均，但都稳重有升。根据上述资料，我们可以计算出福建省居民消费物价指数平均上涨率约为5.8%；考虑到目前的实际情况以及通货膨胀率的发展趋势，将当前通货膨胀率确定在5%左右为宜（2008年发改委公布的2007年全国居民消费物价指数上涨率为4.8%，福建省的居民消费物价指数上涨率为4.8%）。

3. 林业行业风险报酬率的确定

从目前林木产品的市场价格行情以及国家林业政策来看，林业行业投资风险主要体现为造林失败、病虫害及火灾情况。下面我们分析一下福建省在造林失败、病虫害及火灾等方面的风险情况：

(1)造林失败风险。造林失败风险主要发生在造林的初期，可以用栽种苗木的成活情况来反映。根据福建省近年来的清查结果，实际造林失败率约为9.75%(曹辉，2007)，按平均造林周期20年计算，年均损失率为0.4875%，因此造林失败风险率可以估计为0.5%。

(2)森林火灾风险。火灾在整个森林生长过程中都可能发生，是对森林资源威胁最大的灾害。根据福建省2000~2004年的统计结果，火灾发生面积分别为25516、3557、8133、7905、22445hm^2，相应的森林火灾损失率为0.35%、0.05%、0.11%、0.11%、0.31%，5年年平均为0.19%。因此，森林火灾风险率可以估计为0.2%(曹辉，2007)。

(3)森林病虫害及其他自然灾害损失率。病虫灾害主要指由于某一种或多种病害或虫害致使成片森林发生生长严重受阻甚至死亡的现象；其他自然灾害主要是由于强台风或龙卷风、严重的雪灾或冻害等灾害对森林造成的影响。根据福建省2000~2004年的统计结果，病虫受害面积分别为18986、2413、4939、4634和13590 hm^2，相应的损失率为0.26%、0.03%、0.07%、0.06%和0.19%，5年年平均为0.12%；其他自然灾害的损失近年来无具体统计数据，在这里可以略估为0.08%，因此总的森林病虫害及其他自然灾害损失率可以为0.2%(曹辉，2007)。

4. 林业投资必要报酬率的确定

根据以上分析，安全利率可以确定在6%，通货膨胀率为5%，造林失败风险率为0.5%、森林火灾风险率为0.2%、森林病虫害及其他自然灾害损失率为0.2%。林业投资必要报酬率的构成如下：

$$R = a + b + \sum_{i=1}^{3} c_t$$

其中：R——为林业投资必要报酬率；

a——为安全利率；

b——为通货膨胀率；

$c_1 \sim c_3$——分别为造林失败风险率、森林火灾风险率、和森林病虫害及其他自然灾害损失率。

经计算，可得福建省林业投资必要报酬率为：6% +5% +0.9% = 11.9%，即为林农投资私有林所要求的最低报酬率。

第十二章

私有林直接补贴额度计算案例
——以福建树种为例

我们以福建的桉树、马尾松、杉木三个主要树种为例来计算私有林直接补贴的额度。

第一节　补贴额度计算案例之———桉树

一、福建工业原料林树种——桉树

在工业原料林发展过程中，桉树由于其适应性强、轮伐期短、树干通直、伐桩萌芽力强等生物学特性，且其材质特性适合人造板生产和制浆造纸，成为发展较快的工业原料林树种。我国自20世纪80年代起开始在南方的部分地区进行较小规模的引种、驯化、观察试验。在实践过程中逐渐形成并提出了桉树工业原料林的短轮伐、集约经营、林纸一体化的经营策略，将桉树工业原料林的生产经营纳入产业化轨道的发展思路。20世纪90年代开始，广东、广西、云南、海南等省区开始了大规模营造桉树工业人工林，众多的外资企业、民营企业、私人以及国有企业都纷纷投资营造桉树工业原料林。近年来，福建省桉树人工林发展较迅速，桉树在漳州面积最大，达74.8万亩；三明次之，为23.3万亩，其他地区为南平、龙岩、泉州、莆田、福州、宁德等地。在造林主体中，个私造林面积最大，达120.9万亩，占69.5%；纸板企业原料林位于第二，面积23.9万亩，占13.7%；国有林场第三，面积13.8万亩，占7.9%。

为了解桉树营林报酬率，2006年，课题组选择私有成分所占比重较大的三明地区作为调查对象，对三明地区所造桉树的经济收益和成本作了详细的考察。在三明，林农主要经营以邓恩桉、巨桉、尾赤桉等较耐寒的树种为主，一些低海拔的地方种植巨尾桉等较速生的品种。在原产地天然分布中，桉树可以与多种树种混生，具有水源涵养等生态功能，但目前我省引种的桉树以速生性、单位面积生长量高、无性系繁育快、林相整齐等为显著特征，培育目标是在较短的时期内获得最大的木材收获量，因此，桉树的栽培模式比较单一，具体表现为：培育目标单一，以中小径材为主，大径材少；林分结构单一，纯林多，混交林极少；树种选择指标单一，以生长量为主，抗性考虑得少。

经过10多年的实践，林农在桉树造林中已经摸索出一套比较科学的栽培技术，桉树造林成活率达95%，主要采取了以下耕作措施：

(1)穴垦整地：在三明，桉树主要在山地造林。造林前都对林地进行清理，劈杂炼山占了绝大部分，采取挖明穴回表土整地方式，穴规格有60m×50m×40cm，60m×40m×40cm和50m×40m×30cm多种。

(2)施基肥：桉树早期生长快，所需消耗的养分多，福建省土壤缺磷较严重，因此，各地很重视施基肥。基肥的种类和用量比较普遍的为钙镁磷肥50～70kg/亩或桉树专用肥0.5kg/穴，一些地方采用钙镁磷0.5kg/穴和复合肥150g/穴混施，还有的业主采用复合肥55kg/亩和干鸡粪110kg/亩作为基肥，各地施肥种类和施肥量不等。

(3)防治白蚂蚁：白蚂蚁的防治效果如何，直接关系到桉树的造林成活率。目前防治白蚂蚁的主要方法有两种：一种是在造林前一年的9～10月炼山整地后，每亩埋放灭蚁灵诱饵剂25～30包，加以诱杀；另一种是在造林时紧贴苗木根茎处施放呋喃丹或辛硫磷(地虫净、地虫毙等)加以毒杀。

(4)追肥：追肥是确保桉树林分树高、胸径、蓄积生长量达标的关键因子，目前桉树造林中，各地都进行了追肥，一般造林当年和第2年各追肥2次，用量有以下几种：尿素和复合肥混施，每次28kg/亩；桉树专用肥每次28kg/亩；或腐熟鸡粪1～2kg/株等。

(5)造林密度：早期造林密度较大，一般110～130株/亩，个别甚至超过160株/亩，近几年密度有所降低，一般采用90～110株/亩。

(6)抚育间伐：如果主伐年龄为5年的，一般不进行抚育间伐，只对病虫为害木、风折木或被压严重木进行清理伐除。现森林经营方案中提出桉树轮伐期 7 ~ 10 年，加上早期造林密度较大，必须进行抚育间伐。

二、计算投资回报率的基础数据

（一）巨尾桉各林龄蓄积量与出材率指标

为计算巨尾桉的投资回报率，我们将按林木资产评估的方法进行数据收集。我们课题组在三明地区对林农所营造的巨尾桉按地类选取各林龄各样地 6 块，进行每木检尺，取得各林龄各样地的相关指标，并加以平均作为各林龄蓄积量指标。桉树一般主伐年龄在 6 年，前几年出材基本上是综合材，只有到主伐林龄，才有规格材。主伐林龄后，桉树平均出材率大约在蓄积量的 70%，其中规格材大约 20%，综用材大约 50%（表 12-1）。

表 12-1　不同林龄巨尾桉蓄积量指标

林龄（年）	1	2	3	4	5	6	7	8	9
蓄积（m^3/hm^2）		6.5	24.5	54.3	91.9	132.1	170.9	206.1	236.23
规格材出材率					18%	20%	22%	24%	26%
非规格材出材率					52%	50%	49%	48%	47%

（二）巨尾桉营林成本项目及水平

营林生产成本包括造林费用、幼林抚育费用和年固定费用（表 12-2）。年固定费用主要包括护林费、林道维护费、病虫害防治和抚育管理费。根据当前三明地区营林成本平均实际发生情况，大概造林费共计 6750 元/ hm^2，即大约 450 元/亩；幼林一般在造林后抚育 3 年，每年各两次，前两年平均为 150 元/ 亩，第三年平均为 100 元/ 亩；年固定费用主要包括护林费、林道维护费、病虫害防治和抚育管理费，平均发生额为 75 元/ hm^2。

表 12-2 巨尾桉营林成本(元/hm^2)

项目	林龄(年)								
	1	2	3	4	5	6	7	8	9
造林成本(含抚育)	6750	2250	1500						
林地租金	150	150	150	150	150	150	150	150	150
年固定费用	75	75	75	75	75	75	75	75	75
营造林成本总计	6975	2475	1725	255	255	255	255	255	255

注：表中数据是根据样本点林农营林成本综合确定的平均发生额。

(三)巨尾桉主伐成本

巨尾桉主伐成本主要包括伐区设计费、直接采伐成本、道路维护费及运输成本、检尺费、管理费、销售费及不可预见费五部分构成。不同林龄每公顷的主伐成本见表 12-3。

表 12-3 巨尾桉主伐成本(元/hm^2)

主伐成本	林龄(年)								
	1	2	3	4	5	6	7	8	9
伐区设计费				643. 3	924. 7	1196. 3	1442. 7	1653. 61	
直接采伐成本				5146. 40	7397. 60	9707. 12	11871. 36	13795. 83	
道路维护费及运输成本				1608. 25	2311. 75	3033. 475	3709. 8	4311. 198	
检尺费				578. 97	832. 23	1092. 051	1335. 528	1552. 031	
管理费、销售费及不可预见费等				1178. 89	1704. 09	2246. 65	2760. 09	3221. 70	
主伐成本总计				9155. 81	13170. 37	17275. 60	21119. 48	24534. 38	

注：表中数据根据三明地区巨尾桉近年来社会主伐成本，并参考永安林业集团 2005 ~ 2006 年主伐实际支出综合确定。①伐区设计费：按蓄积 7 元/m^3；②直接采伐成本(含道路延伸费用)：80 元/m^3；③道路维护及短途集运材成本：25 元/m^3；④检尺费：9 元/m^3；⑤出材率为蓄积量的 70%；⑥管理费及销售费平均为销售收入的 3%。

(四)巨尾桉税费项目及水平

目前，三明林农经营私有林主要税费有三种：育林费、维简费和森林植物检疫费。其税费比例按三明市全市统一木材生产经营税费计征标准计征：育林费按木材计征价的 12% 征收；维简费按木材计征指导价的 8% 征收 ；森林植物检疫费：按调运木材计征价的 2‰。三明市 2006

年制定的桉树木材的计征价是：原木 300 元/m^3，综合材 150 元/m^3。每公顷平均育林费的计算公式 =（平均规格材出材量 × 规格材计征 + 平均综合材出材量 × 综合材计征价）× 12%。维简费和森林植物检疫费类推。每公顷巨尾桉木材生产税费平均支出见表 12-4。

表 12-4　巨尾桉木材生产税费支出（元/hm^2）

项目	林龄（年）								
	1	2	3	4	5	6	7	8	9
育林基金				1455.70	2140.02	2860.87	3561.41	4209.62	
维简基金				970.46	1426.68	1907.24	2374.27	2806.41	
森林植物检疫费				24.26	35.67	47.68	59.36	70.16	
税费总计				2450.42	3602.37	4815.79	5995.04	7086.19	

（五）巨尾桉投资报酬率（IRR）

由巨尾桉主伐收入、主伐成本、造林成本与税费所决定的不同林龄相应的投资报酬率见表 12-5。

表 12-5　投资巨尾桉的 IRR

项目	林龄（年）								
	1	2	3	4	5	6	7	8	9
主伐收入（元）					39296.44	56803	74888.38	92003.04	107390.2
主伐成本（元）					9155.81	13170.37	17275.60	21119.48	24534.38
营造林成本（元）	6975	2475	1725	255	255	255	255	255	255
税费（元）					2450.42	3602.37	4815.79	5995.04	7086.19
净现金流量（元）	-6975	-2475	-1725	-255	27435.21	39775.26	52541.99	64633.52	75514.59
内部收益率 IRR（%）					28.49%	31.68%	31.60%	30.14%	28.21%

注：表中的主伐收入是林农销售规格材和综用材的总收入。木材销售价格是以 2006 年永安林业股份有限公司及三明当地集体林木材市场平均销售价为基础，确定巨尾桉规格材的平均销售价格为 700 元/m^3、综用材的平均销售价格为 580 元/m^3。

从表 12-5 的 IRR 可以看出，在第 6 年，巨尾桉投资报酬率为最大，

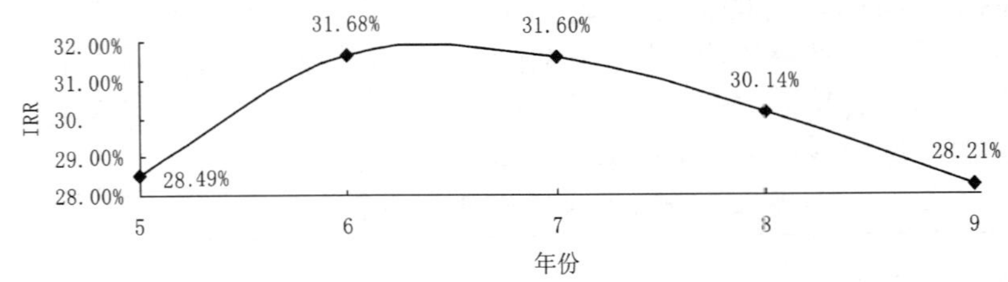

图 12-1 巨尾桉投资报酬率趋势图

达到31.68%，也就是说，巨尾桉最佳轮伐期为第6年，计算的结果和当地林农对巨尾桉主伐的林龄一致。即使在最佳主伐林龄由于采伐限额导致林农拿不到采伐指标而推迟采伐，林农在第7年、第8年、第9年采伐所获IRR也分别是31.60%、30.14%和28.21%，可见，林农种植桉树的经济效益明显。

三、桉树补贴额度的确定

根据计算的桉树营林内含报酬率和林业投资必要报酬率的比较，发现，经营桉树的报酬率远远大于林业投资必要报酬率，在当前经济发展水平下，可以不对桉树进行营林直接补贴。当然，随着经济的发展和生态产品经济价值计算方法和理论的成熟，可以考虑对桉树所提供的生态价值进行补偿。

第二节 补贴额度计算案例之二——马尾松

马尾松的生态适应性强、耐干旱、耐瘠薄，生长迅速而且速生的持续期长，造林简单，成长率高，深受林农和林业企业的欢迎，是我国南方最早的造林树种之一。福建省分布最广、面积最大的林种就是马尾松。下面我们利用2006年课题组在福建省建宁县(隶属三明地区)对马尾松速生丰产林的经营成本与收益的数据进行分析，了解林农经营马尾松的报酬率的大小。

一、计算马尾松速生丰产林投资回报率的基础数据

为分析马尾松投资报酬率，我们同样参照用材林林木资产评估的方

法，收集调查了如下的技术经济指标：

(一)马尾松各林龄蓄积量与出材率指标

描述林分各因子生长过程的方程较多，尤以 Richards 方程应用广泛，究其原因在于利用 Richards 方程描述林分每公顷蓄积量、平均材积、平均胸径和平均高的生长过程，可以客观的反映人工林生长规律。Richards 方程形式如下：$Y = A \times [1 - \exp(-kt)]c$，其中：$Y$ 为林分测树因子，t 为林分年龄，A、k、c 为参数。Richards 方程中的参数 A，反映的是某一立地条件下蓄积量生长的极限，是一个与地位指数有关的参数，可将其作为地位指数的函数。另外平均胸径及平均树高是确定林分产量的重要依据，同样可用 Richards 方程描述。

我们课题组在福建建宁地区对林农所营造的马尾松速生丰产林按地类选取各林龄各样地进行调查，大部分马尾松速生丰产林指标接近于福建省林业厅 1989 年所制订的《森林经营类型表》中的一般马尾松中径材经营类型生长指标，因此选择一般马尾松中径材生长指标为基础进行分析。我们利用 Richards 方程测算出该地区地位指数 16m 的马尾松人工林每公顷蓄积量、平均胸径及平均树高，并以《福建省马尾松立木树干出材率表》为基础确定出每公顷的规格材和非规格材出材率，见表 12-6。

表 12-6 不同林龄马尾松蓄积量指标

林龄(年)	16	17	18	19	20	21	22	24
蓄积(m^3/hm^2)	120. 7	131. 81	142. 65	163. 34	153. 18	173. 11	182. 47	199. 89
规格材出材率(%)	0. 15	0. 17	0. 20	0. 24	0. 28	0. 31	0. 33	0. 36
非规格材出材率(%)	0. 47	0. 46	0. 45	0. 44	0. 43	0. 42	0. 41	0. 39
林龄(年)	26	28	30	32	34	36	38	40
蓄积(m^3/hm^2)	215. 58	229. 57	241. 95	252. 85	270. 68	262. 38	277. 89	284. 13
规格材出材率(%)	0. 38	0. 40	0. 41	0. 42	0. 43	0. 44	0. 45	0. 46
非规格材出材率(%)	0. 37	0. 35	0. 34	0. 33	0. 32	0. 31	0. 30	0. 29

注：①规格材包括大径材、中径材、小径材，其相应的小头去皮直径为：≥26cm，20～24cm，14～18cm，长度在 2m 以上；非规格材小头去皮直径在 12cm 以下；②出材率以《福建省马尾松立木树干出材率表》为基础，按照林文龙所编制的三明市杉木、马尾松人工林材种出材率表和杨锦昌等撰写的《马尾松人工林直径分布收获模型及其应用研究》计算得出。

(二)马尾松营林成本项目及水平

马尾松营林生产成本包括造林费用、幼林抚育费用和年固定费用。马尾松用材林的造林费用包括劈草、炼山、整地、植苗及苗木费等费用。年固定费用主要包括护林费、林道维护费、病虫害防治和抚育管理费。根据当前建宁地区营林成本平均实际发生情况，大概造林费在第1年需发生2700元/ hm^2；幼林一般在造林后抚育2年，每年各2次；年固定费用主要包括护林费、林道维护费、病虫害防治和抚育管理费，具体平均发生额见表12-7。

表12-7　马尾松营林成本(元/hm^2)

营林成本	林龄(年)									
	1	2	3	4	5	6	7	8	…	40
造林成本(含抚育)	2700	900	450							
林地租金	150	150	150	150	150	150	150	150	…	150
年固定费用	75	75	75	75	75	75	75	75	…	75
营造林成本总计	2925	1125	675	225	225	225	225	225	…	225

注：林地租金每亩每年10元；年固定费大概每年每亩5元。

(三)马尾松主伐成本

按《福建省物价局关于重新核定林业中介服务收费项目和收费标准的通知》(闽价[2005]服531号)，以及建宁地区木材生产经营的实际情况，确定如下平均木材主伐阶段成本(表12-8)。

(四)马尾松税费项目及水平

为增加林农收益，创造宽松的投资环境，目前，建宁林农经营私有林主要税费有三种：育林费、维简费和森林植物检疫费。其税费比例按三明市全市统一木材生产经营税费计征标准计征：育林费按木材计征价的12%征收；维简费按木材计征指导价的8%征收；森林植物检疫费：按调运木材计征价的2‰。三明市2006年制定的马尾松木材的计征价是：松木规格材每立方米590元，松木非规格材(含等外材)每立方米460元。每公顷平均育林费的计算公式=(平均规格材出材量×规格材计征价+平均非规格材出材量×非规格材计征价)×12%。维简费和森林植物检疫费类推。每公顷马尾松木材生产税费平均支出见表12-9。

表 12-8　马尾松主伐成本(元/hm^2)

主伐成本	林龄(年)					
	16	17	18	19	20	21
伐区设计费	1086.3	1186.3	1283.9	1378.6	1470.1	1558.0
直接采伐成本	7483	8304	9273	10416	11597	12637
道路维护费及运输费	1496.6	1660.8	1854.5	2083.2	2319.4	2527.4
检尺费	673.48	747.36	834.53	937.45	1043.75	1137.34
管理费、销售费及不可预见费等	678.19	756.06	849.51	961.35	1077.56	1179.92
主伐成本总计	11417.76	12654.52	14095.44	15776.80	17508.02	19039.73

主伐成本	林龄(年)				
	22	24	26	28	30
伐区设计费	1642.2	1799.0	1940.2	2066.1	2177.6
直接采伐成本	13502	14992	16168	17218	18147
道路维护费及运输费	2700.5	2998.3	3233.7	3443.5	3629.3
检尺费	1215.22	1349.26	1455.15	1549.60	1633.19
管理费、销售费及不可预见费等	1265.04	1412.22	1529.52	1635.69	1727.56
主伐成本总计	20325.46	22550.55	24326.85	25912.71	27314.24

主伐成本	林龄(年)				
	32	34	36	38	40
伐区设计费	275.6	2361.4	2436.1	2501.0	2557.2
直接采伐成本	18964	19678	20301	20842	21310
道路维护费及运输费	3792.7	3935.7	4060.2	4168.3	4261.9
检尺费	1706.72	1771.05	1827.10	1875.75	1917.86
管理费、销售费及不可预见费等	1809.12	1881.25	1944.84	2000.80	2049.98
主伐成本总计	28547.70	29627.71	30569.39	31337.60	32096.52

注：表中数据根据《福建省物价局关于重新核定林业中介服务收费项目和收费标准的通知》(闽价[2005]服531号)，以及建宁地区木材生产经营的实际情况综合确定。①伐区设计费：按蓄积9元/m^3；②直接采伐成本(含道路延伸费用)：100元/m^3；③道路维护及短途集运材成本：20元/m^3；④检尺费：9元/m^3；⑤管理费、销售费及不可预见费按销售收入的1.5%估计。

表 12-9 马尾松木材生产税费支出(元/hm^2)

项目	林龄(年)					
	16	17	18	19	20	21
育林基金	4413.11	4933.35	5563.53	6323.22	7115.13	7812.82
维简基金	2942.07	3288.90	3709.02	4215.48	4743.42	5208.55
森林植物检疫费	73.55	82.22	92.73	105.39	118.59	130.21
税费总计	7428.73	8304.47	9365.28	10644.09	11977.14	13151.58

项目	林龄(年)				
	22	24	26	28	30
育林基金	8392.72	9398.01	10202.85	10936.71	11564.46
维简基金	5595.14	6265.34	6801.90	7291.14	7709.64
森林植物检疫费	139.88	156.63	170.05	182.28	192.74
税费总计	14127.74	15819.99	17174.80	18410.13	19466.84

项目	林龄(年)				
	32	34	36	38	40
育林基金	12124.53	12622.48	13064.16	13455.40	13801.80
维简基金	8083.02	8414.98	8709.44	8970.27	9201.20
森林植物检疫费	202.08	210.37	217.74	224.26	230.03
税费总计	20409.62	21247.83	21991.34	22649.93	3233.03

(五)马尾松投资报酬率(IRR)

经测算，马尾松的平均投资报酬率(表 12-10)最大值为 10.96%，林龄在第 20 年。近年来，由于规格材和综合材价格不断上升，和以前相比，马尾松最佳经济轮伐期较以前有所提前。森林经济成熟龄与森林经营成本呈正方向变化，即在其他条件不变时，森林经济成熟龄的到来随着成本的增加而推移，反之亦然；木材价格对森林经济成熟龄产生反向作用，木材价格减少，森林经济成熟龄推移；木材价格提高，森林经济成熟龄提前。据陈则生测算，在其他条件不变的情况下，成本每增减 20%，经济成熟龄将推移或提前 1 年。在其他条件不变时，木材价格每增减 20%，经济成熟龄将提前或推移 1 年(陈则生，2004)，而后经济效益逐渐递减，在第 40 年主伐时，平均投资报酬率为 6.3%。

表 12-10 投资马尾松的 IRR

项目	林龄(年)						
	1	2	3	4	5	………	16
主伐收入(元)							45212.55
主伐成本(元)							11417.76
营造林成本(元)	2925	1125	675	225	225	……	225
税费合计(元)							7428.73
净现金流量(元)	-2925	-1125	-675	-225	-225	………	26141.13
内部收益率 IRR(%)							10.60%

项目	林龄(年)				
	17	18	19	20	21
主伐收入(元)	50403.77	56633.83	64090.01	71837.34	78661.39
主伐成本(元)	12654.52	14095.44	15776.80	17508.02	19039.73
营造林成本(元)	225	225	225	225	225
税费合计(元)	8304.47	9365.28	10644.09	11977.14	13151.58
净现金流量(元)	29219.84	32948.59	37444.12	42127.18	46245.08
内部收益率 IRR(%)	10.69%	10.77%	10.91%	10.96%	10.86%

项目	林龄(年)				
	22	24	26	28	30
主伐收入(元)	84335.88	94148.02	101968.18	109045.72	115170.34
主伐成本(元)	20325.46	22550.55	24326.85	25912.71	27314.24
营造林成本(元)	225	225	225	225	225
税费合计(元)	14127.74	15819.99	17174.80	18410.13	19466.84
净现金流量(元)	49657.68	55552.49	60241.53	64497.88	68164.26
内部收益率 IRR(%)	10.63%	10.09%	9.49%	8.93%	8.40%

项目	林龄(年)				
	32	34	36	38	40
主伐收入(元)	120608.08	125416.64	129656.32	133386.89	136665.55
主伐成本(元)	28547.70	29627.71	30569.39	31387.60	32096.52
营造林成本(元)	225	225	225	225	225
税费合计(元)	20409.62	21247.83	21991.34	22649.93	23233.03
净现金流量(元)	71425.76	74316.09	76870.60	79124.36	81111.00
内部收益率 IRR(%)	7.90%	7.45%	7.03%	6.65%	6.30%

注：①由于松木生物学特性，当松木间伐时，其干形不好用，故其效益不明显，为方便分析，假设为收支相抵。②表中的主伐收入是林农销售规格材和非规格材的总收入。木材销售价格是根据 2006 年建宁县目前的木材销价确定各材种的平均木材价格，其中规格材平均价为 680 元/m^3，非规格材平均价为 580 元/m^3。

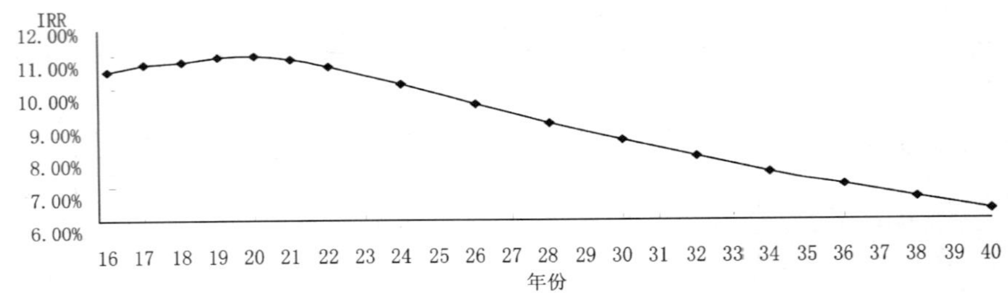

图 12-2 马尾松投资报酬率趋势图

上述讨论的是速生丰产林的投资报酬率，属于集约型生产。在调研中我们发现，如果是一般人工林，因为是粗放型经营，虽然投入少，但林木蓄积量比速生丰产林的蓄积量少很多，它的投资报酬率更低。可见，林农种植马尾松的经济效益不明显。

二、马尾松补贴额度的确定

一般说来，马尾松大径材的主伐龄在 40 年。在这整个经营期里，马尾松的投资报酬率在 6% ~11%，经济效益不明显，政府应给予必要的经济扶持。由于马尾松经济成熟龄在 20 年，林农一般会选择在经济成熟龄主伐。

假定林农是理性经济人，他选择在第 20 年主伐，并且在主伐时不受限，则根据上述计算补贴额度的公式：$S = [C_t(1+r)^{-t} + \sum_{t=0}^{t} R_t(1+r)^{-t}] \times (r - IRR)$，可以确定第 1 年到第 20 年每年每亩应对经营马尾松的林农最低的补贴额度约为 5 元。

假设林农由于采伐指标受限而推迟砍伐，它的经济报酬率将递减，则每年每亩的补贴额度将更高，如在第 40 年主伐，则 1 ~40 年每年每亩应对经营马尾松的林农最低的补贴额度约为 22 元。

当然，具体标准应结合当地的经济发展水平和财政状况来确定，经济发展比较好，可以适当高些，经济发展差些，可以从低。鉴于我国目前正处于经济发展的加速阶段，国家财力也正处于积累过程，我们可以按从低标准，以每年每亩 5 元的标准对经营马尾松的林农进行补贴；当国家财力更加雄厚时，我们可以采用高补贴标准进行补贴。其实这一补贴标准和林业发达国家来比也不是很高，如欧盟欧盟对私人造林的补贴款占造林费用的 70%。如按照这一标准，我们需要给私有林林农补贴 2835 元/hm^2，即为 2700、900、450 三项之和的 70%。如按每亩补贴 5 元的标准，每公顷马尾松 20 年主伐累计补贴 1500 元。

第三节　补贴额度计算案例之三——杉木

杉木是杉科常绿乔木，为我国南方特产的速生用材树种。其特点是生长快，产量高，用途广；干形通直圆满，木材纹理通直，材质轻韧，强度适用，气味芳香，抗虫耐腐，是我国重要的商品用材，福建是杉木的中心产区。下面利用 2006 年课题组对福建省南平地区杉木经营成本与收益的调查数据，对林农经营杉木的报酬率的大小进行分析，并计算杉木的补贴额度。

一、计算投资回报率的基础数据

为分析杉木投资报酬率，我们同样参照用材林林木资产评估的方法，收集调查了如下的技术经济指标。

（一）杉木各林龄蓄积量与出材率指标

福建省南平地区大部分县市为杉木林中心产区，其中集体经营所占比例较大，大部分集体林的杉木林分生长指标接近于福建省林业厅 1989 年所制订的《森林经营类型表》中的一般杉木中径材经营类型生长指标，因此在此选择一般杉木中径材生长指标为基础进行分析，也利用 Richards 方程测算出南平地区地位指数 16m 的一般杉木人工林每公顷蓄积量、平均胸径及平均树高（表 12-11），并以《福建省杉木立木树干出材率表》为基础确定出杉木规格材和非规格材出材率。

表 12-11 一般杉木中径材经营类型生长指标表(SI = 16m)

林龄(年)	平均高(m)	平均胸径(cm)	蓄积量(m^3)	规格材出材率(%)	非规格材出材率(%)
13	9.2	11.5	111.6	4.00%	65.00%
14	9.7	12.1	127.7	5.00%	64.00%
15	10.1	12.8	143.7	7.00%	63.00%
16	10.6	13.4	159.5	9.00%	61.00%
17	11.1	14.0	175.0	12.00%	59.00%
18	11.5	14.6	189.9	15.00%	57.00%
19	12.0	15.1	204.2	17.00%	55.00%
20	12.4	15.7	217.9	20.00%	52.00%
21	12.8	16.3	231.0	23.00%	50.00%
22	13.3	16.8	243.3	25.00%	48.00%
23	13.7	17.3	254.9	27.00%	46.00%
24	14.1	17.9	265.8	29.00%	45.00%
25	14.5	18.4	275.9	31.00%	43.00%
26	14.9	18.9	285.4	33.00%	42.00%
27	15.2	19.4	294.2	34.00%	40.00%
28	15.6	19.9	302.4	36.00%	39.00%
29	16.0	20.3	310.0	37.00%	38.00%
30	16.3	20.8	317.0	39.00%	37.00%

注：SI 表示地位指数。

(二)杉木营林成本项目及水平

根据南平地区近年来的社会平均营林成本，参考世界银行贷款造林成本，综合确定杉木各年平均实际营林成本发生额(表 12-12)。一般说来，杉木造林后需抚育 3 年。第 1 年的造林成本及抚育支出约每亩 280 元，第 2 年和第 3 年的抚育费约每亩为 120 元和 60 元。从第 4 年起，年管护成本(含护林费、林道维护费、病虫害防治和抚育管理费等) 平均为 75 元/hm^2。

表 12-12　杉木营林成本(元/hm^2)

项目	林龄(年)										
	30	1	2	3	4	5	6	7	8	9	…
造林费用	4200	1800	900								
林地租金	150	150	150	150	150	150	150	150	150	…	150
年管护成本	75	75	75	75	75	75	75	75	75	…	75
营造林成本总计	4425	2025	1125	225	225	225	225	225	225	…	225

(三)杉木主伐成本

按《福建省物价局关于重新核定林业中介服务收费项目和收费标准的通知》(闽价[2005]服531号),以及南平地区木材生产经营的实际情况,确定如下平均木材主伐阶段成本(表12-13)。

表 12-13　杉木主伐成本(元/hm^2)

主伐成本	林龄(年)					
	13	14	15	16	17	18
伐区设计费	1004.4	1149.3	1293.3	1435.5	1575	1709.1
直接采伐成本	7700.4	8811.3	10059	11165	12425	13678
道路维护费及运输费	1925.1	2202.83	2514.75	2791.25	3106.25	3418.2
检尺费	693.04	793.02	905.31	1004.85	1118.25	1230.55
管理费用及销售费用与不可预测费	680.65	781.91	899.27	1005.81	1131.38	1257.90
主伐成本总计	12003.58	13738.35	15671.63	17402.41	19355.88	21288.55
主伐成本	林龄(年)					
	19	20	21	22	23	24
伐区设计费	1837.8	1961.1	2079	2189.7	2294.1	2392.2
直接采伐成本	14702.4	15688.8	16863	17760.9	18607.7	19669.2
道路维护费及运输费	3675.6	3922.2	4215.75	4440.23	4651.93	4917.3
检尺费	1323.22	1411.99	1517.67	1598.48	1674.69	1770.23
管理费用及销售费用与不可预测费	1362.42	1469.52	1594.59	1691.18	1784.05	1896.22
主伐成本总计	22901.44	24453.61	26270.01	27680.48	29012.46	30645.15

（续）

主伐成本	林龄(年)					
	25	26	27	28	29	30
伐区设计费	2483.1	2568.6	2647.8	2721.6	2790	2853
直接采伐成本	20416.6	21405	21770.8	22680	23250	24092
道路维护费及运输费	5104.15	5351.25	5442.7	5670	5812.5	6023
检尺费	1837.49	1926.45	1959.37	2041.20	2092.50	2168.28
管理费用及销售费用与不可预测费	1981.51	2088.27	2134.13	2234.43	2298.03	2392.72
主伐成本总计	31822.86	33339.57	33954.80	35347.23	36243.03	37529.00

注：①伐区设计费：按蓄积 9 元/m^3；②直接采伐成本(含道路延伸费用)：100 元/m^3；③道路维护及短途集运材成本：25 元/m^3；④检尺费：9 元/m^3；⑤管理费、销售费及不可预见费按销售收入的 1.5% 估计。

(四)杉木税费项目及水平

南平地区林农经营私有林主要税费有三种：育林费、维简费和森林植物检疫费。其税费比例按南平市全市统一木材生产经营税费计征标准计征：育林费按木材计征价的 12% 征收；维简费按木材计征指导价的 8% 征收 ；森林植物检疫费：按调运木材计征价的 2‰。按《南平市全市统一规范木材生产经营税费起征价标准》和南平市林业局《关于加强林业基金管理的通知》(南林[2005]综 36 号)，根据目前市场行情，南平市木材起征价为：杉木规格材每立方米 600 元，杉木非规格材(含等外材)每立方米 300 元。每公顷平均育林费的计算公式 =(平均规格材出材量 × 规格材计征价 + 平均非规格材出材量 × 非规格材计征价) × 12% 。维简费和森林植物检疫费类推。南平地区每公顷杉木木材生产税费平均支出见表 12-14。

(五)杉木投资报酬率(IRR)

从图 12-3 的测算中可以看出，投资杉木的最佳经济轮伐期在第 17 年(同样，由于规格材和综合材价格近年来不断上升，和以前相比，杉木最佳经济轮伐期较以前有所提前)，投资报酬率在 11.41% ，而后随着经营年限的增加，其投资报酬率逐渐递减(表 12-15)。

表 12-14　杉木木材生产税费支出(元/hm²)

项目	林龄(年)					
	13	14	15	16	17	18
育林基金	2932.85	3401.93	3983.36	4536.18	5229.00	5947.67
维简基金	1955.23	2267.95	2655.58	3024.12	3486.00	3965.11
森林植物检疫费	48.88	56.70	66.39	75.60	87.15	99.13
税费总计	4936.96	5726.58	6705.33	7635.90	8802.15	10011.91
项目	林龄(年)					
	19	20	21	22	23	24
育林基金	6542.57	7216.85	7983.36	8583.62	9176.40	9855.86
维简基金	4361.71	4811.23	5322.24	5722.42	6117.60	6570.58
森林植物检疫费	109.04	120.28	133.06	143.06	152.94	164.26
税费总计	11013.32	12148.36	13438.66	14449.10	15446.94	16590.70
项目	林龄(年)					
	25	26	27	28	29	30
育林基金	10429.02	11096.35	11438.50	12083.90	12499.20	13123.80
维简基金	6952.68	7397.57	7625.66	8055.94	8332.80	8749.20
森林植物检疫费	173.82	184.94	190.64	201.40	208.32	218.73
税费总计	17555.52	18678.86	19254.80	20341.24	21040.32	22091.73

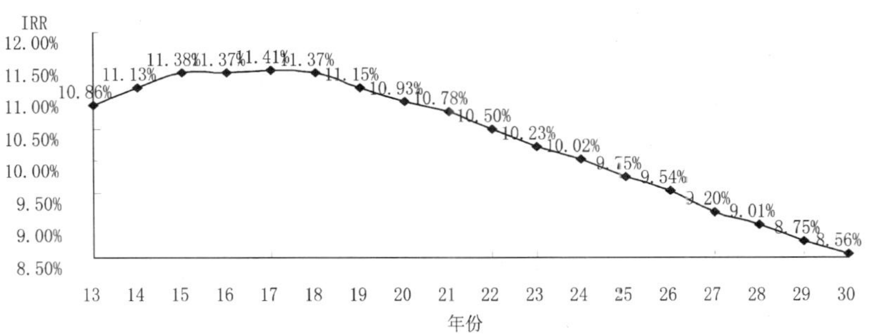

图 12-3　杉木投资报酬率趋势图

表 12-15 投资杉木的 IRR

项目	林龄(年)						
	1	2	3	4	…	13	14
主伐收入(元)						45376.56	52127.14
主伐成本 (元)						12003.58	13738.35
营造林成本(元)	4425	2025	1125	225	…	225	225
税费 (元)						4936.96	5726.58
净现金流量(元)	-4425	-2025	-1125	-225	…	28211.01	32437.21
内部收益率 IRR(%)						10.86%	11.13%

项目	林龄(年)				
	15	16	17	18	19
主伐收入(元)	59951.64	67053.8	75425	83859.84	90828.16
主伐成本 (元)	15671.63	17402.41	19355.88	21288.55	22901.44
营造林成本(元)	225	225	225	225	225
税费 (元)	6705.33	7635.90	8802.15	10011.91	11013.32
净现金流量(元)	37349.68	41790.49	47041.98	52334.38	56688.40
内部收益率 IRR(%)	11.38%	11.37%	11.41%	11.37%	11.15%

项目	林龄(年)				
	20	21	22	23	24
主伐收入(元)	97967.84	106306.2	112745.2	118936.3	126414.5
主伐成本 (元)	24453.61	26270.01	27680.48	29012.46	30645.15
营造林成本(元)	225	225	225	225	225
税费 (元)	12148.36	13438.66	14449.10	15446.94	16590.70
净现金流量(元)	61140.87	66372.53	70390.64	74251.94	78953.63
内部收益率 IRR(%)	10.93%	10.78%	10.50%	10.23%	10.02%

项目	林龄(年)					
	25	26	27	28	29	30
主伐收入(元)	132100.9	139218.1	142275.1	148962.2	153202	159514.4
主伐成本 (元)	31822.86	33339.57	33954.80	35347.23	36243.03	37529.00
营造林成本(元)	225	225	225	225	225	225
税费 (元)	17555.52	18678.86	19254.80	20341.24	21040.32	22091.73
净现金流量(元)	82497.55	86974.69	88840.52	93048.77	95693.65	99668.67
内部收益率 IRR(%)	9.75%	9.54%	9.20%	9.01%	8.75%	8.56%

注：①表中的主伐收入是林农销售规格材和非规格材的总收入。木材销售价格是根据2006年南平地区木材销价确定各材种的平均木材价格，其中规格材为740元/m^3，非规格材为580元/m^3。②杉木存在间伐，但杉木林的初始间伐是一种卫生伐，或者是抚育性的间伐，不但没有直接的经济效益，还需要投入大量的人力、物力和资金。以后的几次间伐，虽然有一些小径材，但导致经济效益也不大，所以在此对间伐带来的经济效益不与考虑。

二、杉木补贴额度的确定

如果从培养大径材的角度来考虑的话，杉木的主伐期一般在 30 年。从以上分析中可以看出，在整个杉木经营期，杉木的投资报酬率在 8% ~ 12%之间，经济效益一般，政府应给予必要的经济扶持。由于杉木经济成熟龄在第 17 年，作为理性经济人，林农一般应选择在第 17 年主伐。

同样假定林农是理性经济人，他选择在经济最佳轮伐期 17 年主伐，而且在主伐时不受限，则根据上述计算补贴额度的公式：$S = [C_t(1+r)^{-t} + \sum_{t=0}^{t} R_t(1+r)^{-t}] \times (r - IRR)$，可以确定第 1 年到第 17 年每年每亩应对经营杉木的林农最低的补贴额度约为 4(3.7)元。

假设林农由于采伐指标受限而推迟砍伐，它的经济报酬率将递减，则每年每亩的补贴额度将更高，如在第 30 年主伐，则 1 ~ 30 年每年每亩应对经营杉木的林农最低的补贴额度约为 22 元。

当然，具体标准应结合当地的经济发展水平和财政状况来确定，经济发展比较好，可以适当高些，经济发展差些，可以从低。鉴于我国目前正处于经济发展的加速阶段，国家财力也正处于积累过程，我们可以按从低标准，以每年每亩 4 元的标准对经营杉木的林农进行补贴；当国家财力更加雄厚时，我们可以采用高补贴标准进行补贴。

第十三章

私有林的间接补贴

前面已述，所谓的间接补贴是为私有林提供良好外部环境的各种财政支出，包括服务型补贴、补偿性补贴和一部分激励性补贴。本章在具体分析我国林业补贴政策现状及特点的基础上，结合我国国情和林情，将依据这三种补贴类型对我国私有林间接补贴制度做初步构想。需要说明的是，由于我国并没有按照所有制类型对私有林各项统计资料进行汇总，因此本部分按照整个林业行业的相关数据对我国林业的补贴政策进行分析。实际上，私有林只是林业经营的一种所有制形式，能促进我国林业可持续发展的各项间接补贴政策，都能对私有林的发展产生影响。

第一节　私有林间接补贴的现状与特点

一、私有林间接补贴的意义

(1)能为私有林的发展提供良好的外部环境。私有林间接补贴中有很大一部分属于林业一般服务项目，如林业科研教育、林业科技推广与咨询、林业培训与基础设施建设、社会服务体系建设等等，这些补贴政策为林业的发展创造了良好的外部环境，不但降低了林农的经营成本，还提高了林业综合生产率，这将从深层次上促进我国林业的持续发展。

(2)有利于降低林农经营风险、提高林农收益。通过间接补贴，完善林产品营销促销服务，将直接降低林产品营销成本；林业保险与对自然灾害补贴降低了风险，降低了林农的经营风险，稳定了林农经营收入，这将大大提高林农营林、造林的积极性；另外，为林业教研部门、林业培训咨询机构、林技推广机构、林业基建部门、林产品营销与检验检疫服务部…提供补贴，可使之在广泛分工的基础上为共同的“兴林”

目标而合作，这将有利于我国林业可持续发展战略目标的实现。

(3)有利于和谐社会的构建。我国农村、农民最穷，其中林区、林农又最贫。私有林发展的主战场在农村，而农民是推进我国私有林发展的主力军，大力发展私有林是繁荣农村经济、解决“三农”问题的重要举措。间接补贴的重要功能之一是稳定、增加农民(林农)收入、促进农(林)业和农村地区发展，这将不断缩小其与其他产业、地域的差距，最终实现我国行业经济、区域经济的平衡发展，特别是在低收入、少数民族聚居的农(林)区，间接补贴的该项功能愈加重要，这不但有利于林区林农的脱贫致富，更有利于我国构建和谐社会目标的实现。

(4)有利于我国更广泛地参与国际事务。私有林间接补贴政策大部分属于 WTO 中的“绿箱”补贴。WTO 是以市场经济为基础的国际组织，其“绿箱”措施是世界通行的农林业补贴规则，依据“绿箱”措施来完善我国私有林间接补贴政策，正是向国际社会表明我国严守游戏规则，这不但利于我国树立大国形象，赢得国际社会的信任，而且还使得我们可以更广泛地参与国际活动，更主动地参与 WTO 新规则的制定，以利于在更高层次上和更广泛的领域内维护本国利益。

二、我国林业间接补贴现状

(一)我国林业财政支出的状况

从目前支出用途来看，我国林业财政支出主要是在四个方面：林业基本建设支出、林业事业费、财政专项资金和财政贴息。

(1)在林业基本建设投资上，国家主要用于两个方面：营林和森工。在改革开放以前，林业基本建设投资方式采用无偿拨款。林业部门按投资计划实施荒山造林，组织开发建设新林区，开采原始森林，建设政企合一的森林工业企业。在这一时期，财政支出在基本建设方面的投资主要是针对森工企业的建设，目的是通过对林业企业提供支持使其获取最大的利润和税收，但形成了“重采轻育”的思想，这必然造成了林业掠夺式经营的局面。随着林业的发展，从采伐为主的森工建设已逐步转向为以生态为主的营林建设。我国林业的基本建设投资也发生了重大变化：①投资结构发生了根本性的变化，林业基本建设投资逐年倾斜于营造林建设事业。②营林基本建设投资总量和比重呈逐年增加的趋势，特别是“九五”后期急剧增加，投资总量达到历史最高水平，占整个林业基本建设投资的4/5。这正是林业经营思想向可持续发展演变的结果(周莉，2005)。

(2)林业事业费主要是事业单位机构经费支出。具体包括：林业事业单位机构经费、林业事业专项经费。林业事业单位机构经费，指各级财政部门和林业部门用于国有林场、苗圃、林业工作站、林业种苗站、林业技术推广站、林业勘察规划设计院(所)、中等林业专业学校、自然保护区、森林病虫害防治站等纳入预算管理的林业事业单位的人员经费、公用经费、业务经费等。林业事业专项经费，指为了完成林业事业任务而由各级财政部门和林业部门安排的具有专门用途的经费。包括技术和良种推广费、森林资源保护费、防沙治沙经费、重点造林工程补助费、其他专项经费(林业宣传、干部培训、山区综合开发贷款贴息及其他经费等)。

(3)林业财政专项资金主要包括以下几个方面的内容：天然林保护工程财政专项资金、退耕还林还草补助资金、京津风沙源治理工程、林木病虫害防治补助费、飞播造林补助费、支援经济不发达地区发展资金、国有苗圃生产扶持资金、四大防护林建设补助费、边境防火隔离带补助费、生态型国有林场生产扶持资金、贫困国有林场扶贫资金、农村小型公益设施建设补助资金、森林生态效益补助试点资金(周莉，2005)。

(4)我国财政贴息贷款主要用于林业、森工企业多种经营、治沙和山区综合开发贷款财政贴息政策，但2001年归并为林业治沙贴息贷款(周莉，2005)。

(二)我国林业间接补贴的措施

从上述财政支出方向看，我国大部分林业补贴政策符合“绿箱”措施的要求(林业治沙贷款贴息属“黄箱”措施)，即属于间接补贴，但主要集中于林业政府一般服务和环境计划补贴2个方面，少量属于林业自然灾害补贴和地区援助。

1. 林业政府一般服务补贴

林业一般政府服务对象主要包括林业科研、林业教育、行业培训、林业工作站建设、林木种苗建设、森林防火、森林病虫鼠害防治等，除林产品营销促销服务补贴外，林业一般政府服务补贴与我国现行的林业支撑保障体系的内容基本一致，并且近年来在这些方面扶持的力度逐渐加大。如2005年国家共下达种苗工程建设投资计划10504万元，其中国债资金9422万元，地方配套投资4723万元。国债资金主要用于：良种基地建设5358万元，采种基地建设3174万元，种子检验、加工等基础设施建设435万元，苗圃建设100万元，种质资源建设投资355万元，同时国家加大了种苗信息服务力度，及时为造林绿化提供种苗供需信息。截至2005年底，通过国家种苗网发布市场供求信息5.3万条，网站注册会员5.7万人，平均月访问人次达到6.6万人次；近年来，国家森林防火基础设施建设不断加强、消防队伍建设步伐加快，为林业发展提供了有力的保障。2005年，全国共投入森林防火建设和专项经费13亿元，新启动65个重点火险区综合治理项目，完成1300万元扑火物资采购；全国统一了12119林火警报警电话，到2005年底，已有13个省区开通；东航中心、西航总站等部门妥善安排航空护林飞机，共配备消防飞机144架。各地因地制宜发展森林防火、灭火专业力量，2005年全国新增专业队伍3188支，共6.3万人，并组织100多万人次参加了各类森林火灾知识培训；在有害生物防治上，按照“预防为主，科学防控，依法治理，促进健康”的工作方针，采取了一系列积极有效的防控措施，全国林业有害生物防治取得了明显成效，截至2005年底，我国已初步建成各级防治检疫站3038个，其中：省级站34个，市级站358个，县级站2646个。检疫检查站858个。国家级无检疫对象苗圃9469个；在林业科技上，我国瞄准可持续发展、生态建设和生态安全等重大问题，全面规划，重点部署，立足科学发展观，加强林业科技自主创新，不但“十五”国家科技攻关计划圆满完成，成效显著，而且“十一五”国家科技攻关计划也相继启动，并且在引进国际先进林业科学技术和加强林业新技术储备与开发研究上都取得了丰硕的成果。2005年共安排国家林业局重点科研计划项目28项，围绕良种区域化试验、森林灾害防治、森林资源高效利用、林业宏观战略及决策咨询等4个方面开展研究，为林业生态建设和生产发展提供适用成果和决策咨询服务。与此同时，林业科技推广工作也在积极地推进，2005年全国共实施国家林业科技推广项目80余项，林业新品种新技术中间试验项目13项，国家星火计划项目2项，国家重点推广计划1项，国家重点新产品计划项目1项，组织筛选科技支撑项目38项，组织筛选上报了农业科技成果转化资金项目20项，科技部批复立项15项。通过推广，使得一批林木良种、优化栽培模式、重大病虫鼠害防治技术、沿海防护林灾害控制技术等在生产上广泛应用。在林业工作站建设上，仅2005年，全国乡镇林业工作站共完成基本建设投资37404万元，其中：国家投资6106万元，地方配套26745万元。全国新建乡镇林业工作站347个，1063个林业工作站新建了办公用房，1069个林业工作站增配了通讯设备，1331个林业工作站新购了机动交通工具。完成林业工作站建设合格县112个，全国林业工作站建设合格县的数量达到了2185个，占有规划建设林业工作站任务县的90%；在林业职业技能与行业培训上，截至2005年，全国林业行业有48个行业职业技能鉴定站，5个指导站。2005年，全国共培训各类林业相关人员300万次，共有14060人通过林业行业职业技能鉴定考核，获得了国家劳动部门颁发的《职业资格证书》(中国林业发展报告2006)。

2. 林业环境计划补贴

我国在林业环境计划补贴方面主要包括重大林业生态工程建设补贴、森林生态效益补偿(飞播造林补助、国有苗圃生产扶持、四大防护林建设补助、生态贫困国有林场生产扶持)以及其他造林绿化投资等(如城乡绿化一体化建设、绿色通道建设)。重大林业生态工程建设主要包括：天然林资源保护工程、退耕还林工程、京津风沙源治理工程、三北及长江流域等重点防护林体系建设工程、野生动植物保护及自然保护区建设工程及重点地区速生丰产用材林基地建设工程。在天然林资源保护工程上，工程实施到2005年已累计完成各类建设投资资金510.96亿元，其中国家投资478.60亿元，占天然林资源保护工程实际完成投资总量的93.67%；从1981年开始，国家财政每年安排专项经费1000万元用于飞播造林，1999年后，每年为1300万元。2001年该专项资金归并到“森林生态效益补助资金”；1999年，我国实施退耕还林工程试点，自试点到2005年，已累计完成退耕地造林869.57万hm^2，累计兑现粮食补助2961万吨，粮食补助资金382.04亿元，累计兑现生活费补助92亿元。在2005年一年，退耕还林工程就兑现粮食补助284.18万吨，完成投资达到286.12亿元，其中中央财政专项资金203.57亿元，占75.93%。在全部林业投资完成额中，粮食补助资金202.80亿元，生活费补助资金23.15亿元，种苗费26.80亿元；在全国防沙治沙及京津风沙源治理工程上，我国防沙治沙力度逐年加大，并取得了重大进展。2001～2005年，工程累计完成人工和飞播造林259.96万hm^2，新封山(沙)育林112.99万hm^2，完成草地治理任务117.59万hm^2，完成小流域综合治理任务35.23万hm^2，完成节水及水利配套设施建设3.28万处，完成生态移民7.27万人。工程累计完成林业投资102.73亿元，其中国家投资98.87亿元，占96.24%；目前，在三北及长江流域等重点防护林体系建设工程上主要开展的是三北防护林四期工程及长江流域等重点防护林二期工程。三北四期工程自2001～2005年，已累计完成造林面积172.10hm^2，新封山(沙)育林131.01万hm^2，累计完成投资49.91亿元，其中国家投资25.70亿元。长江流域等重点防护林二期工程主要包括长江流域二期工程、沿海防护林二期工程、珠江流域防护林二期工程、太行山绿化二期工程和平原绿化二期工程。2005年，五项防护林工程共完成投资10.73亿元，其中国家投资5.00亿元。在总投资中，长江防护林5.36亿元、沿海防护林2.30亿元、珠江流域防护林9134万元、太行山绿化1.46亿元和平原绿化6936万元；国家在野生动植物保护及自然保护区工程和速生丰产用材林基地建设工程上的投资力度也比较大，到2005年，分别累计投资208501万元和503182万元，其中国家投资分别为112761和31827万元(具体各项工程各年投资详见附录四)。

3. 地区援助补贴

地区援助补贴包括支援经济不发达地区的发展资金和贫困国有林场扶贫资金。支援经济不发达地区的发展资金主要用于农业、林业、牧业、副业、渔业方面的生产建设和农村水利、电力方面的建设。表13-1是中国地方财政历年(1994～2006)支出中支援经济不发达地区的发展资金统计。从表中可见地方财政支出中支援经济不发达地区的发展资金在逐年增加，在1994～2006年间增长了近10倍(图13-1)。

表 13-1 中国地方财政历年支出中支援经济不发达地区的发展资金统计

年份	1994	1995	1996	1997	1998	1999
金额(亿元)	20.18	20.18	55.45	68.65	110.8	119.62

年份	2000	2001	2002	2003	2004	2005	2006
金额(亿元)	122.95	133.51	141.01	155.99	172.53	188.76	215.92

资料来源：中国财政统计年鉴 2006。

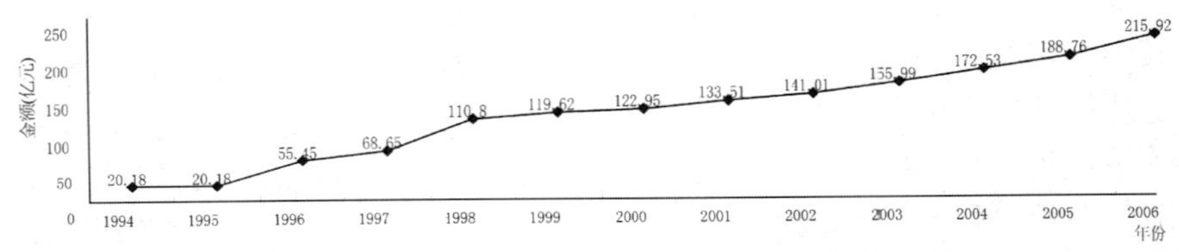

图 13-1 地方财政历年支援经济不发达地区的发展资金趋势图

贫困国有林场扶贫资金是中央预算安排的专项补助资金，主要用于支持贫困林场改善生产生活条件，利用当地资源发展生产，补助内容主要包括：基础设施建设、生产发展、科技推广及培训。到 2006 年底的 9 年间，中央财政累计投入扶贫资金 8.2 亿元，扶持国有贫困林场的建设和发展。中央扶贫资金使 800 多个国有贫困林场生产生活条件得到改善，400 多个国有贫困林场发展了以种植山野菜、经济林等林下资源开发为主的林业生产。

4. 林业自然灾害补贴

林业自然灾害补贴的目的主要是减少水灾、火灾、风灾等自然灾害给林农带来的损失，如 2008 年 1 月，我国南方地区遭受强大的暴风雪，为支持遭受雨雪冰冻灾害影响的灾区开展林业抗灾救灾工作，确保林区社会稳定，2 月 2 日，中央财政向湖南、湖北、安徽、江西、广西、贵州 6 省(区)紧急下拨林业救灾补助资金 3000 万元，主要用于解决国有林业企事业单位职工因雨雪冰冻灾害造成的生活困难。

三、我国林业间接补贴政策的特点

根据以上分析，可见我国间接补贴政策主要集中于林业生态体系和林业支撑保障体系两大领域，并呈现以下特点：

(一) 补贴总体趋势上扬，但水平偏低

由于林业统计资料不完善，姑且把中央林业间接补贴指中央林业财政投入总量。近年来，中央林业补贴绝对值逐年跳跃递增，同期，中央林业补贴占当年 GDP 和第一产业 GDP 的比例也逐年递增，但直到 2003 年，中央林业补贴也仅占 GDP 的 0.26% 和第一产业 GDP 的 2%，而发达国家农业补贴占第一产业的 GDP 的比重达 5% ~20%，相较之下，我国林业支持水平依然偏低(见附录五)。

(二) 林业补贴体系供给不足，补贴优先序不合理

前面已经提到，我国林业补贴政策主要集中于政府一般服务和环境计划补贴，少量属于自然灾害救助和地区援助，而财政参与的收入保险和收入安全网计划以及林产品营销、促销服务支持等尚未列入林业补贴预算项目，形成严重的“缺位”现象(图 13-2)。另外，财政资金扶持主要集中在植树造林、森林防火及病虫害防治方面，很少涉及中龄林抚育、野生动植物资源保护、森林公园建设、森林资源管护队伍建设等领域；从扶持的方式及其稳定性上看，除林业事业费和育林基金属于财政预算的经常性项目外，其他多属非经常性项目。不稳定的资金渠道使得财政对林业的支持资金极易受到不同时期经济政策的影响而波动，从而影响林业可持续发展——这项长期性战略工程实施的稳定性。

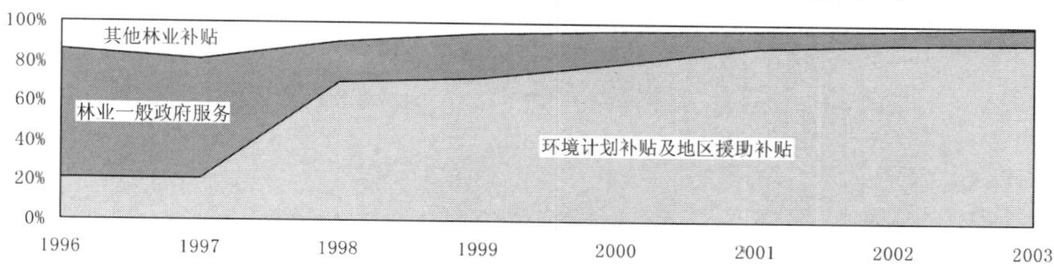

图 13-2　1993 ~2003 年中央林业投入构成图(张得才，2005)

在林业一般政府服务补贴中，林业基础设施建设补贴比重最大，其次为林业科教补贴和其他一般服务补贴，森林病虫害防治补贴比重最小，如图 13-3。这里的林业基础设施包括护林防火、森林公安、森警经费、种苗建设、农村小型公益基础设施建设、其他林业基础设施；“其他”包括行政机关事业费、行政管理费、离退休经费、外交外事经费、林业事业费等。

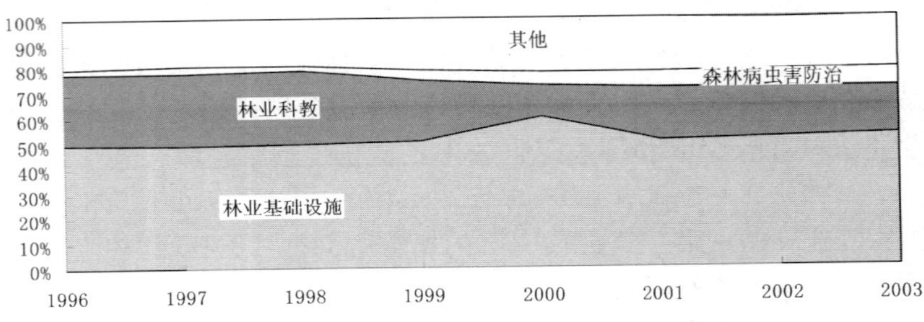

图 13-3 1993～2003 年林业一般服务补贴构成图(张得才，2005)

钱克明博士曾经测算过科技、教育和基础设施对农村、农业发展的贡献率，他发现，科技和教育对农村、农业发展的贡献明显大于基础设施投入。林业是农业的一个分支，理应也应遵循这一规律，但目前林业教育、科研、推广投入明显落后于基础设施建设，可见林业补贴优先序不合理。当然这有制度上的原因，由于林业教育、科研上投入具有效益的滞后性，而基础设施建设投资见效快，容易出成绩，往往后者成为当政者的首选。

在林业环境计划补贴和地区援助补贴中，环境计划补贴占绝对优势，地区援助补贴所占份额非常小，如图 13-4。

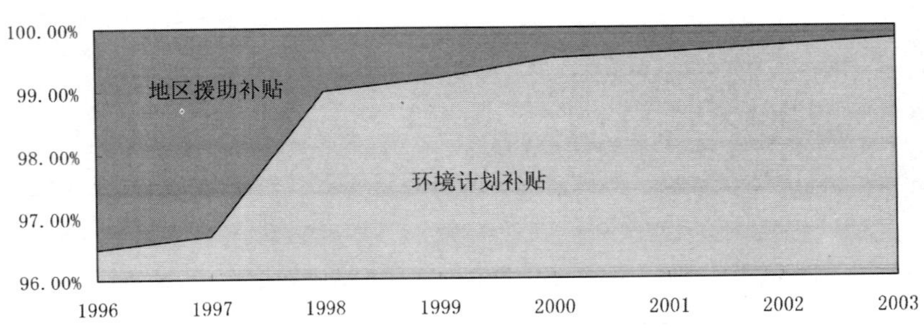

图 13-4 1993～2003 年林业环境计划补贴和地区援助补贴构成图(张得才，2005)

（三）重固定资产方面的“硬”补贴，轻科技方面的“软”补贴

1. 林业固定资产投资比重较大

由于缺乏国家财政在林业各项目之间各年投资数额的统计资料，在此用全国林业系统的投资结构来分析林业投资的构成比例（可同样说明问题）。从附录六中可以看出，林业投资总额中固定资产（基本建设）的投资（主要用于营林固定资产建设支出和森工固定资产建设支出）比重占绝大部分，特别是在近几年，固定资产投资比亘都在80%以上，但这也在一定程度上反映出政府在林业科技补贴政策的不稳定性。值得庆幸的是，近年来固定资产投资中营林固定资产投资（营林支出的具体用途有天然林保护工程支出、退耕还林工程支出、京津风沙源治理工程支出、防护林工程支出、种苗工程支出、野生动植物保护工程及自然保护区工程支出、病虫害防治工程支出、森林防火工程支出和其他支出）比重在逐渐扩大（图13-5），而森工固定资产投资的比重（图13-6）在逐渐减小。这一点也可以从“八五”、“九五”、“十五”期间国家投资林业的总额和方向看出。在“八五”、“九五”、“十五”期间，国家投资林业总额占林业系统总投资的比例分别为：47.37%，55.51%和79.76%，呈逐步上升的态势；其中国家投资于营林占总投资的40.31%，89.54%，99.03%。相对应国家投资于森工的比例逐渐降低，从“七五”时期的61.23%，迅速下降为“十五”时期的0.93%（周莉，2007）。这充分说明了我国林业财政的职能已经从对林产业的支持而转向了对林业事业的支持,将林业用于营林的固定资产当作公共物品，用公共财政资金以支持。

需要说明的是，取消对国有企业的补贴是加入WTO所必需的，1999年中美就中国加入WTO进行谈判的焦点之一就是要求中国取消对国有企业的补贴。根据《中华人民共和国加入WTO议定书》附件5B，逐步取消针对促进亏损企业的结构调整以及维持生产和社会安全以保证就业方面的财政补贴，但国家对森工事业费、扭亏措施费、挖潜改造资金和国有施工企业技术装备更新改造专项资金的投入在1996～2003年分别占财政事业费的比重分布在1.26%和6.01%之间（张得才，2005）。和其他国有企业一样，森工企业也应走现代企业之路，除国家提供的结构调整支持外，其他补贴，尤其是以上补贴应适时退出。这样既提高了

财政资金的使用效率，又符合 WTO 规则。

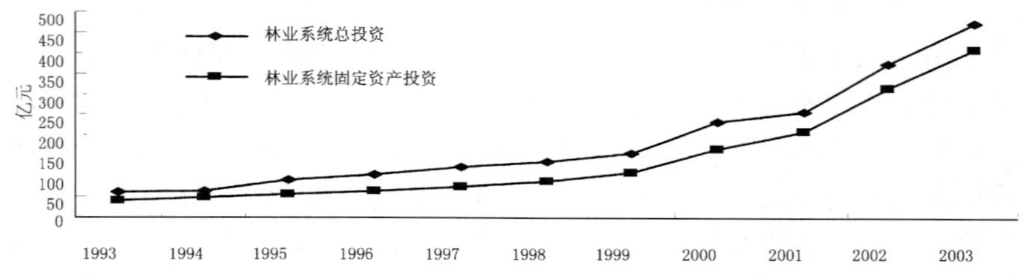

图 13-5 林业系统固定资产投资趋势图

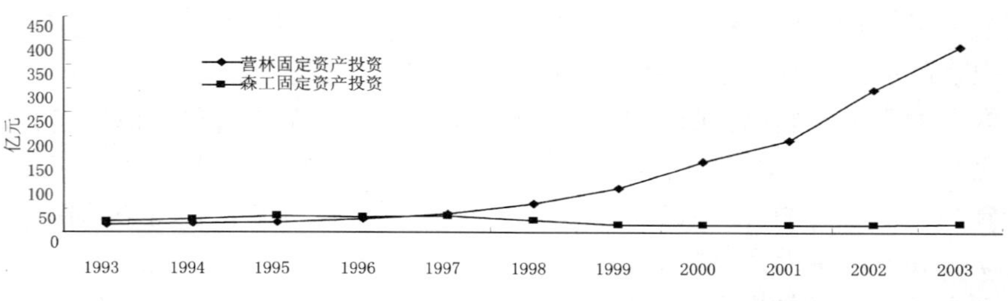

图 13-6 全国林业固定资产投资中营林和森工支出趋势图

2. 林业科技投入不足

从目前我国林业科研投入现状来看，存在以下特点：

(1)科研经费收入总额明显上升，但仍维持较低水平。1995 年以来，全国林业科学研究与技术开发机构经费收入持续增长，2001 年经费收入 7.56 亿元，比 2000 年增加 1.08 亿元，增长近 17%。2003 年经费收入 10.03 亿元，比 2002 年增加 1.40 亿元，增长 16.2%。经费收入的主要构成政府拨款和非政府拨款也呈逐年增加趋势。2001 年政府拨款 5.39 亿元，比 2000 年增加 1.08 亿元，增长 25%；非政府拨款 1.92 亿元，比 2000 年增加 0.14 亿元，增长 8%。2003 年政府拨款 7.35 亿元，比 2002 年增加 0.99 亿元，增长近 15.6%；非政府拨款 2.53323 亿元，比 2002 年增加 0.43 亿元，增长 20%①。但从水平上看，各年的经费收入仅相当于当年林业产值的 0.8%，经费投入维持在较低的水平。此外，在林业科研经费中，政府拨款仍是林业科学研究与技术开发机构

① 资料来源：2003 年全国林业科技统计汇编。

经费收入的首要来源，其所占比重分别为达七成以上，可见，经费来源单一。

(2)经费支出总额增加，但人员费用比重大，科研和设备购业置费用偏低。1996 以来，全国林业研发机构经费支出总额逐年增长较快，但在经常费支出中，设备购置支出总体下降，如 2001 年，设备购置费 230.62 万元，比 2000 年略有增加，但仍比 1996 年少 62.8 万元，只相当于 1996 年设备购置费的约 80%；2003 年，设备购置费由 2002 年的 4142.9 万元减少到 3515.7 万元，减少 15.1%；相反，人员费用是研发机构最主要的支出项目。2003 年全国林业研发机构经费支出结构主要支出项目依次是人员费用 43%、科研业务费 26%、公务费 12%、生产经营支出 10%，设备购置费仅占 4%(图 13-7)。科研和设备购业置费用偏低的将直接影响到我国林业科技成果的开发与创新。

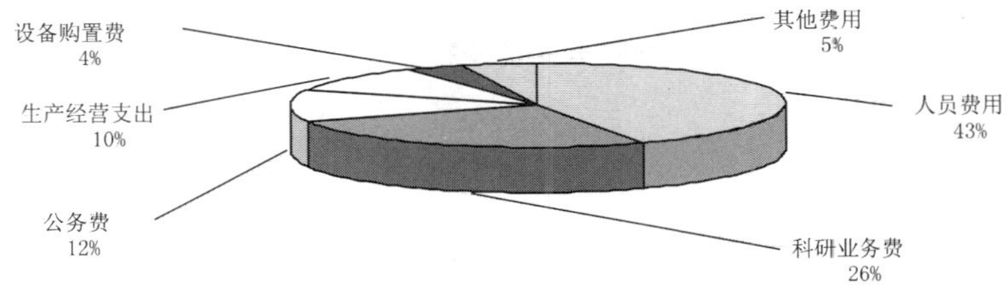

图 13-7　全国 2003 年林业机构与开发机构经费支出

(3)用于基础研究经费和生产性活动课题经费支出偏低。在课题经费及 R&D 活动经费中，用于基础研究和生产性活动的课题经费所占比重偏低，如 2001 年，用于基础研究经费仅占 2001 年经费内部支出的 1%。2003 年虽然有所增加，但所占比重仍然偏低。在 2003 年课题经费内部支出中，用于基础研究、应用研究、试验发展、成果应用及科技服务和生产性活动的支出分别为 555.77 万元、3194.71 万元、9022.5 万元、8444.37 万元、4657.68 万元和 233.42 万元，其比重分别为 2.1%、12.2%、34.6%、32.4%、17.8% 和 0.9%(图 13-8)。2003 年全国林业科研机构 R&D 活动经费内部总支出为 2.2 亿元，其中基础研究支出、应用研究支出、试验发展支出的比重分别为 3.4%、23.6% 和 73%(图 13-5)(2003 年全国林业科技统计汇编)。基础研究经费和生产性活动课题经费支出的偏低，使得林业基础研究薄弱，科技持续创新能力不强，产生科技与生产脱节。根据最新统计结果，我国林业科技进步对林业经济增长的贡献率目前仅为30.3%，不仅低于农业42%的水平，也低于全国38%的平均水平，更低于国外发达国家70%~80%的水平。同时，我国林业科技成果转化率只有34%，人工造林良种使用率也只有30%。

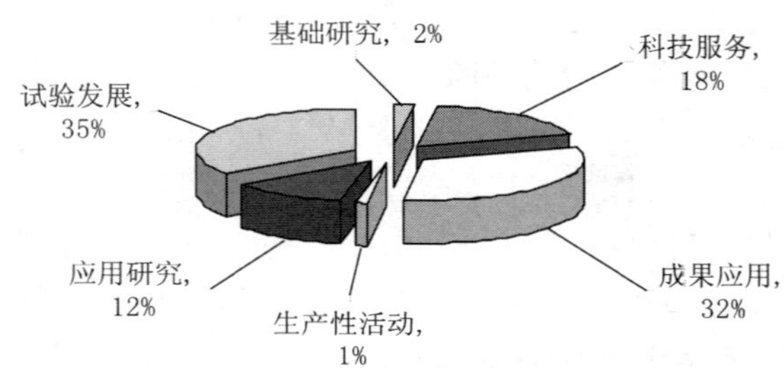

图13-8 2003年课题经费内部支出结构

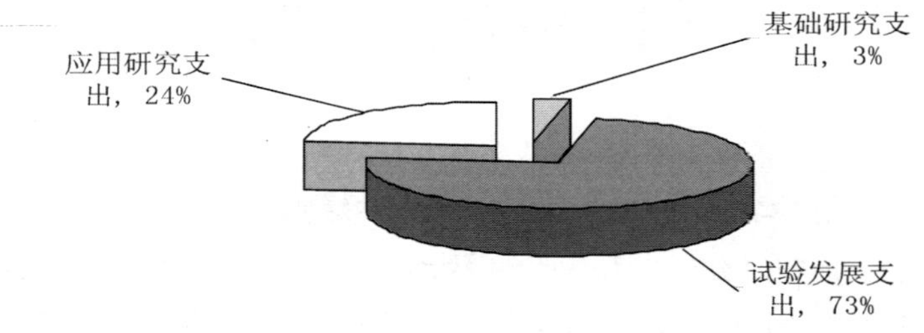

图13-9 2003年全国林业科研机构R&D活动经费内部总支出结构

(4)林业科研机构从业人员总体趋势下降。自1995年以来，虽然高资历科技人员比重不断提高，但全国林业科学研究与技术开发机构从业人员逐年递减，特别是基层从事林业科技活动的人员下降趋势严重。2003年，在增加两个统计单位(国家林业局中南林业调查规划设计院和甘肃省兰州市园林科学研究所)的情况下，全国林业研发机构从业人员15085人，仍比2002年减少29人。在对南方九省区集体林区调研中也了解到，虽然乡镇有林业技术指导员，但数量极少，无法满足林农技术的需求。

总之，由于科技投入不足，国家用于实施科技兴林战略和人才、标准专利、战略的投入不足，林业新品种、新技术推广经费，重点实验室建设经费只能维持最基本的运行费用，林业重点工程科技支撑经费不到位，加上基层林业科技推广机构和队伍不稳定，严重制约了科技自身发展规律的新型科技管理体制和运行机制。加快国家林业创新体系和科技推广体系建设，充分发挥科技是第一生产力的作用，任务十分艰巨。

（四）生态环境基本建设支出较大，用材林基地建设支出偏低

在上面的分析中我们已经知道，国家目前大部分资金为基本建设投资，而在基本建设投资中，用于营林固定资产建设支出比重又占绝大部分。下面我们根据2006年中国林业发展报告所提供的数据对历年营林固定资产投资中国家投资在林业重点工程上的比重做一分析。从附录七可知，国家在林业重点工程上的投资比重从1998年以来剧增，并占据了林业系统营林总投资的绝大部分，特别是在2001年以后，都占据了70%以上，其中这大部分资金主要用于天然林保护工程和退耕还林工程，尤其是后者，这几年比重较大，但国家在速生丰产用材林基地建设工程上投资所占比重偏低，2005年占营林总投资的比重只有0.01%。如果把国家林业重点工程投资总额看作100%的话，2005年速生丰产用材林基地建设工程所占比重则只有0.02%，这一扶持比重和我国商品材短缺的局面有点不相称(图13-10)。

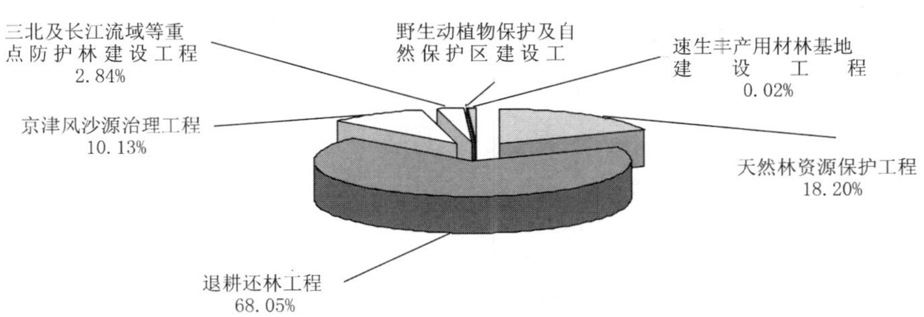

图13-10　2005年国家林业重点工程投资比重

（五）林业补贴环节符合绿箱政策，但补贴对象有偏差

为减少补贴政策对贸易的扭曲，《农业协议》规定补贴政策的开展应该在生产环节，而不是销售环节。由于目前我国林业补贴的最主要对象是林业生态项目和林业支撑保障体系建设，因而，我国林业援助的主要环节是生产环节，而不是销售环节，这一点符合 WTO 的规定。另外，“绿箱”措施要求农业生产者个人成为主要的被补贴者，虽然我国林业补贴对象中个人也得到了一定的补贴，但主要以企业和事业单位为主。我国林业补贴政策通常以工程项目(如退耕还林工程)为核心，以具体任务(如天然林保护)为对象，以特殊群体(如国有林区林业生产者)为目标，缺乏常规的、有法律保障的、一般林业生产者都可享受的基础性林业补贴政策，具体的林业生产者，特别是集体林区的生产者和个体林主，他们多数并未直接感受到政府对具体生产过程的补贴，也未从政府补贴中获得明显的经济收益(朱永杰，2003)。这一点需要应该在以后的补贴政策中得到一定的调整，即加大补贴实施中对个人的补贴，并建立常规、有法律保障的基础性林业补贴制度。

(六)国债比重较大，不稳定性较强

从林业基本建设支出的来源和具体用途看，在国家预算内资金中，用于林业基本建设支出的资金来源，主要是以预算内基本建设资金、国债资金和财政事业费，2002 年之后，主要是预算内基本建设和国债资金。在这两项资金中，国债资金占了绝大部分，2004 年，国债资金占两项资金的 80% 以上。从林业固定资产投资来看，国债资金也占了较大比重。“九五”期间，林业固定资产投资中，国债资金占国家预算内资金的 40%，中央财政专项补助占 20%。“十五”期间，国债比率有所下降，大约占 30%，但其总量是增加的，只是其总量的增加幅度小于国家投资的幅度。从林业基本建设支出的具体用途来讲，林业国债补贴的范围包括林业生态工程建设、林木种苗建设、重点火险区治理、森林病虫害防治、国有林区公检法基础设施建设等。“十五”时期，国债占国家基本建设支出(包括预算内基本建设和国债支出)约 90%，其中五大生态工程支出，包括天然林保护工程、退耕还林工程、京津风沙源治理工程、防护林工程和野生动植物保护及自然保护区工程，其比例为总的国债用于基本建设的比例为 91%，其余为 9%(图 13-11)。发行国债受国家经济发展水平的限制，并不得超越所谓的“警戒线”，相对于财政专项资金补贴等渠道，大额林业国债投资的稳定性并不理想。

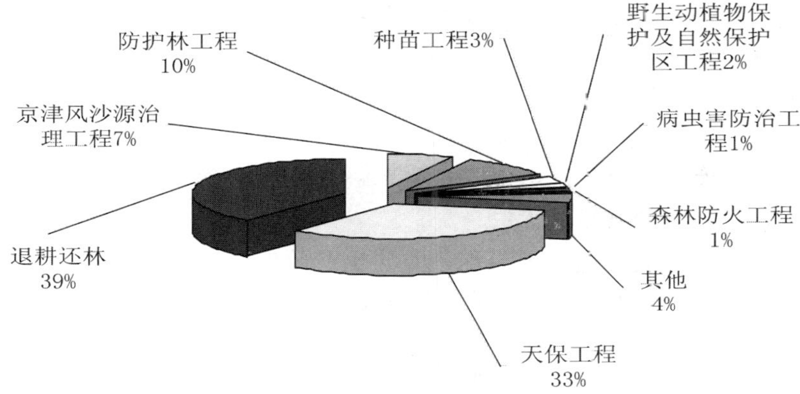

图 13-11 2001～2004 年基本建设中国债支出范围

第二节 私有林间接补贴制度设计

前面已述，我国林业补贴政策主要集中于政府一般服务和环境计划补贴，少量属于自然灾害救助和地区援助，而财政参与的收入保险和收入安全网计划以及林产品营销、促销服务支持等尚未列入林业补贴预算项目，形成严重的“缺位”现象。从总量来看，直到 2003 年，中央林业补贴也仅占 GDP 的 0.26% 和第一产业 GDP 的 2%，而发达国家农业补贴占第一产业的 GDP 的比重达 5%～20%，相较之下，我国林业支持水平依然偏低，因此，必须进一步增大林业补贴总量，并创新我国林业公共财政支林政策。

一、重塑林业一般政府服务支出框架

我们知道，市场在具有外部性的产品供给上存在失灵，这为政府留出了施展才能的空间。林业本身的弱质性和基础地位，也决定了其需要政府的服务。完善的基础设施是私人有效投入和市场机制发挥作用的先行条件。良好的设施能扩展生产收益的边界，从而影响主体的投资行为。林业基础设施、技术培训和林业科研创新在农村经济发展中的重要作用已成共识，然而他们具有正外部性，这些领域存在市场失灵和免费搭车行为，这就要求政府充当制度供给者、环境营造者和主要投资者的

角色。林业一般政府服务对象主要包括林业科研、林业教育、行业培训、林业基础建设、林木种苗建设、森林防火、森林病虫鼠害防治、林产品营销促销服务等，而这正是私有林发展所需要的外部环境。为能给私有林发展创造一个良好的外部环境，政府必须加强林业一般政府服务的投资力度，即加强服务型补贴力度。

（一）林业科技投入优先

科学技术的迅速发展对促进农业生产的发展起着越来越重要的作用。据钱克明的研究，政府对农业科技每增加 1 元投入，可使农牧业产值增加高达 11.87 元，回报率最高；其次分别为农村教育投资和农村公共基础设施投资；而农牧户自身每增加投入 1 元物质费用投入，农牧业产值仅增加 1.27 元。他同时指出，政府每增加 1 元农业科技投入，可减少农牧户 9.35 元投入；政府每增加 1 元公共投入于农村教育或农村基础设施建设上，可分别减少农牧户物质费用 6.64 元和 5.31 元。由此可见，增加农业科技和教育的投资，对减轻农民负担，提高农民收入及降低农产品成本和提高农业的国际竞争力，有着至关重要的作用。由此可以得出一个重要的结论：资金在科研、教育和推广的回报率最高（厉为民，2003），因此，政府在决定林业的投资优先序时应首先重视对林业科研、林业信息服务、林农职业培训等的投入。

（1）建立以政府投入为主的多元化林业科技投入体系。首先需将林业科技投入纳入公共财政预算体系。财政对林业的投资重点应该是那些风险大、经济效益低、其他林业投资主体难以承担的科技项目，支付内容主要包括从事基础研究和基础性工作的科研单位的人员及其业务经费，并将经费列入财政经常性预算项目。其次，鼓励、引导和吸引企业，个人等社会力量增加对林业科技事业的投入。大型林业企业、林业科技企业要将经营收入的一定比例用于研究开发工作，并鼓励企业、个人等社会力量捐资设立林业科学研究专项基金，专门支持林业科技工作和奖励科技人员。同时要积极争取金融、税收、保险等部门对林业科技的政策扶持，探索风险投资对林业高技术产业化项目的支持途径，并积极探索利用外资的新途径地、新方式，通过无偿援助和技术援助等多种渠道、多种方式吸引国际货币资金投资林业科技事业。

（2）加快人才培养。建设一支高素质林业科技队伍是林业科技发展的重要目标，也是事关林业发展的大事，必须加快林业科技人才特别是高层次人才培养的步伐，为此，政府应为林农、林业技术人员、林业管理人员提供培训基础设施建设费、培训机构经费、培训专项经费等。政府可以设立人才培养专项资金，重点支持人才培养，鼓励优秀青年科技人才参与课题竞争；建立健全有利于优秀人才脱颖而出的良好环境和激励机制，进一步搞活科研机构的分配，丰富和完善科技生产要素参与分配的方法和途径，使科技人员的贡献、绩效与收入挂钩；加强继续教育和技术培训，培养一支高效精干的科技管理队伍和高素质的基层林业技术员队伍。以岗位培训和继续教育为重点，全面强化行业培训，并坚持林业生产、科技推广和教育培训三结合，建立科教培训体系，开展整体配套培训。教育培训体系要建立政府统筹、教育部门主管、林业科技等多部门参与的管理机制，构建以高等院校、科研院所为龙头，地、市、县高中等职业院校为骨干，乡、村农民学校为基础的省、地、县、乡、村林业农村教育培训体系。

(3)坚持“引进来”和“走出去”相结合，提升林业科技的国际竞争力。林业科技要实施“引进来”和“走出去”的发展战略。“引进来”就是通过政府间、民间等各种渠道，进一步扩大国际合作与交流，引进高层次科研人才、先进技术和关键设备，争取更多的国际合作项目和合作伙伴。“走出去”就是通过国际资助和国外援项目等进行人才与技术的输出。新时期林业科技的发展要适应经济全球化和加入 WTO 的形势，因此，林业科技需在更大范围、更广领域和更高层次上开展国际合作与交流。通过合作与交流，努力缩短关键技术领域的国际差距，将国外林业经营管理的新原则，新思路以及科学管理项目的新方法引入我国，通过这些思想观念和管理技术的运用和实施，加快我国林业摆脱传统经营管理方式、进入国际化先进行列的步伐；重视民间的科技交流活动，利用各种方式，加快合作与交流的步伐；通过项目合作，引进发达国家的先进林业技术、设备和优质的林业资源，推广普及现有的成熟的实用技术，培训中高级林业技术和管理人才，为我国林业建设服务。

(二)夯实林业基础建设

林业基础建设是林业发展的根本和起点。可以说，完善的基础设施是林农有效投入和市场机制发挥作用的先行条件。林业基础设施的改善不但可以改变林农生产条件，而且可以进一步影响其投资行为的选择，增加林农投资林业的积极性。

长期以来，我国林业基础设施的支持对象集中在国有和集体经济，对农民、个体、私营等经济主体支持不够。这些做法，既不符合世贸组织的“国民待遇”原则，也不利于调动各方面力量来发展林业，今后要一视同仁地给予支持。

(1)不断加大林业基本建设投资力度。林业基本建设财政支出，主要是国家对于林业基本建设的投入。下面我们利用 1993 ~2004 各年的林业基本建设国家投资水平和期间的林业总产值来计算林业总产值对林业基本建设国家支出的弹性系数，与此来说明国家基本建设投资对林业总产值的影响。

首先，我们分析林业总产值和林业基本建设财政支出之间的相关性。通过计算，我们可以得到它们的相关系数为 0. 91，趋近以 1，说明它们呈正相关；然后在此基础上计算它们之间的敏感度——弹性系数(详见附录八)。

从附录八可以看出，1997 年之前，国家林业基本建设投资对于林业总产值的影响是不稳定的，尤其在 1994 ~1996 年，林业总产值对国家林业基本建设投资的弹性系数为负数，即林业基本建设财政支出每变化 1%，林业总产值会降低 4. 071% 和 6. 18%；从 1998 ~2002 年，林业总产值对基本建设财政支出的变化相对稳定；2004 年林业总产值对于林业基本建设财政支出的弹性系数最大，达 2. 26，也就是林业基本建设财政支出增加 1%，而林业总产值将增加 2. 26%。总体而言，除 1994 年和 1996 年外，林业基本建设财政支出对林业总产值的贡献总体上还是增加的。但从林业基本建设财政支出的环比中我们可以发现，当国家基本建设财政支出环比低于 1 时，弹性系数都小于 0；当国家基本建设财政支出环比大于 1 时，弹性系数都大于 0。也就是说，当某年的基本建设财政支出小于前年时，其对林业总产值的贡献是下降的，因此，在考虑财政对林业的支出时必须注意这种规律，即必须不断加强林业基本建设投资力度，才能充分发挥林业基本建设对林业总产值的影响。

(2)财政基本建设支出应向林区用材林基本建设倾斜。从财政对林业基本建设的支持力度看，我国林业基本建设的财政支出中生态环境建设支出较大，用材林基本建设偏低，而且还呈下降趋势（图 13-12），这和我国林木资产匮乏的局面有点相悖，今后财政应加大对用材林基本建设的投资力度。随着林业产权制度改革的进行，我国私有林所有制成分所占比重会越来越大，私有林对我国林业可持续发展的支撑力度将越来越强，因此，今后财政基本建设投资应适当考虑这种趋势，加大对集体林区用材林基本建设的投资力度。

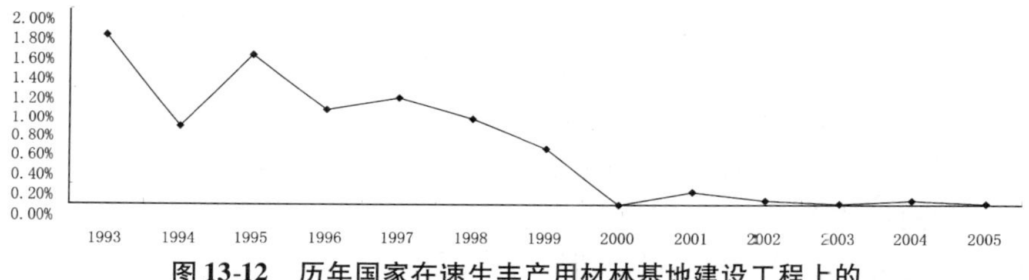

图 13-12　历年国家在速生丰产用材林基地建设工程上的投资占营林总投资的比重

（数据来源：2006 年中国林业发展报告）

（3）财政应扶持林农防火设施及林间道路修建。林业产权改革后，林地被分散经营（当然，也存在大户，但相对于总体来说，小户经营还是大量存在）。虽然这种产权明晰的经营方式能大大提高林业生产力，但在林区基础设施上也存在很多问题。课题组在 2005～2006 年对南方九省集体林区的调研中了解到，林农在基础设施中最感头疼的是防火设施和林间道路的修建。有些林农反映，森林防火不是单户林农所能解决的事情，如果我修建防火带，他不修建防火带，同样起不到防火的作用。我们在广东江门开平市和部分林农座谈时林农反映最大的除了防火问题外，就是林间道路修建的问题。林间道路修建不但耗资巨大（有位大户经营承包 2000 亩林地，由于地处较偏僻，光修路就花费几十万），而且受益他人，导致事后纠纷不断。在江西赣州龙南县调研中，我们发现，有些地方林农共同出资修建防火隔离带和林间道路，并成立了森林防火大队，但经费比较紧张，因此，对这些外溢性较大的设施，政府应给予大力的扶持。

另外，林农关注的另一个问题就是种苗问题，优良的种苗不但给林农带来良好的经济效益，而且抗病虫害的能力较强，管护方便，因此，政府也应大力搞好种苗建设工程，加大对其扶持力度。

当然林区路网电网建设、林区给排水及通讯设施建设、林业工作站建设、森林资源监测清查等也都应得到政府的资助。

(三)建立私有林病虫害防控机制

中国森林病虫害发生面积自新中国成立以来特别是20世纪60年代末以来，呈大幅上升趋势，发生面积从1968年的115万 hm^2 上升到80年代末90年代初的1000万 hm^2 左右，平均年递增25%。90年代以来，森林病虫害得到一定控制，发生面积有下降趋势，但仍保持在600万~800万 hm^2 左右(2003年中国森林保护与可持续经营国家报告，2003)。据不完全统计，全国森林病虫害的发生面积占总森林面积的8.2%，占人工林面积的23.7%，全国每年因森林病虫害造成的经济损失达50多亿元，可见，森林病虫害已成为制约我国林业可持续发展的重要因素之一，也严重制约着山区经济的发展和林农脱贫致富的进程(叶建仁，2000)，因此政府必须对森林病虫害给予必要的重视。

在20世纪90年代以前，中国森林病虫害防治率较低，波动较大，平均约40%。80年代中后期以来中国森林病虫鼠害防治率迅速增加，90年代中期以后基本稳定在70%左右。虽然近年来我国用于森林病虫害防治费用增加较快，但中国森林病虫害的防治工作大多数是围绕救灾而展开的，即重治不重防，只在救灾上重视，没有在防灾控灾上下功夫。病虫害一旦发生，“人往灾区跑，钱往灾区投”。因此，今后财政对森林病虫害防治的资助应重在防和控，防控好了，病虫害自然少，这也就起到了治的效果。事实上，在我们对南方九省区调研中就有不少林农反映，森林病虫害光治是不能解决问题的，因为各林户对病虫害的防治时间不统一，我治你不治，等于白治。为减少森林病虫害，不少林农呼吁要求政府建立统一的病虫害防控机制，并免费为他们进行防控。

事实上，为减少森林病虫害，降低林农遭受灾害的损失，除加强对自然灾害和森林病虫害的预报服务和抗灾行动外，政府在营林的各个环节如选种、育苗、选地、造林、经营、抚育及采伐等过程中为林农提供免费指导，使森林病虫害的防治由被动变为主动。

另外政府还应加强植物检疫工作。随着经济全球一体化的形成，国际间的流动交往势必增加，一些外来的重大病虫害传入爆发的危险性也将可能不断增加。因此必须加强植物检疫工作，提高检疫技术水平，以杜绝或减少危险性病虫传入。同时也要注意国内地区间的植物检疫工作，以防有害病虫蔓延扩展。为此，政府应制定检验标准，健全林产品质量检验检测体系，为检验机构提供机构经费和专项经费，向林主无偿提供林产品检验检疫服务。

(四)深化林业社会化服务平台建设

在家庭承包经营体制下，林农只是一个独立的生产单位，属于小规模经营，单纯依靠林农个人的力量是不可能解决产前、产中、产后存在的各种问题。社会化服务体系就是使经营规模相对较小的林业生产单位，适应市场经济要求、克服自身规模较小的弊端，获得大规模生产效益的一种社会化的林业经济组织方式。因此，社会化服务体系建设的主要目的就是为林农的生产生活提供服务，帮助解决一家一户办不了、办不好、办起来不合算的事情。可以说，建立和完善我国林业社会化服务体系是私有林发展的必然要求，也是深化林权制度改革的突破口。由于林业具有生产周期长、风险大、初期投资大、收益慢等特点，因此，在建立和完善我国林业社会化服务体系过程中，政府的支持和参与是必不可少的，特别是在我国私有林刚刚起步的阶段。从国外的经验来看，政府的促进作用主要体现在，充分发挥市场机制的基础上，采取得力的措施，促进社会交易成本的降低，从而推动私有林的发展和林业社会化服务体系的完善。

(1)加强林业产业的行业协调和管理、服务。政府应加强林业产业的行业协调和管理、服务，扶持发展各种类型、不同层次、多种组织形式的林产品生产、技术、质量协会及各类专业经济组织。发挥各个林业行业协会、专业经济技术组织在沟通信息、技术服务、配套协作、行业自律的作用，提高林业产业发展的组织化程度。

(2)侧重培育富有成效和特色的林业社会化服务体系。培育林业社会服务体系要坚持社会化、专业化、市场化以及突出服务性的原则。根据我国现阶段的国情和林情，应侧重培育信用担保、筹资融资、技术支持、信息咨询、市场开拓、人才培训、经营管理等领域的林业社会化服务体系。各地要从实际出发，根据本地私有林的需求、服务市场的发育状况、国家及地方财政可能，确定服务体系的一项或几项具体内容作为现阶段的工作重点，在培育重点服务项目过程中，以点带面，逐步形成富有成效和特色的服务体系(冯彩云，2006)。

(3)强化林产品营销促销服务。要全面强化林产品营销促销服务，立足国内市场，放眼国际市场，加快构建有效开拓国际市场和衔接国内产销的林产品营销促销服务体系和营造良好的市场网络，向林农提供市场信息和营销咨询并承担促销策划任务。要扶持、规范林产品物流公司、营销公司和各类流通组织、协会发展，充分发挥他们在林产品流通中的龙头作用。政府有关部门应在税收、信贷等方面对其提供方便和优惠，并引导其健康发展，充分发挥其在服务农民、提高农民进入市场的组织化程度方面的独特作用。

(4)大力开展林业技术推广和咨询服务。林业科技推广体系在林业社会化服务体系中有着非常重要的作用。具有服务设施好、组织机构全的林业科技推广体制是国家支持林业的有效形式。应按照经营性服务和公益性职能分开的要求，改革林业科技推广体制。同时积极培育多元化的林业技术推广服务组织，支持科研单位、大专院校以多种形式开展农业技术推广服务。为使林业科技成果能得到转化，政府应为推广和咨询机构提供机构经费和专项经费，无偿向林业生产者推广新技术、新成果，并提供相应的信息咨询。

二、构建私有林补偿型补贴体系

补偿型补贴指补偿私有林投资者的损失，避免私有林投资者私有资金流出的补贴形式。如灾害补偿型补贴制度等，这主要是针对林业是典型的高风险产业而设立的为保证经营者利益的保障性补贴。

(一)林业保险网络

林业在生产过程中特别是森林资源在生产过程中所面临的各种自然灾害和市场风险，极大地影响着林业生产的稳定性，也在一定程度上影响了人们将资金投放到林业领域的积极性，因此，在很多国家都把林农纳入政府财政参与的收入保险和收入安全网络计划中，到目前为止，我国林业没有专门的收入保险和收入安全网计划，为提高林农收入的安全系数，政府必须完善森林保险制度。

1. 我国林业保险发展状况

森林保险是以防护林、用材林、经济林等林木及砍伐后尚未集中存放的原木和竹林等为保险标的，对整个成长过程中可能遭受的自然灾害或意外事故所造成的经济损失提供经济保障的一种保险。

我国从1984年开始森林保险的试点，至1994年已经有20多个省、市、自治区先后开办了森林保险，但我国经营的森林保险基本都以火灾为单项责任，承保的是由于火灾直接造成的保险林木死亡，或因火灾施救造成的保险林木死亡，以及一定数额的火灾施救费用。我国森林保险有4种保险类型：一是中国人民财产保险公司主办、林业部门代理业务，如广西的桂林、湖南的会同等地；二是林业部门与中国人民财产保险公司共保，如福建的邵武；三是林业部门自保，如辽宁的本溪；四是农村林木保险合作组织互保，如四川、山东。2006年，国家林业局批复黑龙江伊春市林权制度改革试点实施方案，标志着国有林权制度改革开始启动，由火灾等灾害引起的损失将由承包者个人承担，银行也要求贷款的林农提供森林保险作为抵押。目前人保、太平洋财险开展了森林火灾保险，从投保情况来看，既有林农为自己投保，也有财政出资投保森林火灾保险，如重庆即是采取政府统一投保的方式。

近年来，我国森林保险发展逐年萎缩，其原因有：一是在于森林保险存在高风险、高费率、高赔付。由于林业对自然界的依赖性大，易受自然灾害的冲击，再加上我国又是世界上自然灾害最为严重的国家之一，这一性质造成了它的经营难度系数大，风险难以估计，损失难以估算等特点，从而使得保险公司的赔付率高，盈利性差。1989～1994年，我国森林保险保费收入只有1.186亿元，总赔款支出却有0.834亿元，总赔付率为70.3%，远远高于一般的商业保险。二是由于我国林业保险险种主要以森林火灾保险为主，保险责任较单一，不能很好地满足广大林业生产者想要转移更多风险，特别是市场风险、巨灾风险和责任风险的需求；再加之目前我国大部分省区商品林业的产权不清，主体不明确，使得林业生产者缺乏参保的积极性。例如，1989～1994年是对林业保险的讨论和实践最热烈的几年，但从全国范围上来看，林业保险承保率仅占森林总面积的4%。

2. 发展林业保险的措施

森林的高风险损失率决定了森林保险很难作为商业保险来经营，商业保险公司也不会有太高的积极性去经营林业保险，所以单纯地依靠商业保险机构来独自承担林业保险，已不是一条切实可行之路。林业保险只能是政策性保险，需要从政策和财政上给予支持。从世界开办林业保险的国家来看，林业保险大都是国家采取各种形式予以支持和补贴。近几年，广西、四川、湖南、山东、辽宁、福建等地开展了林业保险业务。总结他们实践经验，并且借鉴国外做法，结合我国的具体情况，可以建立政策性的保险公司，自有资金由政府划拨，林农也要交纳一定的保费，不足或亏损部分由国家财政补贴并给予税收优惠。笔者认为具体可以采取以下做法：

(1)在县一级农村建立森林保险互助会作为森林保险的基层组织。这有助于增强林业生产单位或个人的保险意识和责任感，充分调动他们的参保意识，具体可以由商业保险机构来代理或和地方政府联合经营。互助会资金的来源一部分来源于参保户，一部分来源于国家政策性补贴。

(2)在实行森林保险互助体制的省区建立保险互助会、联合会，对各基层森林保险的互助会进行指导和管理，并建立森林保险基金对互助保险进行再保险，省级森林保险基金一部分来源于基层的森林保险组织，财政也投入一定的资金进行补贴。

(3)设立全国性的国家政策保险公司，作为国家级的森林保险的再保险公司，通过对全国各省区的森林保险的再保险，实行对森林保险的支持。中央财政每年根据森林保险的发展情况，按一定比例拨付资金建立国家林业基金(其一部分来自省级的森林保险联合会的再保费)对森林保险进行补贴。

因为我国的林业基础设施建设相对薄弱，自然灾害频发，如果我国的林业保险事业能够满足实践的需要，那么，我国的林业生产就得以健康快速地发展，农民的收入将会稳步提高。

(二)其他措施

(1)应继续完善林农遭受的自然灾害补贴力度。对林业生产遭受自然灾害或类似灾害造成的收入损失及其他林业生产要素损失给予补贴，至少可包括救灾补助、林区社会救济、灾后重建补助等。

（2）依据“农业环境补贴条款”对我国大型林业工程建设区域的林农进行扶持，并研讨工程区后续产业的发展，确保林农收入的增长和林业工程的持续性（张得才，高岚，2004）。在现有的退耕还林补偿的基础上，可对采取环保措施的私有林主进行补偿，如对劣等地、水土流失较大的林地上造林的林农给予适当的生态效益补偿。

（3）还需加强林区扶贫开发的进程。我国农村、农民最穷，其中林区、林农又最贫。发展林业潜力在农村，主力是林农，要调动他们营林积极性，就必须维护其利益，否则，我国林业发展将不可持续。当然，林农贫困有一定的地理、历史原因，国家对其扶持，增强其自身造血能力非常重要。目前国家提供的贫困国有林场扶贫资金、支援经济不发达地区发展资金符合 WTO“地区援助”条款，但对林农扶贫的重点应把整村推进、劳动力培训转移作为新阶段扶贫工作的重中之重。

三、完善私有林激励型补贴

激励型补贴制度旨在通过直接增加私有林投资者收益，进而提高其投资私有林的积极性，具体包括直接现金补贴（直接补贴）、信贷优惠、税收优惠等。在第六章已经对私有林直接补贴制度做了设计，本部分将对信贷优惠、税收优惠作探讨。

（一）信贷扶持

资金是经济增长的第一启动力。无论社会经济制度和体制如何，无论社会经济处于何种发展阶段，资金的投入都深刻地影响着社会经济及其他各个方面，资金作为经济发展的第一启动力的地位不会改变。在诸多的经济学流派中，无论是马克思的政治经济学，还是西方经济增长理论的各个学派，都无一例外地十分重视资金在经济增长中的重要作用。在我国这样一个经济比较落后的国家，在林业这样一个具有鲜明特点的弱质产业上，要不断增加森林资源总量，进入现代林业经济发展轨道，加速经济增长，要解决的第一个难题无疑是筹措大量的资金和扩大投资问题。

私有林经营规模小、抵御风险能力差、资本运作能力低，客观上需要国家予以融资支持。从世界各国的营林发展经验来看，普遍采用了通过国家政策扶持、引导社会、私人的资本流入林业的做法。为保证林农对商品林业投入的积极性，需要国家利用宏观调控政策，扶持、引导社会资本经营商品林，以解决私有林经营主体瓶颈问题。目前的关键问题是设计一套科学合理的融资制度，解决私有林经营主体的融资障碍。

1. 优惠贷款

要解决私有林融资难，首先需要金融部门的大力支持。为此，应放宽银行贷款条件，延长贷款的期限，为私有林经营主体提供各种优惠的中长期贷款。针对目前我国银行等金融机构对私有林存在着所有制歧视、行业歧视和规模歧视等问题，政府有关部门应该按照党的十六大和《中共中央国务院关于加快林业发展的决定》的精神，充分重视私有林的重要性和巨大作用，在信贷政策上应与公有制投资主体一视同仁，通过提供政策性贷款和贴息贷款等措施促使银行为私有林经营主体提供长期限、低利率的信贷；银行方面则应该在努力降低信贷风险的基础上，适当放宽对私有林的抵押和担保贷款条件，允许私有林以经过资产评估机构评估之后的林地使用权和林木所有权作为抵押物取得经营性贷款，具体包括：

(1)金融部门应制定适合私有林发展的长周期、低利率的贷款政策和管理办法。为惠及作为林业生产经营主体的广大林农群众，应积极探索实行林业小额贴息贷款，在贷款额度、贷款期限和贷款利率方面应考虑到林农的实际困难。从实际情况看，先由农村信用社承办贷款业务，农村信用社系统在农村服务网点多，并积累了丰富的为农服务经验，比较了解森林资产的价值，同时具有相对较大的金融业务自主权。

(2)要降低贷款门槛，使非公有制投资主体有能力获得贷款。在贷款程序上与公有制投资主体平等对待，适当放宽贷款担保和抵押条件。允许私有林业主以合法取得的林木所有权和林地使用权作为银行贷款的抵押，并相应延长还款期限。

(3)把信贷政策与营林补贴、贷款贴息结合起来。对私有制营林生产的整地、造林、苗木和幼林抚育支出贷款也要予以一定的贴息扶持。同时，对经营规模较大的私有制造林者，应允许他们使用国家林业贴息贷款。

2. 多渠道筹集资金，完善私有林融资体系

国家应采取宏观调控政策，完善林业融资渠道，吸收来自社会各方面的闲散资金，坚持走全民参与、全社会办林业的路子。世界银行和国家贴息林业贷款、扶贫资金、农业综合开发资金、以工代赈资金以及水土保持资金等，都可以把发展私有林作为重点对象予以扶持。鼓励社会各界向林业投工、投劳和进行其他投入。鼓励除农业银行以外的其他金融机构向林业投资者开展信贷业务。利用资本市场，采取多种方式拓展民营林业企业的融资渠道。鼓励个体、私营企业建立资金互助组织，积极引进风险投资。进一步放宽各级林业部门对私有林发展的限制，允许和鼓励各级林业部门和国有、集体林业企业，以国家投资、企业自筹资金或其他生产要素，与私有林经营主体开展合资或合作，形成利益共同体，共同进行造林、营林、育苗及其他林业开发和经营，利益共享，风险共担，实行林业投资资本化运营，滚动发展。

另外，建立林业基金也是一个拓展私有林资金来源渠道的办法。林业基金制度是以国家投入为主体、多渠道筹集林业资金的一项资金管理制度。建立林业基金制度是发达国家林业发展的成功经验。英美等国之所以能在短期内迅速恢复被破坏的森林资源，并使之得以稳步发展，进而建立现代化林业，其主要原因是这些国家为了扶持和保护林业的发展，在不同时期先后都建立了比较完善的林业基金制度，保证了林业发展所需要的资金投入，调动了造林者的积极性。如日本、瑞典、美国等都在法律上规定，国家必须从林业基金中以无偿或低息有偿形式资助林主进行私有林主造林；澳大利亚联邦政府和各州政府对发展人工林均给予无偿资助和长期低息贷款，用贷款形成的林业基金对人工林的发展起到了非常重要的作用。

3. 实施林权抵押贷款，建立信用担保体系

《中共中央国务院关于加快林业发展的决定》中规定：“森林、林木、林地使用权可以依法抵押。”这为以森林资产作抵押作了原则性的规定。林权抵押贷款一般应采取“政府引导、银行贷款、社会运作、部门服务”的模式，由担保公司担保，银行向林权所有者发放贷款，以集聚资金发展林业。在林权抵押贷款制度下，金融部门增加对林业造林、育林、护林及产业发展的资金贷款；民营担保公司承担森林资产抵押风

险，对资产评估结果进行把关，办理贷款相关手续，提供贷款的资金担保；借款人将林权证质押在民营担保公司，以林权提供反担保；林业部门提供林木资产评估和林权证登记及管理的一个确认、两个承诺，即进行林权证抵押登记和确认林权证真实性与合法性，承诺林权证在抵押贷款期间不予发放林木采伐证、不予办理林木所有权转让变更手续（肖艳，2007）。

为此，应按照“政府引导，多方筹资，企业化管理，市场化运作”的原则，建立信用担保机构，鼓励和引导社会资金组建民间互助型和商业型担保机构，以分散、减小商业银行对私有林的融资风险，解决个体林农贷款难的问题。

4. 案例分析——福建永安林改投融资配套改革做法

永安市是我国南方48个重点林区县之一。从2003年8月开始全面启动了集体林权制度改革。在基本完成明晰产权、确权发证工作之后，作为重点后续工程，巩固和完善林改成果，积极稳步地推进了以林权证抵押贷款和林业小额贴息贷款为主要内容的金融配套改革，在全省率先开展林业贷款信用平台构建工作。具体做法如下：

（1）构建信用平台。一是成立林业信用建设领导小组和贷款评议委员会；二是成立林业信用协会；三是完善《开发性金融贷款管理办法》、《信用协会章程》、《森林资源资产评估办法》等制度建设；四是设立“两金”。首先，设立林业产业发展风险准备金。由永安市政府从本级财政年度预算中安排部分资金设立林业产业发展风险准备金，为开发银行贷款提供偿债资金保证。首次向委托农村信用社注入300万元，由市人大审议列入年度财政预算。其次，设立贷款互保金。需贷款中小企业按贷款额度缴纳互保金，在贷款行开立专户，提供质押担保。

（2）防范金融风险。为防范风险，主要采取了以下做法：一是规范贷款程序；二是由信用协会评估信用状况；三是评估中心按照信用协会委托对提出贷款要求的林木资产进行评估；四是林权证抵押；五是强化风险管理。通过建立警示制度，对不按期还款或未还贷款利息的用款人暂缓享受林业信贷资格。林权证抵押的林木，幼龄林、竹林、经济林抵押率为34%，中、近熟林为70%，成、过熟林为80%。

（3）拓展小额抵押金融业务。2004年7月，永安市被列为国家开发银行构建林业投融资体制改革全国试点，首批在港田镇发放林业小额贴息贷款58万元，参与贷款林农22户。2006年8月，永安市被列为全省6个试点县之一，累计发放1068万元。由于采用"免评估、免担保"和简化贷款手续，随用随贷，周转使用，体现了便民惠民，深受林农喜爱。贷款额度为1万~2万元，期限为1年，贴息3%，林农只负责3.12%利息。

（4）成立林业要素市场。由永安市政府编委会下文成立林业要素交易大厅，为事业单位，每年市财政拨款100万元作为办公费用，林农办理交易、咨询一律免费。林业要素交易大厅是集信息发布、交易实施、中介服务于一体的林业综合性管理与服务机构。市场内设立林权登记管理中心、森林资源评估中心、木竹交易中心、林业法律与科技服务中心、林业劳动力培训中心。其职责是：①林木林地权属的登记与动态管理、林权流转管理、林权抵押管理；②评估资产；③收集发布林权流转交易、林权证抵押、市场交易行情等相关信息；④撮合林业生产要素流转、交易林产品贸易；⑤提供林业法律、法规、政策的咨询服务；⑥组织劳动力培训，提供林业科技服务等。

永安林改投融资配套改革做法为林业发展、林业投融资开辟了新的渠道，强化了林业自我"造血"功能，使更多的资金向林业聚集，为林业的可持续发展提供可靠的资金保障，同时，也激发了社会造林的积极性，推动了林业产业做大做强。

（二）轻税薄费

税收作为国家宏观经济调控的重要工具，在调节资源配置方面具有其他手段不可替代的作用，我们应该充分地运用税收杠杆，发挥税收政策的导向功能，以促进私有林的发展和加快林业经济体制改革的步伐。由于林业是一个弱质产业，它们很难像其他产业一样去承担那些沉重的税费负担，正因为如此，国外绝大多数国家都对林业采取了特殊的税费减免政策，以促进林业的发展。我国是一个少林的国家，生态环境极为脆弱，森林又是维持生态平衡的主体，我们应该学习借鉴国外的有益做法，实施林业轻税薄费政策，以激发私有制经济主体培育森林资源的积极性。

为此，应适应我国私有林发展的需要，根据林业生产"投入大、生产周期长、投资收益低、风险大，以及集经济、生态和社会三大效益于一身”的特点，并结合我国社会主义市场经济条件下税收改革“公平税负、简化税制”的基本原则，通过清费正税，实施林业轻税薄费政策；并通过规范税基计算口径，改革征管方式，以实现税费征管的科学和公正。这样既有利于降低林业税费总水平，又可以促进私有林的发展；既可还利于森林资源经营者，调动其生产积极性，又可降低木材和各种非木材林产品的售价，增强私有林经营者所提供的产品的市场竞争力，从而吸引更多的资金投入林业生产经营活动中。

1. 规范税收优惠政策

税收是政府借以调节供给与需求、生产与消费，以及调整社会经济关系的重要经济杠杆。林业既是生态环境建设的主体，又是国民经济的基础产业，同时它还是一个弱质产业。森林资源培育者由于其生产经营的周期长、资金周转慢、经营风险大，属于国家应重点支持和保护的对象，在税收上主要体现为要实行优惠的低税负政策，以增强其自我积累和自我发展的能力。为此，国家应通过采取各种有效的方式和方法，逐步减少林业税收的项目，并降低各项税收的税率，以实现林业低税负的目标。从目前状况看，林业的薄税已基本达到，要做的是应继续执行国家已经出台的各项林业税收优惠政策，并予以规范。

2. 规范林业收费制度

针对当前非公有制林业税费偏多、费高于税的现状，应尽快清理整顿林业收费项目，规范各项金费的征收程序。对于那些省级以下部门所制定的名目繁多的收费项目，各级地方政府要从发展林业生产、维护生态环境的高度出发，尽快地加以规范，对于诸如“三乱”等各种不合理的收费项目应坚决予以制止，如市场管理费、植物检疫费、工本费、木材销售咨询费，对于一些暂时还不能取消的收费项目要尽可能地降低标准，并从征收的口径、征收程序等方面加以规范，以避免各种搭车收费现象的发生。

3. 改革育林基金制度

可以说，长期以来，育林基金体现了国家的“以林养林”政策，对恢复森林植被、改善生态环境起到了重要的作用。但是，随着社会主义市场经济的发展，公共财政框架的建立，国家对林业的投入已发生了根本性转变，现行育林基金的征收、使用和管理已不适应林业发展的需要，不但所提取的育林基金根本无法维持林业的简单再生产，更谈不上扩大再生产，如 1953 ~ 1992 年，我国共征收育林基金 155. 9 亿元，同期营林生产费用为 376. 58 亿元，远远满足不了林业再生产的需要，而且还使得在基金费用的管理、使用上产生混乱。

鉴于私有林经营者一般都要对其所经营的商品林资源实行资产化管理，而实行森林资源资产化管理后，森林资源资产的培育成本已经通过会计核算程序转入森林资源资产最终产品的成本中，从其所获得的收入中得到了补偿，所以同样具有成本补偿属性的林价、育林费或育林基金就应该取消，以免出现重复征收；对于那些尚未实行森林资源资产化管理的私有林经营主体，其按照一定的标准所计提的林价、育林费或育林基金(只能是其中之一)，也应作为成本补偿的资金来源，全部留给经营者，并在上级有关部门的监督管理下使用，以保证森林资源资产再生产的资金来源，而不能像公有制林业那样由有关部门调配使用和不合理占用。按照育林基金征收的初衷，征收的育林基金本来就要逐步全部返还给林业生产经营者，直接用于造林育林。至于维简费，也应尽快地实行免征，把这部分资金留给林业经营者自身用于作为更新改造的储备基金。林业再生产的投入本来就应由营林者按照市场规律自主决定，这样才能使商品林生产真正进入市场运行轨道。同时，建议中央财政对育林基金取消而减收部分全部实行转移支付，以确保林业部门的工作正常

总之，鉴于林业的特点及其在社会经济发展和生态环境保护中所具有的不可替代的作用，应逐步降低当前我国林业的税费负担，以刺激经营者投资造林的积极性，并最终推进林业生产的发展。实行林业低税费政策不但是林业走向市场的过程中政府有关部门必须给予的扶持，而且还是促进我国林业发展壮大的必要保证，特别是随着中国加入 WTO 之后，林业税费的减免也是大势所趋。但基于我国目前的税负总体水平和林业发展的现状，想把林业税费一下子降得很低甚至是全部减免，也是不太现实的。因此，切合实际的做法应该是在当前的基础上，通过不断地努力，采取各种切实可行的措施，并争取政府有关部门的支持和合作，逐渐地将林业税费水平降低下来，以促进我国私有林的顺利发展。

4. 林业税费改革案例之一——江西省的实际做法

近年来，国家在大力度推进农村税费改革和取消农业税之后，粮农大大减负，而林农负担过重问题日益突出。不少地方林农因此觉得不平衡，意见很大，影响了农村经济社会和谐。从 2004 年 9 月开始，江西省在全省林业产权制度改革中着力减轻林农税费负担，实行“两取消、两调整、一规范”，加大财政转移支付力度，出台配套措施，把“农村税费改革从耕地向山上延伸”，全省原木税费负担由原来占销售价 50% 多降为现在的 20% 多，走出了一条从根本上减轻林农负担、促进林业可持续发展的新路。

(1)两取消。取消木竹农业特产税，由此形成的缺口，由财政通过转移支付解决，取消市、县、乡、村出台的所有木竹收费项目。

(2)两调整。调整育林基金平均计费价格，将定向培育的工业原料林、10cm 以下间伐材计费价格调整为每立方米 180 元，其他商品材每立方米 360 元。标准竹每根征收育林基金 1 元；调整集体林育林基金分成比例。省、市共让利 7%，全部补助给乡镇，即省、市、县(市、区)、乡(镇)四级分成比例为 8%、15%、70%、7%。

(3)一规范。规范增值税、所得税征收范围。从事木竹生产的单位和个人自产自销的原木、原竹取得的收入，依法免征增值税，暂免征收所得税。

通过林改后减轻税费，不但使林农收入显著增加，而且林政管理明显好转，极大地促进了私有林的发展(龚平，2005)。

5. 林业税费改革案例之二——福建省南平市的实际做法

福建省南平市是福建省率先开展林业税费改革的试点地区。2001 年以前，福建省木材税费多，林农负担重，其中省以上有权机关制定的木材税费就有 11 项，约占木材销价的 42%(扣除暂缓征收的森林资源补偿费，尚剩 10 项约占 37%)；省以下各级政府及其有关部门自行出台的收费项目繁多，约占木材销价的 11.5% ~24.4%。高额的税费负担，导致林农不堪重负，社会各方反映极为强烈。为减轻林农负担，南平市在充分调研基础上，以有利于保护林农利益和增加林农收入、有利于林业产业发展壮大、有利于森林资源保护为标准，于 2000 年作出了《南平市人民政府关于全市统一规范木材生产经营税费征收项目及标准的通知》（南政[2000]综271号）。在法律政策允许的权限范围内，通过降低税费计征价、规范税费项目和统一征收标准，在全省率先降低了木材税费，切实减轻了林业生产经营者负担，促进了林业发展。其主要做法是：

（1）实行计征价制度，降低计征标准。木材实行税费同价计征，全市统一计征价。杉木规格材每立方米400元，松木、杂木规格材每立方米300元；杉木非规格材（含等外材）每立方米200元，松木、杂木非规格材（含等外材）每立方米150元；珍稀树种仍以实际销售价为计征价。根据目前市场行情，南平市调整了木材的计征价，杉木规格材每立方米600元，松木、杂木规格材每立方米500元；杉木非规格材（含等外材）每立方米300元，松木、杂木非规格材（含等外材）每立方米250元。

（2）规范税费项目，统一征收标准。除了生产环节特产税、购销环节特产税、增值税、城建税、教育附加费、社会事业发展费、育林费、维简费、森林植物检疫费和林业保护建设费外，其余收费项目一律取消（此后，又多次减少林业规费的计征项目，目前只有育林费、维简费、植物检疫费等，具体详见附录二）。

总之，良好的发展环境是私有林成长壮大的沃土。“无为而治”，“放水养鱼”，是各地放手发展非公有制经济的基本经验。私有林既是一项市场经济行为，同时又是关系山区农村生态环境建设的公益性事业，在优化发展环境方面应当坚持“有所为，有所不为”。对市场调节的经济行为，政府要坚决撤出，让私有林自由发展；对基础性的社会公益行为，政府要科学规划，加强政策引导，宏观调控；对私有林的发展力量，要强化服务质量和效率，用政府投入带动社会投入，用财政投入带动信贷投入，用内资带动外资，内外结合，推动私有林持续、健康、快速发展。

第十四章

私有林补贴制度实施的保障体系

要使私有林补贴制度得以顺利实施，除了有良好的补贴制度体系外，还需要一系列的保障体系来保证补贴制度的实施，如法律法规保障、资金保障以及补贴制度的监督机制建设等。本章将从法律法规、资金以及补贴制度的监督机制等方面就如何构建私有林补贴制度实施的保障体系加以探讨。

第一节　法律法规保障

完善私有林补贴制度以促进私有林快速发展，是一个复杂的系统工程，其中完善发展私有制林业所需的各项政策法律机制是保障也是关键。

一、完善相关法律法规，依法治林

当前，我国的社会主义市场经济建设已经进入了一个非常关键的阶段，私有林是顺应我国林业经济体制改革和社会主义市场经济发展的需要而发展起来的，是林业走向市场的重要体现，而市场经济是法制经济，市场经济的正常运作要求建立与其相适应的法律法规。同时，那些私有制林业比较发达的国家，其成功的主要经验之一就是他们都建立了一系列相关的法律法规，基本上实现了依法治林。林业法律、法规是开展森林资源资产保护、管理和利用工作的依据，是实行依法治林的前提，也是保障私有制林业经营者合法权益的基础和保证。然而，我国目前的林业立法工作严重滞后，特别是与私有制林业发展相关的法律、法规还很不完善，加上同时存在着执法不严、监督不力等问题，从而严重地影响了私有制林业的正常发展。

因此，顺应林业经济体制改革和私有制林业发展的需要，林业主管部门应会同立法机关及其他相关部门，在充分地调查、听取包括私有制林业经营者在内的各方意见的基础上，加快林业法制建设，尽快地制定和完善相关的法律、法规，并同时注意严格执法和强化执法监督，以便为私有制林业的发展提供不可或缺的法制保障。笔者认为，目前主要应做好以下几个方面的工作：

第一，要根据私有制林业发展的需要，加快相关法律、法规的建立与完善。完善的法律、法规体系是加强森林资源管理和保护经营者合法权益的基本依据，针对目前我国林业法律、法规体系不完善，特别是缺乏与社会主义市场经济体制和私有制林业发展相适应的法律、法规的问题，应通过加快立法的步伐，尽快地制订并出台《私有制林业管理条例》、《森林资源产权流转管理条例》、《私有林林主协会组织法》等相关的法律法规，以规范私有制林业发展过程中的各项工作。在加快建立新的法律、法规的同时，还应尽快地清理与完善原有的一些法律法规及各项政策规章，使其体现私有制林业的相关内容，要对私有制林业在投资主体、产权、交易、税收、融资、投资、劳动、就业和社会保障等方面加以规范，并据以引导和保障私有制林业的稳步发展。各地各部门要依法保护私有制林业经营者的合法权益，切实保护他们合法的私有财产。

在加快制定和修订各种全国性的林业法律、法规的同时，各省（自治区、直辖市）的林业主管部门应加强与立法机关和各有关部门之间的配合，根据各地的具体情况和实际工作的需要，进一步制定和完善与私有制林业发展有关的各种地方性法律、法规和政策规章，并报请省人大或政府批准实施，以促使各个不同层次的法律、法规尽快形成一个完整的体系；此外，鉴于法律、法规一般都是比较简要和概括性的，因此还要在强化立法工作的同时，通过制定相关法律、法规的实施细则，以促使那些已经颁布实施的法律、法规得到最有效地贯彻和执行，从而加强对私有制林业发展的规范和指导。

第二，要做好相关法律、法规的宣传和普及工作。在将私有制林业的相关内容在有关的法律、法规中得以体现之后，我们还必须清醒地认识到，要想使这些法律、法规在私有制林业的发展中能够真正地发挥出其应有的作用，还必须通过采取各种恰当的方式和方法对这些法律、法规进行宣传和普及，使其为广大的私有制林业经营者和社会公众所接受，并据以指导经营者们具体的生产与经营管理活动，依法保护私有制林业经营者的合法权益。在这里，切实可行的宣传引导措施往往要比那种仅仅凭借政府的强制力强制执行的做法，更容易为广大的私有制林业经营者和社会公众所接受，更容易激发他们遵法和守法的主动性和积极性，可以达到事半功倍的效果。

第三，要建立强有力的执法队伍，并严格地执法。建立健全的法律、法规体系对于私有制林业的发展来说是至关重要的，然而，如果没有一支强有力、高素质的执法队伍，如果执法机关和执法人员在具体的执法过程中不能够做到严格执法，那么，即使有再完善的法律、法规也难以真正地发挥出其应有的作用。因此，要致力于建立一支强有力的执法队伍，要通过严格林业执法人员的资格审查，严把入门关，把那些不合格的人员拒之门外；同时要加强执法人员的在职教育和后续职业培训工作，通过后续教育以不断地提高他们的业务知识和职业道德水平，从而保证其执法的准确性；当然，还要通过采取各种必要的监管措施，以规范其执法行为，促使其严格执法，从而使各种法律、法规真正地发挥出应有的作用。执法者在具体的执法过程中，既要依法对私有制林业经营者进行监督和管理，更要依法妥善地调解各种纠纷，坚决打击各种破坏私有制林业发展的违法犯罪行为，以保障私有制林业经营者的合法权益。

第四，要强化执法监督，完善执法监督机制。针对当前我国私有制林业法律、法规执行过程中所存在的执法监督不力和执法监督机制缺位问题，今后要切实建立、健全执法违法的责任追究制度和赔偿制度，要发挥人大、政党、检察机关、新闻媒体和社会舆论的监督作用，加大对林业执法部门和执法人员的清理整顿和反腐败力度，对于那些执法不严、徇私枉法和执法违法者，要给予严肃的查处，以维护法律、法规的严肃性。各级人大要建立专门的环境与资源保护委员会，其主要职责之一就是加强对包括森林资源在内的各种自然资源的相关法律、法规的执行情况进行检查和监督，以便及时地纠正执法过程中的各种违法行为，保证法律、法规的有效实施。同时，立法机关还可以考虑通过制定专门的法律或法规，以此来明确执法机关及其执法人员的执法程序、执法方式和执法责任，从而建立完善的执法监督机制，为私有制林业的稳步发展保驾护航。

二、深化林业产权制度改革

按照《物权法》的规定，土地承包经营权人依法对其承包经营的耕地、林地、草地等享有占有、使用和收益的权利，有权从事种植业、林业、畜牧业等农业生产，但是，我国的私有制林业经营者在林地的使用权和林木的收益权、处置权上都受到了非正常的限制，致使他们所拥有的森林资源产权变得残缺不全，从而严重地影响了他们生产经营的积极性。对于这种非正常的产权限制，如果说在生产资料高度集中的计划经济时代，由于国家和政府统管一切，当时占绝对统治地位的国有和集体经营单位只不过是受托管理那些公有的森林资源，还可以忍受这种限制的话，那到了实行社会主义市场经济的今天，特别是当国家或集体经济组织已经通过有偿的方式将森林资源通过各种方式转让给非公有制经营者，而政府部门又没有另外给予这些私有制森林资源经营者必要的补偿或补贴时，只要这些私有制经营主体的生产经营活动没有危及其他相关主体正常地行使产权，那么，他们所应享有的产权就是合法的，就不应该受到各种非正常的限制。根据这一思路，笔者认为，要通过改革及时地完善已经被严重地扭曲了的森林资源产权制度，为私有制林业的发展创造必要的条件。

（一）改革林木的限额采伐制度

限额采伐制度是国家实施的一项对森林资源经营者的采伐量进行限制的制度，其最终的目的在于保护生态环境和提高森林覆盖率，应该说它的出发点是对的，也起到了一定的作用。但问题的关键是国家或政府不应该针对所有的森林资源都采取一刀切的做法，这样不仅不利于保护好现有的森林资源，更为致命的是它对森林资源经营者的产权造成了极大的限制，从而严重地抑制了社会各方投资造林的积极性。因此，笔者认为，必须对我国现行的林木限额采伐制度进行改革，改革的基本思路是要坚持“分类管理，分步实施”的原则。所谓的“分类管理”就是要以林业分类经营为依据，分别针对不同类型的森林资源实行不同的采伐管理方式。对于生态公益林，应进一步加强管理，严禁对生态公益林进行商品性采伐，更新或抚育性质的采伐应严格实行限额采伐管理。严格控制征占用公益林地的行为，严禁将生态公益林随意改变为商品林。同时，国家应该尽快地建立健全森林生态效益补偿制度，给予生态公益林经营者以经济补偿，其资金来源应由财政负责解决。特别是对于那些从事生态公益林建设的私有制林业经营者，更应该实行及时、足额的补偿，以激发他们投资造林的积极性。

对于商品林，应区分公有林和私有林、原有林和新造林分别进行管理。对于商品林中的公有林部分，这一部分森林资源的所有权和经营权都属于公有，政府对其在资源、资金、人才、服务等方面给予了一定的支持，所以国家和政府有理由要求这些公有森林资源的经营者在追求经济效益的同时兼顾生态效益，即这部分森林资源应继续实施限额采伐制度，但应改革现行的采伐限额和年度木材生产计划双控制制度，按照消耗量小于生长量的原则，实行森林采伐限额 5 年总量控制，年度间可以调剂，即在不突破 5 年采伐总量和确保林地及时更新的前提下，对于各个年度的森林采伐限额可以根据市场供求状况自行安排；同时，在年森林采伐限额总量不突破的前提下，加强采伐类型管理和蓄积量控制，放宽消耗结构管理和出材量控制。对于商品林中的私有林部分，应区分原有林和新造林分别进行管理。私有制林业经营者投资造林的最主要目的就是获取最大的经济收益，从理论上说他们应该拥有完全的经营自主权，其中当然包括了森林资源的自主采伐权。但考虑到我国当前森林资源的现状和国家生态环境保护方面的需要，为了防止因森林资源的大幅度减少而引发大的生态灾害，对私有制林业经营者所经营的林子应区分原有林和新造林分别进行管理。其中原有林部分采取与公有制商品林一样的 5 年总控采伐政策，但其前提是国家要为此付出相应的代价，要对这些私有制林业经营者给予适当的经济补偿，否则私有林经营者有权不接受这一非正常限制。而且对于那些有一定的经营规模的速生丰产商品林和短周期工业原料林，应由经营者根据市场行情，按照森林经营方案，自主确定采伐年龄和采伐方式，林业主管部门应优先或单列安排采伐指标。至于私有林中的新造林，国家应该采取更为宽松的采伐政策。应允许森林资源经营者在遵循森林经营方案的前提下，根据市场行情和自身的实际情况，建立采伐申报制度，即由私有林经营者向地方林业行政部门申报采伐计划，而政府在总量控制、限期更新的原则下，对私有林经营者申报的采伐计划，在不会对生态环境产生较大影响的前提下，原则上应当予以批准。如出于保护生态环境或公共需要而不能批准的，国家或相关部门应当给予一定的经济补偿。只有这样才能刺激私有林经营者的投资热情，从而吸引更多的投资主体投身与我国的林业建设。

基于森林资源在生态环境保护中的重要地位与作用，同时考虑到我国各地当前森林资源的现状和在管理水平方面的差异，林木限额采伐制度改革暂时还不太可能在全国范围内全面展开，比较稳妥的办法应该是采取“分步实施”的策略，即首先在沿海几个经济比较发达、森林覆盖率较高、私有制林业发展比较迅速且对森林资源的管理水平相对较高的省份进行试点研究，如福建、浙江、广东等省份，都已经具备了试点的条件；然后根据试点情况，不断地总结经验和教训，进行修改和完善；最后，在条件逐步成熟之后再向全国推广。

（二）改革林木的收购和运输管理制度

随着我国社会主义市场经济的逐步建立和健全，林业经济体制改革也取得了一定的进展，而林业部门独家收购木材这一产生于高度集中的计划经济体制下的非正常垄断制度至今仍然在不少地区存在并执行，这不仅严重地制约了我国林业经济的发展，而且与社会主义市场经济所要求的公平竞争原则相背离，必须尽快地进行变革。特别是随着我国私有林的迅速发展，要求改革林木独家收购制度的呼声越来越高。当前，改革过时的木材独家收购制度已经势在必行，这不仅是顺应社会主义市场经济发展的需要，也是促进私有林发展的需要。这项改革的目标是要打破林业部门独家经营木材的高度垄断地位，允许木材的供需双方直接见面，并按照市场经济规律实行等价自愿交易，这样就可以大大减少中间环节，节约大量的交易费用。目前，这项改革的阻力主要来自林业部门内部，因为林业主管部门自身就是这一制度的主要执行者和直接受益者，如何协调好当前利益和长远利益、部门利益和全局利益的关系成为摆在林业主管部门面前的一道难题。笔者认为，以林业主管部门为主的既得利益群体应该从长远利益和全局利益出发，积极主动地配合其他相关部门开展好这项改革工作，只有这样，才有利于包括私有林在内的广大林业经营主体的发展壮大，林业生产才能取得长足的发展，而林业主管单位也才会从中获得更多的回报。因此，对于私有林经营主体所生产的木材，在经过林业主管部门派出的具有资质的人员进行检尺登记后，应及时发证放行，允许私有林经营者凭采伐许可证和木材检尺证明自行销售，从而使私有林经营者成为木材销售利益的主要获得者。同时，在木材的运输管理上也要进行改革，要坚决改变当前各地重重设卡，随意拿、卡、压、要等执法违法行为，允许木材经营者或流通者凭证自行运输、自行销售，要为木材等各种林产品的销售开辟绿色销售通道。

(三)建立和完善林地和林木的产权流转制度

林地和林木的产权流转制度不完善，林地和活立木市场迟迟未能形成，这是导致我国私有林经营者产权受限的重要原因之一，也是林业弱质性的主要表现。因此，尽快地建立和完善林地和林木的产权流转制度，既是解决产权受限问题的需要，也是加快林木和林地产权流转和增强私有林经营者竞争能力的需要。在这方面，主要应做好以下几项工作：

(1)切实搞好山林权属的界定与登记工作，保护产权主体的合法权益。林权证是我国当前界定森林资源权属的唯一合法凭证，但现实中却有不少的森林资源经营单位并没有取得相应的林权证，而私有林在这方面的问题尤为严重，特别是那些个私林业经营者，多数没有及时地取得合法的林权证。因此，目前的当务之急是应尽快地做好林权证的补办工作。同时，鉴于当前我国私有林发展迅速，林木和林地产权变动比较频繁的现状，还应尽快地完善产权变更登记制度，即在每一笔产权交易发生之后，交易双方应及时地办理山林权属过户变更登记手续，以落实变更后的林木和林地所有者和使用者的相关权益。

(2)建立、健全林木和林地产权流转市场和各种服务中介机构。针对目前在林木和林地产权流转过程中存在的产权交易市场和中介服务机构缺位的现状，应尽快地建立、健全林木和林地产权流转市场和各种服务中介机构，要引导山林权属交易的双方入市交易，发展多种多样的产权交易形式，争取在微观上实现放开搞活；同时，又要加快森林资源资产评估等中介服务机构的建设，以加强对产权交易行为的协调和管理，并以有关的法律、法规和相关的市场交易规则为指导，实现宏观上管住管好。福建永安的做法值得在全国推广。

(3)规范林地和林木产权交易的程序和范围。私有林经营主体在进行林木和林地产权流转交易时，应该严格按照有关法律和规章制度的规定进行。首先，明确区分能否进行产权流转的森林资源的界限，一般情况下不能将那些以提供生态和社会效益为主的生态公益林资源纳入产权流转的范围；其次，按照规定的程序和步骤进行产权交易活动，一般的林木和林地产权交易都应包括提出申请、资格审查、资产评估、签订协议或合同、进行产权变更登记等具体程序和步骤。

(4)尽快地建立、健全与林木和林地产权变动相关的法律、法规及其实施细则，以规范日益频繁的产权交易活动。

(5)政府部门要尽快地转变职能，强化对林木和林地产权流转的宏观及间接管理，从而为正常的产权流转创造良好的外部环境。

三、从思想上正确认识私有林

当前，在全国各行各业加快步伐大力发展非公有制经济的形势下，我国林业行业非公有制经济发展的步伐相对滞后。究其根源，固然有许多客观因素使然，但主观上对私有制林业发展的重要性、必要性和可能性认识不足，加上对私有制林业还存在着不少误解和偏见，这是导致我国私有制林业发展严重滞后的思想根源。思想上的问题得不到根本的解决，我国的私有制林业就难以取得重大的发展。限制我国私有制林业发展的不正确的思想认识主要体现在两个方面，一是来自私有制林业经营主体自身，二是来自私有制林业的外部环境。在经营主体自身环节上，不少私有林经营者存在着“小富即安，小进则满”的小农思想，稍有成绩就不思进取；许多经营者存在着等靠要、大帮哄的依赖心理；“先捞一把”、“见好就收”的思想比较严重等。在外部环境上，长期以来，我们的政府部门和社会各界普遍存在着许多不利于私有制林业发展的思想观念，他们要么认为社会主义国家不能搞非公有制经济；要么断章取义地以林业生产的特殊性为借口，认为林业不适合于搞非公有制经济；要么认为私有制林业发展的条件还不成熟，发展过快会给公有制林业带来冲击；要么从自身的利益出发，不乐衷于发展私有制林业；更有人认为，既然是私有制林业，就没有国家或政府什么事了，对私有制林业不闻不问、放任自流；等等。这些观点往往只看到了问题的一方面，却没有顾及另一方面，因此其认识都是错误的。

针对这些错误的思想认识，目前的当务之急是要在澄清错误认识的基础上，尽快地转变观念，增强紧迫感，加快我国私有制林业发展的步伐。首先，私有制林业经营者自身要摆正位置，摈弃各种错误的思想认识。私有制林业经营者要从近几年国家出台的一系列政策规定中，充分地认识到我们的党和政府现阶段对发展非公有制经济的信心和决心，从而消除顾虑，坚定信心，破除“先捞一把”、“见好就收”的错误观念，逐步形成持续经营的经营思想；要不断地提高自身的综合素质，尽快地摆脱长期存在的、不合时宜的各种小农思想，要敢于开拓进取，积极投身于林业建设；私有制林业经营者还要消除不正确的依赖心理，在国家政策的引导下，依法经营，依靠自己的勤劳实现致富奔小康的目标。其次，政府部门和社会各界要从不合时宜的错误观念中解放出来，正确认识私有制林业在我国现阶段林业发展中的重大作用和巨大的发展潜力，理清制约私有制林业发展的思想根源和制度限制。各级政府部门和社会各界的当务之急，就是要来一个思想上的大解放，要从思想上、认识上摆正私有制林业在我国林业发展中的重要地位与作用，充分认识私有制林业在调整农业结构、发展农村经济、解决农村就业、增加农民收入，以及稳定社会、维护生态等方面的巨大作用；要消除各种思想顾虑，克服各种错误认识，尽快地破除那些妨碍私有制林业发展的思想观念，坚决地纠正束缚私有制林业发展的做法和规定，尽快地废止那些影响私有制林业发展的体制障碍；要树立全社会、全行业的协调、服务意识，增强开放意识、发展意识，切实转变各级政府的工作作风，真心实意为林业经营者出主意、想办法，帮助解决实际的困难和问题，坚定不移地鼓励、支持非公有制经济的发展；要加大对非公有制经济的宣传力度，依法保障私有制林业经营者的合法权益，积极为私有制林业经营者创造平等竞争的社会环境，不断开拓私有制林业发展的新领域，促进私有制林业的持续、稳步发展。可以说，只有从思想上正确认识了私有林，政策制定者才会感觉有完善私有林相关法律法规的必要，所以，正确认识私有林是完善有关法律法规的先决条件。

第二节　资金保障制度建设

私有林补贴制度的实施离不开资金的支持，为此，必须在资金上给予保障。没有充足的财政资金作为补贴资金的来源，补贴就难以实现。但从我国林业发展的历程来看，林业作为产业，经历了从辉煌繁荣到萎缩萧条的过程，积累了沉重的历史包袱，其中最为突出的是重点产材地区的地方财政和经济发展始终倚赖林业。建国以来，林业行业为国家积累了大量的建设基金。改革开放以来，林业税费负担不断加重，林业生产者由产品低价统购改为税费负担的形式继续为公共部门提供资本积累，剥夺了林区经济发展的动力，靠资源消耗维持林农生活和地方政府运转。随着可开采资源下降和国家宏观经济环境影响，林业行业迅速步入低谷，同时，还有大量的超编人员、离退休人员等社会问题。1992年实行“分灶吃饭”改革，南方林区可采资源状况好，市场价格高，因此财政包干系数高。长期资源消耗使绝大多数林区陷入了经济危困和资源危机中，或者森林资源质量不高，采伐成本提高，木材价格低廉，收入大幅度下降，林区政府组织财政收入压力越来越大。因此，林业补贴资金应首先博取中央财政的充分支持，并努力拓展多方资金来源。

一、调整国家预算编制制度，确保财政支林资金来源

林业建设长期性的特点，客观上要求稳定的、中长期的投入机制。然而，当前我国林业的投入渠道并不十分稳定，目前我国许多生态公益型国有林场、野生动植物资源保护、林业工作站、木材检查站、科技推广机构的人员绝大多数都在编外，人员经费只有靠企业经费、育林基金、罚没款来维持，即使有些项目纳入财政预算，也不是正规的事业费项目。林业建设的特点需要一些未纳入预算内基本建设资金中的补助能够长久性地供给，但由于缺乏法定依据，使这些补助处于动态、不稳定之中，难以进一步合理地拓宽补助项目。这就使得财政对林业的支持资金容易随不同时期经济政策的影响而发生波动；中长期投入机制的不完善，将会阻碍资源要素的组合利用，不适应持续发展的需要，从而影响林业可持续建设这项长期性战略工程实施的稳定性。另外，地方各级财

政每年年初预算内安排用于林业事业发展的各项专项资金预算指标，也有相当一部分没有明确资金使用的具体工程项目和具体用款单位，导致财政部门的预算指标批复后，林业部门无法及时转批复给具体的使用资金生产单位或项目；经过预算资金的二次分配过程，部分预算资金至年末才拨付给具体的用款单位或项目。存在这一切的原因在于从根本上还是缺乏严肃、科学的财政支出的预算管理制度，为此，须对我国林业预算制度进行调整。

建议将林业财政支出分为资本性项目和日常性项目分别编制预算，并进行预算的管理和监督。对于林业资本性项目按照项目期，又可以分为短期项目(1 年之内)、中期项目(1 ~ 5 年)和长期项目(5 年以上)，根据林业项目期时效不同，运用滚动预算法编制项目预算，中期项目可以按年度进行滚动预算，长期项目可以按照 3 年进行滚动预算，这样有利于避免时效滞后。如在天然林保护工程中，补助标准不能随着时间的推移而变化，2005 年还在执行 1998 年的管护工资标准，必然产生管护人员消极怠工，以及资金不足的局面，而影响林业财政支出的生产效率。对于日常性开支项目，应该按照每年的业务支出内容，利用零基预算法来编制经费预算。这样有利于林业部门每年按照工作任务进行经费预算，不会因为计划工作的增加或减少，而短缺或浪费财政资金。比如 2000 年之后，林业重点工程的启动，林业部门增加了大量的公共物品和服务供给活动，但国家没有按照新的工作内容，增加经费开支，必然加重林业部门的经费负担，而影响林业的生产效率。因此，国家应该要求公共部门按照科学的预算方法编制资金预算。同时，按照预算的经费进行制度化的监督和管理，从根本上保障资金的预算与林业公共部门提供公共服务的范围和活动一致，使公共部门在国民经济的各部门中进行合理资金配置，同时，为部门提高生产效率以资金保障①。

二、完善财政分级管理制度，提高财政资金供给能力

分级财政职能就是将政府职能在各级政府间的合理划分，以及与事权相匹配的财权财力分割，再辅之于规范化的转移支付制度，以促进政

① 周莉，我国林业财政支出的效率研究，博士论文，2007。

府公共服务效率目标的实现。按照中央与地方各自的职责，中央政府应主要承担关系国家全局，属于全国范围内或跨地区、地方无力承担或不宜由地方政府承担的林业支出；地方政府应更多地承担支持地方林业发展的责任。前面已述，由于林区大多出于欠发达地区，林区地方政府财政压力较大，而目前地方财政对林业支持的预算份额大约在50%，而实际上地方政府并没有支持林业的财力，也不能按时进行资源拨付，必然影响到林业生产公共物品的建设。因此，在林业财政支持总额中，应该适度提高中央财政对林业支持的预算份额，加大中央对地方的林业专项资金投入，这既可以发挥林业财政支持资金的导向作用，又可以增强中央对地方农业发展的宏观调控能力。

三、优化财政支出结构，提高财政支出效率

财政支出是实现政府职能的重要工具，因此政府支出结构的调整取决于政府职能的定位。从长期来看，我国政府的职能是以建立社会主义市场经济为目标，在市场配置资源发挥基础性作用的条件下，财政支出结构调整的目标是建立公共支出框架体系，政府主要提供公共产品和服务。

调整和优化财政支出的原则主要是：在满足公共支出的需要的同时，促进节约资金，提高支出效率。

根据科技和教育对农村、农业发展的贡献明显大于基础设施投入，据此，财政支出首先应加强对林业科研、技术推广、林业教育及培训的补贴。这里需强调的是，林农是林业建设的主力，也是最难获得培训机会的群体，对林农的培训最能体现培训效益，这将使我国林业爆发出巨大的生产力，为此，必须将林技推广机构及人员经费纳入财政预算。其次，基础设施建设仍是林业一般政府服务的重要环节。基础设施为林业生产创造了坚实的物质基础和良好的生产条件，我国对林业基础设施建设的补贴不仅要加强，而且每年都要保持适当的增幅。必要的林业执法部门的人员及业务经费也需纳入预算，以维持机构的正常运转。需注意的是，对于林业基本建设资金的使用，要继续发挥目前的功能，主要资金用途应支出于营林，但注意营林不光是造林，从目前来看，还要将资金侧重于现有森林的保护和利用，这样才能实现森林的可持续发展，实

现资源的有效配置。

另外，我国生态整体恶化，林业建设成为保障国家生态安全和国民经济持续发展的战略举措，这关系到当代人的生存质量和下代人的生存权利，环境计划补贴须得到政府的格外关注。同时须指出，发展林业潜力在农村，主力是林农，要激发他们的兴奋点，调动他们的积极性，就必须维护其利益，故直接补贴措施向林农倾斜，稳定其收入是振兴林业生态经济生产力的理智之举。

由于我国是发展中国家，在给予林业生产者的直接补贴措施尚难以全面、迅速实施的情况下，政府应规范林业税费，因为林业税费的减免是最有效的补贴，每少收 1 元，林农就实实在在增收 1 元，这就相当于给了林农直接支付。

四、实现林业投资多元化，丰富财政支林手段

作为发展中国家，财政规模有限，资金供给不足是一种正常现象。在加上目前财政支林中资金来源大部分为国债，财政偿还能力压力很大，继而财政对林业投入规模相对扩大也十分困难。政府应该建立多元化的林业财政支出政策，通过多种手段吸引私人部门资金，来实现林业公共产品的有效供给。政府应该利用其在宏观驾驭上的功能，充分发挥财政杠杆作用，引导其他主体对林业进行投入，形成资金使用的整体合力，比如，国家可以通过优惠或贴息贷款、配套对银行的政策优惠扩大银行信贷规模，以支持林业财政资金支出的不足。财政还可以给经营者以税费优惠政策，借以提高林农营林的积极性。这样，将有效发挥林业财政支出以政府主导，市场为辅的效率主体地位，也真正发挥林业财政支出的效率，拓展林业资金的来源渠道，丰富财政支林的手段。

第三节 补贴制度实施的监督机制保障

马克思主义监督学说认为，监督是国家的一种职能，是维护一定社会政治和经济秩序的手段。林业补贴制度确定后，只有通过科学的、规范的监督机制，才能使补贴制度从文本规定转化为人们的实际行为规范，使林业补贴制度设计从静态设计转化成动态运营，从而促进各项林

业事业的不断前进，实现森林资源的可持续发展。

一、以健全的制度规范监督

用制度管权、靠制度管人、按制度办事，做到权力运行到哪里，制度规范就完善到哪里，监督就延伸到哪里，是确保规范监督有章可循和高效运行的重要前提和保障。林业系统纪检监察机构在监督林业补贴资金运营过程中，要把健全制度、按章办事摆在突出的位置，重点围绕政策落实的重要环节，特别是补贴资金的投入、拨付、使用、管理等实际工作中容易出现漏洞和产生问题的关键环节，从规范权力运作入手，建立和完善各项林业补贴政策执行的管理制度、实施细则或操作规程，及时填补制度建设中的“空白”，并强化各项管理制度的有机衔接，将补贴资金的使用范围、分配、拨付、使用、管理、监督以及财政支出预算编制、预算执行、绩效考评、监督管理等各环节制度化，建立和完善科学决策制度、民主监督制度、依法行政制度、责任追究制度等制度体系，确保监督工作有章可循。

二、精简环节，减少补贴资金运营风险

从目前林业补贴资金拨付环节看，我国林业补贴多按一定的级次和层次逐级拨付到建设单位（项目）或林主，如自然灾害补贴资金拨付环节是：县林业主管部门 → 乡镇林业站 → 村委会 → 林农。补贴资金流转环节上的各级官员机构和被补贴主体间构成了多层次的委托——代理链条，链条越长，信息越不充分，补贴资金越可能被层层截留。因此有必要精简林业补贴资金拨付中间环节，减少不必要的道德风险，使林业补贴足额、便捷地落实到被补贴者手中，比如可以采取目前国家实行的粮食直补发放模式，即借助于农村金融网点，直接把发放给林农的直接补贴资金拨付到他们的专设账户，这有助于降低补贴资金在流动环节中造成补贴资金缩水的风险。

同时，要完善政务公开责任制度，对政策规定公开的内容，尤其是资金的分配，要将分配的依据、预算和结果在有关媒体和宣传栏上公布宣传，畅通各级各部门及农民对林业补贴政策执行过程中的知情权、参与权、监督权的渠道，防止政策执行中的跑冒滴漏等现象，保证政策的

及时全面落实到位。

三、强化监督，确保补贴制度的顺利运行

为获取林业补贴资金，相关主体可能会采取非正常手段向主管机构献媚，以谋求资源倾斜；资金分配的主管部门也可能利用手中的职权为自己谋利益(即经济学上的寻租)，正是这种相互博弈使得林业补贴资金有可能成为各利益主体搜寻的对象。这种现象越普遍，林业补贴资金无谓损耗越大，其补贴效益越低，因此必须加强对林业补贴制度运营的监督力度。

首先，必须加强对林业补贴资金的审计监督力度。为加强对补贴资金的监管力度，财务、审计、纪检部门应通力合作，严格控制林业补贴资金的流向和使用边界，防范林业补贴资金不合理的流向以及流动中的腐败行为。同时切实加强项目管理，建立约束机制，全面规划，认真论证，运用科学的指标体系对建设项目进行评价，以保证补贴资金落到实处，产生实效，让农民真正得到实惠。

其次，应建立与生态环境相结合的政府考核体系。进行绿色 GDP 的核算，将绿色 GDP 作为衡量公共产品的最终指标，来考核政府的职能，是较为有效的指标。绿色 GDP 是指用以衡量各国扣除自然资产损失后新创造的真实国民财富的总量核算指标。简单地讲，就是从现行统计的 GDP 中，扣除由于环境污染、自然资源退化、教育低下、人口数量失控、管理不善等因素引起的经济损失成本，从而得出真实的国民财富总量。这样，通过考核，会引导当地政府对生态环境建设的重视，真正发挥地方政府生产林业公共物品的职能，以及推动地方政府参与林业公共产品生产的积极性。

最后，应加大违规行为的惩罚力度。对违规者必须严惩，使其违规成本远大于违规收益。

总之，完善的监督机制将保障林业补贴制度在规范的框架下安全运作，发挥出预期的补贴效应。

附录一 参数统计表

最希望的补贴形式	系数	标准差	Wald检验值	自由度	显著度	Exp(B)	95% Confidence Intervalfor Exp(B)	
							Lower Bound	Upper Bound
1 Intercept	21.351	821.041	.001	1	.979			
[种粮] X_{14}	.931	.415	5.039	1	.025	2.537	1.125	5.719
[种林] X_{16}	-1.694	.784	4.668	1	.031	.184	.040	.854
[不想放弃林地] X_{77}	.091	.382	.057	1	.812	1.095	.518	2.314
[交通不便] X_{81}	-.206	.321	.411	1	.521	.814	.433	1.528
[市场问题] X_{84}	-1.443	.370	15.170	1	.000	.236	.114	.488
[其他问题] X_{85}	1.200	.323	13.759	1	.000	3.320	1.761	6.258
[用材林] X_{91}	.907	.312	8.464	1	.004	2.478	1.345	4.566
[生态林] X_{93}	2.875	.754	14.539	1	.000	17.723	4.044	77.683
[提供良种] X_{99}	-1.078	1.148	.882	1	.348	.340	.036	3.227
[技术指导] X_{100}	-.891	.836	1.136	1	.287	.410	.080	2.111
[市场信息] X_{101}	3.486	.870	16.053	1	.000	32.660	5.935	179.743
[修道] X_{102}	2.186	.690	10.035	1	.002	8.897	2.301	34.400
[保护价] X_{105}	-11.434	317.180	.001	1	.971	1.08E-005	1.12E-275	1.043E+265
[其他形式] X_{106}	-9.826	757.301	.000	1	.990	5.40E-005	.000	.(c)
2 Intercept	8.833	317.183	.001	1	.978			
[种粮] X_{14}	.715	.465	2.369	1	.124	2.045	.822	5.086
[种林] X_{16}	-1.292	.817	2.504	1	.114	.275	.055	1.361
[不想放弃林地] X_{77}	-.392	.427	.840	1	.359	.676	.293	1.562
[交通不便] X_{81}	.089	.393	.052	1	.820	1.093	.506	2.361
[市场问题] X_{84}	-1.353	.438	9.539	1	.002	.258	.109	.610
[其他问题] X_{85}	1.840	.421	19.134	1	.000	6.298	2.761	14.364
[用材林] X_{91}	1.025	.366	7.831	1	.005	2.786	1.359	5.711
[生态林] X_{93}	2.943	.860	11.711	1	.001	18.977	3.517	102.398
[提供良种] X_{99}	-2.826	1.163	5.907	1	.015	.059	.006	.579
[技术指导] X_{100}	-.631	.872	.524	1	.469	.532	.095	2.938
[市场信息] X_{101}	2.919	.917	10.126	1	.001	18.528	3.069	111.873
[修道] X_{102}	2.153	.782	7.590	1	.006	8.613	1.861	39.855
[保护价] X_{105}	-12.441	317.180	.002	1	.969	3.95E-006	4.10E-276	3.809E+264
[其他形式] X_{106}	2.490	.733	11.537	1	.001	12.062	2.867	50.749

（续）

最希望的补贴形式		系数	标准差	Wald检验值	自由度	显著度	Exp（B）	95% Confidence Intervalfor Exp(B)	
								Lower Bound	Upper Bound
3	Intercept	9.686	317.184	.001	1	.976			
	［种粮］X_{14}	.823	.507	2.635	1	.105	2.278	.843	6.155
	［种林］X_{16}	-1.100	.846	1.691	1	.193	.333	.063	1.747
	［不想放弃林地］X_{77}	-.979	.440	4.953	1	.026	.376	.159	.890
	［交通不便］X_{81}	-.122	.405	.090	1	.764	.885	.400	1.958
	［市场问题］X_{84}	-1.658	.447	13.754	1	.000	.191	.079	.458
	［其他问题］X_{85}	1.049	.413	6.431	1	.011	2.853	1.269	6.416
	［用材林］X_{91}	1.166	.385	9.171	1	.002	3.208	1.509	6.822
	［生态林］X_{93}	2.824	.952	8.808	1	.003	16.852	2.609	108.834
	［提供良种］X_{99}	-1.585	1.178	1.810	1	.179	.205	.020	2.063
	［技术指导］X_{100}	-2.159	.875	6.086	1	.014	.115	.021	.642
	［市场信息］X_{101}	2.290	.915	6.259	1	.012	9.878	1.642	59.415
	［修道］X_{102}	2.268	.806	7.912	1	.005	9.660	1.989	46.919
	［保护价］X_{105}	-11.148	317.181	.001	1	.972	1.44E-005	1.49E-275	1.390E+265
	［其他形式］X_{106}	1.687	.748	5.082	1	.024	5.402	1.246	23.411
4	Intercept	8.964	317.185	.001	1	.977			
	［种粮］X_{14}	1.084	.719	2.272	1	.132	2.955	.722	12.091
	［种林］X_{16}	-1.653	.946	3.055	1	.080	.191	.030	1.222
	［不想放弃林地］X_{77}	.436	.630	.479	1	.489	1.547	.450	5.321
	［交通不便］X_{81}	.333	.535	.387	1	.534	1.395	.489	3.983
	［市场问题］X_{84}	-2.169	.537	16.297	1	.000	.114	.040	.328
	［其他问题］X_{85}	.850	.507	2.816	1	.093	2.340	.867	6.317
	［用材林］X_{91}	.715	.477	2.252	1	.133	2.045	.803	5.204
	［生态林］X_{93}	1.802	1.086	2.752	1	.097	6.061	.721	50.940
	［提供良种］X_{99}	-1.019	1.273	.640	1	.424	.361	.030	4.379
	［技术指导］X_{100}	-.695	.983	.500	1	.479	.499	.073	3.425
	［市场信息］X_{101}	.883	.990	.795	1	.373	2.417	.347	16.823
	［修道］X_{102}	2.039	.946	4.644	1	.031	7.681	1.203	49.050
	［保护价］X_{105}	-11.562	317.181	.001	1	.971	9.53E-006	9.87E-276	9.197E+264
	［其他形式］X_{106}	1.976	.850	5.408	1	.020	7.213	1.364	38.135

（续）

最希望的补贴形式		系数	标准差	Wald 检验值	自由度	显著度	Exp (B)	95% Confidence Intervalfor Exp(B)	
								Lower Bound	Upper Bound
5	Intercept	9.583	317.183	.001	1	.976			
	［种粮］X_{14}	.205	.460	.198	1	.656	1.227	.498	3.022
	［种林］X_{16}	-1.511	.818	3.412	1	.065	.221	.044	1.097
	［不想放弃林地］X_{77}	-.630	.423	2.216	1	.137	.533	.232	1.221
	［交通不便］X_{81}	-1.017	.369	7.609	1	.006	.362	.176	.745
	［市场问题］X_{84}	-1.401	.440	10.135	1	.001	.246	.104	.584
	［其他问题］X_{85}	1.714	.419	16.765	1	.000	5.552	2.444	12.611
	［用材林］X_{91}	.133	.377	.125	1	.724	1.143	.546	2.393
	［生态林］X_{93}	4.062	1.090	13.873	1	.000	58.064	6.850	492.154
	［提供良种］X_{99}	-1.240	1.184	1.096	1	.295	.290	.028	2.948
	［技术指导］X_{100}	-.183	.902	.041	1	.839	.833	.142	4.876
	［市场信息］X_{101}	2.566	.941	7.443	1	.006	13.016	2.060	82.250
	［修道］X_{102}	.516	.731	.498	1	.480	1.676	.400	7.026
	［保护价］X_{105}	-12.205	317.180	.001	1	.969	5.00E-006	5.19E-276	4.825E+264
	［其他形式］X_{106}	2.052	.730	7.897	1	.005	7.786	1.861	32.580
6	Intercept	7.688	4404.236	.000	1	.999			
	［种粮］X_{14}	.236	.754	.098	1	.755	1.266	.289	5.554
	［种林］X_{16}	-.971	1.059	.841	1	.359	.379	.048	3.017
	［不想放弃林地］X_{77}	-.447	.647	.476	1	.490	.640	.180	2.275
	［交通不便］X_{81}	.667	.741	.810	1	.368	1.948	.456	8.320
	［市场问题］X_{84}	-2.831	.693	16.701	1	.000	.059	.015	.229
	［其他问题］X_{85}	1.563	.731	4.574	1	.032	4.773	1.140	19.993
	［用材林］X_{91}	1.406	.614	5.245	1	.022	4.080	1.225	13.589
	［生态林］X_{93}	2.995	1.312	5.210	1	.022	19.978	1.527	261.377
	［提供良种］X_{99}	-1.177	1.329	.784	1	.376	.308	.023	4.169
	［技术指导］X_{100}	-.963	1.040	.857	1	.355	.382	.050	2.932
	［市场信息］X_{101}	2.793	1.107	6.369	1	.012	16.326	1.866	142.826
	［修道］X_{102}	.216	.890	.059	1	.808	1.241	.217	7.104
	［保护价］X_{105}	-11.141	317.182	.001	1	.972	1.45E-005	1.50E-275	1.403E+265
	［其他形式］X_{106}	2.038	4392.800	.000	1	1.000	7.677	.000	.(c)

（续）

最希望的补贴形式	系数	标准差	Wald 检验值	自由度	显著度	Exp（B）	95% Confidence Intervalfor Exp(B)	
							Lower Bound	Upper Bound
7 Intercept	6.945	317.185	.000	1	.983			
［种粮］X_{14}	1.236	.529	5.452	1	.020	3.442	1.220	9.712
［种林］X_{16}	-1.584	.836	3.591	1	.058	.205	.040	1.056
［不想放弃林地］X_{77}	-.104	.488	.046	1	.831	.901	.346	2.344
［交通不便］X_{81}	-.219	.430	.260	1	.610	.803	.345	1.867
［市场问题］X_{84}	-.753	.523	2.073	1	.150	.471	.169	1.313
［其他问题］X_{85}	.974	.451	4.669	1	.031	2.650	1.095	6.414
［用材林］X_{91}	.166	.427	.152	1	.696	1.181	.512	2.726
［生态林］X_{93}	3.314	1.262	6.896	1	.009	27.495	2.317	326.199
［提供良种］X_{99}	-1.021	1.195	.729	1	.393	.360	.035	3.749
［技术指导］X_{100}	-1.824	.880	4.299	1	.038	.161	.029	.905
［市场信息］X_{101}	2.037	.915	4.958	1	.026	7.667	1.276	46.049
［修道］X_{102}	3.057	.998	9.385	1	.002	21.269	3.008	150.389
［保护价］X_{105}	-12.073	317.180	.001	1	.970	5.71E-006	5.92E-276	5.511E+264
［其他形式］X_{106}	2.850	.772	13.628	1	.000	17.281	3.806	78.452
8 Intercept	9.055	317.183	.001	1	.977			
［种粮］X_{14}	1.897	.576	10.829	1	.001	6.664	2.153	20.621
［种林］X_{16}	-2.436	.841	8.392	1	.004	.088	.017	.455
［不想放弃林地］X_{77}	.148	.481	.094	1	.759	1.159	.452	2.973
［交通不便］X_{81}	-.274	.411	.444	1	.505	.760	.340	1.702
［市场问题］X_{84}	-2.732	.460	35.221	1	.000	.065	.026	.160
［其他问题］X_{85}	1.393	.429	10.544	1	.001	4.025	1.737	9.330
［用材林］X_{91}	.463	.394	1.383	1	.240	1.590	.734	3.441
［生态林］X_{93}	4.001	1.099	13.249	1	.000	54.666	6.339	471.413
［提供良种］X_{99}	-.885	1.204	.541	1	.462	.413	.039	4.370
［技术指导］X_{100}	-.814	.897	.824	1	.364	.443	.076	2.569
［市场信息］X_{101}	2.506	.922	7.383	1	.007	12.256	2.011	74.716
［修道］X_{102}	2.175	.807	7.260	1	.007	8.802	1.809	42.820
［保护价］X_{105}	-13.795	317.180	.002	1	.965	1.02E-006	1.06E-276	9.834E+263
［其他形式］X_{106}	2.297	.765	9.019	1	.003	9.948	2.221	44.555

附录二　福建省南平地区1994年以来的林业税费制度

项目	2000年前	2001～2002年	2003～2004年	2005年后
育林费	销售收入的12%征收	按木材统一计征价的12%征收	按木材统一计征价的12%征收	按木材统一计征价的12%征收
维简费	按销售收入的8%征收	按木材统一计征价的8%征收	按木材统一计征价的8%征收	按木材统一计征价的8%征收
生产环节特产税	按核定计税价50%的8.8%（含地方附加）征收	按木材统一计征价50%的8.8%（含地方附加）征收	按木材特产税计征价的8.8%（含地方附加）征收	取消
销售环节特产税	按（销售价50%＋两金）×8.8%（含地方附加）征收	按木材统一计征价的8.8%（含地方附加）征收	取消	取消
社会事业发展费	按销售收入的0.20%	按木材统一计征价的0.2%征收	按木材统一计征价的0.2%征收	取消
林业保护建设费	按5元/m^3征收	按5元/m^3征收	取消	取消
植物检疫费	按销售收入的0.2%征收	按木材统一计征价的0.2%征收	按木材统一计征价的0.2%征收	按木材统一计征价的0.2%征收
工商管理费	按销售收入的1%征收	取消	取消	取消
教育费附加	按销售收入的0.5%征收	取消	取消	取消
印花税	销售收入的0.21%征收	取消	取消	取消

附录三　1978～2006 年福建省价格指数表

年份	居民消费价格指数（以 78 年价格为 100）	居民消费价格指数（以上年价格为 100）
1978	100	100
1979	102. 8	102. 8
1980	108. 2	105. 3
1981	111. 2	102. 7
1982	115. 0	103. 4
1983	116. 4	101. 3
1984	118. 9	102. 1
1985	132. 3	111. 3
1986	140. 9	106. 5
1987	154. 2	109. 4
1988	195. 0	126. 5
1989	231. 9	118. 9
1990	230. 3	99. 3
1991	238. 3	103. 5
1992	252. 4	105. 9
1993	291. 3	115. 4
1994	364. 9	125. 3
1995	420. 4	115. 2
1996	445. 2	105. 9
1997	452. 8	101. 7
1998	451. 4	99. 7
1999	447. 4	99. 1
2000	456. 8	102. 1
2001	450. 9	98. 7
2002	448. 6	99. 5
2003	452. 2	100. 8
2004	470. 2	104. 0
2005	480. 5	102. 2
2006	484. 34	100. 8

资料来源：福建省 2007 年统计年鉴。

附录四 1979～2005 年林业重点工程完成投资及国家投资情况(万元)

指标名称		合计	天然林资源保护工程	退耕还林工程	京津风沙源治理工程	三北及长江流域等重点防护林体系建设工程							野生动植物保护及自然保护区建设工程	速生丰产用材林基地建设工程
						小计	三北防护林工程	长江中上游防护林工程	沿海防护林工程	珠江流域防护林工程	太行山绿化工程	平原绿化工程		
1979～1989 年	实际完成投资	62295				62295	53781	1167			7347			
	其中国家投资	35443				35443	33076	427			1940			
1990 年	实际完成投资	25537				25537	16733	6676			2128			
	其中国家投资	13469				13469	10291	2616			562			
1991 年	实际完成投资	34949				34949	19750	7747	5214		2238			
	其中国家投资	20247				20247	14315	3205	1983		744			
1992 年	实际完成投资	44640				44640	24921	10342	7250		2127			
	其中国家投资	22888				22888	15978	3608	2613		689			

（续）

指标名称		合计	天然林资源保护工程	退耕还林工程	京津风沙源治理工程	三北及长江流域等重点防护林体系建设工程							野生动植物保护及自然保护区建设工程	速生丰产用材林基地建设工程
						小计	三北防护林工程	长江中上游防护林工程	沿海防护林工程	珠江流域防护林工程	太行山绿化工程	平原绿化工程		
1993 年	实际完成投资	118913			3351	66925	35080	15112	9773		4436	2524		48637
	其中国家投资	32351			1914	27613	18076	5283	2346		949	959		2824
1994 年	实际完成投资	144563			6822	79326	38928	18587	9485		6903	5423		58415
	其中国家投资	36779			3064	32187	19589	6535	1899		1643	2521		1528
1995 年	实际完成投资	162611			7259	86411	42459	18308	10268		7443	7933		68941
	其中国家投资	43062			3523	36285	21454	5474	2089		2253	5015		3254
“八五”小计	实际完成投资	505676			17432	312251	161138	70096	41990		23147	15880		175993
	其中国家投资	155327			8501	139220	89412	24105	10930		6278	8495		7606
1996 年	实际完成投资	203110			15741	124720	71169	23114	16548		7371	6518		62649
	其中国家投资	54772			4506	47433	30802	7455	2531		2085	4560		2833

（续）

指标名称		合计	天然林资源保护工程	退耕还林工程	京津风沙源治理工程	三北及长江流域等重点防护林体系建设工程							野生动植物保护及自然保护区建设工程	速生丰产用材林基地建设工程
						小计	三北防护林工程	长江中上游防护林工程	沿海防护林工程	珠江流域防护林工程	太行山绿化工程	平原绿化工程		
1997年	实际完成投资	244737			337872	152324	80567	21095	12653	16430	12247	9332		58631
	其中国家投资	68989			12247	52494	34704	7196	2198	502	2853	5041		4248
1998年	实际完成投资	495760	227761		37741	176215	90289	27774	21029	12060	11970	13093		5443
	其中国家投资	285611	206365		10176	63797	37206	11154	3340	1557	5411	5129		5273
1999年	实际完成投资	761756	409225	33595	35477	235521	118754	31384	22897	16463	24232	21791		47938
	其中国家投资	506707	351309	33595	8198	108432	57383	16345	5717	2775	14195	12017		5173
2000年	实际完成投资	1106412	608414	154075	43102	300821	143682	31273	31551	14392	23781	56142		
	其中国家投资	881704	582886	146623	15655	136540	71602	18427	13768	6831	13327	12585		
“九五”小计	实际完成投资	2811775	1245400	187670	165843	989601	504461	134640	104678	59345	79601	106876		223261
	其中国家投资	1797783	1140560	180218	50782	408696	231697	60577	27554	11665	37871	39332		17527

（续）

指标名称		合计	天然林资源保护工程	退耕还林工程	京津风沙源治理工程	三北及长江流域等重点防护林体系建设工程							野生动植物保护及自然保护区建设工程	速生丰产用材林基地建设工程
						小计	三北防护林工程	长江中上游防护林工程	沿海防护林工程	珠江流域防护林工程	太行山绿化工程	平原绿化工程		
2001 年	实际完成投资	1795799	949319	314547	183275	303066	102468	53406	40026	10678	16169	80319	20917	24675
	其中国家投资	1355797	887717	248459	59283	145743	56163	22736	14425	6499	8832	37088	12109	2486
2002 年	实际完成投资	2558004	933712	1106096	123238	316711	139272	45837	41164	17657	17151	55630	39261	38986
	其中国家投资	2250647	881617	1061504	120022	157582	66512	27942	13839	15481	10920	22888	28460	1462
2003 年	实际完成投资	3339160	679020	2085573	258781	232083	85437	41442	29155	13136	10436	52477	52406	31297
	其中国家投资	2978139	650304	1926019	239513	136239	49105	27758	20127	11083	8097	20069	25609	455
2004 年	实际完成投资	3510242	681985	2142905	267666	352661	86645	109028	51946	11922	13048	80072	44465	20560
	其中国家投资	2983123	640983	1920609	261857	135782	44014	26017	29705	9797	11268	14981	22133	1759
2005 年	实际完成投资	3616302	620148	2404111	332625	192556	85231	53607	23029	9134	14620	6936	51452	15410
	其中国家投资	3212387	584777	2185928	325408	91292	41252	12808	19704	7039	10095	394	24450	532

（续）

指标名称		合计	天然林资源保护工程	退耕还林工程	京津风沙源治理工程	三北及长江流域等重点防护林体系建设工程							野生动植物保护及自然保护区建设工程	速生丰产用材林基地建设工程
						小计	三北防护林工程	长江中上游防护林工程	沿海防护林工程	珠江流域防护林工程	太行山绿化工程	平原绿化工程		
“十五”小计	实际完成投资	14819507	3864184	8053232	1165585	1397077	499209	303164	185320	62527	71423	275434	208501	130928
	其中国家投资	12780093	3645398	7342519	1006083	666638	257159	117148	97800	49899	49212	95420	112761	6694
1979～2005年	实际完成投资	18224790	5109584	8240902	1348860	2786761	1235322	515743	331988	121872	183646	398190	208501	530182
	其中国家投资	14782115	4785958	7522737	1065366	1263466	621635	204873	136284	61564	95863	143247	112761	31827

附录五　林业财政支出占林业总投入情况表

年份	林业财政实际到位资金（亿元）(1)	林业投资总额（亿元）(2)	GDP（%）(3)	第一产业GDP（%）(4)	(1)/(2)（%）	(1)/(3)（%）	(1)/(4)（%）
1993	20. 6982	61. 2220	35333. 92	6963. 8	33. 81%	0. 06%	0. 30%
1994	18. 5485	63. 7300	48197. 86	9572. 7	29. 10%	0. 04%	0. 19%
1995	29. 5044	89. 0160	60793. 73	12135. 8	33. 15%	0. 05%	0. 24%
1996	31. 9334	103. 2540	71176. 59	14015. 4	30. 93%	0. 04%	0. 23%
1997	31. 5096	122. 1614	78973. 03	14441. 9	25. 79%	0. 04%	0. 22%
1998	56. 5318	135. 3152	84402. 28	14817. 6	41. 78%	0. 07%	0. 38%
1999	97. 2713	155. 9289	89677. 05	14770. 0	62. 38%	0. 11%	0. 66%
2000	142. 9169	233. 3411	99214. 55	14944. 7	61. 25%	0. 14%	0. 96%
2001	173. 2117	257. 5911	109655. 2	15781. 3	67. 24%	0. 16%	1. 10%
2002	278. 5158	371. 8427	120332. 7	16537. 0	74. 90%	0. 23%	1. 68%
2003	346. 8194	471. 3368	135822. 8	17381. 7	73. 58%	0. 26%	2. 00%
总计	122. 7461	20647392	933579. 6	151361. 9	59. 45%	0. 01%	0. 08%

注：①财政贴息贷款中的贴息应该作为林业财政支出资金的一部分，但由于具体的贴息数据从时间序列方面难以获得，所以林业财政实际到位资金没有包括此项目；②表中数据是根据历年《中国林业年鉴》和《中国统计年鉴》整理汇总得出。

附录六　国家林业投资构成比例

年份	林业投资总额（亿元）(1)	固定资产投资完成情况（亿元）			(2)/(1)（%）	(3)/(1)（%）	(4)/(1)（%）
		合计(2)	营林固定资产投资(3)	森工固定资产投资(4)			
1993	61.2220	40.9238	16.2777	24.6461	66.84%	26.59%	40.26%
1994	63.7300	47.6997	19.4633	28.2364	74.85%	30.54%	44.31%
1995	89.0160	56.3972	21.2546	35.1426	63.36%	23.88%	39.48%
1996	103.2540	63.8626	29.5283	34.3343	61.85%	28.60%	33.25%
1997	122.1614	74.1802	39.2904	34.8898	60.72%	32.16%	28.56%
1998	135.3152	87.4648	61.0303	26.4345	64.64%	45.10%	19.54%
1999	155.9289	108.4077	91.7812	16.6265	69.52%	58.86%	10.66%
2000	233.3411	167.7712	151.0541	16.7171	71.90%	64.74%	7.16%
2001	257.5911	209.5636	191.9835	17.5801	81.36%	74.53%	6.82%
2002	371.8427	315.2374	297.6388	17.5986	84.78%	80.04%	4.73%
2003	471.3368	407.2782	389.2793	17.9989	86.41%	82.59%	3.82%
总计	2064.7392	1578.7864	1308.5815	270.2049	76.46%	63.38%	13.09%

注：数据来源于2006年中国林业发展报告。

附录七 营林投资中国家投资在林业重点工程上的比重

年份	营林固定资产总投资	国家在林业重点工程的投资占营林投资的比重						
		合计	(1)	(2)	(3)	(4)	(5)	(6)
1993	100%	19.87%			1.18%	16.96%		1.73%
1994	100%	18.90%			1.57%	16.54%		0.79%
1995	100%	20.26%			1.66%	17.07%		1.53%
1996	100%	18.55%			1.53%	16.06%		0.96%
1997	100%	17.56%			3.12%	13.36%		1.08%
1998	100%	46.80%	33.81%		1.67%	10.45%		0.86%
1999	100%	55.21%	38.28%	3.66%	0.89%	11.81%		0.56%
2000	100%	58.37%	38.59%	9.71%	1.04%	9.04%		
2001	100%	70.62%	46.24%	12.94%	3.09%	7.59%	0.63%	0.13%
2002	100%	75.62%	29.62%	35.66%	4.03%	5.29%	0.96%	0.05%
2003	100%	76.50%	16.71%	49.48%	6.15%	3.50%	0.66%	0.01%
2004	100%	74.87%	16.09%	48.20%	6.57%	3.41%	0.56%	0.04%
2005	100%	72.69%	13.23%	49.46%	7.36%	2.07%	0.55%	0.01%

注：数据源见附录四(1)表示天然林资源保护工程中国家投资所占比重；(2)表示退耕还林工程中国家投资所占比重；(3)表示京津风沙源治理工程中国家投资所占比重；(4)表示三北及长江流域等重点防护林体系建设工程中国家投资所占比重；(5)表示野生动植物保护及自然保护区建设工程中国家投资所占比重；(6)表示速生丰产用材林基地建设工程中国家投资所占比重。

附录八　林业总产值对林业基本建设财政支出的弹性系数计算表

年份	林业总产值（亿元）	国家基本建设投资（亿元）	弹性系数	基本建设环比
1993	494.0	14.2025		
1994	611.1	14.1198	-40.71	0.99
1995	709.9	17.9222	0.60	1.27
1996	778.0	17.6439	-6.18	0.98
1997	817.8	18.7715	0.80	1.06
1998	851.3	36.9898	0.04	1.97
1999	886.3	59.3752	0.07	1.61
2000	936.5	112.4523	0.06	1.89
2001	938.8	153.865	0.01	1.37
2002	1033.5	251.1947	0.16	1.63
2003	1239.9	312.3465	0.82	1.24
2004	1327.1	322.0609	2.26	1.03

数据来源：中国统计年鉴和中国林业统计年鉴。

参考文献

1. Ahn, Choon Yong, Inderjit J. Singh, and Lyn Squire. A Model of an Agricultural Household in a Multicrop Economy: The Case of Korea. Review of Economics and Statistics, 63(4): 5220～525, 1981.
2. Anna Knox and Ruth Meinzen-Dick, "Property Rights, Collective Action and Technologies for Natural Resource Management," the world bank natura Resource Managemest Briefing Note, Number 1, March, 2000.
3. A·恰亚诺夫．农民经济组织[M]．北京：中央编译出版社，1996.
4. Barnum, Howard N. and Lyn Squire. , "An Econometric Application of the Theory of the Farm-Household," Journal of Development Economics 6: 79～102, 1979.
5. Bela Mukhoti, "Agrarian Structure in Relation to Farm Investment Decisions and Agricultural Productivity in a Low-Income Country-The Indian Case," J. Farm Econ. 48: 1210～1215, Dec. 1966.
6. Binkley Private Forestland use: Status, projections, and policy implications. Duke University, Durham, North Carolina, 1997: 133～145.
7. Bjornson, Bruce. The Impacts of Business Cycles on Returns to Farmland Investments. J. Farm Econ. 76: 566～577, August, 1995.
8. Bliss, J C. , Martin A J. How tree farmers view management incentives. Journal of forestry, 1998: 23～29.
9. Boehlje, Michael D. ; White, T. Kelley. A Production-Investment Decision Model of Farm Firm Growth," J. Farm Econ. 51: 546～575, Aug. 1969.
10. Cameron T A. A new paradigm for non-market goods using referendum data: maximum likelihood estimation by censored. Journal of environmental economics and management, 2002: 355～379.
11. Cubage F W. , Laughlin J. , Bullock C S. Forest resource policy. Hamilton printing Co in New York press, 2000: 446～493.
12. Egan and S. Jones. Journal of Forestry. 1993, 10: 39～45.
13. Emil Salim and Ola Ullsten. Our Forests, Our Future[M]. Cambridge University Press, 1999.

14. Feder. Gershon and T. Onchan. "Land Ownership, Security and Farm Investment in Thaand," American Journal of Agricultural Economic, 1993.

15. Gary Q. et. 人工林的补贴：影响和意义[A]. 中国林业投融资国际研讨会论文[C]. 北京：2004.

16. Gilley B. Sticker. Shock: Westerners' Calls for Pressure on Asian Timber Producers [J]. Far Eastern Economics Review, 1999(2).

17. G. S. Gill, "Agrarian Structure in Relation to Farm Investment Decisions and Agricultural Productivity in a Low-Income Country-The Indian Case: Comment", American journal of agricultural economics: 50: 1042 ~ 1044, Nov. 1968.

18. Hamilton L and P King. Tropical Forested Watersheds Hydrologic and soils Response to Uses or Conversions[M]. Westview Press, Washington. Dc, 1991.

19. Hazell, Peter and Alisa Roell, "Rural Growth Linkages: Household Expenditure Patterns in Malaysia and Nigeria" (Washington D. C. . International Food Policy Research Institute), 1983.

20. Henry S. Shryock, Jacob S. Siegel and Associates (1976). The Methods and Materials of Demography[M]. Academic Press: 215 ~ 216.

21. Hickman C A., Gehhausen R. Landowner interest in forestry assistance programs in east Texas. Journal of forestry, 2001: 211 ~ 213.

22. Hickman C A., Gehhausen R. Landowner interest in forestry assistance programs in east Texas[J]. Journal of forestry, 2001: 211 ~ 213.

23. Jeff, Romm. Relate forestry investment to the characteristics of non-industrial private forestland owners in Northern California. Forestry Science, 1997: 197 ~ 209.

24. Jia kang, e1c. The Study on The Thinking of Standardization of Governmental Income and The Reform of Charges to Taxation[J], The world of Management, 1999.

25. John C. Bliss, Suril K. Nepal, Robert T. Brooks Jr., and Max D. Larsen. Do forest owners share the public's views? [J]. Journal of forestry, 1994, 9: 6 ~ 10.

26. J·M·伍德里奇. 计量经济学导论：现代观点[M]. 北京：中国人民大学出版社，2003.

27. J. Edward Taylor and Irma Adelman, "Agriculture Household Models: Genesis, Evolution and Extensions," Review of Economics of The Household, (1): 1 ~ 44, 2003.

28. Kuroda, Yoshimi and Pan Yotopoulos, "A Microeconomic Analysis of Production Behavior of the Farm Household in Japan: A Profit Function Approach" The Economic Review (Japan) 29: 115 ~ 129, 1978.

29. Kurtz W B., Lewis B J. Decision-making framework foe non-industrial private forest

owners: An application in the Missouri Ozarks. Journal of forestry, 1991: 285 ~288.

30. Landell-Mills Natasha and Ford Jason. Privatising Sustainable Forestry—A Global Review of Trends and Challenges[J], International Institute of Environment and Development, 1999.

31. Lau, Lawrence J., Pan Yotopoulos, Erwin C. Chou and Wuu-Long Lin, "The Microeconomics of Distribution: A Simulation of the Farm Economy." Journal of Policy Modelling 3: 175 ~206, 1978.

32. Lisa Bourke and A. E. Luloff. Attitudes toward the Management of Nonindustrial Private Forest Land[J]. Management of Nonindustrial Private Forest Land, 1994: 445 ~457.

33. Michael P. Washburn, Stephen B. Jones, Larry A. Nielsen. Nonindustrial Private Forest Landowners: Building the Business. Case for Sustainable: 10 ~20.

34. Mills T J., Cain D. Financial efficiency of the forestry incentives program. Journal of forestry, 1999: 661 ~666.

35. Paul A. Samuelson, William D. Nordhaus: Ecomoics-16th ed. The McGraw-Hill Companies, Inc, 1998.

36. Place F. Roth M, Hazell P., "Land tenure security and agricultural performance in Africa: Overview of research methodology," In: Bruce, J. W. and Migot-Adholla S (eds.) Searching for land tenure security in Africa. The World Bank, 1994.

37. Ralph J. Alig, Darius M. Adams Johnt T. Chmelik and Pete Bettinger. Private forest investment and long-run sustainable harvest volumes. New Forests, 1999, (17): 307 ~327.

38. Reardon, Thomas; Crawford, Eric; Kelly, Valarie: "Links Between Nonfarm Income and Farm Investment in African Households: Adding the Capital Market Perspective" J. Farm Econ. 76: 1172 ~1176, December. 1994.

39. Robert Cooter. 科斯定理(Coase Theorem). 经济学阶梯教室(网页), 2002(12).

40. Sadan, Ezra, "The Investment Behavior of a Farm Firm Operating Under Risk," J. Farm Econ. 52: 494 ~504, Nov. 1970.

41. Singh, Inderjit, Lyn Squire and John Strauss (eds.). Agricultural Household Models-Extensions, Applications and Policy. Baltimore: The Johns Hopkins University Press, 1986.

42. Steven N. S. Cheung. 关于新制度经济学. 经济学阶梯教室(网页), 2002(12).

43. Strake T J., Wisdom H W. Size of forest holding and investment behavior of non-industrial private owners. Journal of forestry, 1994: 494 ~ 496.

44. Strauss, John., "Appendix: The Theory and Comparative Statics of Agricultural Household Models: A General Approach." In Inderjit J. Singh, Lyn Squire and John Strauss (eds.), Agricultural Household Models-Extensions, Applications and Policy. Baltimore: The Johns Hopkins University Press, 1986.

45. Upton, Martio. The Economics of Tropical Farming Systems, Cambridge University Press, 1996.

46. 艾云航. 美国林业管理和资金投人[J]. 农业经济, 1994(5): 42.

47. 岸根卓郎. 森林政策学[M]. 东京: 农林出版株式会社, 1975.

48. 巴连柱, 李淑新. 关于非公有制林业的法律思考[J]. 林业经济, 2003(1).

49. 白秀萍. 日本林业税收政策与借鉴[J]. 林业科技管理, 2001: 58~61.

50. 半田良一. 林政学[M]. 东京: 文永堂出版株式会社, 1990: 98~116.

51. 布坎南. 自由、市场与国家[M]. 北京: 北京经济学院出版社, 1990.

52. 蔡剑辉. 国外林业基金制度的实践及其借鉴[J]. 林业经济, 2001(4): 27~29.

53. 蔡剑辉. 比较完备的森林生态体系之评价指标体系研究. 林业经济问题, 2000, 20(1).

54. 蔡文春. 集体林区实施江河流域生态林保护工程遇到的难题与对策. 华东森林经理, 2003.1

55. 曹辉, 陈平留. 森林旅游业投资利率确定研究[J]. 福建农林大学学报, 2007(3).

56. 曹明宏. 可持续发展背景下的农业补贴问题研究[D]. 华中农业大学博士论文, 2001.

57. 曹轶瑛. 开放贸易条件下农户粮食销售行为与我国粮食安全的关系[D]. 中国农业大学, 2001.

58. 常修泽等. 产权交易(理论与运作)[M]. 北京: 经济日报出版社, 1995.

59. 陈共编著. 财政学[M]. 北京: 中国人民大学出版社, 2004.

60. 陈和午. 农户模型的发展与应用: 文献综述[J]. 农业技术经济, 2004(3): 1~10.

61. 陈健生. 退耕还林与西部可持续发展[M]. 成都: 西南财经大学出版社, 2006.

62. 陈立双, 张谛. 影响农户对农业投资的因素[J]. 经济研究参考, 2005(47): 28~28.

63. 陈廉. 揭开林业税费过重神秘面纱[J]. 中国林业, 1999(5).

64. 陈钦, 黄和亮. 试论林业外部性及其补偿措施[J], 林业经济问题, 1999(8).

65. 陈晓倩. 林业可持续发展中的资金运行机制. 北京: 中国林业出版社, 2002.

66. 陈星, 张春霞, 谢志忠. 论福建山地生物多样性资源的综合开发利用[J]. 福建论坛·人文社会科学版，2005(2).

67. 陈幸良．新时期深化林业产权制度改革的研究[J]．林业科技管理，2003，(2)：6~10.

68. 陈永福，姬亚岚．对南方集体林区非公有制林业发展的思考[J]．林业经济，2003：47~49.

69. 陈永富，胡永旭，瞿巧文，陈小忠．林业股份合作制的问题与对策[J]．林业经济问题，2000(1)：19~22.

70. 陈则生．杉木人工林经济成熟龄的研究[J]．华东森林经理，2004(3).

71. 承正女等．中国林业股份合作制的探索与实践[M]．北京：中国林业出版社，1998.

72. 程浩．对公共产品理论的认识[J]．河北经贸大学学报，2002(6).

73. 程云行，张春霞．林地市场研究[J]．林业经济问题，2004(2).

74. 程云行．南方集体林区林地产权制度研究[M]．北京：中国林业出版社，2004.

75. 丛德福，王东超等．对发展非公有制林业几个问题的认识[J]．中国林业企业，2004(1)：21~23.

76. 戴星翼．土地所有者的权利与林地使用费[J]．林业经济，2006，(6)：19.

77. 岛本美保子．环境マヮロ经济学视点ガの日本林业[J]．林业经济，1994(NO.379)：8~14.

78. 道格拉斯·诺思．经济史中的给构与变迁[M]，上海：上海三联书店，1991.

79. 德姆塞茨·哈罗德．1988. 所有权、控制与企业[M](中译本)，1999. 北京：经济科学出版社.

80. 邓惠珍．广东非公有制林业发展现状及对策[A]．非公有制林业研讨会论文集[S]，2003.

81. 第六次全国森林资源清查主要结果．国家林业局

82. 丁党生．发展我国非公有制林业若十问题的思考[A]，非公有制林业研讨会论文集[S]，2003.

83. 丁付林．德国的林业基金制度[J]．中国林业，2001(13)：40.

84. 董捷．退耕还林绩效问题研究．博士论文，2004. 12.

85. 董智勇，司洪生．德国森林经营历史经验的借鉴[J]．世界林业研究，1996(4)：38.

86. 都阳．中国贫困地区农户劳动供给[M]．北京：华文出版社，2001.

87. 豆志杰．内蒙古自治区农户农业生产性投资行为研究[D]．内蒙古农业大学，2006.

88. 段文斌等．制度经济学——制度主义与经济分析[M]．天津：南开大学出版

社，2003，345，181.
89. 樊金拴，颜茹，何玉杰．大力发展非公有制经济推动林业可持续发展[J]．西北农林科技大学学报(社会科学版)，2004，4(1)：24～30.
90. 范云虎，高娃，牟敏荣．林业管理改革对林业生产力的影响[J]．内蒙古林业，2004，(12)：6～9.
91. 非公有制林业发展研究课题组．非公有制林业发展制度障碍及解决对策[J]．林业经济，2002：18～21.
92. 冯彩云．瑞典、日本林业社会化服务体系的比较与借鉴[J]．林业经济，2006(12).
93. 冯彩云．我国私有林发展存在的主要问题及建议[J]，林业科技管理，2004(2).
94. 冯彩云．我国私有林发展存在的主要问题及建议．林业科技管理，2004，(2)：12～17.
95. 高鸿业．西方经济学(第三版，微观部分)[M]．北京：中国人民大学出版社，2004：37～38.
96. 龚平等．江西林权制度改革与林农减负[J]．林业财务与会计，2005(5).
97. 顾静相．经济数学基础上册[M]．高等教育出版社，2000．31～33.
98. 郭敏，屈艳芳．农户投资行为实证研究[J]．经济研究，2002(6)：86～92.
99. 郭跃．德国林业发展和生态环境保护的特点及启迪[J]．重庆师范学院学报，2000(3)：19.
100. 郭志刚．社会统计分析方法[M]．北京：中国人民大学出版社．2002.
101. 国家林业局．2006年中国林业发展报告[M]．北京：中国林业出版社，2006.
102. 国家林业局．中国林业五十年[M]．北京：中国林业出版社，1999.
103. 国家林业局．中国林业统计年鉴[M]．北京：中国林业出版社，2002～2005.
104. 国家林业局经济发展研究中心课题组．非公有制林业发展的制度障碍及解决对策[A]．非公有制林业研讨会论文集[S]，2003.
105. 国家林业局经济发展研究中心中国集体林发展研究课题组．中国集体林展研究综述[J]．中国集体经济，2004，(7)：23～26.
106. 韩剑准．海南省非公有制林业发展问题的调查报告[J]．林业经济，2002(3).
107. 韩剑准．积极培育非公有制经济 大力推动林业加速发展[A]．“中国非公有制林业发展研讨会”论文．
108. 韩玉军．中国加入WTO要言释义[M]．北京：中国经济出版社，2002.
109. 何方．扶贫与山区综合开发[J]．林业经济，1998(5).
110. 何方等．湖南省退耕还林工程调研与评价．湖南林业科技，2006(2).

111. 何忠伟，蒋和平．我国农业政策的演变与走向[J]．中国软科学，2003(10)：8～13.

112. 鹤助治．林业财政危机下の森林法改正[J]．林业经济，2002(NO．520)：1～7.

113. 洪志生，张春霞，谢志忠，黄安胜．福建集体林权改革过程中私有林发展问题研究[J]．科技和产业，2006(2).

114. 洪志生，张春霞．我国私有林发展的制度经济解释[J]．农村经济，2007，(8)38～41.

115. 洪志生，张春霞．私有林补贴制度设计的必要性分析[J]．经济研究导刊，2007(5)：20～22.

116. 侯元兆．当前中国林业发展若干问题的思考[J]．林业经济，2002(3).

117. 侯元兆．林业可持续发展和森林可持续经营理论与案例．北京：中国科学技术出版社，2004.

118. 胡继连．中国农户经济行为研究[M]．北京：中国农业出版社，1992.

119. 胡立森，刘树明．对内蒙古大兴安岭林区林产工业产品销售价格的思考[J]．内蒙古林业科技，2002，(1)：29～33.

120. 胡小平，陈刚林．我国南方林业生产经营形式研究[J]．天府新论，1993，(1)：12～18.

121. 胡志寅．南方集体林区退耕还林工程思考．华东森林经理，2002. 2.

122. 黄和亮等．桉树工业原料林的投资经济效益与最佳经济轮伐期[J]．林业科学，2007(6).

123. 黄祖辉，胡豹，黄莉莉．谁是农业结构调整的主体：农户行为及决策分析[M]．北京：中国农业出版社，2005.

124. 加拿大林业发展战略．转摘自《世界林业动态》，2005 ，(1).

125. 贾丁．北京市农户生产性投资行为研究[D]．中国农业大学，2004.

126. 贾海彦．公共品供给中的政府经济行为分析：一个理论分析框架及在中国的应用[D]．山东大学博士论文，2006.

127. 贾治邦．中国将围绕林权改革进行新一轮“土改”[EB/OL]. http：//www. clr. cn/front/chinaResource/read/news-info3. asp? ID＝86045. 2006 年 5 月 15 日．

128. 江泽民．全面建设小康社会开创中国特色社会主义事业新局面(十六大报告)[M]．北京：人民出版社，2002.

129. 姜言富．对重点国有林区发展非公有制林业的探讨[A]．非公有制林业研讨会论文集[S]，2003.

130. 蒋耒文，庞丽华，张志明．中国城镇流动人口的住房状况研究．人口研究，2005，29(4)：16～27.

131. 蒋梅．对我国林业扶持政策的探讨[J]．林业财务与会计，2000(3)：29.

132. 蒋敏元．基于林业新定位的国有林区经济重构研究．哈尔滨：东北林业大学出版社，2005.

133. 居占杰．发展经济学应在变革中发展[J]．经济经纬，2005(2)：11～14.

134. 科斯，罗纳德·哈里．企业市场与法律[M](中译本)1990．上海：上海三联书店，75～129.

135. 孔垂柱．与时俱进 开拓创新，努力推动云南林业实行跨越式发展——在全省林业工作会议上的讲话[J]．林业建设，2004，(1)：31～41.

136. 孔凡斌．中国退耕还林工程政策．北京：中国环境科学出版社，2006.

137. 孔祥智．现阶段中国农户经济行为的目标研究[J]．农业技术经济，1998(2)：24～27.

138. 黎明锋．合理的资金投入是确保营造林工程建设质量的关键[J]．广西林业，2004(4)：8～9.

139. 李红勋，姜恩来，西部林业生态环境建设动力问题的解决途径，林业经济，2003(9)：50～51.

140. 李洪山．国外营林生产补偿、扶持的作法与分析[J]．林业财务与会计，1998(4).

141. 李立长．德国林业印象[J]．国外林业，1994(2)：37.

142. 李生文．林业投融资信用平台构建的实践与探索[J]．中南林业调查规划，2006(2)：50～55.

143. 李胜．加快广西非公有制林业发展的思考[J]．林业经济，2002(9).

144. 李世旭．林业产权融资渠道的建立[J]．中国林业，2003.12(A)：32～33.

145. 李维长等．社会林业理论与实践[M]．云南：云南民族出版社，1998.

146. 李卫东．美国的森林采伐税及其特点[J]．世界林业研究，1999(1)：59.

147. 李星．美国对私有林造林的补助事业类型[J]．世界林业研究，2000(2)：42.

148. 李燕凌，退耕还林公共政策评估研究，林业经济，2003(9)：35～37.

149. 李扬．财政补贴经济分析[M]．上海：三联书店，1990.

150. 李屹，陈兴良．发达国家林业基金制度研究及对我国的启示[J]．经济研究参考，2004(总57).

151. 李智勇，闫振．世界私有林概览[M]．北京：中国林业出版社，2001.

152. 李智勇．世界私有林概览[M]．北京：中国林业出版社，2001.

153. 李智勇．世界私有林概览与芬兰私有林探究[J]．林业经济，2003(4)：57～

59.

154. 李周. 私有林与中国林业发展[J]. 林业经济问题，2005(3).

155. 李周. 关于我国林业资金问题的思索[J]. 林业经济，1987(4).

156. 理查德·A·波斯纳. 法律的经济分析[M]. 北京：中国大百科全书出版社，1997.

157. 厉为民. 通过“绿箱政策”保护农业[A]. 农业行政管理体制改革国际研讨会论文集[S]，(2003).

158. 立禄康. 欧洲八国林业税费[J]. 世界林业研究，2000(2)：65～66.

159. 梁启军，张波，张力. 日本的林政[J]. 林业勘查设计，2001(4)：10.

160. 缭光平，周少舟. 非公有制林业异军突起[J]. 环境经济杂志，2004，(4)：26～32.

161. 林舒舒. 私有林经营中的抵押贷款融资机制研究[D]. 福建农林大学，2006.

162. 林岩松，岳太青. 大力发展飞公有制林业 促进林业生产关系大变革[J]. 林业经济，2004：43～44.

163. 林毅夫. 关于制度变迁的经济学理论：诱致性制度变迁与强制性制度变迁[A]. 财产权利与制度变迁[C]. 上海：上海三联书店，上海人民出版社，1994，397.

164. 林毅夫. 制度技术与中国农业发展[M]. 上海：上海三联书店，上海人民出版社，2005.

165. 刘璨. 社区林业制度绩效消除贫困研究——效率分析与案例比较[M]. 北京：经济科学出版社，2005.

166. 刘璨等. 林草结合环境经济与政策研究. 北京：中国农业出版社，2005.

167. 刘承芳. 农户生产性投资行为研究——江苏省的实证研究[D]. 中国农业科学院，2001.

168. 刘金龙，叶敬忠，郑宝华. 影响农民参与森林经营的因素[J]. 世界林业研究，2000(6)：61～68.

169. 刘敬辉. 关于发展私营林业的几点思考[J]. 中国林业，1999(5).

170. 刘伟，李凤圣. 产权通论[M]. 北京：北京出版社，1998.

171. 刘晓光. 公共财政体制下的林业投入保障研究[M]. 哈尔滨：东北林业大学出版社，2004：158.

172. 刘延春. 生态·效益林业理论及其发展战略研究. 北京：中国林业出版社，2006.

173. 卢创平. 民营企业投资开发林果业大有可为[A]. 非公有制林业研讨会论文集[S]，2003.

174. 陆文明等. 中国私营林业政策研究[M]. 北京：中国环境科学出版社，2002.
175. 吕金芝. 我国林业公共品供给问题研究[D]. 东北林业大学硕士论文，2005.
176. 吕月良，陈钦. 林业现代化评价研究[M]. 北京：中国林业出版社，2006.
177. 吕月良等. 林业现代化评价研究. 北京：中国林业出版社，2006. 7
178. 罗必良. 人民公社失败的制度经济学解理——一个分析框架及其应用[J]. 华南农业大学学报，2002(1).
179. 罗必良等. 公司产权：一个理论假说及其政策含义[J]. 华中师范大学学报，2004(3).
180. 马爱国著. 我国的林业政策过程. 北京：中国林业出版社，2003. 10.
181. 马鸿运. 中国农户经济行为研究[M]. 上海：上海人民出版社，1993.
182. 马祥庆. 英国林业的经营现状及发展趋势[J]. 世界林业研究，2001(5)：56.
183. 马宗亚. 公共财政体制下天然林保护工程资金投入政策研究[D]. 河北农业大学，2005.
184. 毛治兴. 大力发展非公有制林业的对策措施[J]. 现代农业科技，2006，(7)：48 ~ 49.
185. 美国的私有林. 林业部外事司. 远海鹰.
186. 潘家坪. 新时期南方集体林区林业资金存在的问题与对策[J]. 林业财务与会计，1997 (7).
187. 钱玉如. 美国私有林经营管理对我国发展非公有制林业的启示[J]. 林业经济，2002(10)：42 ~ 43.
188. 乔占平，郑淑臻. 中国与美国、欧盟农产品税制比较[J]. 经济社会体制比较，2003(4)：55 ~ 56.
189. 秦涛，环玉建. 市场经济下如何建立现代林业投融资机制[J]. 林业财务与会计，2004(5)：21 ~ 24.
190. 日本林野厅. 林业白书(1988 ~ 2000 年各度版)[M]. 东京：日本林业协会，1989 ~ 2002.
191. 三明市人民政府. 关于加强林地使用费收取和使用管理指导意见. 明政文(2005)109 号.
192. 森林资源现状与消长分析(来源于网络).
193. 沈月琴，李兰英，梅岩良，吴建华，方道友. 浙江林业经营形式问题探讨——南方集体林区林业市场化系列问题研究之一[J]. 林业经济问题，2000(4)：226 ~ 228.
194. 沈月琴. 天保地区森林资源保护与经济社会协调发展的机理和模式研究[M]. 北京：中国林业出版社，2006.

195. 施化云．云南省林业生产实行股份合作制的探讨[J]．林业调查规划，2002(4)：91～95.

196. 史清华．农户经济增长与发展研究[M]．北京：中国农业出版社，1999.

197. 舒尔茨．改造传统农业[M]．北京：商务印书馆，1987.

198. 宋圭武．农户行为研究若干问题述评[J]．农业技术经济，2002(4)：59～64.

199. 宋元媛，曾寅初，王兆君．采伐限额政策对非公有制林业的影响[J]．林业经济，2003(12).

200. 苏时鹏，张春霞，杨建州．生态开发福建非木质森林资源[J]．资源开发与市场，2002，18(5)：40～42.

201. 隋舵，黄清．中国林业扶持的依据[J]．学术交流，2001(9)：66～69.

202. 孙凯．浅议农业财政补贴管理的难点和对策[J]．金融与经济，2002(5).

203. 谭荣，曲福田．补贴对林业生产及森林生态效益影响的经济学分析：一个定量分析模型．自然资源学报．第20卷第4期．2005年7月．

204. 特韦尔等编．1987．新帕尔格雷夫经济学大辞典[M](中译本)1996．北京：经济科学出版社．

205. 滕起和，白永福，张国胜，张晓星，宋新民，李金良．雾灵山自然保护区森林资源资产评估的研究[J]．林业资源管理，1999(6)：47～52.

206. 田静波．德国林业给我们的启示[J]．吉林林业科技，2002(6)：60.

207. 田明华．对林业税费的经济学分析[J]．北京林业大学学报，2002(2/3)：15～16

208. 田明华．中国森林资源投入产出及纳入市场动作体系的研究[D]．北京林业大学大学，2002.

209. 田舒斌，李自良，李舒．云南林纸产业发展中的焦点问题[J]．生态经济，2005，(4)：22～27.

210. 万志芳，李明．森林采伐管理制度综述[J]．河南林业科技，2007，27(1)：18～20.

211. 汪丁丁．经济发展和制度创新[M]．上海：上海人民出版社，1995.

212. 汪绚，李天送，缪光平．林业半壁江山"三农"重要领域[J]．林业经济，2002，(5)：28.

213. 王灿雄，谢志忠，潘扬彬．从工业革命看私有林补贴制度的形成机制[J]．科技和产业，2007(1).

214. 王成组．三北地区民营林业发展现状及其对策[A]．非公有制林业研讨会论文集[S]，2003.

215. 王成祖，刘家顺，周少舟．福建大力发展民营林业的调查与思考[J]．林业经济，2000(6).

216. 王登举. 日本的私有林经济扶持政策及其借鉴[J]. 世界林业研究，2004(10).

217. 王登举. 日本的私有林经济扶持政策及其借鉴[J]. 世界林业研究，2004(5)：42～46.

218. 王登举. 日本的私有林经济扶持政策及其借鉴[J]. 世界林业研究，2004，17(5)：22～30.

219. 王焕良，田治威，孟新华，穆志明. 林业扶持，促进林业共同发展的选择[J]. 林业经济，1994(5)：29～37.

220. 王力勤. 逻辑斯蒂模型及应用[J]. 成都气象学院学报，1997，43(4)：337～342.

221. 王荣声. 19世纪欧洲大陆工业革命的特点及其社会后果[J]. 晋阳学刊，1999(1)：94.

222. 王苏斌，郑海涛，邵谦谦等. SPSS统计分析. 北京：机械工业出版社. 2003. 282～307.

223. 王文德. 林业跨越式发展的一匹快马——山西省民营林业调查与思考[J]. 林业经济，2002：30～32.

224. 王小丽. 试谈建立森林生态效益补偿制度[J]. 环境污染与防治，2004(2)：151～153.

225. 王晓东，王玉，刘跃军. 德国的森林经营理念[J]. 内蒙古林业，2003(6).

226. 王晓光等. 退耕还林生态效益评价指标体系研究《防护林科技》2006(6).

227. 王玉玲. 论我国林业税费制度改革[J]. 税务与经济，2007(5).

228. 魏远竹，张春霞. 浅析发展非公有制林业应遵循的若干基本原则[J]. 林业经济问题，2006，26(4)：293～296.

229. 魏远竹. 规模经济与林业经济增长方式转变[J]. 中国林业企业，2000(4).

230. 魏远竹. 资金投入：林业经济增长方式转变的第一启动力[J]. 林业财务与会计，2000(5)：9～10.

231. 吴素珊，李建明. 构建融资长效机制为林业发展提供资金支持[J]. 林业财务与会计，2005(5)：54～56.

232. 吴晓松. 非公有制林业发展的制约因素及对策[A]. 非公有制林业研讨会论文集[S]，2003.

233. 肖平，张敏新. 美国林业税制及借鉴[J]. 世界林业研究，1999(3)：55.

234. 肖平，张敏新. 林农负担问题研究[J]. 林业经济问题，1998(6)：11～16.

235. 肖艳. 东北国有林区发展非公有制林业制度体系研究[D]. 东北林业大学博士

论文，(2007).
236. 谢正荣，沈小妹，俞桂英，潘峰，宋秧泉．种植业规模经营方式生产水平与经济效益研究．农业系统科学与综合研究[J]，1999，15(1)：44～47.
237. 谢志忠，王灿雄，张春霞．实施私有林补贴制度是深化林业产权制度改革的现实选择．林业经济，2007(4).
238. 谢志忠，杨建州，黄晓玲，纪文元．非木材林产品可持续利用与乡村社会林业的协调发展[J]．科技和产业，2006(5).
239. 谢志忠，张春霞，黄安胜，游少萍．林业产权制度改革的生态经济分析[J]．科技和产业，2005(11).
240. 谢志忠，张春霞，杨建州，陈星．山地生物多样性资源综合开发的博弈分析[J]．科技导报，2006(2).
241. 谢志忠．非木材林产品可持续利用的最佳选择——农林复合生态系统[J]．农业技术经济，2001(2).
242. 辛翔飞，秦富．影响农户投资行为因素的实证分析[J]．农业经济问题，2005(10)：34～37.
243. 新西兰私有林的发展．石蒙沂译．
244. 徐秀英．南方集体林区森林可持续经营的林权制度研究[M]．北京：中国林业出版社，2005.
245. 徐怡红．我国林业税费改革研究[D]．东北林业大学博士论文，2002.
246. 徐政春．关于林业税费负担问题的调查研究[J]．农业经济问题，1999(11).
247. 许斌．关于工业革命的教学资料[J]．历史教学，1997(11)：48.
248. 薛康．德国林业浅谈[J]．绿化与生活，2000(6)：10.
249. 薛艳．我国林业投融资研究[D]．东北林业大学博士论文，2006.
250. 严洁．项目无回答的成因与降低其水平的途径．华中师范大学学报(人文社会科学版)，2006，45(6)：58～63.
251. 研修团．借鉴日本经验加强我国林业人力资源开发工作[J]．北京林业管理干部学院学报，2005(1)：18.
252. 杨汉章，童长亮．林业股份合作制是集体林区有效的公有制实现形式[J]．林业经济问题，2000(2)：111～114.
253. 杨继平．对美国林业几个问题的研究与思考[J]．中国林业，2003(21)：9.
254. 杨建州，周慧蓉，张春霞，谢志忠．外部性理论在森林环境资源定价中的应用[J]．生态经济，2006，(2)：32～34.
255. 杨建州．森林资源可持续性鸿沟调控研究．北京：气象出版社，2002.1.
256. 杨金表．改革林业投资和分配制度 加快林业市场化进程[J]．林业经济，1994

(2)：64～67.

257. 杨文杰，周庆生．关于林业经营形式的探讨[J]．西北林学院学报，2000，15(3)：91～94.

258. 杨豫，舒小昀．新经济史学派对工业革命的研究[J]．世界历史，1994(4)：117 根据乔尔·莫克《工业革命和新经济史》(Joel Mokyr，Industrial Revolution and New Economic History)编译，原文载于乔尔·莫克主编的《工业革命经济学》(The Economics of Industrial Revolution ，Rowman Allanheld，1985).

259. 姚顺波，郑少锋．林业补助与林木补偿制度研究——兼评森林生态效益研究的误区[J]．开发研究，2005(1)：35～37.

260. 姚顺波．产权残缺的非公有制林业[J]．农业经济问题，2003(6).

261. 姚顺波．非公有制林业制度创新研究[J]．林业经济问题，2003(6).

262. 姚顺波．中国非公有制林业制度创新研究[D]．西北农林科技大学，2005.

263. 叶建仁．中国森林病虫害防治现状与展望[J]．南京林业大学学报，2000(6).

264. 银兴等．转轨时期中国经济运行与发展[M]，北京：经济科学出版社，2002.

265. 永田信．林业助成こっいて－林业经济理论へのの近代经济学的な接近[J]．林业经济，2000(NO．498)：8～14.

266. 余学友．非公有制林业—加快新时期林业快越式发展的重要动力[A]．非公有制林业研讨会论文集[S]，2003.

267. 约翰·内特，威廉·沃塞曼，迈克尔·H·库特纳．应用线性回归模型[M]．北京：中国统计出版社，1990.

268. 约瑟夫·E·斯蒂格利茨．经济学(第三版)[M]．北京：中国人民大学出版社，2005：388～392.

269. 宰步龙．浅论我国私有林的发展[J]．林业经济，2001(11).

270. 张春霞，蔡剑辉．集体林业产权制度改革的趋势[J]．林业经济，1996(4)

271. 张春霞，蔡剑辉．林业发展的资金问题及对策研究[J]．林业经济，1999(6)：51～56.

272. 张春霞．林业经济体制转变研究[M]．北京：中国林业出版社，1996：61～152.

273. 张春霞．乡村林业股份合作经济的误区与出路——林业产权制度研究之二[J]．林业经济问题，1994(3).

274. 张春霞．许文兴，蔡剑辉．社会林业——实现林业可持续发展的制度——中国特色社会林业发展研究(七)[J]．林业经济问题，2000(1).

275. 张春霞．乡村林业股份合作经济的误区与出路——林业产权制度研究之二[J]．林业经济问题，1994，(3)：8～14.

276. 张得才，高岚. 利用 W TO“绿箱”政策积极推进我国社会林业持续发展[J]. 四川林勘设计，2004(4).

277. 张得才. 利用 WTO“绿箱”措施创新中国林业补贴政策研究[D]. 北京林业大学硕士论文，(2005).

278. 张德全，靖立秋，李庆，姜建成，张国锋. 山地丘陵区公益林经营范围及营造技术措施[J]. 中国生态农业学报，1999，(4)：13.

279. 张改清. 农户投资与农户经济收入增长的关系研究[M]. 北京：中国农业出版社，2005.

280. 张广胜. 市场经济条件下的农户经济行为研究[J]. 调研世界，1999(2)：25～33.

281. 张建民. 高新技术应用是非公有制林业发展的助推器[A]. 非公有制林业研讨会论文集[S]，2003.

282. 张健. 广东省农户农业投资行为的影响因素分析[J]. 农业经济与科技，2005(10)：35～36.

283. 张景武，周义彪，刘康生. 积极推进私有林发展 加快实现林业跨越式发展目标[J]. 江西林业科技，2002，(4)：28～31.

284. 张蕾，程鹏. 论政府在生态建设中的作用[J]. 林业经济，2002(7).

285. 张林秀. 农户经济基本理论概述[J]. 农业技术经济，1996(3)：24～30.

286. 张美华. 生态林业补偿问题初探[J]. 生态经济，2001(4)：42～45.

287. 张维，胡继连. 农村林业产权制度改革研究[J]. 林业经济问题，2003，23(2)：73～77.

288. 张卫民，任恒祺. 论南方集体林区的林业投资[J]. 北京林业大学学报，1994(2)：75～82.

289. 张小平. 新疆非公有制林业发展现状、制约因素及发展思路[A]. 非公有制林业研会论文集[S]，2003.

290. 张小燕等. 中国西北地区退耕还林还草研究. 北京：科学出版社，2005. 2.

291. 张晓静. 福建、江西集体林区林业税费问题[J]. 林业经济，1999(6).

292. 张正东. 我国非公有制林业发展中制约因素的探讨[A]. 非公有制林业研讨会论文集[S]，2003.

293. 张智光，陈勇. 江苏林业产业发展战略研究. 北京：中国林业出版社，2004. 6.

294. 赵爱云. 瑞典私有林的发展历程及其借鉴[J]. 世界林业研究，2001(2)：51～54.

295. 赵克清. 日本的民有林及其扶持政策[J]. 云南林业，2002，(23)：13.

296. 赵雪峰. 实行林业税收优惠政策的思考[J]. 改革之窗，2003(7)：12.
297. 赵雨森，王逢瑚，王立海. 林业概论[M]. 哈尔滨：东北林业大学出版社，2004.
298. 郑德祥. 林业税费改革对森林资源资产经营决策影响分析[J]. 林业经济问题，2006(6).
299. 郑少红. 福建农民合作经济组织制度创新研究[D]. 福建农林大学博士论文，2007(12).
300. 郑宇，肖平. 林农参与林业投资的障碍分析[J]. 绿色中国，2005(10)：39 ~ 41.
301. 中国非公有制经济发展简史. 中国经济时报[N]，2003. 03. 11.
302. 中国集体林发展研究课题组，国家林业局经济发展研究中心. 中国集体林发展研究综述[J]. 中国集体经济，2004(7)：23 ~ 26.
303. 中国可持续发展林业战略研究项目组. 中国可持续发展林业战略研究总论[M]. 北京：中国林业出版社，2002 年版.
304. 中国农林水利工会调查组. 辽闽皖宁发展非公有林情况调查报告[A]，林业经济网.
305. 钟林全，张承良，叶全裕. 南方集体林区生态公益林经营现状与对策[J]. 江西农业大学学报，1998(4)：500 ~ 503.
306. 钟全林，彭世揆. 生态公益林价值补偿调查分析，林业经济，2002(6)：43 ~ 46.
307. 钟育谦，陈志银. 关于江苏发展非公有制林业的思考[J]. 江苏林业科技，2002，5(29)：43 ~ 45.
308. 周安云. 巢湖市非公有制林业发展现状与对策[J]. 安徽林业科技，2006，(1)：58 ~ 60.
309. 周红等. 贵州省退耕还林工程社会经济效益阶段评价研究. 贵州林业科技，2007(2).
310. 周洪. 非公有制林业发展的机遇、障碍和对策[A]. 非公有制林业研讨会论文集[S]，2003.
311. 周金铭，全祖庆，陈建忠. 林地使用费收取的形式、存在问题及建议[J]. 绿色财会，2006，(11)：43 ~ 45.
312. 周俊鑫. 关于山林不同经营形式的调查报告[J]. 中国林业规划，1992，(3)：55 ~ 59.
313. 周莉. 我国林业财政支出的效率研究[D]. 北京林业大学博士论文，(2007).
314. 周莉. 我国林业基本建设投资的效益分析[J]. 北京林业大学学报，2005

(12).

315. 周其仁. 产权与制度变迁：中国改革的经验研究[M]，北京：社会科学文献出版社，2002.

316. 周少舟，缪光平. 中国非公有制林业研究综述[J]. 林业经济，2002(8).

317. 周生贤. 在全国林业厅局长会议上的讲话[J]. 林业经济，2001(1).

318. 周生贤. 中国林业的历史性转变. 北京：中国林业出版社，2002.

319. 周生贤. 总结经验开拓进取全面推进林业跨越式发展[J]. 林业经济，2002(2).

320. 周万村. 三峡库区土地自然坡度和高程对经济发展的影响[J]. 长江流域资源与环境，2001，10(1)：15~21.

321. 周新年. 林业私有林研究[J]. 林业建设，2000，(5)：8~9.

322. 朱春全等. 中国退耕还林政策与管理技术案例. 北京：科学出版社，2003.1.

323. 朱跃. 强化和发挥服务职能促进非公有制林业健康发展[J]. 林业经济，2003(10).

324. 祝列克. 林业经济论. 北京：中国林业出版社，2006.8.